贾植芳 全集

贾植芳 ◎ 著

陈思和 ◎ 主编

卷七·

日记卷

下

山西出版传媒集团

北岳文艺出版社

图书在版编目（CIP）数据

贾植芳全集 / 贾植芳著；陈思和主编 . — 太原：
北岳文艺出版社，2020.1
ISBN 978-7-5378-4988-3

Ⅰ.①贾… Ⅱ.①贾… ②陈… Ⅲ.①贾植芳（
1916-2008）—全集 Ⅳ.① C52

中国版本图书馆 CIP 数据核字（2017）第 253948 号

贾植芳全集·日记卷（下）

贾植芳◎著　　陈思和◎主编

//

选题策划
续小强
刘文飞
范戈

项目负责人
范戈

责任编辑
范戈

书籍设计
张永文

印装监制
巩璠

出版发行：山西出版传媒集团·北岳文艺出版社
地址：山西省太原市并州南路 57 号　邮编：030012
电话：0351-5628696（发行部）　　0351-5628688（总编室）
传真：0351-5628680
网址：http://www.bywy.com　E-mail: bywycbs@163.com
经销商：新华书店
印刷装订：山西人民印刷有限责任公司

开本：710mm×1000mm　　1/16
总字数：4850 千字
总印张：297.5
版次：2020 年 1 月第 1 版
印次：2020 年 1 月山西第 1 次印刷
书号：ISBN 978-7-5378-4988-3
总定价：498.00 元（全 10 卷）

1987 年秋，贾植芳与哥哥贾芝在家乡祖坟祭祖

1987 年秋，在山西襄汾县东侯村合影，贾芝、贾植芳身后是任敏当时下放农村时住的房子

1994 年 10 月 7 日，贾植芳先生八十大寿合影留念

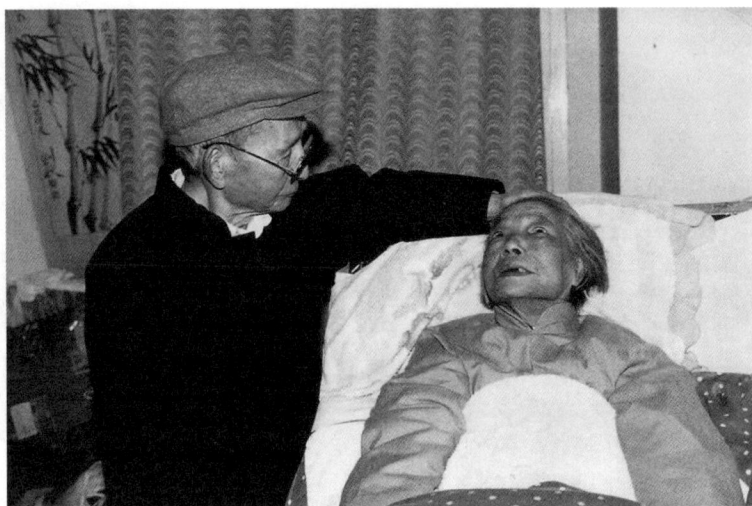

1998年，贾植芳先生与夫人任敏（当时夫人中风）

2008年4月，在上海第一人民医院高干病房，与主治医师、护士小姐合影

编者说明

　　本卷为卷七《日记卷（下）》，收入贾植芳先生 1985—1988 年间的日记。

　　所收日记时间，具体起自 1985 年 1 月 8 日，止于 1988 年 12 月 31 日。其中 1985—1987 年日记题名《退休前后》，收入《贾植芳文集·书信日记卷》，上海社会科学院出版社 2004 年 11 月出版。1988 年日记，此前未曾出版，此次为首次出版。

　　收入全集的文本，将已曾出版过的部分据原整理稿编辑、修订；未曾出版过的部分则据原稿整理、编辑。编辑、修订过程中主要对标点、语法等做了处理，语误、错字、误记等也进行了纠正，个别地方进行了删节。

目　录

退休前后

一九八五年

1985 年 1 月 8 日

　　早上七时许，由京乘火车归来。桂英站接，八时许到家。

　　在京住了十一天，住京西宾馆参加中国作协四次代表大会，我是第一次参加这样的大会——也是解放三十多年来第一次比较民主的大会，提出以反"左"为口号的大会。

　　会到不少友人，尤其是同案人员。去胡家、骆宾基家及徐放家吃过三次饭。元旦日在大哥家吃晚饭，与侄子侄女们相聚。大哥也参加会，时常相坐，金茂年也多次相见和同席吃饭。我和耿庸住同一房间，房间总是客常满。大家一片欢乐气氛。

　　今日到家，思和在此中饭。来人不断，敏说，我外出后无什么人来客往，我一回来又热闹了。把京中亲友相送的食品分送有关同志。

　　离京前夕，静妹自家乡赶来，惜只能在我去车站前交谈二个多钟头，不无怅惘之情。

　　今天看了积压的信件及报纸。

1985 年 1 月 9 日

　　上午去图书馆，美国某大学东亚图书馆副馆长—— 一美籍华人，访沪时留赠我一支圆珠笔及计算器，并带来了托他们复制的匹克威兹论瞿秋白的书（英文本）。

下午睡后，小李领武汉一大学女教师来访。王继权领木斧、上海作协武某及上海文艺出版社的吴某（山西人）来访，并由王在中灶楼上请上述客人，我们夫妇及徐俊西作陪。饭后，又到我们家中喝了咖啡，谈了此次作协代表大会情况而散。

晚饭时，武某说，一九五五年一案他也被株连，因他认识罗洛、罗飞、罗石，审讯时要他交代这些人；又因为他写过论罗亭的文章，还要他交代和罗亭的关系，着实可笑可悲！

上午在图书馆时，林秀清先生来访，谈起经学校邹副校长批准，成立比较文学中心，由中、外文系共同办理。约好明天下午开会。

收到孙梁信及赠书、毕奂午贺年片、铃木正夫贺年片、山西师院小王信、施蛰存信、高汉讣文、美国芝加哥钱存训（F.H.Tsien）信及照片二张。

1985 年 1 月 11 日

昨天未能记日记。下午去外文系开比较文学会议时已感不适，回家后躺倒了，温度达 38.7℃，连忙找来小文医生，打了两针。今天又连续打了两针，温度算是有所下降，晚上到 37.2℃。

因为卧病，上午未参加系学术会，下午未参加党委的此次中国作家大会的汇报会议。

下午扶病工作，写好了邓逸群、高玉蓉的评语，也草拟好王永生、陈鸣树评语。

下午以后王继权、唐金海夫妇都来看视我的病。晚章培恒、应必诚夫妇来。

1985 年 1 月 12 日

早上打了针，温度有所下降——37.4℃。

下午去朱东润家参加学术委员会会议。

昨晚，写好邓逸群、高玉蓉材料。

收到张虹自虹桥机场来讯，他已动身赴美。

晚，工人小张在此晚饭，吕胜、鄂基瑞来坐。

中午方伯初来，约为《嘉兴科技报》题词。

1985 年 1 月 13 日
仍在病中，下午温度有所降低——36.7℃，全日未出门，也少见客。写好陈鸣树、王永生的鉴定。傍晚，培恒来，商酌为高玉蓉的评语。

1985 年 1 月 14 日
早上医生来，温度降低，正常，开了些治气管炎的药。

下午去朱家开学术委员会会议，至六时。

收到艾晓明寄赠的《中国当代文学》第二册。

1985 年 1 月 15 日
上午在朱老家开学位评审会。

晚填好五位送审者的评语，写好吴德润的评语。

收到本期《文艺理论研究》赠刊。

下午思和来。

1985 年 1 月 18 日
这三天未写日记——仍在病中，由感冒发烧到吐泻，据说，这是"肠胃感冒"。今天晚上才想吃东西，总算有起色了。敏也因此感染，由发烧痊愈到左耳疼痛。上午桂英陪我去保健科看了病，下午请周斌武开了两张中药方，还是吃中药保险。

下午有四个研究生来帮忙包扎书，准备搬家。

晚上来客不断。下午由报刊一同志，陪一江西大学毕业的小马（女）去美留学签署了介绍信。

上午思和来过，看病途中，在新华书店购《契诃夫文集》第四册一本。

1985 年 1 月 19 日
上、下午由唐金海、沈永宝二同志和四个研究生帮着搬家。下午乐嗣炳先生的小儿子又弄来一部小卡车同搬，搬得差不多了。

晚，看电视，感冒仍未好，只能吃些稀饭之类，也因此停工休息。

看连环画《朱元璋》。

1985 年 1 月 20 日

礼拜天，开始吃中药。上午写好卜仲康学术评语。

下午顾征南来，在此晚饭。孔海珠送来菜肴——她今天中午请客，我们不能去。

小朱帮修电线，在此晚饭。

收到孙乃修信。廖天亮回武汉，托他带给艾晓明一信。

1985 年 1 月 21 日

仍在服中药，但食量有所增进，病近乎好了。

上午写好上海师大邵伯周学术鉴定。一日有三个中年教师为评职称事来找我，有的人已寝食难安，陷入病境。多少年的"革命路线"，制造了一批又一批为名利不择手段、视个人名利为生命的人们——这个反动路线的实际危险性，就在于它以"公"的名义养"私"，使人与人之间关系都是尔虞我诈的利害关系，它教导人为了个人利益可以出卖一切，由灵魂到肉体，教人"私"字当头。

收到香港中文大学寄来的信件，鲁黎寄赠的诗集，徐迺翔、杨淑贤、万同林信及本期《科技导报》。

第二教育学院老董来，约好本周四下午他们领导来看我，并面送车马费。

晚，吴中杰来坐，送来他的新版《鲁迅传略》一册。晚，潘富恩来，为昌东写墓文的事即托他代笔。

又收到黎丁信。

1985 年 1 月 22 日

上午到新寓整理。午睡后小王来，办好教研室公事——填好工作量表，并给大家的表签了字。

下午费建祥和他的朋友柯平凭（许杰研究生）来。小费费了九牛二虎力，总算给他的父亲费明君彻底平反了，他们一家也得到安排。他说，他为此见到赵总理，谈话三十五分钟。赵说，"胡风集团"的同志，他们都是国家的栋梁，我们每个党员都应向他们赔礼道歉，国家经济好转了，要彻底解决他们的问题。赵为费的事给上海直接挂了电话，作了批示，费的案子才彻底落实。小费又说，他找到公安局，他父亲和我被抄去的书和稿都找到不少，他已请他们整理好，说是准备发还云。他们吃过晚饭离去。

鄂基瑞来。陈思和来，买来去年第十二期《读书》及《朱自清序跋书评集》，又代铃木买了六册《新文学大系》。

晚，给孙梨、梁丽华、王克强、李平写了信，早上发出大哥及李辉信。李辉信附去小廖评《导论》稿。

昨日收到薛绥之讣文，下午着桂英给山东大学打了个唁电，以表哀悼。

1985 年 1 月 23 日

上午搬完家——九舍十三号。大家帮忙。

中午云南出版社老杨在中灶楼上请客。下午来者众多，日下恒夫来相贺，送烟具一套为念。

收到冀汸、何剑熏信，浙江美院讣文——卢鸿基兄本月十四日病逝，深以为哀！

1985 年 1 月 24 日

上午去图书馆办事。下午，第二教育学院中文系负责人等来访，送车马费二百元。陈秀珠、海燕来，在此晚饭。

收到顾征南等信。陈思和在此中饭。收到本期《文史哲》赠刊。

1985 年 1 月 26 日

昨日未写日记：下午去中文系开联欢会，因身体发冷，中途退出。晚，周斌武给开了中药。呕吐。

今日上午，何满子、王戎、顾征南来，在此午饭后别去。青岛师专中文系主任李某来，送来该系名誉教授聘书。

收到本期《学报》，《作品选》序已刊出。

收到《萌芽》赠刊。

陈思和上午来，午饭后别去。

给哈佛大学东亚图书馆副馆长王君写了一信，并附《小说选》一册，由图书馆发出。

1985 年 1 月 27 日

病况有所好转——可以吃些东西了，反胃基本消失，只是嘴仍然苦涩，食而无味。

天阴，未出门一步。上午陈鸣树来，为教育部委托的文学规划事。下午张德林夫妇来，吴中杰夫妇来，徐鹏来。德林要我为他们的杂志写一篇北京作代会观感。

给西南民族学院杨淑贤写了信，连同代为复制的东平资料日内发出。

杂读报刊文，以为消遣。

1985 年 1 月 28 日

上午和敏去邮局，顺路去图书馆，为朱利英工作事，找姜德安商量。

午睡中，华东师大学生陈金荣来，他在研究胡风，拟专程去京拜望。即写一介绍信。

收到香港中文大学李达三教授（Prof. John Deeney）信。

今天仍未痊愈，还有些反胃、发冷。

昨晚看了贾平凹的中篇，写陕西商州地区的改革浪花，甚实在。

1985 年 1 月 29 日

仍在病中，停止吃中药，改吃猴头菌。胃痛，反胃，口里发涩。

未出门，收到何剑熏、姚北桦、《江海学刊》编辑部孙秉德信，朱微明信及稿。

张兵送来稿费六十元。晚徐俊西来。

杂读报纸。

1985 年 1 月 30 日

上午看完江西师大一教师的文章，写了评语。医生小文来看病，给了些治胃痛的药。桂英下午去长海联系好，本礼拜五早上去长海诊视。

下午来客不少，萧斌如夫妇送给我们一块电褥并由老顾安装好，又带来两瓶美酒，他们女儿也由印刷厂来，晚饭后别去。

孔海珠来。彭柏山小女儿来送稿。余安东来。

晚唐金海、苏兴良来。

上午语言组教师宗廷虎、李金玲夫妇来送《修辞学发凡与中国修辞学》。

收到赠书《康濯研究资料》、李存煜来信。

本日仍在病中，不能多食，服药后稍好些。

1985 年 1 月 31 日

整日可称无为，下午写好给李存煜信。

胃仍不适，但稍能吃一些东西了。

1985 年 2 月 1 日

今天敏生日。早上由小唐、小周、桂英陪同坐车去长海，照过胃部片子，照了六张，发现肠部（食肠和胃接口处的下部）有溃疡。九时许坐公共汽车回来。

中午思和来，上述诸人在此午饭。

老姜来，约我下午去开图书馆联欢会——因病，约下午去医院，只好谢了。后，瞿大夫来电，下午我不必去，明天早上桂英取回药就行。

晚，吴中杰、吴立昌、蒋凡来。

1985 年 2 月 2 日

上午姚北桦偕俞润生来访，在此午饭后别去，送俞《小说选》及《手记》各一册，送姚《手记》一册。

长海医生要我住院检查，明早去。桂英为此一天去长海跑了三次。

晚，小周姊弟来，带来春季礼品不少。

收到《嘉兴科技报》登了复制的我的题词。收到李辉、童炜钢信。

晚，给戴舫、孙立川各写一信，托在日本、美国复印巴金材料。明日发出。

1985 年 2 月 12 日

礼拜二。上午九时许离开病房，由桂英、小周陪同去医院门口上车，同病室的王教授、杨处长、小华直送我上车后相别。十时不到到家，医院住了十天。

兴良来，给南师俞润生写了一信介绍兴良的有关文学研究会稿子三篇，托他把给曾小逸的信同时发出。

下午小周（女）来，晚饭后别去。

邓明以中午来，一块儿吃午饭。

下午朱立元夫妇来；宗廷虎夫妇来，这对夫妇先去了医院才找到家里来的，带橘子一袋。

1985 年 2 月 13 日

有风，晴。开始看《文学研究会资料》第一卷校样。

收到香港中文大学请柬，南京大学赠阅的新创刊的《当代外国文学》，本年一、二月号《小说月报》赠刊，李存煜信、孙桂森信，江西人民出版社赠书《王鲁彦资料》。

晚，远浩一来访，唐金海夫妇、邓明以来。上午王继权、苏兴良、鄂基瑞及其女儿来。

万同林来信，他已经将在医院会见我的情况写成一文投寄《新民晚报》。

1985 年 2 月 14 日

未出门，天晴。上午范希衡儿子来，送来他父亲的两部书稿要我为其中的一部——《谈〈赵氏孤儿〉与〈中国孤儿〉的比较》写序。王戎来，一块儿吃过午饭后别去。

晚吴欢章来，他已调上大文学院。

收到颜海平、卢玮銮（香港中文大学）贺年片，新疆大学一教师来信及寄赠的该大学学报三册。

叶易来，送来他的新印的书《中国近代文艺思潮论稿》一册。

1985 年 2 月 15 日

上午陈允吉来。下午，与图书馆各位副馆长坐车去交大参加高教局召开的高校学院图书馆长联欢会，并讲了话，六时归来。

收到王克强信。

1985 年 2 月 16 日

上午在家开馆长会，人事处朱处长来谈图书馆人事。

午睡后，与敏到五角场买书，买了《源氏物语》《西游记》等计十五元——为教育部发的文科计划书酬金报销，并在此剃头。

晚来的有刘玉莲夫妇，杨素隆、顾渝昭夫妇，后者送来羊肉，回赠《手记》一本，前者带来啤酒、苹果贺年。

收到万同林信，及徐州师院邱老师信。收到外文系转来的山口守信及附寄的巴金日译统计。

陈允吉来，约后日去他家陪木之内诚吃饭；着桂英送给日下恒夫信，邀他春节上午来家便饭。

收到学校春节团拜请柬。

1985 年 2 月 17 日

微雨，礼拜天，未出门。

上午颜次青夫妇来，带来海平信及在美照片。

下午敏与桂英去市区购物。

晚，陈福康来，他已考上李何林的博士研究生，特来告辞。

收到朱微明信及附寄的何满子文。

收到阳云信。

1985 年 2 月 18 日

有雨。上午同病房徐伟妻子说她丈夫生了黄疸病，需要用外汇券买进口药，要我们帮助。由敏向王老太太借来有二十七张券的一百多美元的外汇券借她，挥泪而去。

晚，在陈允吉家晚饭，他请木之内诚，由我及李平、吴中杰及一古籍出版社人员作陪，九时许由李平及木之内送我到家。

读台湾出版物《现代中国文学史话》（刘心皇著），从另一个侧面看现代文学运动。

收到王聿祥信。为图书馆事，给谢校长写了一信，早上由小蒋送收发室。

1985 年 2 月 19 日

今天是阴历除夕，阴。

午饭后唐金海来邀去他家午饭，他小女儿生日，只得去坐一坐；徐俊西一家同在。

李平来，赠我一部他所整理的《天雨花》并约明日在他家晚饭，陪冈晴夫教授。

收到小林二男寄赠的去年热天他来沪在家中照的照片和贺年片。收到刘开平寄自旧金山的贺年片。收到聂华苓赠书——她的小说《千山外，水长流》（四川版）。收到朱微明信，并复一信。

晚，同病房营口病号徐伟之妻送来借去的外汇券，为她丈夫在华侨商店买药用的，退回陈老太太。

读胡适的《中国文艺复兴运动》，这是他在五十年代中期在台北的演讲词，是刘心皇的《现代中国文学史话》一书的代序——本文反映了胡适对一九五五年"拉二胡"的观点，颇为新鲜，当是一文献材料。

1985 年 2 月 20 日

春节，晴。早上郑子文同志来拜年，他说，我是党的朋友，自动跟党走，经过多年考验，和党始终一条心。他说，将由图书馆支部张涛同志研究我的入党问题云——也是一个大的讯息。

九时，参加校团拜，每人送文具盒一只为纪念。

中午，约日下恒夫午饭，由王戎、王继权、思和夫妇相陪。

下午在李平家吃饭，他请冈晴夫、日下恒夫二教授，由我及培恒、允吉作陪。饭后，并放烟火。

下午刘植珊军医由孙保泰陪同来拜年，鄂基瑞父女、吴欢章、许宝华、长海小张夫妇来拜年。晚上，小朱一家来拜年。

收到乃修信及贺年片。

1985 年 2 月 21 日

早上出门，坐公共车辆去天山支路——路途遥远，等于去苏州。先到聿祥家，在此中饭。游街后至罗洛家，化铁自宁来，三十五年不见了，他是近半年才"发现"的"出土文物"，精神状态尚好，他带来品镇兄信及血糯、薰糕等。在此晚饭，同席的有满子夫妇、小顾、王戎、斯民以及一个少儿出版社的人员。姚奔夫妇随后也来了，团团地坐了一桌。九时辞出归家已十时许。

收到吴樾贺年片、唐湜的赠书——他的诗集《幻美之旅》。来访留条的有刘慧英（北京中国现代文学资料馆）、张宁（自南京来），孙进贺年片、留条及糕点，以及小蒋说的"来的人多极了"的不知何许人也。

1985 年 2 月 22 日

中午在陈鸣树家吃饭，王锦园相陪。晚，和敏去朱利英家晚饭，由小蒋陪去陪回。

上午来了些拜年的同仁，我和敏也去九舍拜了几家年。

读一月号《读书》各文。

1985 年 2 月 23 日

初四日。晴，上午五十年代同学陆续来拜年，他们是章培恒夫妇，聿祥夫妇，凌云宝夫妇，沈剑英夫妇，张德林、陈秀珠夫妇，张爵侯及秀拔。坐了满满一大桌，真是难得的盛会。

赵博源也随后到来。

下午四时许先后辞去。

本日来拜年的有小高夫妇，李玉珍父女，王永生夫妇，图书馆的小曹、小李、王熙梅、李用存（海运学院，五六年同学），晚上有于敏、王华良夫妇。孔海珠下午偕小男孩来，晚饭后辞去。

小朱（碰伤我腿的）全家晚上来。

收到陈宋惠信及李华飞夫妇贺年片。

1985 年 2 月 24 日

上午上海友人们——耿庸、王戎、满子、罗洛、小顾、姚奔及南京来的化铁、本市的斯民夫妇在此午饭，由小高做菜，尽欢而散。化铁即宿此。晚，在秀拔家晚饭，化铁同去，同席的有章培恒一家三口、顾易生。

收到作协通知。

上午张化民夫妇、童炜钢先后来，为小张之妻去日本筑波大学进修研究生写推荐信签名。

1985 年 2 月 25 日

　　大雪纷飞。早饭后全家和化铁乘公共车辆到闸北公园，满子在这里的峨嵋餐厅请客，庆祝我的七十岁生辰。菜肴精美，完全四川风味。食毕，又步行至满子家喝咖啡。他的夫人谈起，"文革"中，她回到满子家乡，他们四十年代初期结婚时用一块绸子请来宾签名留念，这个纪念品被造反派抄出，认为是反革命联系名单，她被剃头，戴高帽游街批斗；又因为满子的哥哥——解放军高级军官的一张穿军装的照片被抄出，满子哥哥人瘦长，被造反派认为这是蒋介石照片，对她严加逼害，她求生不得，等等——这真是荒谬绝伦，千古闹剧。打上革命招牌的野心家、封建主义者，利用群众的愚昧无知以售其奸，但玩弄历史的人，终究要被历史清算。

　　三时许雪仍然下个不停，遍地泥泞，本来预备去老耿家夜餐，只好告退，由耿兄单位的车子送我们回家。

　　昨日晚，化铁住此，我和他谈及一九五五年以后的遭遇，桂英录了三盘音，也算回忆录的一个部分。今晚重放音调清楚。

　　收到上海作协开理事会通知。

　　《新笑林广记》一则："文革"中"牛鬼蛇神"都得读毛主席的《敦促杜聿明投降书》，一个造反派战士为此发出提问曰："敦促"这个人要杜聿明投降，为什么要毛主席代他写信，难道还有比毛主席他老人家更大的人？

　　一个知识分子的死亡："文革"中知识分子都是灾民，在死亡的威胁中作生之挣扎，一个不大不小的知识分子在批斗中求死不得，又不愿死在红卫兵小将的"无产阶级专政"的铁拳下。他逃向荒野藏身在一个古树的仅可容身的树洞里，哪知这是胡蜂的世袭领地，它们的千年王国，他一藏身其中，就被数不清的胡蜂包围，被大小胡蜂的毒刺从他身上吸吃口粮而死——一个奇怪的死亡方式。"文革遗话"。

　　赵匡胤陈桥兵变时黄袍加身被部众拥立为帝，取周而代之。其母杜氏（此时已贵为皇太后），在群臣朝贺时，却愀然不乐，左右进曰："臣闻母以子贵，今子为天子，胡为不乐？"太后曰："吾闻为君难，天子置身兆庶之上，若治得其道，则此位诚尊，苟或失驭，求为匹夫而不可得，是吾

所忧也。"（见《续资治通鉴·宋纪》，此所谓"大丈夫不可无权，小丈夫不可无钱"也）

1985 年 2 月 26 日

仍然阴雨。昨日大雪，报载有殒命者。

未出门。读《续资治通鉴·宋纪》。

收到马良春、万同林、邵康铭等信，及赠书本期《长江》。收到浙江文艺出版社赠书《全国大学生毕业论文选编》，其中选有思和、李辉论巴金文，附有我写的评语。

收到《文学报》寄赠的一张该报，其上刊有我和乃修合写的论比较文学论文。

复邵康铭信。

1985 年 2 月 27 日

阴雨，未出门一步。

上午卢倩来，她来沪出差，已结婚。送她床罩一张，作为纪念。写给马良春信。

读《续资治通鉴》元史卷。

1985 年 3 月 1 日

昨日未记日记。上午去图书馆参加新馆设计会议。归来时，小丁、小周、思和已在候。他们编的《中国现代作家家书集》已大致编就，并带来了《后记》的录音，放给我听，要我早日炮制好序文。他们中饭后别去。

下午张晓谷来，他系自北京父母处过年回来，送家属到宁后，由此而转到太仓开会。晚饭后即宿此，今日离去。

今日上午陈宋惠带其长子及长媳自常州来，带了不少礼品。他的儿媳，南京工学院外文系毕业，想考我的下届研究生。即给她讲了些考试科目及要求，并举出一些参考书，借她一册《文艺学》（上大文学院编印）参考。午饭后别去。

昨晚，研究生吕胜来。下午陈德祥来。徐贲来，他已考上这里的博士研究生。

收到范希衡儿子的信，附寄来他父亲的小传。收到黄仁沛信、孙梁信并寄赠我一册《文艺论丛》及《上海市外文学会一九八二年年会论文选》，上面都有他的文章。

收到徐昌霖新著的赠书《电影民族形式探胜》。

上午王继权与出版社的吴德润来访，谈印古籍善本事，并约好下礼拜（二日）约该社负责人李龙牧来深谈。

今日下午与敏及小周一块儿去长海看病，桂英已先骑车去挂号，今日上午天气放晴，等到长海时却已大雨如注了，冒雨坐街车归来。

去长海时在宿舍门口遇到林秀清教授，在门房小谈。她说五月十八日校庆前举行比较文学报告会并出文集，要我也参加发言，并为论文集写绪论云。

1985 年 3 月 2 日

天阴，早上老姜接我到工会参加"情报资料检索讨论会"，到会七十余人，我代表本校图书馆致以欢迎辞；随即辞出，由老姜送我回家，并在家中略谈了编辑图书馆丛书问题，约定下周二下午和校出版社负责人在我家开会。

看文学研究会校稿。

收到戴舫自美来信。

1985 年 3 月 3 日

礼拜天，阴，上午和敏去邮局发出两封香港信——梁少光、卢康华，并去图书馆看望值班同志，在小店买了圆珠笔芯。在邮局购本期《文汇月刊》一册，归来读刘宾雁记作代会文（《我的日记》）。

这两天读西方论苏联五六十年代文艺界情况的论文，与中国实际相对照，很有意义。

晚，在小朱家吃饭，陪客有一对医生夫妇。

收到李辉信。

1985 年 3 月 4 日

天雨——不大不小的雨零零落落。

未出门。看文学研究会校样。

收到华中师院研究生王兴宏信。寄出给李辉信，晚写好给莫贵阳信。

下午王继权、吴德润来，商谈刊印图书馆丛书事。晚，应必诚夫妇来，他们回福州探视，带来紫菜及桂圆，当地土产。

收到浙江文艺出版社稿酬三十元（《大学毕业生论文选》一书中我的两则批语稿酬）。

1985 年 3 月 6 日

晴。昨天未记日记，也想不到该写些什么了。晓谷下午自太仓开会来此，住了一夜，今日午饭后回宁。

上午陪晓谷在校园内走了一圈，敏同行，并在新华书店购书数册。

下午，上外小谢、小吴来，谈比较文学研究会成立事；王锦园来。

昨日陈思和来。

晚，蔡传廉来闲坐。

收到北京大学出版社信，他们本年编一个小说教学参考书，要选入我的《理想主义者》，即复一信。

收到顾易生信，转来乃修开会通知，即给乃修一信并附去该通知。

收到本期《上海学刊》赠刊。

1985 年 3 月 7 日

又下雨了。上午与敏到国权路购痰盂一只。看徐瑞岳材料，为他评副教授职称写鉴定。

下午来人有于成鲲，约我为他编的《外国散文选》写序。两个毕业生先后来：一为许光明，写中英小品文比较；一为吴征（女），写Dostoevsky。给他们讲了些治学之道和必要的读物。苏兴良来，送来他负责的《文学研究会资料》第二册校样（部分）。晚，研究生小廖、小吕来。小廖说他们那个地方（襄樊地区）的山区人民（农民）仍极贫困，仍衣不蔽体，因过不了年有好几起自杀事；又说，外来的黄色录像在他们山沟里也数见不鲜云。

唐功儒夫妇来，送来元宵，昨天是正月十五，我们倒忘了。

收到万同林信，他说在南大研究胡风的美国女留学生已回国，是美共党员，名字为 Terni Kuskouski，是美国 Wisconsin 大学的。看名字，恐怕是俄裔。

今天一早，保姆小蒋以生病为借口离去——昨日下午有她一个同乡小姑娘来，她即作整理行装准备，今日一早双双走了，看样子是另有高就——这也是新时期的一个新现象，一些农村妇女流入城市，这家干几天，那家干几天地游荡，可称是吉卜赛式的流浪人。他们共同特点是少干事多拿钱，哪里有这个机遇往哪里跑，只讲她个人利害，不讲感情人情，这也是一代颓风在她们身上的反映。

收到北京大学寄赠的《比较文学通讯》一本（油印）。

给乃修及北大出版社发了复信。

1985 年 3 月 8 日

天仍在雨，未出门。

收到梅志信及寄来的本期《新文学史料》及刊有她的散文的《小说导报》。

收到邵宗武（山西大学）信。

上午思和来，在此午饭。

晚，一个毕业班同学朱光甫来，他要写有关人道主义在"五四"时期的论文，我是指导教师。

图书馆小李来，她为我译好给李达三信，我签了字，明日发出。

1985 年 3 月 9 日

晴天——难得的好天气。下午全家去福州路购书，见了上海书店的刘华庭，承他送该店新近翻印的司马长风的《中国现代文学史》一部及周作人、赵景深、巴人的作品集，购得郑振铎的《中国俗文学史》、蒋瑞藻的《小说考证》等书。

一年多不来这一带了，原来冷落的马路，现在也是人山人海，车子成队。

晚，朱利英、小周（男）、同乡小张来。小张从家乡来，带来李仁和的信及酒、醋。他们农村大变样，农村歌颂邓小平，称为"邓大仙"，但老干部很抵触改革，知识分子仍不能得志。收到徐洒翔、曾卓信，曾信说：吴奚如已去世。想不到故人又谢世一个，哀哉！

唐金海夫妇来，送来柏山资料。

1985 年 3 月 10 日

礼拜天，整天下雨。上午胡曲园夫妇来，胡说，五十年代借我的《金瓶梅》，"文革"中被抄；他在粉碎"四人帮"后已声明书是借来的，我现在管图书馆，请我问一下云。

小周（男）来，在此午、晚饭。

下午，小王（研究生王东明）来，送来施昌东小说稿及他写的意见；徐贲来；应必诚与王继权来，商量日下恒夫回国前的工作问题，并说我申请五百元作为上海比较文学研究会会费一事已批准。即写一字条，请汇给该会秘书长谢天振。

校文学研究会稿。

1985 年 3 月 11 日

昨夜十二时前休息时，胃部突然疼痛，一直到今早七时，也影响了安眠。为此，请来小文医生，由金海、桂英陪同，乘校车到长海，由主治医生许大夫检查——是胃受刺激，所以发生痉挛性的疼痛，因此他将原定的十三日作胃镜计划又延至二十二日，又拿了些药，归来已十二时。

下午睡至四时许，胃痛在上午去医院上车后已渐痊好。

早上姜德安来，本日馆长会议只好请假了。

收到江苏大学评审学术费三十元。

谁不愿在人堆里渴死，他必须学会从各种杯子喝水的法子，谁愿意弄干净身上在人堆里走，他必须学会洗濯，甚至于拿污水洗。

——尼采

1985 年 3 月 12 日

天晴。上午与敏在校新华买了三十元的书。下午，午睡后，第二教育学院老吴等领导同志来拜年，带着礼品，约好下周二下午（十九日）去给同学讲课。

晚，学校由林克同志出面，请日下恒夫在静安宾馆吃饭，我及老应、老王出席作陪，作陪的还有强连庆（教务长）、外事处副主任、苏德昌，八时归来。

思和下午来，王戎来，在此午饭。思和为《巴金研究在国外》一书写好给出版社的信，明日发出。

1985 年 3 月 13 日

天雨。下午去朱东润先生家参加系学术学位会议，讨论学术、学位（教师及研究生）事。散会后，在王中家小坐。

唐湜自温州来，在此晚饭，由王锦园陪同，饭后别去。

写好徐瑞岳（徐州师院）副教授职称评语。

继续校文学研究会材料。

本日发出给黄仁沛信，我和思和都写了一些。

1985 年 3 月 14 日

天晴出太阳。

早上和敏去图书馆，借来胡秋原的《古代中国文化与中国知识分子》。回家后，晚上即翻阅此书（共上、下二册），虽思想反动，但引证宏富，有些议论亦值得深思。

由图书馆到校新华买书，花了四元多钱。

中午卫林的女婿小刘和他的同事小李来，他们是工人，来自唐山，带来当地的土产扫帚、虾米及香油。他们是来采购的，午饭后离去。

敏午后去北四川路，请她买些罗布麻，因为这几天吃前门烟，又有些咳嗽了。

1985 年 3 月 15 日

晴天。早上，老姜找我到图书馆开会——商讨新馆布置事宜。十一时许，小吕送我归来，在家门口遇黄润苏，她由小李陪来等我很久，留茶叶一筒。

中饭时，赵博源来，林秀清来。下午思和来，送来我的散文编目，晚饭后去。

由邻居一个老女佣介绍来一个小姑娘做保姆。

收到孙乃修信。

1985 年 3 月 16 日

阴天，未出门。下午来客有张唤民和他的爱人以及他的同事金华；小张的爱人（忘其名氏）要去日本筑波大学攻读，由我签署了推荐信。外文系的施小炜由王东明陪同，送来上海比较文学研究会的登记表。

晚饭时孙进来，为他去美国攻读学位签署了推荐信。他的小说《留学生楼》由他改编成电影剧本，留下一册打印本。

小周来陪我洗澡不果，说是发烧，晚宿此。

晚饭后，朱立元夫妇来，吕胜来。托吕胜还去借外文系的书。

收到谢天振及一青年的来信。

校 T.Gautier 的《浪漫派的红半臂》一文（文学研究会材料收辑），录出其中二段：

"我还有一种特别的嗜好，就是喜欢红色，我崇拜这尊贵的色彩，虽然它给政治的疯狂侮辱了……"

"文学的仇恨要比政治的仇恨热烈得多，因为它挑拨自尊心最灵敏的纤维，在那里动作，并且对方的胜利就是自己的愚蠢，所以在这种境遇里，世界上最可敬的人们也会使用最不名誉的手腕，大的或小的，一点儿没有迟疑。"

发出给邵宗武、孙梁及廖宗宣信。

本日下午收回被抄没的书籍《绿野仙踪》，是乾隆本，失去小半部。但能收回这几本，也算中国政治上的一大进步云。

1985 年 3 月 17 日

星期日，天晴未出门。

写好给梅志、章品镇信。思和来信，要我给他写加入上海作协的推荐信，说是作协开会时指定要我写的。即写了两张纸，并另给李子云写了几句，明日挂号寄出。

1985 年 3 月 18 日

下午，教研组在家开茶话会，欢送日下恒夫教授回国，除组内同仁外，章培恒、应必诚以及广州师院进修教师彭康（女）亦出席。

收到江西大学评审费三十元。收到卢倩信。晚，写信给新疆师大黄川一信。

续看文学研究会校样。

下午上外小陈和他的爱人来，小陈送来二十一日比较文学开会议程表，我作为协会主席列入第一个发言。

1985 年 3 月 19 日

下午由第二教育学院的中文科总支书记小丁同志驱车来接，与中文系的师生见面并讲了作协大会的观感，大约一句钟，又由小丁同志驱车送回。

晚饭后，全家三人和金海夫妇去看日下恒夫并送了送别礼品，约他明日下午来家吃水饺，以示送别。他提到蒋孔阳女儿在《青海湖》（本年三月号）上的中篇小说，并找出给我看了一下，是以施昌东为背景写的，也写到我（罗教授，身份是中文系主任），费了不少篇幅。

王祥送来本月十二日《光明日报》，那上面登了《外国纪实文学》创刊号的广告，有我的《忆丸善书店》一文。

小周（男）因病，在此休息。

晚，给卢倩写了她去美国留学的推荐信和信；给潘旭澜写了信，明日交日下恒夫带回日本。

本日天晴，完成《文学研究会资料》上卷的校勘工作，并给责任编辑夏晓远写了信，明日发出。

晚，张幼娟来。

1985 年 3 月 20 日

阴雨，未出门。上午上外小谢、小郭以及华师大小于来，谈明日比较文学上海协会成立会事，把复印的梁启超有关佛经翻译文学的文章交给小郭。

晚，为日下恒夫送行，由王继权作陪。日下送桂英贺仪五十元（外汇券），送我一册日文本《世界文学年表》。我送他一本徐州师院编的（一九七八年）打印本《老舍资料集》。

晚，卢鸿钢来，他将到上海文学院工作。

1985 年 3 月 21 日

天晴。早八时，偕金海、王东明去文艺会堂参加上海比较文学研究会成立大会，因我被选为会长，致了开幕词。

会到了各方面友好，中午在此午饭。

下午续开会，三时半敏坐车来接，与早上同去的人同归。

晚，无锡王毅愚来，他调当地教育学院工作。

1985 年 3 月 22 日

天晴。上午未出门，看赵博源译稿——日本人写的，论早期鲁迅与周作人在思想上的微妙分歧。

下午五时许，小谢与小孔来，接我们夫妇去上外外宾招待所参加晚宴——上海比较文学研究会招待参加此次成立大会的外地来宾杨周翰、赵瑞蕻等人，作陪的有王辛笛、朱雯、辛未艾、林秀清、倪蕊琴、廖鸿钧等人，宴间热情活跃，尽欢而散，并由赵瑞蕻的儿子摄影留念。

与参加会议的孙景尧、谢挺飞及西安外语学院的黄君、陕西师大的蔡君、北师大的陈君，同乘面包车到我家小坐。

1985 年 3 月 23 日

上午林秀清来，送我花一盆。她参加昨天的中国比较文学研究会筹备会，会上决议拟十月在深圳举行，要我参加并发言（写一篇有关中国比较文学的文章）。

午睡后，孙景尧来，带来他在香港复印的《近代翻译史话》（韩迪厚著）一册。

晚，在唐金海家晚饭，陪景尧同食，有吴欢章在席，我与敏同去。

晚，九时许看电视，上海台转播了前日上海比较文学研究会成立大会的场景，时间极短，一晃而过，主要显出王元化讲话镜头，只报了我及巴金、元化三个名字。

下午四时到八舍送日下恒夫回国，他在招待所门口与送行的人照了相，才上了车。他来此二年，算结束了。

1985 年 3 月 24 日

礼拜日，景尧上午来，在此午饭。下午孙立川来，他自大阪回国度假，二十七日将与陈淑荣一块儿飞日。

他们二位晚上都宿此。

1985 年 3 月 25 日

昨夜孙景尧、孙立川宿此。今日早餐后，孙立川别去，他将于二十七日偕陈淑荣去大阪。我们夫妇与景尧到八舍招待所访杨周翰先生，又同到寓所喝茶。上外陈喆来访杨先生，并代《文汇报》要我就外国文学与中国现代文学问题写一文章。中午，林秀清教授在中灶楼上邀杨周翰、孙景尧便饭，我们夫妇作陪。

下午，孙景尧应邀去上海师大讲课。

收到刘北天、王玉峰（女，财经学院）、万同林信及解放军文艺出版社寄赠的新书《李英儒研究专集》及《胡可研究专集》各一册。

下午，罗小宁来过。

天晴，昨夜落雨。

1985 年 3 月 27 日

昨天未记。下午请杨周翰在家晚饭，景尧作陪，景尧晚上宿此。上午去图书馆公干。

今日下午四时和敏去八舍招待所给杨周翰送行，他飞回北京。在八舍门口送别后，一个人洗了个澡。

上午上外小谢来，外文系小张来。

收到留妹信。晚，徐羽厚夫妇来，送结婚喜糖。

1985 年 3 月 28 日

上午到图书馆开会，借来《绿野仙踪》《明珠缘》的另外版本。后一本小说，写明末大宦官魏忠贤的生活史，颇像中世纪的欧洲恶棍小说。据老孙说，还藏有一个善本。

中午林秀清来访，说是鲁阿夫人下月三日上午十时来看我，下午在作协讲话云。

下午陈衡粹大姐来，晚饭后，由桂英送回。

晚，沈永宝送来路翎材料，和他聊天，谈一九五五年案。

写好赵博源学术评语。

1985 年 3 月 29 日

未出门，写好学校要的比较文学条目，填好《当代中国社会科学手册人名卡》，送出赵博源评审材料。

中午林秀清来；下午沈永宝送来我那篇文章，即给《文汇报》徐启华写信寄去。

晚，写好给王玉峰信。

1985 年 3 月 30 日

早七时许空腹去长海照胃镜，由兴良、桂英陪同。手术在病房做，由许大夫动手。检查结果说，已基本痊好，又开了一瓶药，约明年再照一次。

下午午睡后与敏去五角场闲走。

晚昌东的大哥来，他从温州来看病，约明天中午来便饭。

1985 年 3 月 31 日

星期天，天气美好。

上午高汉未亡人周老师、范任的儿子先后来，加上昨天约好的施昌东的大哥、侄儿、儿子，大家一块儿吃了午饭。

午睡后与敏到校内剃头。

归来后，曾小逸夫妇来。晚，杜月邨来。

晚，改好中文系课程英译名。

1985 年 4 月 2 日（补记 4 月 1 日）

昨夜未记日记，今晨补记。开始读朱微明母子编的《柏山资料集》，满子为柏山作的论，实在很好。他通过柏山的创作历程，声讨了"左"的危害在文学上所造成的深重灾难，而这种"左"的条条，在柏山的后期创作中也未能免俗，用一些简单政治概念来代替对人物性格的丰富的塑造，人物成了简单的政治符号；但虽然如此，也可以说，积习难改，柏山的创作中仍不时流露出一些生活真实的东西，这些零星的东西才代表了作品的生命。

下午李玉珍来送稿。王东明送来华鹏信，要我们夫妇在本月中旬趁参加那里召开的文学理论讨论会之际，前去一游，"三月驾鹤上扬州"。

收到陈公正寄来的《创造社资料》，共两卷。

收到本期学报赠刊。

（2日晨记）

又昨日上午外文系法语组一杨姓教师来说，定于三日下午请法国巴黎大学的鲁阿夫人讲演事，改在当天上午九时，并由我主持。晚上外小谢来电亦如此说。即给孙梁写一信通知。

1985年4月2日

天下小雨。中饭后不久，林秀清教授领巴黎第八大学教授米歇尔·鲁阿夫人和她的助手哈诗来访。鲁阿女士是法国的中国现代文学研究家，鲁迅的法译者。她说自一九七三年以来，已前后来过中国七次了。哈诗则于一九七七——一九七九年在复旦读书，中文说得很好，他说，那时就听说我，只是不知人在哪里。鲁阿夫人问起冯雪峰情况以及五十年代运动的情况，她对三十年代以来左翼文艺运动史料似乎很熟悉。

写好朱微明编的《彭柏山研究专集》的审稿意见。发出给福建人民出版社陈公正信，推荐伯群、华鹏论鲁迅的书，也提到出版我的散文集问题。

下午景尧来，旋又回南翔去托人购车票。他去了一次杭州，浙江文艺出版社的小罗说不久来沪访我，写我的报告文学。孙说，他是个高干子弟，但译过一些苏联作品。

1985年4月3日

天气美好。上午七时许，与王东明乘校车到作协参加法国巴黎第八大学米歇尔·鲁阿夫人的报告会，因为时尚早，先到作协办公室和资料室各坐了一会，碰到魏绍昌。

九时开会，到有百余人，以懂法文者居多，我也以会长资格致了辞，鲁阿夫人论大战后法国对人道主义的认识和评价态度。她的论题颇宽阔，其中论萨特、马克思、弗洛伊德、鲁迅与人道主义关系各节，都很有内容。她的助手哈诗讲了中国文学在法国评介、评论情况，他认为中国解放后"没有文学",虽然出言未免刻薄,但值得深长思之。因为校车十一时来接我,所以未及终会,偕小王告辞而出,坐车归来。

在会上碰到孙某,三十多年不见,他已是白发人了。陈喆当场给我写了一则报道,并拍了我和鲁阿夫人的谈话照。

中午,思和、东明相陪,思和是上午来的。

下午,李辉的舅父和父亲先后来。四时许,吃过茶点后送他们上了电车站。

晚,与瞿大夫同去八舍小瓯处看昌东的大哥。他由温州到上海求医无门,前日托了瞿大夫给他在胸科医院找相熟的人,总算找到门路了。

收到李子云、夏嘉杰信。给王辛笛写好一信,附去我那篇论比较文学在中国的论文的印件,他前此向我索要此文。

1985 年 4 月 4 日

天气好。下午和三个研究生与老苏、小周开了个碰头会——关于外国文学译本书目。

晚,看陈受颐先生的旧文《十八世纪欧洲文学里的赵氏孤儿》,有感于英国作家将《中国孤儿》英译本中的历史人物名氏更改,把春秋史事移为明末清初,因而写了个杂文《中外所见略同》。

本日《新民晚报》登了我和米歇尔·鲁阿夫人的谈话照,并有文字说明。

收到河北花山出版社赠刊《小说选刊拔萃》。

1985 年 4 月 5 日

未出门。上午上外小吴来,景尧弟弟来。晚朱立元夫妇来,送来小王的论夏衍剧作的稿文,要我写些评审意见,再送复旦出版社。

收到师陀信。收到杨周翰信及赠书《攻玉集》。

中午,应必诚来,送来去香港开会的出差表。思和上午来,在此中饭。

敏午后去同济看望余太太。

晚,收到谢挺飞信。

1985 年 4 月 6 日

阴有小雨。上午图书馆领导干部在家里开会,讨论馆务。写好一份评教授（浙江师院）的鉴定书，把前几天写好的浙江师院的第一份鉴定书托资料室小魏来家串门时带交中文系。上午，陈鸣树带纸笔墨汁来访，要我为他编的《胡风论鲁迅》一书写个封面题签，即写了横的竖的各一张交差。

收到静妹信及外甥光明信、南大外文系一毕业生信及上海作协开会通知。收到本校外文系董问樵教授寄赠的《席勒》一册，又收到本期《艺谭》赠刊。

晚写好《给爱人的信》一书的序草稿。

1985 年 4 月 7 日

下午和敏去五角场散步，天阴，礼拜天。

晚上写了一堆信，孙立川、大哥、华伟、赵博源、何寅泰。

收到本期《萌芽》。

1985 年 4 月 8 日

未出门，天晴。读这一期《萌芽》作品，青年们生活在大动乱时代，对人生有所认识和感受，从生活出发写的作品，所以是真的文学，而不是像那些年来，从某种政治需要来"创作"文学。这是中国文学的一大转机，也是出现了生机。

收到艾晓明信，她已考上李何林博士研究生。又收到冀汸信，附寄来敏和王戎上次去杭州时他们的照片。他将于五月去南斯拉夫。

晚，第二教育学院的学员周某带一青年照相者来给我拍照，说是他们学校的黑板报要介绍我，需要一张照片；他上次访问我写的文章，将发表在下月份的《闵行文艺》上，也急需一张我的照片。

1985 年 4 月 9 日

一早去图书馆开会。饭后，思和送来《小说界》二册，是赠刊，登了我的一篇谈中外小说比较问题的短文。下午华师大二同学来，他们要编中国现代流派丛书，要研究胡风、路翎，借去香港版的《中国当代文学论稿》（大陆部分）一册。晚，王继权、王锦园等相继来。

晚，给桂英对象小周谈话，又给桂英谈话。

收到李辉信。湖北文联讣电，吴奚如病逝，于十三日开追悼会。

1985 年 4 月 10 日

天有小雨。午睡后，财经学院外语教研室的王玉峰来访，她写些诗，曾写过两信。应必诚来，要填两张表：一张是"高等学校哲学社会科学博士学科点专项科研项目科研基金评议人推荐表"，说是系里推我为评议人；一张是"高等学校哲学社会科学博士科学点专项基金申请评审书"，列入国家项目，可申请经费（最高四万元，原为十万元），即报了两万元。又填好去香港开比较文学会议申请表和出国人员申请表各一份。

晚，与桂英去礼堂看《黑郁金香》，系大仲马小说改编者。

收到万同林信及今年第一期的《文艺理论研究》。

1985 年 4 月 11 日

未出门，写好杭州大学两个评副教授的教师的学术鉴定。外埠来的这一工作，算告一段落。

收到王克强信。

唐金海中午来，下午陪敏去市区购物，他赠我一册本期的《上海大学学报》，那上面刊载了他妻子小张的译文《论巴金与俄国文学》，是由我校改的。

袁越来访，送来他的长篇《大学城》，请我先看一下。

1985 年 4 月 12 日

下午，王东明陪中国作协创作研究室的李炳银、吴秉杰来访，谈了近两句钟，他们都记了笔记。李是一九七一年复旦工农兵，吴系北大工农兵。晚，唐金海领湖北人民出版社的老罗和小左来访，他们索取外国文学稿，即将海燕译稿交给他们。

晚，大阪外大研究生（本校外文系学生）晓东来访，带来孙立川信及相浦杲先生赠的"人形"一座。

收到杨爱唐信，她的学校已改名湖北大学了。

1985 年 4 月 13 日

下午，萧斌如领解放军文艺出版社王安刚来访，他在研究中苏军事文学比较，坐二时辞去，赠他《手记》一册。

晚，约湖北长江出版社老罗和小左晚饭，唐金海、萧斌如作陪。

上午写好凌云宝职称评语。

收到外甥景明信，收到江苏师院大学《文教资料简报》近期二册赠刊。将海燕所译英国长篇小说稿推荐给湖北长江文艺出版社，由他们在此带回审阅。

1985 年 4 月 24 日

十四日和敏随同本校徐俊西、应必诚、杨竞人及老应的三个研究生动身去扬州参加文艺学和方法论学术讨论会。我们和大家一块儿坐硬座，我说，把我摆到软卧，等于"隔离审查"，还是在一块儿同坐倒热闹些。当天中午到镇江，扬师已派人车接，近句钟到扬州，住在西园饭店，我们夫妇被安排在山下的一座小平房内。这是一座花园式的宾馆，园内广植花木，是个清幽的世界。十五日上午正式开会，我坐在主席台上，作了即席讲话。二十一日又作了一次专题发言。会议有百多人，开了八日，中间曾去扬师祁龙威家午饭，并参观了该院图书馆书库。十九日曾全体去镇江旅游一天，逛了焦山、金山及甘露寺。一九五三年夏我和敏曾到焦山寺小住约旬日，后以病回沪。我们访问故居，（原方丈室）已变作饭馆。伯群说，他打听过，原来的方丈已调到上海静安寺。和尚也兴人才流动了。

二十三日乘旅游车返沪，学校曾两次派车去接，总是找不到我们下车的地方，还是坐公共车辆回来。同晚看了桌上一大堆信件及邮件。晚上谭兴国和宋某（山东《小说评论》编者）同来，就请他们在家便饭，由金海夫妇陪同。

今天上午去中文系，就李达三（John Deeney）、杨观海（Peter Glassman）来函来电欲访问复旦事，向校上写了报告。

下午看了大哥寄的他写的关于民间文学的比较研究论文稿，他要我提些意见。他已自北欧回国，兼了武汉民族学院的兼任教授。

今日下午王戎来，谈到老耿带来的北京近况，说胡公因便血住院；说贺敬之找绿原、徐放、牛汉谈话，说他在下台前要把"胡集团"平反时留的尾巴弄掉。王戎说，前几天胡耀邦关于新闻问题的谈话，首次公开为"胡风案"平反。可惜外出近旬中，我未看过报。

今晚，金海夫妇在家请谭兴国等晚饭，我们夫妇和徐俊西作陪。饭后，又同到谭等住的八舍招待所，又遇到文研所的杜书瀛。

今日把《文学报》送的五十元稿费全部汇给乃修。在扬州碰到文研所的新所长刘再复，他答应回京后解决好乃修的房子问题。他说，文研所将由封闭型走向开放型。

今日上午去图书馆拿回小乔代为复制的我一九三八年发表在《七月》上的独幕剧《家》的复印件。

1985 年 4 月 25 日

上午写信给大哥、肖寒、万同林，明日发出。发出给陈巧孙信，附寄去周春东稿。

下午参加校学术委员会会议。晚，在朱先生家参加系学术会议，评审工作又进入忙碌阶段。

收到罗飞信及《女作家》创刊号。

1985 年 4 月 26 日

家里整天人流不息，实在弄不清来了几个人或几群人。下午，研究生秘书刘远游来，约小张德林给我和两个研究生照相，作讲课状，说是要用在校庆时的什么地方，性质应该是一种宣传品。陈思和带两个三年级学生——小张（女）、小王（王运熙儿子）来，说是这两个是班里拔尖学生，按新规定，拔尖学生由导师带领，将来可以免试推荐当研究生——给他们讲了近二个钟头的治学之道。山东《小说评论》编者宋某来。晚上来的有吴中杰、朱立元夫妇、苏兴良夫妇和卞大哥，后二人是给桂英送结婚礼品的。桂英将结婚，送礼者络绎不绝，世事本如此耳。

为卢倩信写的十五份向美国大学的英文推荐信，一一签名，并写了短信，明日寄出。

收到同村王克强寄来的四月二十日《临汾日报》，那上面有他写的一篇记我的文章，题名《欣慰的纪念》。

收到改版为报纸型的《文艺报》创刊号，又收到四川召开四川老作家讨论会的邀请信。

上午童炜钢来，送来他的论文。伍蠡甫先生的研究生徐贲来，送来一本《文艺理论译丛》（五十年代出版物），说是五十年代借我的，封面上打的红笔叉叉是造反派划的；版权页上贴了一小方白纸，那原来是我的图章，由他贴上纸盖住的。

1985 年 4 月 27 日

午饭后与敏去五角场购人参蛤蚧精一盒，又购白酒二瓶，桂英明日结亲娶婿，备家用也。

上午，外文系日语老师朱舍和与大阪大学研究生罗东跃来访，谈系比较文学事。

发出给大哥及卢倩信。

收到学报赠书《金瓶梅研究》一册。

1985 年 4 月 28 日

接梅志信，知风兄已查出贲门有癌变，我在看信中，不觉眼泪夺眶而出。我们这些人受了多少年苦，但一九八〇年的那个"文件"却仍然留个不干不净的"尾巴"，表示他们还没有全错——这种流氓行径用于治国安民之中，这说明宗派分子的丑恶本质，这也是目前改革阻力之所在。

上午高文塚来，带来一月间在京中开会照片，是老耿带回来的。顾征南来，带来小锤给桂英婚礼汇来的四十元贺仪，午饭后别去。

今天在中灶设了两桌，宴请小周一家，就算他们的结婚仪式了。全赖王继权同志的张罗，才完成此一大事。

上午叶易来，送来景尧寄他的本期《文贝》（英文本），刊登了胡兄的《我与外国文学》和我为《比较文学导论》所写的序文。胡文的译文有些弄错的地方，这也难怪——译者都是些青年朋友，他们的现代文学知识有限。

1985 年 4 月 29 日

上午给老耿电话，将胡公生病事通知他，请他先写信。给系办公室小于电话，请代发李达三电报，告他已去函香港中文大学邀他来复旦讲学。

下午林秀清来，约我下月六日上午去外文系做关于比较文学报告。

晚，毕业生小朱来，为他的毕业论文（关于中国的人道主义）提意见；应必诚夫妇来，给桂英送礼。

晚，约小卞一家来晚饭。我和他们是患难中相识，由于我身份改变，好久未在一块儿吃饭了。

收到巫岭芬信及补注的夏衍资料稿、皇甫江信及他写的《扇子考》打印本二册。

下午将吴欢章的学术评审材料交中文系。吴欢章下午来，借去《意度集》一册。沈永宝来，他将去武汉参加闻一多会，写曾卓一信，托他带交。

1985 年 4 月 30 日

早上，小周、桂英找我们谈一块儿生活问题，我主张"自食其力"。八时许去图书馆开会。下午去研究组开会，请我谈了些扬州会议情况。

中午思和来，将为《给爱人的信》所写的序言，请他誊正后交小丁。

晚，唐金海夫妇全家及张廷琛来。

收到万同林、吴樾信。《文汇报》退回那篇外国文学与中国现代文学的文章，嫌八千字太长，要重写一篇二千字文章。

开始校对《文学研究会资料》第二册校样。

1985 年 5 月 1 日

节日，整天在家。敏昨天抄好我的一篇杂文《论中外所见略同又有不同论》，改了几个字，今日给李平写了一信，请他酌用在《艺谭》的"橄榄集"栏内刊出。

收到朱碧莲信。

继续看《文学研究会材料》校样。

1985 年 5 月 2 日

一早，桂英与她的丈夫去杭州旅游结婚。

上午偕敏去学校剃头，又去保健科拿咳嗽药，再去中文系取了信，去新华书店购书二册。

晚，张廷琛来谈。这是个用功的青年，有厚望焉。

1985 年 5 月 3 日

上午去工会参加校学术委员会评审工作，是历史、中文两系合组。

下午小雨，收到静妹信。

校改文学研究会材料。

思和上午来，在此午饭，他将于明日去京。

晚，李玉珍母子来。

1985 年 5 月 4 日

整天在工会开校学委会（中文、历史组），评两系提升人员。中午一时半，在物理楼接见美国加利福尼亚大学东方图书馆馆长 Donald H. Shively 及该校中国研究中心陈治平。

收到高晓声信、新创刊的《批评家》。老萧着女儿送来代借的《瓶外卮言》。

写好给故乡各领导的信四封，为古城房屋事，晚，由敏抄好，与给静妹信，明日合并发出。

收到政协襄汾县委聘书，聘我为特约撰稿人。

1985 年 5 月 5 日

下午雷雨，整日闷热。

全日在工会开评审会。收到卢倩信，附要我签名的外文推荐信，因系"急件"，即行作复。

收到临汾专署人事处信，约我回晋讲学，并说山西师大拟聘我为该校名誉或兼任教授。

1985 年 5 月 6 日

早八时到外文系，这里举办一个比较文学讲座，林先生约我讲第一讲，即以《略谈比较文学的方法论并谈我对中国比较文学研究的认识》，讲了一句半钟。又赶到工会，参加校评审会中文历史组。今天起，各系分头举行，进行人员最后定局——这是一个难弄的题目，很难摆平，因僧多粥少，名额有定。

下午休会，明日继谈。下午王东明来，给他看了北京出版社关于昌东小说稿的来信，信上说因经济关系，长篇书稿出书很难，此书要压缩到三十多万至四十万字，这样出书也在二三年以后了。这真是奇闻！但"制度"如此，也只能徒呼奈何！即把书稿交小王，再请他按照出版社要求修改、压缩，能争取出版机会。

晚，图书馆小屈来，廖天亮来。

发出给卢倩信。

1985 年 5 月 7 日

又开了一天会，校学术评审会总算完事大吉。这是件吃力不讨好的事，真是硬着头皮子。

中午林秀清先生来，她将于明日去巴黎讲学，九月初我们再去香港相见。刚巧吃中饭，就约她便饭，算是送行，这真是"穷人的宴席"了。

孙立川自日本来信，是托相浦杲先生来上海外院讲学之便带来的。

1985 年 5 月 8 日

昨夜工作至一时半，写好徐震的学术鉴定和校评审会分配的七个人的结论。留的尾巴，今天早上办好，交卷完事。为此，今天下午头晕脑涨，只好休息。

收到大哥信、卢康华信、李仁和信、山口守信与附寄的巴金日文材料、曾小逸信及他的文章打印稿、本期的《文艺理论研究》赠刊。

傍晚，沈永宝来，他将去武汉参加闻一多讨论会，给他写了三封介绍信——毕奂午、曾卓及南京的化铁（沈在归途中将去南京）。

晚，杨竞人来给我和两个研究生照相，准备校庆用。蔡传廉来，十点半离去。

中午，五十年代同学×××来，在此午饭。一九七九年去北京听大哥说，她毕业后分配在民间会工作，"文革"中造反，控诉我们兄弟先后毒害她的罪行，也是大时代中的小插曲。她在此午饭后别去。

1985 年 5 月 9 日

阴有小雨，未出门。集中力量看文研会材料校样。

上午，周斌来，王祥来。周斌借去英文本《周作人与传统文艺思想》。

晚，应必诚来。收到乃修四月间信及附赠的《中外文学研究参考》第一期。

1985 年 5 月 10 日

天晴好。上午去图书馆开会。中午，中文系毕业班在校门口照相。五时许，《现代文学作品选》编者同人又去我家照了相。

下午上外小谢来，将大哥文章交他，谈李达三教授访沪安排事。晚，朱立元来坐。

王戎在此午饭，他明日去京，托他给梅志带上一信及人参与乐口福。

1985 年 5 月 11 日

上午去图书馆拿来从上图代借的石印本《绿野仙踪》。敏和小卞去市内为我买衣物，下午间才归来。

《文研会资料》校样今日交兴良寄出，也算办完一宗事。

下午入浴。

收到张天翼逝世讣文。

1985 年 5 月 12 日

礼拜天，天热了。未出门，作为休息，读袁越送来他的长篇《大学城》的手稿。

晚，复高晓声信。补记一事：昨日上午一九五五年新闻系同学王春燕（女）来看我。她是地下党，但在多年的运动中屡受打击，现在二医教语文。她已达退休年龄，但因政治上的"尾巴"，她要求该院领导落实政策，一个负责干部竟回答说："落实政策是对有名气的人说的，而你只是个普通人。"我气愤地说："这家伙放屁！"我支持她上告，我说，反正你就离休了，他奈何你不得，打击报复就由他去吧！

1985 年 5 月 13 日

阴，有时有雨。早上敏与桂英进市区排队买洋服料，中午才回来，总算买到手了。这就是中国市民的"生活哲学"的具体表现——找空隙生存，或找生存空隙。

整天看袁越的长篇《大学城》稿。

收到华师大陈子善信和财经学院一来过的教师信。

给徐立写去一信，寄出给外甥毛光明及给高晓声信。

补记：昨日上午，范泉来访，他奔走的《东方》出版事，为上海出版局长某某所阻，领不到登记证。据说，按这位局长的逻辑，一个刊物编辑部总得有二十个编辑人员才能建立，他不知道旧社会一个人就编一个刊物的老例——"人海战术"的观念在干部中根深蒂固，这就是中国前进的莫大阻力；有权而又无知，就是悲剧的深刻性所在。

1985 年 5 月 14 日

未出门，好天气。读刘若愚的《文学的中国理论》，是借来的台湾版中译本。

下午张廷琛来，带来上海社联的请柬。王永生及他的研究生来，要我参加他的学位答辩会。老高来说，培恒外出，校庆时要我接待香港中文大学校长及今富正巳，说规格应隆重些。

收到景尧信及赠刊《文贝》第二期。

1985 年 5 月 15 日

天雨，未出门。上午王锦园通过电话，和谢天振把李达三等二位来校的节目基本排定了。接到卢康华寄给章培恒由我转的信，他说李达三这两个人如何如何。我不知所云，因为前几次来信，他对李是肯定口气。他在香港中文大学已教学三四个月，也许发生了什么纠葛，所以来告状了。中午，孔海珠来，在此午饭。她说，秦德君写的茅盾回忆文章（我一九五四年在北京看过原稿），香港《南北报》登出来了。

读新寄来的本期《小说月报》上的几篇小说，好久不看作品了。

开始看材料，为景尧写鉴定。

1985 年 5 月 16 日

上午去图书馆借来另一个版本《绿野仙踪》，灯下翻阅，也是残缺数页，想是"造反派"扯去了。

收到肖家鼎长信，历叙他多年的苦难生涯。这类故事，车载斗量，比比皆是，好像是每个知识分子应享受的一种权利，反映了"左"的反动路线摧残文化知识的本性及其彻底性、疯狂性。

晚，张廷琛来。

1985 年 5 月 17 日

上午中文系、外文系来电话，知李达三、杨观海将于明日下午四时分别由香港、哈尔滨到上海，即和老应作了安排。

收到王戎信，他已见了胡公及梅志。胡公癌病已扩散，有腹水，这就麻烦了。即给梅志一信，寄上本期 *Cowrie*（《文贝》）一册，他看到他的文字的英译，也算一点慰藉。

思和来，他才从北京开会回来，见到李辉，已听李辉谈起胡的病情，令人思念不已。

下午二时许，王元化来，我们又随他去看了李庆甲。李也是癌病扩散，据说还有一个月生命，我们去看看对他的精神也是一点慰藉。

从上图借来的《绿野仙踪》是前清道光版，也有些页张被扯去了，现在看书人的道德已降到零了，这也是世风日下的一种反映。

1985 年 5 月 18 日

天晴未出门，写好孙景尧学术评语草稿。

下午彭小莲来，同乡哲学系应届女同学张淑芳来。

晚，应必诚、张廷琛来，他们下午去机场接李达三和杨观海才回来，就他们二人的在沪活动安排及讲题内容我们三个做了初步研究。

收到万同林打印稿《侦破中国新文学史现有最大公案——胡风系列研究序》，大略看了一遍，颇具识见，而且广征博引，颇具理论素养，真是"后生可畏"，青年一代将彻底砸乱这些年形成的"左倾"教条主义的框框架势。

晚饭后，敏和玉兰去市区观看话剧。

收到出版局陈巧孙信及寄赠的《版权保护手册》一本。

1985 年 5 月 19 日

天有毛毛雨，"毛毛雨下个不停"，这句二十年代的黎锦晖的歌词，忽然从我记忆的海里涌出。

上午八时半，应必诚、张廷琛以及上外的小谢、上海师大的陈秋峰先后来，大家一块儿去了八舍看望李达三（John Deeney）和杨观海（Peter

Glassman）两位，他们昨夜才到。谈了他们的活动日程安排，要来他们的简历，定好在本校的讲题，然后由小谢和小陈陪同去逛城隍庙。

写好，抄好孙景尧学术评语，给广西大学的侯德彭校长写了信，明日连同材料一块儿挂号寄出。

下午三时曾小逸和湖南人民出版社的小曾一块儿来访，答应为小逸的《中国作家与外国文学》一书写书评。

晚，灯下翻阅旧的《外国文学研究》各文。

唐金海夫妇晚饭后来，小唐将于后日乘飞机去四川开巴金会。

今天是礼拜天。

1985 年 5 月 20 日

下午乘校车去万华馆参加社联会，遇罗洛，六时许归来。

收到莫贵阳信及《团结报》请柬。

晚，谭其骧公事电话，询问胡朴安日记稿事，据说此稿"文革"中流入复旦图书馆。即答应查后作复。

晚，去张廷琛家，谈明日李达三等作学术讲演事。他住八舍，真斗室也。

上午王锦园来，也谈此事。

敏和玉兰去中文系拿回浙江师大评审费七十元。

天晴，好久不进市内，青年已穿上夏装了。

上外小谢晚上来电，袁鹤翔教授将于本月二十六日抵沪，住两天，讲课用英语云。

1985 年 5 月 21 日

上午在工会开座谈会，由李达三（John Deeney）和杨观海（Peter Glassman）分讲《圣经与文学》《弗洛伊德与文学》，下午由他们合讲《西方文学中的"人格"观念》，用讲学方法。全场拥塞活跃，学生们都纷纷提问题，因为他们讲到西方现代派文学，谈到西方人感到空虚，学生有人问"你自己感不感到空虚？是什么力量支持你来这里讲学？"之类，反映了青年一代渴望理解西方和它的文化。

上午、下午两次会都由我主持。

晚饭，由系请客，去招待食堂，应必诚、王锦园、张廷琛作陪，小张作杨观海的翻译。饭后又来我家喝茶，大家更熟稔了。

王永生和他的研究生小李来约明日下午参加论文答辩会，而明日下午我又要去上外主持这两位外宾的座谈和宴会（用上海比较文学研究会名义），只好两边照顾，去了上外再回校，完成答辩会后再回上外主持晚宴。

给王元化、朱微明通了电话。

上午思和来，参加座谈，在家午饭。

收到《陆柱国研究专集》和校委会开会通知。

整整忙了一天，真有点喘不过气了。

1985 年 5 月 22 日

上午在家阅读研究生李振声硕士学位论文《郭沫若早期艺术观的哲学渊源》，写了一些札记。下午二时半，由桂英陪同乘公共汽车去上海外院外宾招待所，主持招待李达三的座谈会，到场二十余人。中途，校车来接，到校工会主持李振声论文答辩会，另请有上海师大邵伯周、上海大学邓牛顿二副教授参加，讨论如仪后，一致通过准予毕业，授予硕士学位。会毕即乘原车再到外院参加欢迎李达三、杨观海便宴，并祝了酒。八时桂英驱车来接，与李、杨二人及张廷琛同车返来。

会上碰到方平，谈起往事，他劝我无论如何要把这些年的经历写成自传体小说，为子孙留念，否则太可惜了。

1985 年 5 月 23 日

上午参加校务委员会会议，听关于校庆工作的汇报。下午邓云乡代表《团结报》，车接我们夫妇去开座谈会，与陈从周先生同来。这是一个小型老年座谈会，应邀讲了一些"文革"中的"笑话"。五时半会散，老邓又车送我们三人，我到四川路群众剧场下车，等候桂英同看话剧《死环》（法国现代剧）。这戏是一次服装展览会，未看毕，即退出，在小铺吃点心。好长久不在马路上的小店吃东西了，看戏前和桂英各吃了一碗馄饨，看戏后又各吃了生煎馒头一两、牛肉汤一碗，前后竟用去二元！

收到朱微明信、朱立元送来的《美学与艺术评论》一册。看戏花三毛钱买了本《黄金时代》，也和看戏一样，看看社会风气也。

生不逢时（杂记一则）

汉武帝时一日到朝，帝见班部中一臣，衣履破敝，状甚狼藉。帝问曰："卿何至于此？"该臣复曰："臣历事三代，文帝时，帝好文，而臣好武，以是不见用；景帝时，帝好老，而臣年少，复不堪用。今陛下好少，而臣已老矣。"——昨日在座谈会上有一老先生讲话中语。

1985 年 5 月 24 日

整日在家。下午潘旭澜来，他自日本归来，谈了在日生活情况，并赠我一些日产小玩意。上海社科院来人，送来邀明日下午去该院开茶话会的请柬。

晚，沈永宝来，他自武汉闻一多讨论会归来，说闻一多学术研究会选我为理事云。他看到毕奂午、曾卓，又在南京访问了欧阳庄、化铁，都是我写的介绍信。

长海医院骨科小顾（女）来，要我推荐她去第二教育学院夜大学习。

收到乃修、卢倩信及本期学报赠刊、上海大学学报赠刊。

思和上午来，在此中饭。周春东下午来，约她今富正巳来时，请她做菜宴请，敏即交她三十元买菜。

桂英爱人今日住院开刀。

学报送来校庆请柬。

1985 年 5 月 25 日

下午去淮海路上海社科院参加该院《社会科学季刊》创刊座谈会，见到老耿、罗洛、元化；和丁景唐聊天；和吴青云（上海书店）聊天。五时半，该院车送回家。

晚，今富正巳来访，蔡传廉、蒋孔阳夫妇以及秀拔陪同。他送我一条日本香烟，送敏一条裙子。他的形容与三年前来访时无多大改变。

收到周剑、王安刚（解放军文艺出版社）信，王信并附赠一册该社新出版的苏联军事小说《永远十九岁》（巴格拉诺夫著）。又收到青岛师专李新杰信，约我们夫妇六月间去青岛讲学兼避暑。李是复旦一九六〇年毕业生，他春季前来沪，曾受该校委托，聘我为该院顾问教授。

1985 年 5 月 26 日

星期日，下午起下雨。

今天校庆第一日，有上海住的三千复旦老同学来校祝贺。上午王春燕、赵博源、朱碧莲先后来家，朱在此午饭。

山西师大在此进修的教师乔峰和李晋林同来坐。

晚，张廷琛、应必诚、朱立元夫妇、姜德安来。

桂英一早去医院看护小周。

1985 年 5 月 28 日

昨晚为赶写今天上午的学术报告稿，工作至夜一时许，实在疲倦得写不成日记了。

昨日下午去校大礼堂（现改名为相辉堂），参加校庆八十年庆祝会。晚，在工会参加冷餐会，布置得很有洋派。

今日上午在中文系学术会上作了《比较文学的进展》的报告，约四十分钟。

收到化铁信、陈乃祥信及茶叶、陈宋惠信。

这两天下毛毛雨，下午才轻松了，睡了两个钟头。

1985 年 5 月 29 日

上午和敏去学校，在中文系借了二册书：日文的《中国小说的世界》和英文本《中国小说评论集》。

晚，袁鹤翔教授（香港中文大学）来电话，约明日下午三时后由小谢（上外）陪同来家看我。

为给今富正巳饯行，约周春东同志掌厨。她忙了一下午买菜，晚上又做菜到十一时许，晚即宿此。

收到老耿信，传达了满子京中来信云：风兄病已浸至肝部，很难到国庆；满子在他的病房坐了半个钟头，他默无一语；晓风给他翻看路翎新版的《财主底儿女们》，他毫无反应；惟梅志精神尚好云。

下午，同乡曹进行来给桂英送结婚贺礼及祝词。

1985 年 5 月 30 日

上午请今富正巳吃中饭，作陪的有王元化、蔡传廉、陈秀珠、张德林及张爵侯夫妇、乐秀拔，由周春东做菜，至一时许散去。

下午四时，香港中文大学袁鹤翔教授由上外小谢陪同来访，送他《小说选》及《手记》各一本为念，坐约一句钟别去。

在中饭时，姚奔由邵家麟陪同来访，因家中有客，稍坐即去。

收到外甥景明信。

1985 年 5 月 31 日

未出门，天气晴好。上午王戎来，他自北京归来，他说，胡已移病房，情绪极悲观，但很安静，听医生口气，很难拖到国庆，但梅志精神却仍正常，她不愧为久经锻炼的强者。王午饭后别去。

下午思和来，说李辉从四川来信，巴金讨论会上决定成立巴金研究丛书，选我和王瑶为顾问云。唐金海夫妇晚上来，他才从四川开会回来，谈会上的情况，说是会上决定成立丛书编委会，提出请我和王瑶任主编云。唐带来伍加仑信及送我的四川土产，唐也带来四川土产。

看毕业同学伍征的毕业论文——论 Dostoevsky，看来很深入、细致，富有思考，文字也精到，但有些脱离历史社会实际作人性的抽象论述，未能看出杜氏思想的全貌。为看这篇文，翻阅了一些我年轻时代喜爱的这个作家的一些材料。

收到复旦话剧团请柬，因我也是话剧团顾问。

王锦园下午来，谈教研室下学期课程安排。

1985 年 6 月 1 日

上午在家读范任的（《〈赵氏孤儿〉与〈中国孤儿〉》）稿，为了给他写序，纪念旧同志。

午睡后，与敏到四川路散步，购补药"人参精""男宝"，七时坐公共车归来。

接到唐金海自成都来信，信到得比人回来还迟一天。收到上海书店赠书《小雨点》及《创造社论》重印本。晚，王永生来，送来他新出的《鲁迅论文艺批评》一册。

从历史系借到陈受颐的《中欧文化交流史事论丛》，一九五四年台北商务版。

1985 年 6 月 2 日

礼拜日，天晴有风。

上午从李平处借来一册《元剧选》，查阅《赵氏孤儿》，也看了其中的两回，好久不看这类东西了，颇有新鲜之感。

下午，去工会参加复旦话剧团成立六十周年纪念，我是该团顾问，应邀讲了些话，中途因傅先生来找退去。傅先生儿子（外文系研究生毕业）将去美国深造，为他的向美国推荐信签了个名字，算是推荐人。

这个时期的中心工作，是为范先生的书写序，现在忙于看各种材料。

老苏下午来，送来文研会第三册校样。学生小严晚上来辞行，他明天回南通实习。

下午四时与敏在相辉堂看奥地利电影《茜茜公主》。

1985 年 6 月 3 日

上午贵州话剧团的负责人王呐及其妻子宋某来访，他们都是早期上海戏剧学院的学生，王还是南下干部，文工团出身。他们留下五张该团《鲁迅与瞿秋白》的戏票。

下午，毕业生伍征（女）来，谈了她的论 Dostoevsky 的论文。二时后，老苏、刘裕莲、李玉珍来开了个小会，分配了《文学研究会资料》第三卷校对分工。

整天未出门，读《元剧选》。

对五张戏票，分送兴良、东明及玉兰。

1985 年 6 月 4 日

礼拜二，阴有小雨或微雨。

全日在家，忙于看范作的译文序及有关材料。

傍晚，沈永宝来，他将在下学期开选修课，"路翎研究"或扩大为"七月派小说研究"，和我谈教材内容、对象等；吴欢章来。廖××来，这个农村来的研究生，竟说中文系研究生活动不够。我说了他几句：不甘寂寞，不练基本功，做不成学问；学术界不是交际界，不是靠活动，不是做政客。听他们指导员说，他追求现代化物质生活，学时髦，倾向不好。

收到教育部要我为社会科学选题专著申请表写评语，共四份——吉林大学、北京大学、厦门大学、中山大学。

收到于安东信，为他的儿子考附中事，即找了杜月邨请他帮忙。

发出给孙立川信。

1985 年 6 月 5 日

天气很好，敏下午去五角场入浴，我未出门。

教务处送来教育部"评议高校哲学社会科学博士学科点项目科研基金申请课题"四份，请我作评议人，都是关于比较文学类的，计有北大、吉林大学、中山大学、厦门大学四校的申请项目及经费数字，晚上全部填写好。明日交教务处。

下午研究生秘书刘远游来，说是系里要我明年招考二名比较文学研究生，即说明情况，基本上不招，非招不可，则以一名为限，因为我精力时间实在有限也。

收到西安寄赠的《社会科学评论》第二期及林秀清自北大来信，并寄还借去的二册《中国当代文学》。接孙桂森信。

晚，研究生陈德祥、吕胜前后来。

1985 年 6 月 6 日

天下小雨，竟日未完。上午去校内，先到图书馆为外文信签字，又到古籍组查胡朴安日记下落，并调来馆藏善本书目（一九五九年油印本）；又到中文系借来本期《晋阳学刊》，那上面有一篇胡风传记，写得还算公正客观。

收到研究生命题费十五元，在新华购《神秘人物——路易斯》（意大利人著，内部书），写赫鲁晓夫以后苏联内政外交见闻，《关于人的哲学的本质》（[苏联]格里郭里杨著），用去二元余。

孔海珠赠她编的《茅盾与儿童文学》一册。收到《茅盾研究专集》编者合赠的本书一册。

下午邵康铭来，他是外文系日语毕业生，现在国际旅游单位工作，送来他的译稿——日本大冢秀高的《中国通俗小说书目改订稿》；张唤民来，他将去日本游学，为他的推荐信签了名。

唐金海上午送来他女儿唐涛的文章，以我为素材的特写——《他没有中年》。笔端很有情感，真正做到以情动人、感人。它有超过事实本身的感染力量，我看了二遍，不觉泪下，不能自抑。

晚，读《晋阳学刊》各文，家乡学术刊物也。它对胡风的公正热情态度倒超过了他原籍湖北省——那里前二年连拟议中的《胡风选集》都取消了。八十年代初，那里的一个刊物《芳草》连登了几篇记胡风的文章，受到警告，并以中宣部名义写了通报，说谈胡的文章论调，都以一九八〇年中央文件为准，不得超越，云云。他们对自己的同志总揪着不放，真是"怨毒之于人深矣哉"！

1985年6月7日

天好。上午读方重的《十八世纪的英国文学与中国》，是很扎实的论文——不讲空话、套话，用材很严谨，真是一丝不苟，与多年流行的骗子文体大异其趣了。

午睡后，由玉兰陪同到虹口第一医院探视小周病，桂英随后赶来。这是一家平民医院。稍坐后，由桂英领到附近小周家，这是多年来第一次进入上海市民社会，真正的上海社会风光。他们全家正在晚饭，由于我到了，他们很显得手忙脚乱，有些真是手足无措——中国的等级制，真是根深叶茂，永垂不朽了！他们冲了咖啡，摆了点心，实在过意不去，稍坐后即离去。由玉兰陪同去四川路买了人参蜂皇服剂，又在虹口公园摊头给敏买了香蕉，即搭车归来，已十时余。敏说，王锦园下午来过，说要我带个高级进修人员——美国来的李欧梵。

灯下读五月份《读书》各文，这是思和下午代买带来的，他来时我午睡未醒。

1985年6月8日

未出门，天好。早上收到山口守寄来的巴金著译书目，及孙进信和发表他的小说改编为电影剧本的《留学生楼》的《电影新作》。借来中文系和大库的孙楷第的《中国通俗小说书目》三种版本；大库老孙送来用日本东京出版名义在上海出版的石印本《金瓶梅》（书名为《改过劝世新书》），也算一个版本。

晚饭时，金海偕陈公正来，又一块儿去他家吃了一次晚饭。

1985 年 6 月 9 日

下午二时许，接到晓谷兄妹电，风兄已于昨日下午四时故去。我们夫妇，含泪垂头，深深哀悼我们的敬爱的友人和同志，我们患难相共地在解放前后走过路，想不到他竟带着满身伤痕离开了这个世界！他是一个"负伤的知识分子"，是一代风范，历史自有正论，任何污蔑之词，都是"过者化也"的东西，它们必然会受到历史的残酷惩罚，显出它不过是一堆可怜的黄土，很不干净的土！不，历史的泥灰！

即分头打电话把这个噩耗通知老耿、满子、王戎、小顾。他们先后到我家，满子起草发了个唁电，表示我们这些"分子"同难者的哀悼！在此吃了一顿晚饭，就算我们上海朋友举行一个追念会！

赶写好两个专业硕士研究生培养方案。决定日内我们夫妇和王戎进京赴丧，争取再见他一面——他的遗容，那么，以后只能在地下相会了！

1985 年 6 月 10 日

上午，和图书馆四人去参观新馆，十时后到原馆，办了一些公事。

下午上外小谢来，我又约来小张，谈杨周翰来信要解决的问题——一个美国比较文学教授来沪讲学问题，他给我带来一九八四年报刊上出现的比较文学文章条目资料和他与廖鸿钧编的《苏联文学词典》一册。

收到戴舫、毕免午及长江文艺出版社信。晚，给香港《良友》画报编者古剑写了回信，答应为他先写一篇关于胡风的散记。他来信说，师院推荐我给他们写一篇关于师院的文章。

又给乃修写了一信。

1985 年 6 月 12 日

昨日下午高晓声偕钟丽珠来访，夜即宿此，因此未记日记。小钟出身南师大研究生，因为写有关巴金的论文来沪找材料，今日下午住进学校招待所。高亦于下午雨声中别去到市内。送高《小说选》一本，他带来他的一本小说选见赠。

耿兄昨日托人带来何兄代笔的《悼词》，写得很出色，今日着桂英复印了一份。昨晚接罗洛电话，他刚自京归来，谈到那里情况，说北京友人已在上礼拜六商谈了善后事宜：1. 经中央公安、组织、宣传各部同意，书记处通过要为一九八〇年文件发一个新的中央文件，把那次"文件"上给留的一切"尾巴"割去，现在就等新的文件下来；2. 治丧会已由官方组成，由周扬、林默涵这些人组成，朋友们提出应加入一些生前故友，上海为我和元化，北京为绿原、路翎、刘雪苇、周海婴等；3. 悼词，官方已拟就，仍按一九八〇年文件定调，我们无法接受；4. 胡遗言：解决他的组织关系（他系日共）。罗与叶水夫曾去医院，但太平间不许入内。因此，我们决定暂不去，但直到现在，负责买票的王戎仍无回信，使人焦念。

昨日下午，由思和、东明陪高晓声等吃晚饭，梁永安后亦来。

今日落雨。晚，朱立元来，金海夫妇来。

收到铃木正夫、朱微明、万同林等信。

1985 年 6 月 13 日

晴日。上午，王戎来，他已买好票，即决定由他和敏先行到京吊唁，并带上我的信及上海友人的悼词。他们午后一时半出发，家里倒静下来了。晚上我写好对华师大汤逸中的学术评语，接着看冉忆桥的材料。

寄出给孙立川信。

收到王克强的信，说是他在《临汾日报》上发表了关于我的文章后，村里老幼纷纷问讯我的近况，希望我能回去看看。

下午送敏等上公共汽车后，到学校剃了个头，又摔了一跤，幸好未伤。第二天小卞送来膏药，贴了一张就好了。

1985 年 6 月 14 日

敏今日下午将到京。她出去这么一天，家里生活好像变样了，这个家里，实际上只有我和小保姆两个人了。我才感到当家不易，难于作文章。

天气好，未出门，下午洗了个澡。上午送出汤逸中的学术评语，发出给铃木正夫、王克强信。

读冉忆桥写的关于老舍剧作的论文，也是为了评审。

晚，袁越来，交还了他的小说稿，并说了些意见——他让我写几句话，以便向出版社交涉。我这两年好像也是个偶像了，只好硬着头皮答应，请他下礼拜三晚上来取。他这部长篇小说名《大学城》，以复旦为背景，主人公李若光，身为党委副书记和副校长，是个改革派。

1985 年 6 月 15 日

上午去校内，先到图书馆签对外信件，并和老姜就胡朴安日记事作了交谈。中午打电话给老谭，说明情况，请他转告胡氏家族给复旦图书馆写一捐赠字条，即无偿将胡氏三十六册日记复件奉送。

后到中文系将华师大冉忆桥评审材料送交，又到财务科领来财经学院的评审费四十元（扣去二元手续费）。

下午给袁越的小说《大学城》写了一个推荐信式的评语。鄂基瑞父女来，鄂要我下礼拜一下午二时在物理楼接见一法国中国现代文学研究家，又要我给他们合编的《中国现代文学辞典》写一个序言（九月间将付排，全书约一百六十万言）。

晚，山西师大进修教师乔峰来，他已考取新闻系助教进修班，明日回晋。即托他给临汾人才交流公司口头答复，我准备明春回晋，给地区语文教师讲学和接受山西师大名誉教授聘任。他们四月间来过公函，一直未复。

收到乃修信及化铁记路翎稿，即交沈永宝参阅。

敏今天已在北京了。

1985 年 6 月 16 日

星期天，天好。收到晓风信，说是中央已同意澄清一九八〇年文件留下的那些政治尾巴，但关于留下的有关文艺思想问题的"尾巴"，中宣部未表态，所以有关方面起草的悼辞，仍然唱着一九八〇年文件的调子（这大约就是"永世不得翻身"的实践吧!）。因此追悼会得延期，因不能草草从事；而关于办理葬事，胡公所挂名的单位（政协、文联、作协）没人过问，换言之，取"与己无关"的态度；主管中宣部文艺工作的负责人从青岛来电，说他不能参加。

即用电话告知老耿、罗洛，人心竟有如此者!

下午与玉兰去四川路购物。晚，吴中杰及张振基先后来坐。灯下草好《中国孤儿》译本的序文。

1985 年 6 月 17 日

整理范译序文。下午二时许到物理楼外宾接待室接待法国巴黎大学讲师 Paul Bady。此人一九六五年来华，在法驻华大使馆工作，"文革"在中国，也算个"中国通"，华语流利，译过《憩园》及《老牛破车》等。鄂基瑞陪同接见，会后，陪他参观了图书馆。

收到南京《江海学刊》信及我关于瞿秋白论文的校样、海峡文艺社陈公正信。

上午，李辉自京来电话，敏即行回沪，在买票中。晚，尚丁电话，他和元化等在香港办了一个《天下月刊》，八月发刊，要我写一篇关于胡风、梅志文章，月底交稿。

中午，广西师大张宁来，她去南京开会，路经上海，午饭后别去。晚，高晓声来电话，他明日下午来，即约王东明来家，为高准备住处及布置讲演地址。

上午研究生秘书小刘来，送来两张学位申请表，要我招现代文学博士研究生及比较文学硕士研究生。这些表本来二年前填过，也是重复劳动。

1985 年 6 月 18 日

上午八时去图书馆开会兼办公，旋又转到中文系，借了三本新到的书——两本英文本，关于比较文学和文学批评；一个商务版的翻译论。在此遇思和相随到家，共吃午饭。午睡后，高晓声来在此晚饭，金海夫妇及小钟相陪。

本日发出给《江海学刊》编者徐采石信及我那篇关于瞿秋白论文的校稿，发出给陈公正信。

收到香港中文大学朱志瑜信，代 John Deeney 和袁鹤翔表示谢意。收到徐迺翔寄回的《外来思潮影响》稿，他们已审阅完毕，要赶在下月（七月）内向出版社交稿。

晚，给大哥写好信，明日再发。

1985 年 6 月 19 日

全日在家，早上、晚上，高晓声在此和我一块儿用饭。

发出给大哥信及附寄《艺谭》《文贝》《复旦大学》各一册。收到上海书店寄赠的重印《工作与学习丛刊》合订本二册,附刘华庭信。

下午,赵坚来。他系培恒研究生,原跟元化工作(大百科),是个很纯真有学术头脑的青年。他为人极单纯,思维极多元,因为真诚的人,总是单纯的人,古人所谓如一泓清水,清澈见底也。

修改范译序草稿,为了写得结实些,还要多浏览一些材料。

1985 年 6 月 20 日

全日在家,好天气。中午与高晓声同进午餐。

兴良上午来,请他去上海书店借《文学周报》样书,写信给刘华庭,介绍他相识,并带去唐湜的《意度集》,希望他们能重印。

为填申请博士研究生表格,作了一些查材料准备。

收到徐廼翔信、中国作协寄的有关张天翼打印传记。

晚,范锋来,小朱来,都带来粽子。

中午,朱利英带一宁波红邦裁缝来量衣装尺寸,说好下月半来试样并带去布料。

廖天亮中午来,高晓声晚间来少坐。

1985 年 6 月 22 日

昨日(二十一日)夜十时许,敏与老王从北京归来,只顾了说话没工夫记日记,老王夜即宿此。

昨日补记:高晓声在此早饭,十时与小钟由中文系借车送上海。下午四时许,公安局张竹均来访,这是个稀客。他进门就说:我们过去对你们有过错,你们有什么罪,就是思想问题,也不能算犯罪。说,这都是×××搞的,××也不好,没有好下场……又说,六十年代自然灾害,他们照顾我,打报告给我改善伙食,外出劳动;说我培养了有成绩的学生云云。约坐半时离去。他来时,先谈到胡风死讯,说我应该发个唁电云。

思和下午来,谈第二号书《外来思潮》抓紧交稿问题,在此晚饭后离去。

据敏说,梅志一家生活还正常,胡丧事一下还不见眉目,官方写的悼词,竟说他带着各种复杂的思想进入新社会,说他的文艺思想"别人有意见";公安部来人答应政治上彻底平反,割去原文件留的那些尾巴,但××部就文艺问题不表态……

今日赶写好申请现代文学博士及比较文学硕士研究生表，于上午十一时与敏到学校，托图书馆小张送中文系。

收到湖南人民出版社罗宣尉信，下午又接到他的电话，他已来沪，明日上午将来看我，即通知思和、金海。

昨日收到香港《良友》画报古剑信，他已知我将去港，约我为该画报写胡风。

晚，金海夫妇、沈永宝、吕胜前后来。

1985 年 6 月 23 日

星期天，热起来了，门窗洞开，晚上在自家的浴缸里洗了个澡。

上午湖南人民出版社的罗宣尉如约九时许到，小唐、思和也前后来。先谈了公事，《译丛》他们不能多承担，因为赔钱，但已交的一本，他们对内容还满意，争取明年出，但不用《译丛》名义，由我主编；关于柏山资料，他说要在二年以后，只好请他尽量提前。大家午饭后散去。

读范存忠的《英国文学论集》中论《中国孤儿》和《世界公民》的文章，都算是比较文学研究——十八世纪英国所受中国文化影响、其具体表现及其渊源流变过程。

1985 年 6 月 24 日

中午有暴雨。从今天起，换了夏衣。

早上到图书馆，接待了香港中文大学的师生五十余人，他们由沈剑英带领来校，请办公室的小黄引他们参观了各阅览室等。接着开馆务会至十时。事前吕胜来，为他的去美留学事与研究生院联系，又去中文系与徐俊西商谈，晚上我批准了他的报告。

购水天同译的《培根论说文集》一册，译笔甚好，古拙可诵。晚，灯下选读了《绪论》诸篇。培根是一个复杂的人，既是文人，又是政客，他于学无所不窥，然而又不能专一，照他自己的说法，他不过是"摇铃召集学人才士开会的人"而已。他在政潮中，曾不惜陷自己于卑污之境而求一己之荣，而又能自觉这是一种"痛苦"和"卑污"。

1985 年 6 月 25 日

天阴，有雨，下午起暴风甚巨。

今天，思和、兴良、春东在家整理剪贴《外来影响》一稿。至今只收到原稿的上半部，下半部尚无讯息，因此，由思和给乃修去了一信，询问究竟。据说，现在邮局混乱，邮件误时很大，报上说，本市的信有迟至八天始收到者。极"左"思潮害国害民，余祸不已：前些年政治挂帅，出现了形形色色的政治扒手；这几年在搞活经济这一针对积弊的正确路线中，那些"左"的遗孽，又利用新的号召，为我所用，由热衷于政治上的投机倒把、浑水摸鱼、趁火打劫、自肥其身，一变而为"向钱看"的经济挂帅，换汤不换药，穿新鞋走老路，依然以自肥为目的，发财致富，像搞政治投机那样地损人致富、不择手段，在生产、流通、分配各个环节，都布满了这类各级蛀虫。观乎如此世风人心，足见"左祸"之烈！遗毒之深！

下午二时出席党委召开的民主党派和无党派人士座谈会，听取关于学校整党及教育改革的通报；要求大家发言，我就整顿学风和提拔青年一代作了发言。

收到尚丁信及附寄的《天下月刊》征稿印件。

至晚，又把范氏的《译序》读了一遍，这篇文章分量很重，内容丰厚，这样高质量的学术论文为多年来所罕见。我的序文即可着手定稿了。

1985 年 6 月 26 日

又晴又阴，阴转雨。未出门。收到学校师资科通知，教育部已批准我参加中西比较文学会议，给期十天，并通知领取制装费。

下午伯群来，在此晚饭。

收到本期《江海学刊》及罗洛转寄的风兄的《评论集》下卷及《新文学史料》近期一册，还是他从北京带回来的。书内附梅志兄一信，写信时风兄仍在人间，读之真有沧桑之感！

敏找出一九七九年间，风兄给我的那些信，以为《天下月刊》为文做好准备。

1985 年 6 月 27 日

上海这些时流行所谓"肠胃感冒"，敏也受到感染——跑肚，因此，早饭后即相携到校医务室为她看病，小文医生热心相助，配了药，又打了一针葡萄糖；又相偕到图书馆，她留此休息，我则先后跑到师资科、校长办公室、财务科办去港事务，领取制装费；最后又到中文系取信件，收到人民文学出版社购节本《金瓶梅》的通知单。

中午，伯群在此午饭，培恒作陪。饭后相继离去。我午休后，与桂英同到五角场，去银行领回四百四十元制装费。由邮局汇给人民文学出版社十二元四角购买《金瓶梅》，并挂号发出给该社订购科信。

晚，继续写关于范的序文。秀拔晚饭后来坐。天闷热，入浴。

1985 年 6 月 28 日

昨晚总算写好了范译序文，四千字上下，也可以交卷了。

今日上午先去图书馆开会，十时后在中文系开学术委员会。

午饭后，与敏去北四川路闲逛，吃些小东西。晚饭一个人吃了三两冷面，好像还是青年时代那样的身份——实际上我已是七旬老翁，她是近七旬的老妪了，但我们仍保持了"平民气"，生活在人民群众当中。

本日收到徐迺翔对《外来思潮》稿的意见及这部书稿的下半部，算放了心。中午思和来，在此午饭，他代买来一册金克木的《比较文化论集》。

晚，朱立元夫妇来，送来王文英的《夏衍论稿》的提要，答应为她写个推荐材料。

兴良来，三人又同辞去。

跑了一个下午大街，倒是有些累了，到底有了年纪了。

1985 年 6 月 29 日

上午在工会开馆长会。下午四时，陈鸣树来，相偕至留学生部，四个日本高级进修人员——村上、木之内、津田、野泽将回国，约请中国教师去市内吃饭相别。他们特雇了小车到校，中方除我和陈外，有江巨荣、李平及历史系的汪某。坐车到五马路，席设在"老正兴"——他们来上海二年，找了个百年老店，也说明他们精通了上海。饭毕照相留念又坐车归来，在九舍门口下车互别。

收到香港中文大学图书馆长王冀"航空邮简"（英文）说，听袁鹤翔教授说，我将访问该校，他们邀请我在会后多留一星期，参观图书馆，和工作人员讲话，会谈图书馆工作云云。

整天看一九七九年日记，很有收获，那不仅是我的生活思想的记录，也写了这个时代内容。

收到襄汾县志公函，要我填写县志人物表；北京文研所李丰岳信，寄来扬州会议上我的发言照片二张。

晚，沈永宝来。

1985 年 6 月 30 日

整天未出门，改好抄好为范译写的序文，共十页，算是定了稿。

下午，即傍晚，毕业同学小朱、小吴来送毕业论文，并为他们的纪念册题了辞。小朱送来同学办的《复旦风》一册。

今天是礼拜日，上午许杰的研究生（已毕业，现在虹口区电视大学教书）来，在此午饭，一块儿吃猫耳朵。阴，间有微雨。

晚，小唐、小朱先后来。

挂号发出给梅志信及《复旦大学》一本。

1985 年 7 月 1 日

天好。上午在工会开图书馆会。

收到上海海关邮局通知，说香港中文大学寄我的《幼狮文艺》，由于和"我国的政治、道德、文化不合，应予没收"，但又用笔批了一行小字："如因研究需要，由市委宣传部盖章后可发回"云。

晚，陈梦熊由朱立元夫妇陪来。他们社会科学出版社拟出一套《大学文科参考资料》，收录多少年来出版的文、史、哲、学术著作（已被湮没者），想请我挂帅，当主编。即与大家拟了些书目。

为吴征同学写好论文评语。她今天来过两次，她将到上海文研所工作，需要把她的毕业论文找指导教师推荐也。

1985 年 7 月 2 日

天晴。早上敏和玉兰去友谊商店为我去港制装，下午归来。

中午家中未开饭，我与思和、桂英去小卖部吃饭，买了一瓶啤酒、二盆酒菜，吃了些炒面，也算别有风味。

下午，国际经济系一教师来，为儿子（外文系学生，现在英国）投考研究生事；思和亦谈此事，他希望我明年留两个尖子同学读研究生，说这样的学生走了可惜。

写好吴征、朱光甫、许光明三位毕业同学论文评语。王锦园午后来，托他代教研室代我填写招考现代文学博士研究生和比较文学硕士生表格各一张。

1985 年 7 月 3 日

早上去图书馆。在校长室与校领导及各部门负责人就图书馆事开会一上午，我只在开会时作为图书馆长致辞。会毕，外边下猛雨，与苏步青同车被送回宿舍。一到家，王聿祥在候。敏和玉兰也一早外出到友谊商店为我置办去港衣着，这时也回来，花了三百多元。

王聿祥午饭后别去，雨未止，只是小些了。

收到何剑熏赠寄的《楚辞拾沈》，是他改行多年来的研究之作。收到杭州大学学报的请审稿文章。收到万同林信。

早上上班时，托桂英交上毕业生论文鉴定二篇。

晚，灯下续读《香港文学》。这几天太劳累，要休息一下了。

1985 年 7 月 4 日

竟日大雨滂沱，阶前积水盈尺，未能出门。

下午思和、兴良、德祥和小王（王运熙之子，学生）在此剪贴《外来思潮影响》一稿，并将选文作了一些删补，至六时许。思和、德祥在此晚饭后离去。

收到本期《艺谭》。

1985 年 7 月 5 日

天未雨，闷热。上午思和、兴良、何佩刚在此继续剪贴《外来思潮》一稿的稿子。

收到《社会科学评论》第四期、《作家通讯》第二期并收取会费附函。收到大哥及乃修信。

下午尚丁来电，催为《天下月刊》写稿；上午耿庸来电，询问北京事，他与满子将于明日去厦门。

晚，金海夫妇来，带来内蒙古教育学院老孙信。

收到香港中文大学寄赠的台北出版物《幼狮文艺》，此刊前接海关通知，谓以"触犯我国政治、道德、文化，应予没收"，但又注曰"如供研究之用，可由上海市委宣传部批准发还"云。

1985 年 7 月 6 日

天热——今年第一个大热天，得穿短裤，开电扇。上午赶到医务室看病——跑肚。九时在校门口与图书馆中专班毕业生照相，又到中文系借回新创刊的《中国》及《争鸣与批判》各一册。

下午思和来，陈老太太对敏说，她的儿子从美国来信说，颜海平母亲生骨癌，即托思和去看望。北京兵工部小冯来校招毕业生，她是晓林友好。

晚，吕胜来，为他出国成绩单写了签证。

1985 年 7 月 7 日

礼拜天，火爆的日子。全日在家，重看好思和写的《大事记》，作了一些校改补充。晚饭后，和敏散步到五角场，购橘子粉二包，明日托冯女士带到北京给晓林的两个孩子消夏。又买北京二锅头烧酒一瓶，留以待客。回来后，同学严锋来，他今晚去南京，托他给章品镇带去一信，并日本白酒一瓶，日茶一筒。

1985 年 7 月 8 日

学校已放假。下午去校内，先到师资科交上出国办证件需要的香港中文大学两封信，并填写了一个登记表；又到中文系，已是假期状态，拿回江苏人民出版社朱建华信及小报，再转到图书馆签好复香港中文大学图书馆长的信（英文），即返家，已四时许。

晚饭后，范铮来，他补吃了一碗面，拿去我为他父亲译稿所写的序文，朱立元亦少坐二时，相继别去。

晚上中央电台新闻联播，播送了景尧的专题报道近十分钟。

上午兵器工业部冯波（女）来坐，她是晓林友好，招待她吃了午饭，托她给大哥带去一信，给小孩（晓林的两个姑娘）带去两包冷饮汁（橘子粉）。冯女士谈她的家庭，说她祖父是大学讲师、地下工作牺牲者，解放后称烈士；但"文革"中说他剥削阶级出身，又是大学教师，怎么会是烈士，这样的人肯定去了台湾，这个烈士墓是假造的，因此把墓碑砸烂，"文革"后才恢复旧观。为此她父母及全家也吃了苦头云，这也是一则现代童话。

复朱建华一信。下午思和来电话，他昨天去了颜海平家，海平的父母得知我托思和去看他们很感谢。思和说，海平母亲精神很好，没有患骨癌，因此，他关照我，如海平父亲为感谢打电话时，万不可露出海平母亲患那个病的话。

给尚丁打了个电话，向他说明《天下》发胡风怀念我的诗词，我就不写附言了，以免蛇脚，只将胡的作品发表，并请他们认真考虑，从现实中国实际出发——因为胡是在特定的历史环境里，以特定的身份，写在特定的地方（四川大足县监狱）。他说明天去和掌舵的元化研究。

为杭州大学学报审稿——看一篇论契诃夫和曹禺剧作比较文章。

1985 年 7 月 9 日

上午发出给尚丁信，附去胡公《酒醉花赞》诗稿及照片四张，发出给朱建华信。下午将上午写好的杭大学报审稿（契诃夫的《樱桃园》与曹禺的《北京人》）意见，挂号寄出。

下午由玉兰陪同到校，先去师资科开了即出国名片介绍信，再到印刷厂找到刘雄，请印二百张，月底交货。又到五角场照了二寸穿制服照。回家后，小卞父子在候，小毛头这次考了八十五分，留他父子吃了晚饭。

上午拟好名片格式和英文译文。

收到朱微明赠送的柏山选作《侧影》、文学所寄赠的《刘半农研究资料》。下午购入满涛译的《果戈理选集》第二卷。

昨日收到景尧寄的《文贝》十册。

晚，童炜钢来，说是花城出版社来人要出一套《外国作家在中国》丛书，要我牵头云。

1985 年 7 月 10 日

天闷热，简直无从工作。

收到寄赠的本期《长江文艺》及淮阴教院的学报。

上午陈允吉来。应必诚来，送来教育部的咨询费六十四元余。

中午济南侄女唤林来，送她来的是她工作的服务公司的经理贾某。唤林在此晚饭，即宿此。

1985 年 7 月 11 日

天气闷热，报上说已 35℃，实际恐怕不止此。晚上预报说，明天将达36℃。

天气热，又整天陪客，什么也没有干，也不能干。上午曾小逸来，南越一家三口人来。小逸中饭后别去，南越一家晚饭后别去。晚卢鸿钢来，说了整天话。

收到上海书店赠寄的新书三本：《玉君》《走到出版界》《中国现代女作家论》及扬州师院华鹏研究生张静河、张燕信及译稿。

晚看电视《郑和下西洋》——这样的题材很好，说明我们的祖宗很有出息，这个"出息"并不是阶级什么决定的。

1985 年 7 月 12 日

天热 36℃，简直什么也干不成。

整日在家。收到杭大寄来的六十元审稿费。

侄女唤林晚上回济南。

晚饭后，与敏去五角场散步。王戎与长海医院骨科小廖二女护士来坐。

1985 年 7 月 13 日

上午廖鸿钧来访，他为全国比较文学学会事，新从北京归来。他说：已定于十月底去深圳开成立大会，发起单位，上海是复旦、华师大和上外，挂钩在中国社科院，秘书处设北大；乐黛云为秘书长，季羡林为名誉会长，杨周翰与我为正副会长，复旦、上外、北大各出二位理事，发起单位各出资千元；上海的顾问，原上海分会的顾问王元化、方重、伍蠡甫保留，取消巴金和施蛰存云；又定《中国比较文学》为会刊。廖坐约一个多钟头离去。

下午为王文英研究夏衍的戏剧著作写好推荐意见，有两张半纸头。

晚，校阅文学研究会刊物目录校样，阅读了《文学周刊》的一些老文章。

1985 年 7 月 14 日

星期天，天气较缓和——这是晚上的气温。

下午，王戎、抗生来，吃饭后别去。

晚，继续校《文学周报》目录。昨夜校至三时。

1985 年 7 月 16 日

昨（十五日）孙景尧偕其妹及 Mark Bender 父子一家来（晚上）。Mark 父子及小马克的妻子吃过咖啡后，由景尧送外语学院招待所，在大门口，照相留念。我们送老 Mark 先生十全大补酒一瓶留念。景尧兄妹即宿此。

收到教育部信，谈去港事，教育部已派二个干部参加会议。

收到陈宋惠、北京大学信，北大信系美国比较文学学会筹备会打印的记录。

收到解放军文艺出版社王安刚信，要求作为他去美留学的推荐人，即复了信。

托小唐将照片及去港时间安排表交师资科。上午在图书馆开会。

今日极热，和景尧闲话。收到西安《社会科学评论》赠刊。

昨夜朱立元来，将为他爱人王文英的夏衍研究所写的推荐信交他。

看《文学研究会》稿校样（《文学周报》目录）。

1985 年 7 月 17 日

天热，报上说，昨日已达 37℃，上海的救护车应接不暇。

今天下午稍凉，雷声朗朗，说是有阵雨，但未落下，真可谓干打雷不下雨。

上午去学校印刷厂，校对出国名片，并到中文系查法文字典。为了校对《文学研究会资料》，昨天晚上熬了一下，总算把此书的最后一本校样看好了。

收到大哥信。

上午接到谢天振电话，谈杭州之行情况，说《契诃夫手记》第三版已排好印好，只是装订不出来。伍隼为此抱歉，说印刷厂只顾印赚钱的书，如《射雕英雄传》之类，像样的书不好好印，出版社也无可奈何。

下午为我做西装的裁缝师傅来家，拿去做夏装的料子。现在做一套洋服真是难上加难，这位师傅还是托人请来的。

晚，写了一堆信：给莫贵阳、廖宗宣、阮同等——后两封是给广西人民出版社的，托景尧明日返南宁时带回。

1985 年 7 月 18 日

今日托兴良发出《文研会》校样及给编者夏晓远信，发出昌东小说稿给北京出版社及给编者廖宗宣信，算办了两件大事。另外发出给贵州人民出版社莫贵阳信。

早饭后，景尧兄妹别去，景尧今日返南宁。

中午同村黑牛及一崔姓来，他们都是"万元户"，在此午饭后别去。

午饭后与敏到北四川路购物，给山口守买了两筒清茶。又在一剃头铺剃了头，剃得很马虎，却比国权路多一倍的钱。

六时到虹口底，因交通管制，和敏去虹口公园小坐，七时许归来。

收到谢挺飞及桂英信。

晚，朱立元夫妇来。

1985 年 7 月 19 日

晚上才凉快了。昨夜敏患热感冒，我侍候她到三时，仍然不安于睡。经过昨晚及今日三次服感冒冲剂，她算好了，我也安心了。我们这对老同命鸳鸯，是在长期的苦难的中国暴风雨中一块儿展翅飞翔的。我们有共同的甘苦，因而也有真正的情谊——爱情。我们的爱情就是我们的事业，它不是儿女之情的小天地，是中国的历史和天空广阔的中国大地、苦难的中国大地——医治她的创伤，和她的敌人（内奸外寇）斗争，保卫她。……

收到朱微明、黄梦菲、曾小逸信。小曾信内附来打印的他的论文及《解放日报》对他的介绍文剪报。黄梦菲也附来论文，这是一个湖南青年女性，我并不识。

上午曾去校内新华购得《西谛书话》及《三案始末》各一册。

晚，读谷非评论集的后记。

1985 年 7 月 20 日

今天早上、晚上都凉快。

上午开始修改《外来思潮》稿。午睡后，陪敏去校医务室看病，打针。

上午，美国女留学生方苞珍来，她将回国，将自行车摆在这里送彭小莲，晚饭后取去。送这两位女士人各一本《文贝》。

上午陈允吉来闲谈，将托木之内诚带给山口守的信和茶叶，托他转致。

晚，朱立元夫妇来，将范铮寄来的范译《中国孤儿》序一文托小王转上海《社会科学》编者张循。

1985 年 7 月 21 日

天气较凉快，礼拜天。

集中力量校《外来思潮》稿，将全书总目重新作了一次安排，调整。

晚，给襄汾县志编委会填好二张《县志人物》表，并附信一封。给吴樾一信，并附去李辉译文，明日发出。

医务室的小文同志上、下午都来给敏打针，她好多了。

晚，小唐夫妇来，老苏来。

上午淮北师专同学李玉衡来，带来二斤他家乡安徽茶叶，送他《文贝》一册为念。

发出给范铮信。

1985 年 7 月 22 日

上午去校印刷厂校对名片。兴良、思和及春东上午即来，在此加工《外来思潮》。中午，思和、春东即在此午饭。小周家人生病，但仍然来工作，这就是好品质的说明，我们夫妇感叹不已。

文医生仍然一天来两次给敏打针。

收到《批评家》赠刊。思和代购来新的《新华文摘》《读书》，送他《文贝》第二期一本。

发出给吴樾信及襄汾县志办公室信、伍隼信。

下午人事处打来电话，说教育部要我填一张卡片，即在电话上问明填好。

下午淮北师专李玉衡来辞行。

晚，于敏打电话，介绍一个上外法语毕业生来图书馆工作。

1985 年 7 月 23 日

上午，兴良、思和、春东来家工作——《外来思潮》一书的编辑扫尾工作，到下午总算基本完工。我也做了整天的"出厂"检验工作——校正了选文等类的差失处所。

收到吴樾自开封来信。强义国送来他娘舅章品镇来信及寄赠的《雨花》（有章的小说）。收到彭小莲信及小说三篇。

晚，孙进及其爱人来，他将于下月出国（加拿大）自费留学，送来西瓜一只。

1985 年 7 月 24 日

整天闷热，精神不振，无为。

收到胡天风、周励、秀拔信及万同林明信片。收到《上海大学学报》（郑和专号）赠刊。

看了几篇小说，章品镇的、彭小莲的，好久不读作品了，有脱离生活现实之感。

1985 年 7 月 25 日

上午，外文系袁志英陪同加拿大 McGill 大学德国文学教授夏瑞春（Aerian Hsia）来访。他系德籍华人，也治比较文学，其父原在昆仑电影公司工作，"文化大革命"中以"特务"罪名死于狱中。他以父辈待我，送他《文贝》第二期及《比较文学导论》各一册为念。

赵坚与徐贲先后来坐，同时离去。徐贲下月将去美留学，他的译稿（刘若愚，论诗学）说是四川人民已答应出版，即还给他，并答应写信给木斧代为说项。

收到孙立川自京都来信。昨天还收到徐师李存煜信及打印稿和他代购的五本《小说选》，信上说，这是从他们学校图书馆的购书中购得的，书店已找不到了。

整天弄《外来思潮》稿，费了不少手脚，总算大体排好顺序了，也算完成了一件大事。

1985 年 7 月 26 日

下午春东来，伙同玉兰扎好《外来思潮》稿，分两大捆，她们特此去四川北路邮局寄出。当中曾来电相询，说是邮件寄时日慢，而且要分成四包，只能用邮包寄出。邮局说，最好保一下险，可保一万元，收费要二百元——这也是"金钱挂帅"的表演。现在各种公私衙门弄钱成风，巧立名目，想方设法地从百姓口袋里摸钱，但实际工作又不负责任，连邮局这样的机关，也坏事成风——报上说，本市信件，有迟至八天者，有的根本收不到。总之，现在办事，只能听天由命，碰运气。她们结果没有保险，但两个邮包却花了三十多元的邮费，四块多钱的纸盒费！但发出去了，总算办了一宗大事。

中午阿萍来，她母亲托上海某画家为我七十生日画了一幅国画，并裱好，作为贺礼。下午，经济系教师与其子邹姓父子同来，儿子在英国念了一年，想考我的研究生——他的外祖父是裴桂常，与我有一面之识；他的外祖母也是名画家，托他们父子送我裱好的山水画一幅，盛情可感。

收到香港中文大学寄赠的台北"反动"刊物《幼狮》七月号。

中午写好给《外国思潮》责任编者梁克虎公事信，明日挂号发出。

1985 年 7 月 27 日

上午王戎、抗生同来。午饭时，李辉自北京打来电话，说是胡公的追悼会一时还不能举行，拟在月底和下月初先由家属和友人举行火化，说是具体时间俟我到京后决定云。即与王戎约好，最近去京，与胡公见最后一面。

收到陈宋惠信、本期《江海学刊》三本赠刊（登出了我的论瞿秋白文章）、广东出版的《科技导报》近期赠刊。

下午有过雨，也没下大。

晚，给彭小莲通了个电话。

1985 年 7 月 28 日

本日在家校改邵译《中国通俗小说书目改订稿》（大冢秀高著）的序文。晚上改毕。

礼拜天。收到晓风和莫贵阳信。晚饭前后兴良和金海的家属都来过。

晚饭后，我们和玉兰去五角场看了一场电影消遣——《特区姑娘》，这实际上是深圳的生活图片展览。这对教条主义者说来，应该是一种冲击——新的生活方式、人际关系和价值观念。

1985 年 7 月 29 日

上午继续校改《中国小说书目》。下午陈宋惠及其媳自常州来，晚即宿此。

收到罗飞信及本期《女作家》赠刊。

晚，长海医院小董（女）来。历史系研究生小陶来，他去日本关西大学进修半年，在校已取得硕士学位，留历史系工作。

收到广东师大钟丽珠信，托她带给陈启新的信她已送去，启新夫妇去从化休养。

1985 年 7 月 31 日

昨日未记日记，这两天有雨——暴雨。

昨日午饭后，陈宋惠及其媳离去。下午思和、王戎、抗生来，为去京订票事，在此晚饭。票由思和托他在东亚旅馆工作的妹妹代购，今天下午他送来了。软席卧车，每张加空调费十一元。现在全国皆商，一切向钱看，所谓上下交征利，唯利是图。这十一元也是巧立名目、变相涨价，公私单位名之为"创收"是也。

收到伍隼信、湖北文研所邀请参加抗战文艺讨论会信。《江海学刊》汇来稿费一百零五元。

发出给教育部信，关于赴港事。

昨日上午邵康铭来，将《书目》一书序文部分交他抄改。

今日上午在工会开馆长会。鲍蘧、蔡国祯二女同学来，午饭后离去。

明日下午三时，即开车去京，与王戎同行，参加光人兄葬事。

1985 年 8 月 7 日

本月一日偕王戎去京时，值上海台风日子，狂风暴雨，市区（四川路）马路水积，车行其间，一如航船，到北站后，雨稍止。由玉兰送站。

当夜在车上，又感到寒气侵人，原来铁路上为了"创收"，新增了

"冷气费""软坐费"，由沪到京，软席每客加十一元，可谓巧立名目，生财有道。但这夜值大雨之后，花了十一元买罪受，要求乘务员关掉冷气，盖上棉被才能入睡。好在我旅行袋内带了一件敏买的新式两用衫，这时派了用场，披上挡寒，才算度过此夜。

二日中午到京，李辉站接。由站乘地铁到苜宿地看到梅志一家，大家眼泪汪汪，想不到半年不见，胡公已弃世而去，而那些不识大体、不顾大局的帮派分子还对他猖猖不已。中外人士、广大人民都瞪着眼睛看他们如何对待胡丧，因为这绝不是一个孤立事件，他们想通过这个具体事件来认识我们清除"左"毒、落实政策的真实表现。他们要"听其言而观其行"。

当夜即宿此。三日早上由此乘车先到友谊医院，由此伴胡公灵寝去八宝山火化，这是一个由家属及生前友好参加的告别式，未惊动官方。有二十余人：海婴一家、周颖、陈明（丁玲丈夫），北京的"同案"友人牛汉、绿原夫妇、路翎及其两个女儿、邹荻帆、谢韬夫妇、鲁煤、杜高，上海我和王戎等等。李辉陪同照些相。

中午诸人即在梅志家午饭。饭后稍息，我即由晓风陪同去演乐胡同大哥家，五日回沪前即宿此。乃修当夜来谈，在此晚饭。五日上午由小燕陪同去梅志家，在此午饭，与她们一家告别。四日下午由小燕夫妇陪同逛了王府井一带书店。

五日下午与王戎在大哥家晚饭后，因为即有大暴雨，即于八时半冒雨去车站，由小燕夫妇、凯林（她刚从承德开会回来）送到车站。乃修、李辉夫妇同到胡同口相别。

昨日下午六时许返沪，思和来车接。因为实在太疲倦了，今晚才补记日记。

看了一大堆来信。天气仍在高温中，简直无从工作，写了一封给谢挺飞信，为他女儿考复旦事，明日发出。

下午读了大哥寄来的论文《史诗在中国》稿。上午与小谢通过电话，为去港事，又与师资科为此通了电话。

收到本期《清明》赠刊。

1985 年 8 月 8 日

下午有间断雷雨。上午去图书馆开会——中专班本期毕业生留馆工作，本日报到，即席讲了话，勉励一番，随即去中文系取回邮件。

下午三时，乘校车去西宝兴路参加李庆甲告别式，与敏同行，事先托图书馆办公室代送挽幛一幅。李五十一岁，中文系副教授，一九五九年毕业，死于癌病。会毕，乘元化车子到家，他在此少坐，休息，别去。

晚，小毛头来。曾小逸来坐谈，送来他编的《中国现代作家与世界文学》一书清样，约为《文汇报》写一短文介绍。

收到本期《文教资料简报》《科技导报》赠刊。收到王安刚（解放军文艺出版社）信。寄出给木斧及谢挺飞信。

晚，来过的还有杨竞人、乐秀拔。

1985 年 8 月 9 日

未出门，晴天。上午兴良来，商量好《外来思潮》一书的插图配置问题，由他作了记录。李正廉来，托复印他早期的报刊文章。此君经过苦难生活的折磨，精神极萎缩，被压歪压扁了，真正可悲。

晚，阅外来文学理论思潮有关报刊评介文章目录索引卡片，收的范围较为广泛，凡与文学有近缘关系的材料——政治哲学、社会科学以至自然科学、艺术各类，都大致包罗在内，不是孤立地看从一九一七——一九二七年间中国译介外国文学思潮、理论的情况，这样反而摆正了文学的位置。

1985 年 8 月 10 日

上午给莫贵阳一信，附去小莲的《吻》。给董大中一信，附去思和写的评我的小说文章。谢天振来，带去大哥《史诗在中国》一文，并借去陈受颐的《中欧文化论丛》一册。

收到上海书店两本赠书张爱玲的《传奇》、闻一多的《死水》，以及本期（八五年第三期）《古旧书讯》——刊出了胡风写的《〈工作与学习丛刊〉始末》，也算一个文献材料。

收到本期《小说月报》赠刊，读了张一弓的中篇《流星在寻找失去的轨迹》，写一个"万元户"农民，先作恶、后行善自赎的故事。这也算一个中国传统的老主题，仿佛托尔斯泰笔下的"忏悔的贵族"，这里闪现着中世纪的历史阴影，写的是人性。

1985 年 8 月 11 日

从昨日下午起，天气转凉。

上午张循来访，她系新闻系一九五九年毕业生，在上海社会科学杂志社工作，"文革"中被戴上"反革命"帽子关押了一年多，精神上似乎还有些伤痕。她带来一本《开拓》，那上面有报告文学《第二种忠诚》，她要我看看。杜月邨随后来，中午时同时离去。

晚，金海夫妇来，谈到此次在普陀办当代文学学习班的情况及见闻。外文系同学小邹来，送来美国雪茄三匣。

收到路翎寄赠的新版《财主底儿女们》。

1985 年 8 月 12 日

未出门，读书。

收到北京出版社廖宗宣信，施昌东小说稿他们已收到，将作为特殊情况，排入了明年出版计划——这是一大好事。收到孙景尧信、陈思和信、马华儿子及福建师大一青年学生信。收到人民文学出版社寄来的新版《金瓶梅》。

晚，朱立元夫妇来。

1985 年 8 月 13 日

上午与兴良去图书馆查书，补充外国文学理论翻译书目。

下午，居家，开始又拿起《中国通俗小说书目改订稿》的校订工作，并写了《序文》的初稿。

晚，乐秀拔来。收到《山西文学》征稿信——我的第一篇小说的体会。

晚，陈福康与他的北师大一同学来。小陈上半年考上李何林的博士研究生，去了北京，就学于北师大。

1985 年 8 月 14 日

下午在图书馆开会，继续校《中国小说书目》稿。

晚，王戎来。

1985 年 8 月 15 日

整日校订《中国通俗小说书目》。孟玉兰将离去并介绍她的表姐小丁来工作，晚饭后与敏去五角场买点心二盒，送她回家。

下午乔长森来，托他复印有关胡公照片；做衣装的师傅来试样。晚，一九五五年同学宋玉珩偕其女来访；卢鸿钢来访，带来他的译文一篇。

1985 年 8 月 16 日

彻夜校订完了《中国通俗小说书目改订初稿》，并写好序文。

兴良全日在此整理《外来思潮》一书的报刊文章目录索引卡片，并分送有关同志抄写。

收到乃修信及本期《小说月报》赠刊。

1985 年 8 月 17 日

上午去工会参加校学委会会议，补评三个在职干部的副教授学衔。本来上次会议时，大家公议，因为他们多年当干部，脱离教学科研工作，我们无从评起，呈请校领导以任命方式行事——现在却又打回来了，仍要我们评选。因为现任××长虽出身化学系，但未教过一点钟化学，写过一个字的化学文章，只是由于他"喜爱"化学、学过化学，因之通过副教授的评议——从这个标准说来，这被评的三位倒远远超过他的条件，因之大家投票基本通过，了事一宗，就叫"与人方便，自己方便"。

下午赵博源来，他译好山口守的论张辛欣与中国现代派的文章，很有新意，因之，给罗飞的《女作家》写信推荐，由博源发出。

杨竞人上午来，为他的出国留学在推荐信上签了字。

晚，张廷琛来，借走《批评家》一册。图书馆女同志小泽来。

本日由新来的女工小丁为我抄好给大冢秀高《中国小说书目》一书译本所写的序文，又多次校改，算完成一篇作业。

1985 年 8 月 19 日

上午，谢天振来，他已收到出国护照。据说，上次教育部的一个处长来也只看到他一个人的，其余的七个人还没音讯——这只好耐心等待，也反映了官僚主义作风的严重危害。他送来廖鸿钧的评职称材料，要我写个评语；又送来廖先生的赠书——他参加编译的《比较文学译文集》。

思和来，在此午饭，他送来师大一个教师智量同志托他转赠我的两本自己编译的书：一本是《奥涅金》，一部是《外国文学名家论名家》。

收到本期《社会科学评论》赠刊。

这两天看材料写关于胡公的文章，为此，昨天着小丁去买了本期的《文汇月刊》，那上面有罗洛、曾卓文章——意外地发现冯英子的一文，倒写得有声色，切中积弊。

昨天未记日记，也无事可记。

又，今早去图书馆还书遇徐鹏。他说，市统战部来电话，有一个华裔女学生在哈佛毕业，要去台湾考比较文学研究生，她要来访问，问我是否愿意接见，只好应允。为此，他又来家一次，说已和外事处说妥，定于二十二日上午八时半。我即电约张廷琛请他一起接见，并给我做翻译。

1985 年 8 月 20 日

未出门。下午，柯文辉和他的儿子来访，他还在为刘××做写文章机器维持生活。昨晚看本期《文汇月刊》上署名刘××的文章，我对任敏说，这是柯文辉的手笔，八十多岁的老头子写不出这样的文章，今天果然他来了。他说，就要去贵阳，即给莫贵阳写了一信，介绍他们相识。

收到本期《批评家》，看了上面的几篇文章，有一篇论"胡风评田间艾青"的长文，写来还符合历史真实。

晚，唐金海夫妇来。开了个夜车，写好纪念胡风的文章草稿，这时已二时了。

桂英今晚回来了。

1985 年 8 月 21 日

昨晚一直工作到三时，下午只好蒙头大睡。

上午邵康铭来，拿走《中国小说书目》稿，请他再修改。

晚上改好纪念胡风文。

收到伍隼信及本期《文艺报》赠刊。

1985 年 8 月 22 日

上午八时许在物理楼接待华裔袁女士，她是哈佛毕业生，父为德人，母为华人，只懂简单的汉语词汇。由张廷琛翻译，徐鹏及上海统战部一位中年干事陪同。谈至九时许。

最后改好纪念胡文，由桂英抄写。

收到本期《萌芽》赠刊，及四川一中学教师来信。

1985 年 8 月 23 日

寄出伍隼信，并汇去十一元购买《手记》第三版十本。他前来信说，《手记》前后三版印了二万六千册，未破三万大关，所以这第三版没有钱，要买寄钱来，每本一元一角云。

收到湖北人民出版社退还的海燕译的英国小说及赠书左琴科小说一本。

下午师资科小陈来电，要我找一个学生，明天买票乘飞机去北京领我的去港护照，又要我找另一个学生明天办领外汇手续。即分别给思和、金海打电话，请他们分别帮忙。

桂英已抄好祀胡文，共十页，晚上又作了校改。

今日有台风影响，外面大风，不能开窗。

1985 年 8 月 24 日

上午思和、金海前后来，分头为我的去港事奔走：思和去北京领护照，金海办理领取外汇——在我们国家这些都是人为地疲于奔命的工作。中午吃饭后别去。

下午孔海珠和两个男孩来，晚饭后离去。

读杨周翰先生的《攻玉集》文，其第一篇文章，颇有见地（只读了这一篇）。

1985 年 8 月 25 日

礼拜天，上午王戎、罗洛先后如约而来，在此午饭后离去。

收到董大中信。给晓风写了一信，按照董大中信上所说，着她将胡风的遗文（关于"五把刀子"的说明）寄去。

对胡风纪念回忆文章又作了一些校补，并着桂英另抄了一张。明日发出。

晚，草好对廖鸿钧学术鉴定评语。

受台风影响，时有阵雨。

1985年8月26日

上午去图书馆开会——讨论职称问题及新馆布局、人事调整等问题，给思和借来八册解放前版本的现代文学作品。

收到香港中文大学比较文学会议的通知，要我主持《三国演义》和《战争与和平》的讨论会，作发言、质疑和评论，共限十五分钟。评议三个人的论文——周英雄、谢天振和马某，但只收到周、谢论文。

收到青海师大编的《中国现代文学流派辞典》的通报，我被列名为撰稿人。

晚，写好廖鸿钧的学术评语，约二千字。

晚，金海夫妇来坐。给在浙江慈溪的董玉波（长海骨科护士）写了一信，答复她，内容为打听到的去上海第二教育学院旁听英语的问题。

收到华中师院一学生信。

1985年8月27日

这几天，因为离去港时间日近，"办手续"迫在眉睫，手忙脚乱。思和为了拿护照，特地坐飞机去了北京，仍无信来，还不知道结果如何。小谢上午即来此，为买机票和师资科打交道。小谢因不是学校名额，无外汇买机票，原来师资科答应他用学校的三联单，事到临头，桂英开回的三联单却只有我一个人。打电话问，又回说这三联单是教育部填发的，小谢为此落了空。他晚上来电说：民航说，得凭护照才能买，三联单只适用于我一个人；他与外院商量，说是答应陪我，不能失信，外院才忍痛答应他去时坐飞机，由外院出机票的外汇钱，但回来不行了，只能先到广州坐火车回来……想不到外出这么麻烦，关卡林立，办事迟钝，又不负责任，官僚主义加教条主义，害苦了我们这个一心想上进的国家。

小谢送来他在香港会上的发言原稿。拿去我为廖鸿钧所写的学术评语。

晚，金海送来领到的外汇。

中午，裁缝送来单洋服。

读美国出版的《知识分子》（中文版）各文，虽有些异味，也有新鲜感。他们对中国事物的角度和论点，值得深思。

1985 年 8 月 28 日

早上八时许思和自京来电话，说已到英国大使馆查过，香港批电仍未到。即到师资科，由小陈打电话给香港中文大学请促当地政府办理。下午卢康华自港来电话，说已着手办理，如何结果，将来电告知。

中午，顾放勋偕其爱人来访，他们前数日自美归来，谈他们那里的生活情况。他的爱人是同济土木工程系研究生，在美与放勋同学，因而结识。前些天我腿伤时，放勋托同济某教授带回人参给我，这位教授就是这位姑娘的导师。她的人很朴实，两个人都不像来自资本主义国家的，打扮得还不如这里街上的青年"现代化"。他们还未吃过午饭，即煮面相待。他们给桂英说，是回来领结婚证的。

晚，朱立元夫妇来。下午陈允吉、王继权来。

收到满子、耿庸信。读了小谢论文。

1985 年 8 月 29 日

今天仍无消息，看样子，怕要误事了。上午小谢来电，他一定要陪我去，等几天也行，但他的买票的外汇支票有期限——是否可以改，他说去问财务科再答我，但还无回答。而公事不能如期成行，由我一个人上路，自己信心也不足，不是年轻的时候，真是麻烦。

下午吕胜送来他写的周英雄论文要点，太简单了。晚廖天亮来，是新学期，就学习方向和做人对他上课，他借了几本书而去。

因为主持关于历史小说的讨论会，要写个发言提纲，以备译者参考，所以一天忙于看材料和论文。

1985 年 8 月 30 日

思和上午从北京飞回，拿到了护照。但在此之前，又瞎忙了一上午：先是廖鸿钧来电，说是教育部高教一司的外语处长蒋妙瑞昨夜给外院来电，要他们通知我，说护照他知道，将交上外来人今天带回，复旦不必来人了，并要我给他回一个电话——因为语意模棱，我即到师资科请小陈挂北京电话，说是蒋妙瑞处长因出差，已经不上班了；回到家里，又忙着给廖鸿钧打电话，刚放下电话，思和就来电话了。午饭后即由桂英到学校会同小陈办理财政手续，又送至上外小谢。小谢后头来电话说，已拿到票了，算是了却一宗大事。

又赶快写发言稿。思和下午来，又将前一部分托思和整理，晚上由桂英抄好。又算了却一宗大事，一身轻了。

收到陈启新自广东从化来信，谢挺飞来信。

晚，金海夫妇来一同散步。应必诚夫妇来。徐俊西来。

培恒来电话，说是评职称还有麻烦事，明日下午来谈。

顾征南、王戎上午来，午饭后别去。

晚，写牛汉一信，连同回忆胡公文明天发出。

1985 年 8 月 31 日

中午思和来，在此午饭。外文系朱老师送来小邵译的《中国通俗小说书目修订稿》，将我的序文复印了一份，交思和转《文汇报》。

晚，收到教育部外语司要我领办护照的电报，已成明日黄花，说明我们的机关，彼此不通讯息，以致造成这类笑柄。

给大哥写了一信。

明日一早将去港，日记暂停，回来再续写。

下午章培恒来，为评职称选举事。唐金海一家来。中午鄂基瑞、王锦园同来。

下午宗××夫妇来，宗为此次评职称处于边沿状态，寝食失常——这正是小人物的悲哀，所见太狭，天地太窄了。

为我出门，全家忙碌，大家都有精神压力，看来好笑，也说明多少年的锁国政策，造成社会的不正常心理，也算一宗历史教训。

1985 年 9 月 17 日

本月一日晨偕上外小谢同机去港，当时上海正在暴雨中。车经四川北路，水深可及膝，车行如舟。中午十一时到港，天已转好。

李达三（Dr. John Deeney）、袁鹤翔教授、卢康华都在机场迎接，乘袁车到中大，住"大学宾馆"二号楼。翌日正式开会，我列入主席团座位；当天开始论文讨论，我负责"《三国演义》和《战争与和平》的比较研究"三篇论文的评审工作，作者分别为周英雄（中大）、小谢及易新农（广州中大）；因此上、下午都发言。中午由中大文学院长宴请。七日大会正式闭幕，会上我作了发言，并受我教育部高教一司副司长蒋妙瑞委托，将教育部发的二只景泰蓝花瓶作为礼品，以全体国内同仁名义送给会议主办单位，由李达三（Dr. J. Deeney）接受。晚，由马校长宴请。

八日为礼拜日。上午由潘行恭及其妹和妹夫水君以车来接去香格里拉酒家中饭。晚，在德福花园满汉楼由留日同学陈伯镶等八人宴请，小谢同行。

九日上午访问中大图书馆，给高级职员作了一个小时的讲话，介绍复旦馆情况。十日由港大黄德伟教授来接至港大冯平山图书馆访问，中午由黎馆长宴请；又由黄陪同拜会了文学院赵院长；下午黄请我和陪我的小谢在该校俱乐部饮威士忌。

十二日晚，袁鹤翔宴请于北京楼。饭后，袁驾车游了中大校园，费二小时。

在港住了十二天，过的港式生活。中间，《良友》古剑来访，交给他照片，预支了五百元港币；潘行恭赠我千元港币，说是表示"学生对老师的敬意"。因此，有了一笔钱，托小谢买了电视机等物。

十三日到广州，广外彭老师车接，宿广外专家招待所。十四日中午广外院领导宴请，下午与同行的方平，为同学就比较文学研究讲课，得酬金二十元。

十四日上午由小杨（女）同志陪同，与小谢及方平游广州高等街购物。晚五时到广州机场，八时起飞，九时三刻到沪，桂英、小周来接，抵家已近十一时。

这两天休息。今日下午，老鄂来，老姜来，都是汇报工作。

此次到港前，香港《文汇报》特发表了《贾植芳与比较文学》一文，对我作了介绍；新华社发的会议消息，中国学者报道了五人，除教育部的两个官员外，杨周翰、我及巫宁坤三人。发表我的介绍，其中大有文章：因港即将归还祖国，三十多年的"左"的打击知识分子的政策，使海外知识分子谈虎变色，报道文章介绍我解放后因"胡案"关押十一年，像这样的人，仍然能正常工作，并到港参加会议，从此一事例说明我们已肃清了极"左"路线，恢复了对知识分子的尊重与信任，正是从这个政治角度和需要介绍了我的事迹，借此晓喻海外知识分子打消顾虑，回归祖国也。这恐怕就是此次让我去港的目的所在，我这个"反面教员"又演了一次"正面教员"的角色，也算对革命做了些贡献了。

1985年9月17日

未出门。下午小谢来，在此晚饭。因图书馆评职称事，中文系资料室同志小于、小陈、小李来访。晚沈永宝来。

阅读了袁越送审材料。小谢带来《中国比较文学》第二期，送他新版《手记》一册。

晚，廖天亮来，对他进行了教育。

1985年9月20日

两日未记，在休息中，虽有些人来客往，但未做什么，所以不记。

今日下午去教研室参加活动和十二个进修教师见面，讲了些话，又谈了些香港会议情况。

上午思和来，在此午饭。

下午邵家麟（历史系老讲师）来，原来香港《文汇报》登的介绍我的文章，就是他写成投寄的。他今天来，还想为香港会议写些报道，约好明日请小谢来，大家谈。他记了一些，拿去一些中文材料。

读凯林写的《李大钊》剧本。

1985年9月22日

礼拜天，昨天未记，亦无大事可述。今天上午满子、耿庸、王戎、征南来，在此午饭。思和下午来，代写好给香港中文大学马临校长感谢信。秀拔、赵博源下午来。

天黑时小谢送来彩电，请了物理系王自麟装好，也算一宗新建设。

晚，金海夫妇来。

1985年9月24日

昨日下午，请教育部的蒋妙瑞吃晚饭，由上外老廖、小谢、中文系的徐俊西相陪。

黄昏时，铃木正夫来，他自杭州归来，暂住八舍，给他去图书馆查书写了方便信。晚，李平带京都大学的高级进修人员小松谦来访。小松带来孙立川信及复印的两册书——《灯草和尚》《杏花天》。

今日上午和敏去四川路购物。晚金海夫妇来，小张明日赴美，将我出面写的打印好的给纽约州大学校长的信签了字。

1985 年 9 月 25 日

未出门，收到覃小川寄赠的《覃子豪诗选》、高晓声寄赠的《高晓声1984 年小说》和江苏一画家赠我们的国画一幅。

读昨日收到的陕西出版的《社会科学评论》和本期《江海学刊》——后者刊有许道明的《试论愚昧与开化》，写得很好；前者载有转录自《文艺报》的一篇论台湾新诗运动的文章，分析颇详，是一篇讲历史唯物主义的文章，其中对于西方现代派在中国和战后的台湾的史的论述，颇为真切，合乎事物本身的性质和内容。

晚，吴中杰夫妇来坐。

上午，锦园来，托他把给谢校长和林克同志的信交张晓林转交。

1985 年 9 月 26 日

上午，上外老廖、小谢及华师大倪蕊琴三人来，商谈深圳会议上海出席人选问题。中午，倪在此午饭。

晚饭约铃木正夫、顾放勋夫妇同餐，生物系葛老师来陪。

下午，上海第二教育学院中文科领导班子四人来谈开学情况。

1985 年 9 月 27 日

上午去图书馆办事，走访了几个单位，和同仁们聊天。下午四时如约去党委办公室，访林克同志，就我校参加中国比较文学学会事商谈。他同意参加，作了批示，说明天转交谢校长。

晚饭后，两个研究生来，他们去杭州参加了本校研究生院和中国社科院研究生院召开的讨论会，带来李存光信和见赠的两瓶花雕。

读倪蕊琴昨天赠送的他的论文打印本《解冻文学与伤痕文学——当代中苏文学思潮比较》。

晚，图书馆小阙来坐。就胡朴安日记事和谭其骧先生通电话。

1985 年 9 月 28 日

早上四时半就被敏叫起来，原来她把表看错了，把四点半看成五点半。六时，全家三口到外宾招待所送铃木正夫返国。六时半车子出发，由桂英和生物系教师葛君陪送去机场，我们在车旁相别。

下午参加党委在工会的招待会庆祝国庆和中秋，听了各领导讲话和歌唱，喝茶吃月饼，近五时散伙。

上午唐功儒、孔海珠来共进午餐。

收到丁景唐、陈宋惠、赵学武信。

上午写好袁越职称学术评语，交桂英带中文系转人事处。

1985 年 9 月 29 日

今天中秋，天气美好。

中午，留小周午饭。下午斯民夫妇来，在此晚饭。陆士清来。张德明来，他明日动身去日本，进日本大学进修。

上午，苏兴良来，自天津开解放区文学研究会归。吕胜来，办好去京手续，托他给大哥带去一信、两封茶叶和小彤买的背心。

收到范伯群、山西大学苏以当信。

1985 年 9 月 30 日

天气好，未远出。

上午去应必诚家，看视应的病。下午，晚饭后来者有唐金海父女、朱立元夫妇、刘琦。

收到鲍蕙信。下午乐秀拔来。

昨日晚饭大约多喝了白酒，晚上十时后发生呕吐，胸间不适；今天却无病象，所以看看杂书，以为休息。

1985 年 10 月 1 日

今天国庆。天气好，但冷起来了，晚饭后散步时，得穿棉毛衫也不感到暖和。

整日家居，读《香港文学》《抖擞》各文，增进一些识见，得到一些海外文化讯息。《抖擞》一些论文（如关于鲁迅研究），很有学术深度。

这些海外作者的严谨的学术精神，正是我们多年来在"左"的"以论代史"的歪风下那种浮夸的学风的一个对立面，更衬出那些"破字当头"的文章的反科学性、反学术本身的野蛮本质，从而破坏了我们的学风和社会风气，破坏了文明和文化。

1985 年 10 月 2 日

上午到学校走了一圈。今天日子清静，除过研究生小廖晚上来，没有人来。

午睡后和敏游了五角场，每人吃了一枚冰激凌。

读完《新时代人》本期的创作——顾汶光的《绝代名姝》、毛志成的《丹城纪事》，算是了解近期的创作讯息。

1985 年 10 月 4 日

今日全天雨，报上说，下午将受台风影响。

收到深圳大学发的全国比较文学会成立会请柬。思和上午来，带来代购的屠尔科夫的《安·巴·契诃夫和他的时代》译本。他自杭开会归来，在此午饭，即嘱他代我参加深圳会议。

本日拿到昨天出版的《文学报》，登出我的《中国现代作家家书集》写的序文，也登了该报记者的记铃木正夫报告关于郁达夫死亡情况，并介绍了铃木情况——说他受教于增田涉，因此自称是鲁迅的"孙学生"，并说在复旦进修时，受过我的指导云。

阅读范任遗著《雨果传》稿。林秀清上午来，谈到预备用复旦比较文学中心筹备会名义召开雨果纪念会，即嘱思和准备一篇《雨果在中国》的报告。

晚，写一信给谢天振，一信给任飞。早发出给梅志印挂。

昨日收到香港大学黄德伟先生寄来的我在他的寓所及马临校长宴会上的照片五幅。

这几天耽于读书，要贩真货，使精神和思路开阔些、充实些。

1985 年 10 月 5 日

天晴了。收到中国比较文学深圳会议请柬，聘我为该会学术讨论会学术论文评论人。下午，伍蠡甫先生派助手小程来问候。范伯群派小王（王尧）自苏州持信来，为该校中文系副主任小范越级升教授写评语。本校出版社支书强义国来，送来李龙牧材料，写评教授评语。为我的生日事，下午秀拔，晚上秀珠、聿祥先后来商量吃饭地点。聿祥并拿来《中国现代文学辞典》有关我的条目稿，要我过目。

本期出版的《校刊》登出吕胜写的关于我的印象记文章《做好人，做好学问》，系校刊组织的《园丁颂》征文。

晚，填好专业技术人员任职资格评审小组专家简介表。

上午王东明带《文学评论家》（山东文联刊物）负责人李先锋来访组稿，李系这里出身的工农兵学生。

1985 年 10 月 6 日

星期天。下午教育学院的刘衍文着他的儿子和媳妇送来他们父子合写的《文学的艺术》一书，他的儿子和媳妇都是华师大的教师。

小毛头在此晚饭。收到老姜晚上送来的香港中文大学袁鹤翔寄来的《幼狮文艺》，这是台北刊物。

看山西大学教师送审材料。看了一篇半，都是各处抄来的文学语录，只是按类别和需要而抄，加以整理工夫，而且抄的观点很"正统"，因此抄的东西鱼龙混杂，泥沙俱下，真假不分。引证多于论证，以引证代替论证，这也是多年来"左"的传统文风。

晚上读了高晓声的两篇小说。

1985 年 10 月 7 日

下午新闻系总支老胡来访，送来徐震的学术审批材料。去中灶入浴。

培恒下午来，送来《肉蒲团》，还来《灯草和尚》《杏花天》——这都是深入研究中国古代小说难得的材料，得之不易者也。

晚，参考旧稿，给徐震写好评语。

收到香港中文大学图书馆邀请去该馆开会信。

1985 年 10 月 8 日

昨日下午打浴，有些着凉，身体颇不适。今天下午应约和敏去耿庸、元化家，穿得厚实许多，出了些汗，才有些好转了。

在元化家晚餐，他不久将访问墨西哥。

上午看完《肉蒲团》。

晚九时回家，桂英说，来客不断。我们到家时卢鸿钢在候，他自书了一个"寿"字条幅，作为我的生辰贺仪。

1985 年 10 月 9 日

上午去图书馆开会，就新馆布局问题研究，就在新馆内开"现场会"。

午睡后来者有：扬州师院研究生张静河、外文系张廷琛、上海文艺出版社林爱莲。晚上来者有童炜钢、应必诚、王继权，他们来是送来教育部批复的我申请编写《中国现代中外文学关系史》的回文以及补助费申请表——补助费定为万元，二年内发齐。陈德祥来。

收到"中国比较文学学会"邀请信及葛乃福寄赠的本期校刊及信，上海作协开会通知。

本日发出给乐黛云信。

1985 年 10 月 10 日

天气又热了——29℃。下午有雨。

午饭后与历史系朱维铮同车到社科院哲学所开座谈会。这是王元化主持的一个小型沙龙，与会者除他与耿庸和我外，都是中青两代。

谈的题目，是什么是文化传统问题，即所谓中国文化传统是什么，它的定义与内涵如何。我也应邀讲了些话。

五时校车来接与朱同车返回。

收到范伯群信。敏说，下午胡厚宣来电说已来上海，晚上要来看我们——大约因为下雨竟未来。

收到范伯群信、万同林信。

1985 年 10 月 11 日

今日有间断雨。上午胡厚宣先生来访。我们是五十年代老邻居，不见面已三十多年，他现在是中国社科院学部委员，在考古所工作。

王戎来，在此午饭。下午耿庸、彭燕郊、罗洛以及跟随燕郊的杭州旅游局的张全岳先后来。我们与燕郊第一次见面，他现在湘潭大学执教，晚饭后，乘罗洛车回到市区。

上午思和来，锦园来。晚，吕胜自北京归来。收到李辉信。

1985 年 10 月 12 日

上午姜德安来，为商量出国进修人选事。下午潘旭澜来，送来生日蛋糕一只，为我贺寿。伯群自苏州来，自说是"祝寿积极分子"，预备参加明天中午的五十年代同学祝寿活动。晚，扬州师院来此查资料的张静河（研究生）来，带来他的导师华鹏的祝寿信及生日蛋糕。

中午思和来，在此午饭。他已填好教部发填的科研表（发补助费一万元），改了些内容交学校，转上教育部。

晚饭由乐秀拔陪伯群同食。

收到孙桂森信、广州《科技导报》李若林（总编）信。

晚，章培恒来看望伯群，伯群即宿家中。

1985 年 10 月 13 日

今日天雨竟日。

中午五十年代同学在中灶楼上为我七十岁办酒。上午十点后，即纷纷冒雨而来。来人有：王聿祥，张德林、陈秀珠夫妇，沈剑英、朱碧莲夫妇，凌云宝、沈瑞珏夫妇，张爵侯、吴竞跃、蔡国祯、鲍蓬、范伯群、章培恒、蔡传廉、乐秀拔、潘富恩、赵博源、宋玉珩等人。由王聿祥讲话，我讲话照相，大家又合送了一本纪念册，题字题名，永以为念。

午餐后又到家喝茶、照相，欢乐了一天。我们夫妇已是老年，他们也都进入五十以上，接近老年了。三十年前因教学结成的情谊，经过翻天覆地的巨变，仍然能保持下去，这种精神与品质就是中国人民的真实的本色、中国的希望所在。四时许，又纷纷冒雨别去。伯群于晚饭后，也别去回苏州。

晚，收到静妹电报，晚复一信。

1985 年 10 月 14 日

天气阴雨。

早饭后，去专家楼看望胡厚宣先生。中午杨老师研究生张静河由杨竞人陪同来辞行。王锦园来，约定本周五上午教研室同志来家给我拜寿，真是辞之不得。

　　下午金海来，为去香港出差报销事，累他跑了财务科两次。图书馆林琳来，要求为她出国学习写推荐信。晚，第二教师学院两个同学来，他们送来本期的《闵行文艺》，那上面登载了他们写的记我的文章和相片，文章题目是《车祸发生以后——贾植芳先生小记》，构思文字尚清新，无啥过分之处。

　　晚，赶写好山西大学苏以当的副教授学术评语，明日交人事处转去，又给他写了封信。

　　上午给香港中文大学袁鹤翔博士写去一信，感谢他在我留居香港时期的多方照应和热情款待。

1985 年 10 月 15 日

　　上午小谢来，带来代购的三册《中国比较文学》第二期；另为我起草一份给杨观海（Peter Glassman）的信，在此译成英文后发出，邀请他下月份来上海讲学十天，因他要向中大请假。事实上虽然是上海外院出钱请他招待他，但上外不被中大承认，所以要用我的名义。

　　晚饭后，兴良一家来，带来蛋糕拜寿；吴欢章来，廖天亮来，施昌东两个弟弟来。

　　上午把苏以当的材料带给中文系转人事处寄回山西大学。

　　下午，王东明来，送来毛笔一支。

1985 年 10 月 16 日

　　今天是我的七十大寿。七十年以前的今天晚上八时，我动身来到这个世界上来了，那是一个在苦难和屈辱中求生的国家，因此，我毕生的道路是曲折和苦难的——"我是来这个世界放火的"，正如《圣经》所说。

　　晚，思和夫妇、金海父女三人、陈鸣树和我们一家人共吃晚饭，算是祝贺。冬生自山西来出差，也参加了。他们又题了字，也算尽欢而散。

　　上午，刘雄来，转送他国画一幅为念。

　　收到今富正巳来信及在沪时所摄照片，收到哲学系一学生信。收到本期《文艺情况》，那上面有一篇《胡风逝世前后》的文章。这是个内部杂志，换言之，这类文章只能"内部"看看，不准拿到光天化日之下来。

1985 年 10 月 17 日

上午陪敏去保健科看病——感冒。午睡后，与敏乘公共车辆进市内，先到小顾家看了小方，又偕小顾到耿庸家，三时许，人马到齐——元化夫妇、罗洛夫妇、彭燕郊以及从宁波来的孙钿。八时许与桂英一块儿乘车返家，回来已九时半了。

1985 年 10 月 18 日

上午九时教研室全体同志相继来家祝贺我的生日，并送来裱好的一幅立轴——由楼鉴明写的诗句——相赠留念。在此之前，应必诚夫妇来，送来福建工艺品一件，王东明送来工艺品一件祝贺。

收到本期《艺谭》，它刊载了我的一篇短文——《中外所见略同又不同论》。中午思和来，在此午饭，并赠他《艺谭》一册。

晚，金海父女、陈允吉、沈永宝先后来。

下午周春东来。

1985 年 10 月 19 日

下午一时到汽车间，由此和众人乘大车到第一人民医院全面检查身体，这是属于"高干体检"。遵照医嘱，早中饭都未吃，以便空腹抽血。

三时半毕，乘车归来。抽血后，吃了两块带去的沙琪玛，车上又吃了一块，回家后，吃了牛奶，在沙发上睡了一个钟头，一天就算打发过去了。

傍晚，物理系职工周某带该系一女性来，为调工作事。

收到铃木正夫信及在沪所摄照片，信上说，富阳郁达夫纪念会，日本报纸也登了。

早上发上图萧斌如一信，又给耿庸一信，附上罗洛电话上说的给孙钿介绍去上图查书的信——写给萧斌如由她转徐家汇报刊部。

给同村青年王克强发出一信及《中国比较文学》第二期一册。

1985 年 10 月 20 日

天阴未雨。中饭后，约物理系教师王自麟同志一起坐街车去南京路新华书店购买在展销中的袖珍收录机。到现场后，但见人头攒动，店员说，已售完了，因此与王夫妇分手。我们两人和小丁三口在南京路闲荡了三个钟头，什么也没买，挤上公共车辆回家，抵家已近六时。

晚，川大科研处长吴必熙偕在此进修的一青年教师小高来访。他来此参加综合大学科研处长会议，赠我四川青城山道士造的素酒一瓶，约他明晚便饭。我与他一九八○年在黄山会上相识，当时被分配住在一个房间。

收到孙景尧寄来的第二期《文贝》十册。

读李龙牧的《中国新闻事业史稿》，作为给他写学术鉴定的材料来谈。

1985 年 10 月 21 日

上午由小丁陪同到校内走了一遭，办了些事。下午着小丁去医务室取回医腿伤的药物——从昨夜上床时起，右腿关节疼痛难忍，上床平躺困难；今天走起路来有些腿不自由；早上去学校，碰到小文医生请她看了一下，她说有些红肿，说是关节炎，因此约好下午去取药。下午贴了膏药，晚上服了中药丸，似乎好转些了。

下午陈鸣树、叶易先后来，晚饭约伍加仑及川大在此进修的小高吃饭，由金海陪同。

下午交流组老陈来，送来香港中大图书馆邀请老姜开会信，他们接受了我的建议，并代我拟好一张给文科副校长邹剑秋的报告。晚饭后去看邹，他未在家，约好明早来，留给他一本《文贝》。

晚，姜德安来，说组织部长约他下午去谈话，由他接替张涛任常务副馆长，小华为馆长助理，叫给我打招呼。我完全赞同。

收到山西社科院文学所信，他们要编《山西抗战文学史》，得悉我曾在中条山活动并写了这类题材的作品，约我寄复制的作品、写回忆文。

晚，兴良来过。

1985 年 10 月 22 日

未出门，天晴。上午写好李龙牧评语。晚上来人有曾小逸、陈德祥、朱立元夫妇、谢挺飞及其女儿。

听挺飞说北京近事。

收到近期《批评家》《小说月报》赠刊，牛汉信。

上午斯宝昶来，他将去深圳参加会议，写了一封介绍杨周翰的信，由他寄出。

早上八时前，和敏一起去看邹剑秋，交上我推荐姜德安同志出席中文大学图书馆召开的图书馆学术会议的报告，附上香港中文大学的邀请信，他答应转交校外事组。

1985 年 10 月 23 日

早上去物理系看谢校长，就老姜去香港事和她说明；下午又为此事与师资科陈庆余商量，希望能以放行。

下午在物理楼接见三位意大利图书馆人员，由老焦和麦同志陪同接见。

收到杨观海（P.Glassman）、山口守、范伯群信。晚，复夏嘉杰信。

晚，曾小逸来，上午谢天振来，中午王锦园来。小王代我起草了我在深圳会议上的祝辞，并把写给杨周翰、翁思奇信托他带深圳面交。小谢、小曾来，也是辞行去深圳开会。

1985 年 10 月 24 日

未出门。中午王锦园来，他已定于二十六日乘飞机去深圳开会。晚写成给杨周翰、翁思奇信，托他带去。

上午童炜钢来上课，抄去一些小说学研究书目。晚饭后和敏去八舍招待所看望伍加仑，他明日回川。

1985 年 10 月 25 日

天雨。上午去图书馆开会，会毕师资科老陈打电话，要老姜去。我回家正吃午饭时，老姜打电话说，已准许他填表去港，但是经费（约六百元）要图书馆出。我说出就出，去要紧，关于护照，你自己去北京奔走，我给教育部的蒋妙瑞同志写信，请他帮忙快办。这事我才放下心，因为参加这个会（图书馆学讨论会）关系复旦在国际上的地位和荣誉，不能因小——怕花钱——而失大。

下午外文系德文组小马来，谈他去西德进修研究席勒事，即给他开了

086

一些书目，希望他就《席勒与中国》这个专题进行多方面的研究，一块儿吃过晚饭后，他高兴地走了。接着图书馆的沈爱华来，对她进行了帮助。

下午王锦园来过，他明日赴深圳开会。

收到晓风信及本期《新文学史料》，晚上写好回信。收到方平信及见赠的他的新译莎翁的《维纳斯与阿童尼》。

晚，为比较文学研究生试题（专业外文）就英、俄、日三种语科设计了考题：英文用的《自然辩证法导言》论文艺复兴一段，俄文就列宁论"托尔斯泰是俄国革命的镜子"一节，日文就取山田敬三的《鲁迅的世界》一书中的论鲁迅与马克思主义文艺中的卢那恰尔斯基与蒲列汗诺夫一段。这大概就可以了。明日再去借英俄文原本。

收到皇甫江信及寄赠的《扇子史话》油印本一册。

1985 年 10 月 26 日

上午去图书馆，为给研究生出考题，借来了俄文和英文版马克思列宁著作。

中午思和来，和我们一块儿吃馄饨当午饭。他说《小说界》负责人换了，新来的人找他要来看我，商量在该刊继续搞中外小说的比较研究活动，即约好下周二来谈。

收到本期《社会科学》（上海社科院主办），上面刊登了我为范希衡译的《中国孤儿》所写的序。收到李辉夫妇祝贺我生日的电报："历尽坎坷身幸存，寿追古稀人俱欢"，情意感人。

晚，强义国来，他系出版社总支负责人，拿去托我写的该社总编辑李龙牧的学术鉴定评语。

1985 年 10 月 27 日

星期天，晴好。早上空腹去第一人民医院放射科照胃部，由桂英相陪坐电车前往。这里设备比长海现代化，查得也较仔细，费了有半小时，结论是十二指肠溃疡，老毛病了。由医院出来，在新亚吃咖啡、面包，又到广东粥店吃鸡粥，步行至虹口公园，坐电车到家已十二时过了。陈宋惠已从常州来了，在家相候，他带了礼品，是来庆贺我的生日的。

午睡后，陆树仑未亡人及儿媳来。晚，章培恒的博士研究生小李来，他是赵景深的内侄，李小峰的侄子。李小峰一九五七年成了"右派"，在"文革"中死于就医无医。那是个视人命如草芥的对人民实行"全面专政"的黑暗时代，全中国陷入长期的噩梦之中——愚昧麻木，被戏弄的是人民，遭难的是人民。这是亘苦未有的民族受难期，超过欧洲中世纪的黑暗和野蛮。

1985 年 10 月 28 日

上午未出门，天好。收到陈伯镶信及在港时宴会上的照片。

借来艾煊的那些作品，为苏州会议做些准备。

晚，由陈宋惠找来滑稽剧票子，一家三口由他陪同，去九星剧场观看《冤家路窄》——写上海弄堂市民生活，上场人物有"文革"中的工宣队、厂保卫科人员、医生等，说明"文革"中"左"的遗毒仍在市民生活中作祟，知识分子仍有余悸，写得倒很实际。

1985 年 10 月 29 日

早饭后，宋惠别去，回了苏州。下午在苏州大学进修的美国哈佛大学的何南喜女士持伯群信来访，她研究中国弹词，伯群介绍她来此查书。她小时生活在北京，所以中国话很好，流利而自然，约好明晨一块儿去图书馆。

早上姜德安来，拿去我签了字的给教育部蒋妙瑞的信。

收到香港中文大学通知，他们要将此次会议论文包括评论者评语收成文集，定十二月内交稿。

收到上海书店赠送的他们新复印的现代文学作品：张闻天的《旅途》、朱自清的《踪迹》、林语堂的《大荒集》。

收到罗洛赠书，他新出的《诗的随想录》。

1985 年 10 月 30 日

早上陪何南喜女士去图书馆办事，顺手借来一册今年第一期 *Comparative Literature Studies* 及某期《争鸣》。

中午萧斌如来，在此午饭。

收到夏威夷"东西中心"Gale S.Awaya 来信。

张晓林赠我一册他写的论报告文学的书及范培松的《散文天地》。

晚，徐鹏来说，林克要把王永生的一名研究生转到我名下。

晚，图书馆小阙来，张建基来。

1985 年 10 月 31 日

上午收到梅志母女信，湖南人民出版社寄赠的两本外国散文集：《战地随笔》（美国斯坦贝克）、《面向秋野》（苏联帕乌斯托夫斯基）。

下午出版社吴德润来，就《中国现代文学研究译丛》出版事和他商谈。

晚饭和敏到金海家陪美籍华人林女士同食。

收到华师大中文系宋琳信，他们编《上海社会科学三十年》中的文学部分，拟收入我在新中国成立后的代表作，特征稿。

1985 年 11 月 1 日

上午去中文系开教研室主任会，听取关于北京大学在党代会那天（十八日）上街闹事的中央文件。

下午三时到图书馆，作关于香港之行的讲话，另有小吕和老麦两位女士关于美国之行的报告。

晚，开始作专业外语答题，已写成英语卷的中译文和加的单词注文。

思和中午来，代购来本期《读书》。王运熙儿子晚上来。

发出给伯群电报，我们已买到三日的车票，准时成行。

1985 年 11 月 2 日

未出门，天好，冷起来了。上午，李正廉来；苏兴良来，他已给我们买了火车票。

收到外甥景明信，静妹生病。收到夏嘉杰信、李玉衡信，收到陈公正寄赠的《蒲风选集》（二册）。寄出皇甫江的打印稿《扇子史话》给聿祥并附信。寄出给华师大宋琳信，附我写的自己在新中国成立后主要著译情况说明，他因编《上海社会科学三十年》的文学部分，来函索稿。

昨晚四时许入睡，弄好研究生专业英语考题及答案、注文。今夜继续弄专业俄语试题及答案、注文，已大部完成。

明晨七时动身去苏州，与敏同行。

1985 年 11 月 8 日

今日下午从苏州返来，兴良和桂英夫妇在站车接。

三日和敏到苏州，伯群已在站头相候，坐车至吴县招待所，即宿此。三日正式开会，我被拉上主席台。这次艾煊作品讨论会，由作家、评论家和编辑人员组成，会议风格较别致也生动。我对艾煊事先几无所知，临时抱佛脚地读了一些材料，也初次在此与他相识。他是一个高干，但人内向、无官气，一九五七年曾因"探索者"一案被株连，罢官下放；"文革"中，又以"江苏肖洛霍夫"的帽子被下放山区。我由看的材料和大家的论谈中与和他几天的接触中，深深敬佩他是个人文一致的人，与一般的文艺官有别。在开幕式上我讲了话，今天闭幕式我也讲了话，这个会开得亲切、生动，官式派头较低。

在此遇高晓声、陆文夫、张弦、吴泰昌、石言等人。到的当日晚上由苏州市委书记周某设宴招待，同席的有现任省委宣传部长陈达，原市委书记樊益——他是阿英女婿，困难中保护过陆文夫、高晓声。为此，我向他敬酒（自称代表"臭老九"），同时也向两位现任党官（市委书记和省宣传部长）致敬，请他们体谅知识分子，"老九不能走"。

四日晚，伯群要我们上述的几个人，包括中国作协的何镇邦（他系复旦中文系一九六一届学生，自称也是我的学生），到他们学校给学生上课，横幅大书"欢迎当代著名作家来校讲学"，大礼堂挤得满满的。我第一个讲，讲了一刻钟。五日晚，用该校送的讲学费二百元，我们这几个人在得月楼吃了顿。

五日下午参观了刺绣研究所。昨日又参观了东山和西山。去西山乘了游艇，参观了"天下第九洞"，讲解的小姑娘介绍辞说："今天老九参观天下第九洞，老九不能走。"

昨晚，有苏州铁道师院一对教师夫妇来访。

今日到家后，思和、小逸、德祥先后来，给他们吃带回来的橘子。小逸送来他主编的《走向世界文学——中国现代作家与外国文学》精装本一册。

收到耿庸信及赠书《回收》。收到杨观海（P.Glassman）来电，他重病住院，不能应邀来讲学，要求延期。

1985 年 11 月 9 日

上午思和、孔海珠在此午饭。思和带来百花已印出的《巴金写作生涯》一书，印数一万三千余，定价三元六角，即嘱思和给百花去信问讯。

下午王锦园来，谈深圳会议事，并带来会议文件。我被选为理事、副会长。北大编的《比较文学年鉴》，我列名于顾问委员会（名单如下：钱锺书、范存忠、贾植芳、方重、伍蠡甫）。《年鉴》内选入我的文章一篇、思和两篇、锦园一篇。

晚，弄成专业俄语试题。

收到万同林信、重庆师大一青年信。

1985 年 11 月 11 日

昨日礼拜，未记日记，因晚间疲乏，未作夜工，早早睡觉。可记一事：上午桂英夫妇用黄鱼车去北四川路孔海珠家拉来一株葡萄树，全家人在宅前空地上种好，一起挖坑，填土加叶肥，用竹竿把枝杆撑起来。下午，桂英夫妇又代表我们带上吃食去医院看望了周春东。

晚，兴良和他从东北来的老父亲来访，带着他们家乡的苹果。

今日上午谢挺飞来，又打电话叫来谢天振，陪老谢在家午饭，又请朱利英唤来挺飞的女儿——外文系学生谢丹燕同食。他们谈起深圳会议内情。

同时研究生任一鸣（女）来访，她直升研究生，本来念现代文学批评史专业，又与导师不合，要求转专业到我这里，林克要我带她。即给她讲了一大通做人做学问的道理，约定本礼拜五带论文再来。

晚，小朱夫妇来。吕××来谈她在图书馆受攻击，声泪俱下，即加以劝说，始含笑而去。

收到古剑、莫贵阳、李存煜、王克强等人信，浙江文艺出版社寄赠的《徐迟研究专集》附严麟书信。

晚，开夜车写为日文研究生试题答案。

又，早上姜德安来，带来蒋妙瑞来信。

1985 年 11 月 12 日

上午到校内，送去研究生试题。由小邵代写一信给杨观海（Peter Glassman），由我签字后明日发出。

晚，在金海家吃饭，陪北京文研所的何火任和苏大的卜仲康、杭大的何寅泰。他们来开《当代文学研究资料丛书》编委工作班子会议，我将改任该丛书的顾问。

收到羊翚寄赠的他的诗集《彩色的河流》，收到应非村来信。

给大哥寄去一信。晚给思和写去一信。上午林秀清来，说外文系下周开雨果纪念会邀我出席，复旦出版社决定印行《复旦比较文学论文集》。

1985 年 11 月 13 日

未出门，天好，较暖。晚，约好蒋守谦、何火任、何寅泰、卜仲康在家晚饭，由小唐作陪。

晚，潘富恩陪分校的柯玉树来，柯要我为他的申请职称写材料（评语）。

曾小逸傍晚来，送来他的论"五四学"文章的提要，要我写评文时带上一笔他对"五四"新文学运动的新观点，认为这是东西文学的大交流、大融合，从此完成了世界总体文学的构成。这倒是一个新鲜的角度和观点。

给孙乃修写了一信，托蒋守谦带京。给思和，李辉各写一信，分别投邮。

读了王锦园、思和、李辉的报刊文章。

1985 年 11 月 14 日

未出门，看了蒋丙英的《中西文化论》，这是一部反共著作，但资料丰富，引证众多，对于繁杂的历史文献，经过较为细致的梳理，是其特色。

收到香港中文大学图书馆及香港大学冯平山图书馆信。收到上海书店、《文学报》和上海文学所三家的有关现代中国文学资料丛书的座谈会通知。收到中国小说学会的通知，我被选为顾问。收到美国 History of Science Society 函邀我参加该会会员。

晚，严锋、廖天亮来，算是上课。中午陈德祥来，也算上课，布置学习作业。

姜德安晚上来，为去港事。唐金海父女晚上来，带来何寅泰送的两盒藕粉，何已于今日返杭。

写好给林秀清信。锡侯来一信，他二女儿去法国上学，要到法使馆领签证，因法语外行，怕受刁难，想托个人情，因此给林秀清写信，请她这个留法学生帮一把。

1985 年 11 月 15 日

上午因姜德安去港事和国家教育委员会的蒋妙瑞通了个长途电话，托他关照。

上午思和来，在此午饭。上海书店刘华庭来电话，约我二十日去他们的座谈会并讲话。即约思和届时同车而行。

研究生任一鸣来，交来三篇论文并给她布置译文。她改专业被派到我这里，我需要了解她的知识情况。陈德祥来。

收到文艺出版社同乡武某信。

晚，远浩一来，应必诚来。

下午与敏一起去看陈子展先生，有半年不见了，他仍然健谈。

1985 年 11 月 16 日

午睡后，去图书馆公干。

上午王锦园来谈公事。

为小逸的书写评文，还需要改动。同时一边读他的原著。

收到嘉兴报社陆明信、无锡教育学院冯涛信。

1985 年 11 月 17 日

上午草好为小逸所写的评文。中午和敏到兴良家午饭，他的父亲与我同龄，兴良借此为我们两个同龄人祝寿。同席的有两个东北籍进修教师。

午睡后王戎来，在此晚饭后别去。

收到梅志、吴樾信。

晚，袁越来，何佩刚和葛乃福来。葛送我一册他参加编辑的复旦大学生散文选《帆》，校出版社出版。

仍在读曾小逸为他主编的书所写的序文。

1985 年 11 月 18 日

未出门，天好。上午师资科工作人员张耐来访问关于陈思和学术情况，即谈了近二句钟，她作了记录。她是中文系去年毕业学生，拿了一大堆有关思和的材料。

下午王聿祥来，送来五十年代同学为我祝寿所照的照片。他因房子事，要我写信给丁景唐，晚饭后别去。

傍晚，姜德安来，把介绍他去看蒋妙瑞的信带去，他明日下午乘机赴京。

收到吉林师大张化隆编的《世界大作家传（上）》一册，并附有审稿费四十元——他在"前记"中提了我的名字，这就算审稿了。收到浙江文艺出版社寄赠的《契诃夫手记》三版本六册，一册作校订之用。收到江西人民出版社寄赠的《徐懋庸研究资料》一册。收到卢康华自京来信，附他在港为我照的几张照片。

1985 年 11 月 19 日

下午二时和思和出席外文系召开的雨果纪念会。法国领馆文化参赞和外文系法国专家也出席了会议并讲了话，我也应邀讲话。思和就雨果在中国的翻译介绍情况作了专题发言，他讲完话我们即辞出，出席教研室会议。

上午陆士清来，晚唐金海来。上午侄儿贾斌，由家乡来出差，午饭后别去。

收到教育部发的文科教材选题，我被指定编《比较文学概论》。收到《解放军画报》社信，说他们编《小说辞典》，要收入我的条目，发来表格。收到杨观海（Peter Glassman）来信。

发出给梅志信。给徐州师院李存煜汇去代购《小说选》的书费十元。

昨日三时半就寝，今夜不干了。明天整日有会。

1985 年 11 月 20 日

上午在科学楼接见香港中文大学黄维梁博士，并主持了座谈会。下午二时由思和陪同，到文艺会堂参加了上海书店举行的《现代中国文学参考资料》座谈会，并应邀发了言。坐车赶回，直到招待食堂，参加了中文系为黄维梁举行的便宴。

收到王水照自东京大学来信，说有一位日本大学教授打听到我是日本大学学生，但遍查档案无着，要我告诉他是何年何月进校，在何学科等。

在上海书店招待会上遇包子衍，他送我一册他编的《雪峰年谱》。上海书店也赠送了三本书，作为礼品。

1985 年 11 月 21 日

上午翻阅昨天拿到的周作人的《知堂乙酉文编》，其中一篇《遗失的原稿》，用回忆的形式叙述了他年轻时译的小说作品，因辗转投稿而终遗失的故事，这使我颇多感触——因为周氏说，失掉自己写的东西不可惜，失掉译的东西（因为是别人写的）觉得特别难过。这使我颇想写一篇小文，叙述一下我失掉三部译稿的历史过程：一九四八年失掉安特列夫的《卡列尼娜·伊凡诺维娜》的译稿——那时我正坐大狱中，敏自邮局取来，在去胡风家途中的三轮车上遗失，为此胡兄和在座的许广平曾提议登广告悬赏招失，也登了《新民晚报》了，但如石沉大海；解放初，我译的匈牙利作家维吉达的《幻灭》四幕剧，由刘北汜送给巴金，希望文生社出，结果原稿拿回来了，原书却不见了，而稿子也在一九五五年的大变故中被抄走了；解放前译好排好的《尼采传》，解放初因出书需要在《解放日报》登广告，在被报馆审查时说是"提倡法西斯"，吓坏了书店老板不印了，一九五五年被抄走——落实政策时，办案人说，这两部译稿他都见过，但"文革"一开始，他也成了反革命送去劳改，从此，就不知去向了……这一连串的故事，从一个侧面反映了中国现代史。

下午，小雨。二时参加党委召开的民主党派和无党派人士会议，林克谈了聘任制和退休制的办法，这在国外早已成为惯例，但在我国解放后首次提出。由于党风学风不正，任何利民利国的政策，一到下面，干部们"为我所用"地变成为谋取私利的工具，把好事硬变成坏事。从人们的发言中，都可听说，怕这么一来，人们由研究学术到研究权术，又开了另一个后门，那就糟了，因为政策的"灵活性"往往成为护身符。我也发了言，表示愿意、愉快地接受退休处理。我二十五年不能工作，平反后干了六年，凭这点工资，还是对得起共产党了。我应该争取自己的自由时间，因为"譬如朝露"，好日无多，我得有一点时间做自己应该做的事——写回忆录，不能再充当廉价的劳动力了。

这几年工作每年都在加码，任务层出不穷，但工资待遇仍基本不动，甘苦自知，更要紧的我不应该就这样用去有限的光阴，应把我的生活史告诉给世人，为后人留念，也给历史画像。

收到中文大学门卫刘统宣信、耿庸信，《解放日报》张友济信，约为他办的《老年报》写稿。

早，发满子一函，请他在本月二十四日去闸北公园峨嵋餐厅代订一桌晚饭，约友人们小聚，共庆我的七十生辰。

1985 年 11 月 22 日

上午最后写好《走向世界文学》一书的介绍文，约二千五百字，晚上桂英抄好。

下午先到工会出席研究生导师会议，后又到朱东润先生家，开中文系学术委员会，系内要我申请现代文学博士点授予权。晚张廷琛也说外文系已同意，由我和林秀清、夏仲翼和他自己等人申请比较文学硕士和博士学位授予权。

收到香港留日同学钟韵松信。晚上梁永安和张廷琛同来，为小梁的出国推荐信签了字。

1985 年 11 月 25 日

这三天第一次写日记。

二十三日下午晓谷和新地先后来家宿此。昨日下午，我为七十岁生日，托满子在闸北公园峨嵋酒家办了一桌川菜宴请沪上各"分子"，我们与王戎、晓谷去赴宴，新地去小高家吃晚饭。五时到闸北公园，元化夫妇、罗洛夫妇已到，我们在门口碰到满子夫妇、小顾和老耿，全部人马十二人，正好一桌。六时开席，尚丰盛，像个样子，共花费一百三十元。满子带来藏的五粮液，老耿买了蛋糕和生日蜡烛，元化也送来他在美国买的一些小食品，杨友梅则送敏一瓶治高血压的中药。七时许在门口散伙，晓谷即去龙华准备今天开会，我们与王戎同路而归，到家已近九时。

今天天晴（前天小雨）。上午图书馆老任和小张来汇报，报高级职称人员情况。老姜从北京归来，前天晚上一到校就先来过，未碰上我们，他已办要去港手续（弄了一张临时出国证）。湖南出版社的李全安和俞元咏与一位不记其姓氏的同志来家，李约我为他编的《外国散文译丛》在报上写个介绍，即约他明晚来家吃晚饭，由今天同来的二位作陪。

下午，图书馆新调来的一位小孔要我为他出国的推荐信签字；管理系一研究生来，为他的同学考我的研究生问事。

晚，曾小逸来，把写好的文章交他送《文汇报》；金海来；同乡小张来。

晚，改好在香港会议上的综合发言稿；写好给范伯群的信，为带博士研究生事，将与培恒和旭澜研究的结果告诉他。

收到百花出版社于明夫等人信。

1985 年 11 月 26 日

未出门，整天人客不断。上午来了两个分配在空军政治学校的山东大学田仲济的研究生周细刚、曹文虎，要求代办上图借书证。

下午三时后，本年进修教师男女九人来寓坐谈至五时。山西人民出版社（现分为山西北岳文艺出版社）张仁健、周欣（女）、常德顺（女）三同志在上海哲学所毛时安的陪同下来访。张谈到出我的散文集事（收入他们的《百叶文丛》），并谈到山西准备出山西作家李健吾、王瑶和我的文集。

湖南人民出版社的李全安由俞元咏、余杰陪同如约来吃晚饭，饭后畅谈二小时辞去。

晚，吴欢章、朱立元夫妇、吕胜前后来。

中午陪同朱新地在金海家午饭，新地下午移居永嘉路张家，准备去法国领事馆登记办理出国签证。

高晓声晚上打来电话，他因病不及来家，明日返常州。

收到四川出版社寄赠的《中国文学家辞典》（第三册），收有我的条目。收到蒋凡赠书——他新出的《叶燮和〈原诗〉》。

收到本期《文艺情况》及《比较文学与外国文学》。

早上发出给伯群信，写好《田汉评传》评语，为作者参加浙江社科奖之用。

1985 年 11 月 27 日

天下小雨，间歇而下。

上午，敏发出香港中大比较文学组所索的九月会议我的发言稿和为杭大何寅泰所写的《田汉评传》一书的评语，以应他参加浙江社科奖竞选之用。

中午，山西人民出版社的张仁健及常德顺由毛时安陪同，应约在此午饭，他再次和敏谈出我的散文及文集事。晚，即改好为散文集所写的前记。上午又托王祥去复印有关材料。

下午曹进行领凌其成来访。他一九五七年在上海师院求学时被划为"右派"，后在中学教书，现在民进工作。说是要约个时间和我长谈，准备写一篇报告文学。

收到天津百花出版社寄来的十二本《巴金写作生涯》样本，即分给朱利英二册，一本签名给中文系留念。

收到外文系德语组小马信及浙江文艺出版社转来的苏州一读者购《手记》的来信和七毛钱。

晚，写好给李平信，附上为《中国通俗小说书目稿》译本所写的序文，用作《艺谭》补白之用，明日发出。

1985 年 11 月 29 日

昨日未记，天气的确冷了。

下午晓谷从龙华开会回来，即宿此，今午乘车返宁。

昨日上午思和来，把天津寄来的《巴金写作生涯》一书，由我签名分赠中文系、巴金、张慧珠、李存光，后两册和给李辉的书一块儿寄到《北京晚报》，由李辉转交。

这天上午，改好为散文集写的前记。王祥来，托他复制一九四八年本的《热力》（据今富从日本寄赠的复印本）为新的散文集之用，又托他把家里的彩色像底片加印。

晚，姜德安来汇报图书馆工作。

今日上午研究生任一鸣来，要她办理转专业手续。下午何佩刚引外文系一王姓女副教授来，她们女儿想考我的研究生，询问课程情况。

上午医生小文来为我治脚病——左脚背上生了一个小疮化脓，行走不便，所以这两天未出门散步。

今天收到杨友梅寄赠的近期载张贤亮小说的《收获》——因为这篇小说，这期杂志畅销缺售。

1985 年 11 月 30 日

天好。下午小文来给我换药，谈起她的丈夫话就多了：她的丈夫是干部子弟，"文革"中这里中文系的工农兵学员，"文革"后期，他回家来校后，谈到从内部听到了一些政治秘闻，有人为此告密。他以"恶毒攻击毛主席"罪，被打成"现行反革命"关入监狱；他的姐姐不知此事，过沪时来看他也被搭了进去。这个小文因为和他的恋爱关系，因为"没有无缘无故的爱"这条"圣谕"，她也被当成在政治上犯罪受到批斗审查。粉碎"四人帮"后，她丈夫被释，他因不愿蒙受冤屈，在学校张贴大字报，当时整他的中文系那些棍子仍然坐在台上，派人撕毁了他的大字报，最后不了了之。他现在在城建局一类的机关工作，受命大家分头编写城市史，他写了古代部分，书稿付排了，总编辑（一个六十多岁的"老革命"）却以精简编制为借口把这些参写编写工作的年轻人一个个踢了出去，换了一批他的"战友"——那些不通文墨的人，这本书就算他们的"新功"了。

记在这里，为我们这个时代留影。

改写好了为《良友》写的纪念胡风文，增加了平反前后的内容，写了他劳改的遭遇，又多了三千多字。俟抄好后寄去，了此一事。晚上给古剑写了信，等着和稿子一起发。又给香港的潘行恭写了一信，附上我们的近照和《手记》一册。

下午王锦园来谈公事。下午来的有赵坚、王祥、沈永宝、苏兴良。收到黄河出版社寄赠的陈鸣树编的《胡风论鲁迅》二册（由我题款）、《姚雪垠研究专集》一册。收到陕西出版的《社会科学评论》一册、学校师资科领评审费十五元通知一份。

1985 年 12 月 1 日

星期天。午饭后与敏一起去五角场散步，又绕到四平路回来，也算是一次"拉练"。

发出给香港潘行恭信及附去《手记》一册、我们的近照一幅。收到范伯群信，约定本月十五日到苏州开四天会。

下午王锐来，说是一个美国人（是徐邦泰托他的），写了一本比较文学的书，要我作个序，并要来看我，即约好在十五日以前。秀拔来，带来行恭给他的信。

晚，文医生一家来，她给我又一次地换了药。

晚，写好两封回答询问研究生考试的信，给在美国的张晓云写了一长信。

1985 年 12 月 2 日

未出门。天好。收到伍隼信和他寄赠的《乔治·桑自传》一册。

晚,徐邦泰来。他的亲戚李云珍夫妇的儿子来中国教英语,他的父母教他来问候我,并希望我能编一本《中国现代小说选集》并作序一篇,由他们在美国翻译出版。约好明年二月编好,由他们的儿子回国时带去。

医生小文来给我换药,带来她丈夫的同学山西同乡田力。他是本校工农兵同学,在校时与一法国留学生相恋、结婚,现在侨居法国已七年,生有子女各一人。他学计算机,在一家公司工作,送他《小说选》一册为念。

晚,改好记胡风文,并改题《悲痛的告别——回忆胡风先生》,有七千余字,并写好给《良友》画报编者古剑信,明日发出。写好给铃木正夫信,附去这两天《新民晚报》柯灵写郁达夫的文章,寄上留念,文中提到他。

收到南京大学万同林信及陈宋惠信。

1985 年 12 月 3 日

早上和敏去邮局发信——铃木正夫、古剑(胡文)、张晓云(美国)。收到乃修信,给他打好的推荐信签了字,下午着桂英直接寄到美国伯克莱加州大学。

下午朱新天来,小丁上午排队给他买回杭州票,晚即宿此。

晚,伯群的两个研究生来,法律系老杨来。

收到骆宾基信,晚写了复信。收到鲍蓨信、朱碧莲信和她编的《历史游记选》一册。

1985 年 12 月 4 日

中午桂英从学校拿回我寄往香港中文大学比较文学组的论文(即九月会议的发言稿),包皮封面上戳着邮局海关的图章,四个大字"不准出口"。另有通知单一纸,说我违反了下列各条中的第三条"未经单位批准的论文投稿",不准出口。因此又由中文系主任审查了稿子,才在外事处领了一张准予出国证,下午由敏到四川北路邮政总局发出,说原来贴的二毛七分邮资作废,又花了三毛邮资。这一现象,真是一篇杂文材料,但是不便发表的杂文。

上午周忠麟来。他为我介绍鲍蓨文章事,昨天特地去看了鲍蓨,说是

100

《语文学习》不登教学法文章，他约鲍写一些作家作品评论云。送他《手记》一册为念。他好久未来过了。

晚，约苏大研究生小王二人吃晚饭，坐至十二时别去。

新天午饭后，由小丁送到车站，回了杭州。

1985 年 12 月 5 日

上午就我在三十年代在日本大学学习事，回信给在东京大学讲学的王水照，请他将情况转告询问他这类情况的日本大学某教授，并请他代为致意。

下午民进的凌其成来，他想以我为题材写作品，谈了些研究比较文学的情况。同乡邓云乡和他的女助手小时来，带来绍酒二瓶。

陈思和来。

晚，军医大学护士小董来，兴良来。

收到本期《新时代人》赠刊。

读李存煜论左翼文艺运动文。

1985 年 12 月 6 日

昨夜在床上读《新时代人》本年第二期刊载的张锐小说《我们时代的大学生》，写复旦中文系事，至晨三时。早上本应去作协参加朱东润先生九十寿诞和执教四十年茶话会，因误事未去成。下午三时与敏同去朱家补了个礼，敏坐片刻归来，我即留此参加中文系的学术委员会会议。

下午陈衡粹来，由赵敏恒太太陪同。在此晚饭后，由小丁送陈回同济附近的住处。

姜德安晚间来，他已从北京取回出国护照，后日首途去香港。为此上午晚上都忙于为他写介绍信——中文大学王馆长、香港大学冯平山图书馆黎馆长、袁鹤翔博士。寄《良友》的稿子又以"不准出国"（未经单位批准）为由退了回来。即给潘行恭写信附上，由老姜带去，另外又写了信告知古剑、潘行恭情况。

收到李全安信，晓谷信——附来他从《科技导报》发现的李若林悼念胡风文章的复印件，文章写得很精练，也很有内容，是一篇好的作品。

收到本期《清明》赠刊。

1985 年 12 月 7 日

　　上午九时才起床，谢天振已来。王祥来，姜德安后来。老姜因香港住处发生问题（中大昨日来电，安排他住新世界饭店，日房租四百八十元港币），除昨日我写了一个电报稿请他今日发出，请袁鹤翔帮助解决外，因他明日即起程，今日又是礼拜六，为此请小谢用我的名义给袁鹤翔挂了个电话，幸而立刻接通，袁答应帮忙。下午四时，老姜来电说袁已回电话，先住中大宾馆，两日后再由他设法，并答应车去机场接老姜——真是盛情可感！

　　《良友》稿即托老姜带给潘行恭，由他转送。

　　无锡教育学院二教师冯涛、何根生来访，送我无锡泥人大寿星一个。

　　美籍华人教师徐凌志韫晚上在五角场繁华酒家约我们夫妇、朱东润吃饭，由唐金海一家陪同，席间照了几张相。她雇车接送时，送她《小说选》一册为念。

　　收到梅志寄的本期《中国》一本，上面有陈辽的论胡风文艺思想的论文，写得尚公允，也实在。最具有启发意义的是他论"精神奴役创伤"一节，谈到解放十七年以后，人民仍不免受到"四人帮"的凌辱和毒害的精神奴役创伤。这个观点，颇能说明问题。

　　收到董大中信，上海金山空调设备厂陆晓明信。

　　外文系学生小朱来，送来人参一盒。

　　今日发出致潘行恭及古剑的香港信，给杨观海（P.Glassman）信。

　　王祥代借来新版的 Herlert A.Giles 的 *A History of Chinese Literature* 一册。

　　将任一鸣译的李达三的《从比较文学看中国文学》译稿交天振。

　　收到下周一开校务委员会通知。收到黄河文艺出版社题字稿费十五元。

1985 年 12 月 8 日

　　星期天，天阴有小雪，冷起来了，我和敏都戴上绒线帽御寒。

　　下午，汪西卡夫妇来，照了几张相。她的爱人在银行工作，现在复旦学习经济管理专业，是个现代型的青年。

　　上午施昌东儿子小瓯来，送来发表了昌东遗作《论嵇康的美学思想》的新出版的《美学》一册。晚，即在灯下翻阅它的一些论文。

　　收到苏州大学学生小韩信——我们上次去苏州，伯群要他陪我们逛大街，还一块儿在一个小饭馆各吃了一次面条，是个朴实的青年。

1985 年 12 月 9 日

天冷了，下午五时洗了个澡——快一个月没洗过了。

下午去学校开校务委员会：林克同志报告教委会通报（就台北电台广播所谓的新闻——国内"一二·九"学生要闹事）；人事处及财务处负责人分别报告聘任制及今年学校财务情况。四时半回家。

收到湖南出版社寄赠的《叶紫研究资料》、贵州出版社寄赠的《蹇先艾、廖公弦研究合集》各一册。

晚，廖天亮来送翻译作业；沈永宝来，送来有关雪峰材料。

上午王祥来，为他的准考研究生的表格写了评语。

1985 年 12 月 10 日

天雨，阴冷。下午去研究室开会，傍晚思和来。

收到福建海峡文艺出版社寄赠的《茅盾专集》第二册上、下部各一本。

发出给李存煜信。

1985 年 12 月 11 日

天冷。报上说，北方冷空气南下，日内可转暖云。

上午，敏和小丁去市区，买她的羽绒衣裤，中午过后回来，二件花了一百多元。

上午秀拔来，朱利英来。晚，陈德祥来。

收到北京大学寄赠的《比较文学研究会通讯》七、八两期（油印本），晚上在灯下读了季羡林的两篇。

晚，给上海大学中文系柯玉树写好评语。

昨天下午开教研室会时，王继权同志告知说，云南出版社来讯，《中国通俗小说书目改订稿》已排在明年第一季度。

1985 年 12 月 12 日

天仍冷。午饭后和敏散步到新馆，顺便看望了已开张的文科阅览室的工作同志们。

晚，写好山西大学中文系郜忠武的评审职称材料，为此又翻阅了一下赵树理作品和有关著作。

晚，兴良来，托他买十五日去苏州的火车票。他说，买软座还有一些复杂的手续。真是把老百姓管得太那个了，好像都是阿斗或托儿所的婴儿似的。

晚，写郜忠武一信。

收到长海医院要我检查胃部的通知，因为服过他们的新产品，看看医疗效果。

1985 年 12 月 13 日

天晴好。上午兴良来，代买好去苏州的车票。午睡后，凌君来。孙进的爱人上午来，孙进已到加拿大，想转到美国，要我为他进纽约州立大学写推荐信。即签了字。

晚，写好四张系里要的表格（关于科研项目计划和已完成的项目），给凯林写了一信。

收到巫岭芬信。

上午林秀清先生来。

1985 年 12 月 14 日

上午阴，下午至晚上外面下雨雪，但整天未出门。

上午唐金海来，他拿来和那位美籍华人女士合编的《中国现代小说选读》序文，我提了一些意见，作了字句的改动。孔海珠来，送来那天上海书店招待会上我的照片，午饭后别去。午饭后，周书兰来，她已到图书馆工作。

收到孙立川信，孙乃修信及何寅泰、孟悦（《文学评论》人员）来信，南京师大寄赠的近期《文教资料简报》（收有纪念胡风特辑）。

晚，将乃修寄来的向美国三个大学的推荐信签了字，填了其中的一份，其余二份已不及填写，即写了信，请他参照已填好的一份内容代为填好，明早即发出，因为时间迫切。又给孙立川写了回信，他信上说美国耶鲁大学一女博士（外籍华人）现在日本，将来华留学，留学时想访问我，即同意。

明晨将去苏州开"中国现代文学流派评论集"编务会，四天后回来。

傍晚，吕慧芳来。

1985 年 12 月 19 日

十五日到苏州，正好与许杰、钱谷融同车，伯群站接，即住苏大招待所，设备尚好，也算高级住处。在此遇吴子敏、徐迺翔、许志英、郑择魁等与会者及东道主江苏教育出版社的副总编辑苗同志、本书责任编辑常同志（女，山西榆次人）。

所谓本书，即《中国现代文学社团流派》，系由我挂名，伯群、华鹏负责任的论文集。翌日上午开了半天会，下午去游狮子林、拙政园。十七日全日游东山，中午在雕花大楼午宴。十八日上午又开了半天会，最后确定条目、编例，落实了撰稿人，会议即告结束。会议组织得活泼、方便，无半点官场气，会内、会外，空气都很协调，和一些旧识加深了情谊。十八日下午又游了寒山寺及虎丘。晚，苏大在得月楼宴请，一盘蟹黄即值六十元，每席二百元，共两席，一席为苏大中文系各基层负责人员。

今日上午该校副校长及图书馆王副馆长（无正馆长）及专家沈先生来访，并参观了该图书馆书库，承赠打印本该馆编的《善本书目》及《清史稿人名索引》共三册。

下午一时许乘车到站，伯群、迺翔、卜仲康、小吴等站送。四时许到沪，兴良接到家。

回家后，收读一大堆来信及赠书：大哥信；彭燕郊信及所赠《诗苑译林》二种（《莱蒙托夫诗选》、泰戈尔著《采果集·爱者之贻·渡口》），燕郊主编一新译丛，约我为编委；骆宾基信；铃木正夫信；孙进自加拿大来信；古剑贺年片，这张贺年片已被海关拆阅；沈剑英赠书《因明学研究》；山西人民出版社赠书《马烽　西戎研究资料》等。

晚，姜德安来汇报工作。他在香港开会及访问情况，令人满意，并带来刘介民信、袁鹤翔信及我在港上次未带回来的英文赠书五册。

晚，给伯群写了回信，附上回来车票，明日发出。此次苏州会议，用费全由苏大负责，我未花分文。

收到文学所审稿（路翎、柏山资料集）费一百二十元。又收到北京出版社廖宗宣信，昌东小说稿已抄好，他已寄回，由我过目后付排，并寄来审稿费二百元。

1985 年 12 月 20 日

早上去新馆开馆长会。下午图书馆全体人员参加义务劳动，又去出席动员会，并讲了话，也参加了一些整书工作——这些书多是从防空洞中取出来的，有的已霉烂变质，但确有不少中外版本书，就这么白睡了三十多年，要不是搬馆，就一直烂下去了。这样的虐待文化财富，正像全力打击知识分子一样，都是愚蠢的暴行和天大的罪恶。

收到蒋守谦、何火任赠书《新时期文学六年》。收到超工作量费九十一点八零元。

晚，写了一堆贺年片，国内外都有。又开了一个名单，把与图书馆工作有关的国外人士发贺年片请交流组代办。给静妹、何火任写了一信。

下午潘旭澜来，为他申请王安研究院汉学奖学金的申请书写了推荐意见。

下午王东明来。晚，金海父女、吕胜及一古典文学研究生来。

包子衍晚上来电话说，北京来讯，雪峰纪念会推迟到明春二月中旬（春节以后），并要我一定出席并写论文。

1985 年 12 月 21 日

上午小谢来，带去老姜从香港给他带回来的书。我托他代我写一个香港之行的汇报上呈，他说，同去的教育部的杨同志也要他代写，还有了个底子。他说，在那个向中央的汇报中提到我的参加对会议的意义和影响：1. 在我到港前当地报纸对我的介绍，引起关注；2. 我在留日同学的宴会上，对惴惴不安的老同学（资本家）的宣传政策，使他们在去留之间有所决定——在香港回归时留下来。他在口头汇报时杨同志说，这内容很好云。

晚，廖天亮来上课，和他谈了我的教学方法和要求，希望他们这一代不要停留在我的时代所塑造的我的文化性格的模式内，否则就是停滞；要在同一的基因上向前挺进、扩张和开拓，形成他们的自我文化个性——学术新质。这就叫有继承又有发展，才能推进时代和文化的发展繁荣。

金海夫妇来。小张昨日从美国讲学归来，给我带来了香烟、打火机和西洋参，给敏带来衣料，盛情可感。我给她去的那封信也收到了。

上午敏发出昨晚写好的一堆国内外贺年片，又写了一个名单，请图书馆打印后再发出。

百花出版社汇来有关巴金资料的稿费七百余元,我和敏中饭后散步时在校门口的银行领了回来。

收到铃木正夫贺年片、江苏社科院成立江苏比较文学学会的邀请信。上午已和小谢说好,由他出席和给我拟一份贺词。

晚,读吕胜论文《人·心理》,内容尚丰富,亦有其见地,决定介绍收入《复旦比较文学论文集》内。

改好悼胡风文。

晚上有小雨。

1985 年 12 月 22 日

星期天阴冷。

中午柯平凭和费建祥来,随后小柯约好的曙光中医院黄医生来,在此一块儿中饭。饭后黄医生给我和敏看了病,各开了药方。长海医院的小张恰来,就请他代为抓药。

客人先后辞去,已下午三时,未能午睡。

收到景尧夫妇的贺年片"洪福齐天"和信。

读张贤亮的《男人的一半是女人》。

1985 年 12 月 23 日

天好,下午、晚上都冷极。

上午去新馆开会——和各位校长与校各系的头头脑脑会谈图书馆的工作、财务和人事问题,我也作了两次发言。

午睡后,图书馆老陈来,签好给香港的三封信(王冀、黎树埭、袁鹤翔),以我的名义感谢他们对老姜访问的礼遇,又签了一堆外发的贺年片。

晚,任一鸣来,讲话二小时。

收到行恭信,文章已交古剑,收到香港中大寄来的此次会议的一些照片和《幼狮文艺》一册。收到卢康华信、内蒙古人民出版社赠书《玛拉沁夫研究专集》、百花出版社的《巴金写作生涯》一书账单和一封投考者来信。

晚,灯下读《幼狮文艺》。万同林今天寄来的他发表在《青年论坛》上的论胡风文章,写得颇有胆识和力度。

1985 年 12 月 24 日

天好，未出门。下午午睡后去中灶入浴，碰上小朱，他帮我洗，作了一次"爱国卫生运动"。小朱，即碰伤我腿的青年工人。

从昨夜起，审查《路翎研究资料》作了一些校改，并提了一些编例上的意见。为此，读了一些这几年（一九七八年以后）出版的有关当代文学史著作及史料——这些大半由中年知识分子写和编的著作，反映了在"左"的教条下他们被奴役的低下的精神状态，一副可怜可悯相，是些乞食者、精神上的穷人。这种文化性格是对革命事业的一种背叛和嘲笑，是严肃的历史教训。

收到张唤民自东京来信，他找不到职业，已陷于恐慌状态。

下午，陈子展研究生小徐来，外文系学生邹羽来。晚，苏兴良来。

本日给林秀清送去吕胜的稿子，附信。

1985 年 12 月 25 日

今天圣诞节，但我未注意，中午满子和丽丽来，才提醒我，思和亦来，一块儿午饭。着思和把百花的稿费分三份，各得一百八十元。

上午王祥来，送来英文本《君主论》及《俄国文学的理想与现实》。

下午曾小逸来，在此晚饭。阎绪德自北京来，补吃了晚饭。

晚，马德发来。四个研究生来，分配了译书任务，他们送来贺年片。

一天很热闹。

收到梅志信、韩大南信及贺年片、戴舫夫妇贺年片、刘植珊教授贺年片等。

思和转来罗飞的赠书《女作家》第三期和他的诗集《银杏树》。满子送来近著《文学呈臆编》。

今天一早，《嘉兴科技报》送来年礼粽子、青春素及两盒糖。

1985 年 12 月 26 日

天好，未出门，杂读《青春》及满子昨天送来的他的文集各文，也算长知识、开眼界的学习运动。

收到福建赠书《巴金研究资料》三卷、余振信及赠书《普希金长诗选》。傍晚，徐鹏来，送来香港寄来的黄维梁赠书《大学小品》。

上午谢天振来，送来他代写的我的香港之行的汇报稿及在江苏比较文学协会成立会上的贺信稿。

晚，姜德安来，为明日下午美国华人学者专访，托他安排车辆。

1985 年 12 月 27 日

下午美国俄亥俄大学教授陈某在倪蕊琴陪同下来访，陈鸣树、王锦园共同招待，以咖啡及点心招待。四时半，由校派车送回。

收到耿庸信附来满子对《青春》杂志的声明。晚，复信满子附去原件，希望他快寄去，这对挽救颓败的学风大有裨益也。

晚，与绪德闲谈。

1985 年 12 月 28 日

上午方晓生来访，她是一九六九年北外毕业生，高干子弟。

下午兴良来，邓明以来，送来两支红参，表示学生心意。晚，第二教育学院中文系主任殷海国来约三十一日下午去给教师讲话，并送来明年车马费二百元。

开始看《夏衍资料》稿，从收目看，比已出版的一种丰富许多，而且对收录、转录情况记载详尽，是一大特色。

1985 年 12 月 29 日

礼拜天，天气晴而暖。上午，图书馆小陈来，为一家人照了许多相，我们和阎绪德也摄影为念。去看培恒，他全家外出，顺路去看了伍蠡甫先生。

午睡后，何镇邦先生来，在此晚饭后辞去。晚，吕胜来，朱立元夫妇来。

收到夏嘉杰信。生物系葛松麟同志自日本来信，他在横滨大学做研究工作，曾去铃木家便饭。

1985 年 12 月 30 日

天气刮风，未出门。阎绪德下午回京，由小丁站送。

下午王锦园送来复印书，他已分译两文。晚，徐羽厚来，为他签好出国学习推荐信；沈永宝来，带去路翎资料稿，请他修改后，我写个书面意见发出。

本日发出给浙江文艺出版社严麟书信及《夏衍研究专集》（下册）稿，给编者巫岭芬写信交代了情况。

收到山口守贺年片、嘉兴市政府贺年片、周斌自美国来的贺年片及信、孙进爱人陈静英贺年片、袁鹤翔贺年片、刘统宣寄赠的年历。

晚，续写好给刘统宣、颜次青夫妇及嘉兴市政府领导同志贺年片。

1985 年 12 月 31 日

这是一九八五年最后的一天——一年又这么快地走过去了。

上午在图书馆开会，中午同乡小张来拜节，留饭。一时半，第二教育学院中文系的殷海国来，同坐车至该院，先后和该院图书馆两个副馆长与中文系全体教师谈话——是我用谈话形式讲话，中文系备了一些茶点算是茶话会。我谈了教学与科研的关系问题，是他们指定的题目。

下午王运熙的儿子送来年历，算拜年。

收到山口守寄赠的年历、朱光甫的贺年片、范泉信、金宁的译稿。

晚，给艾煊、章品镇、刘北汜、骆宾基写了贺年片，明日发出。又给桂英公婆也写了一张。

一九八六年

1986 年 1 月 1 日

    天好。中午留小周午饭，与小瓯同食。午睡后全家三人（包括小丁）去四川路闲步，即在吴淞路一家小馆吃了牛肉锅贴和鸡鸭血汤，算是过年。

    上午叶易、秀拔、培恒来拜年。

1986 年 1 月 2 日

    收到江西人民出版社编辑的《中国当代社会科学学者著译录》征稿函，即加以填写、说明，明日发出。

    晚饭前与陈鸣树同乘公共车辆到延安路上海旅游服务职业技术学校实验饭店赴宴会，应美籍学者陈颖和夫人之请。同席有华师大刘佛年等人，坐了两桌。即席祝酒讲话，饭后为该店题词"其味无穷"，又与陈氏夫妇、王辛笛、陈鸣树合影留念。归家时已九时。

    收到晓山信：风兄追悼会暂定本月十五日在京政协礼堂举行；文化部已批准家属要求，公费邀请被此案株连者，但限定在二十人内，我和敏都在其列。即电告耿庸，约其四日上午和满子兄来家共商赴京事宜。昨日满子来信，已拟好挽联一副，云："鲁迅真慧眼，说你耿直易招怨；列宁岂浪言，凡人严肃乃坚贞。"我也拟一联："悲剧命运同屈马，光辉品格跻鲁迅。"

收到本期《科技导报》赠刊、晓山信、郜忠武信、襄汾县志稿及邱文选信。

晚宴上，赠陈颖先生《小说选》一册为念。

晚，写好给《中国当代社会科学学者著译录》编者江西大学中文系欧阳寿荪信，明日连同表格和简历一同发出。

1986 年 1 月 3 日

天好。上午王锦园来，谈研究及教学情况，在此午饭后别去。中午饭后，思和来，把英译本克鲁泡特金的 *Russian Literature：Ideal and Reality* 一书着他带去看，希望他能译出。他拿来代选的为美国选译的《中国现代小说选》一书的篇名，请他按发表年代编列，并为入选作家写个简要介绍。选了三类作家：1. 从四十年代开始活动的作家解放后作品，如赵树理、方纪、孙犁、西戎、路翎；2. 五十年代出现的"小右派"一代，如高晓声、方之、陆文夫、刘宾雁、王蒙等；3. 近几年出现的作家群。题材注意面广，如土改、反"右"、工农业战线、上山下乡、"文化大革命"以及新时期的人物形象（如农民、知识分子、干部等类），以现实主义为选材标准，务使外国读者通过本书，可以概括地理解中国这三十多年的社会政治现状，人民的思想和生活以及精神、心理状态，它的起伏和变异，而又以能充分体现民族历史和现实的习惯和心理为要求。我将为之写一序文，概括中国当代文学三十年的特色和成就、不足和教训。

午睡后，萧斌如陪同美国的车淑珊（Susan Cherniack）小姐与美籍台湾同胞高辛勇（Karl Kao）来访。他们都在 Yale 大学——车读博士课程，现在日本京都大学进修，系孙立川友好，她带来孙的介绍信；高系在耶鲁东亚语文学系执教。谈约二句钟，约好下周一上午来查书，由萧陪同回和平饭店。

王继权同时来访。

晚，写好我的介绍（关于论文部分）明天发给江西大学。

收到抗生贺年信。

1986 年 1 月 4 日

中午请兴良老父和姐夫在家午饭，为这位和我同龄的老人送行——他在下午坐船回东北家乡。满子、老耿如约来，大家一块儿午饭。

晚，又接老耿电话，晓风有信，风兄追悼会决定本月十五日举行。我们四人决定十二日同车进京。

晚，给梅志写了回信，又给卢康华、李玉衡复了信。金海夫妇晚间来，为了能在今年四月在嘉兴举行巴金讨论会（巴金自述是嘉兴人），给那里科技报的方伯初写了信，希望他就此事和我所认识的那里党政领导和文联同志商量，要他们出钱开会，听听他们的意见。

收到李辉夫妇信及贺年片。

王祥上午来，送来代购的本期《新文学史料》。收到《文化科学评论》《科技导报》《文艺讯息》的近期赠刊。

1986 年 1 月 5 日

星期天，零下 5℃。昨夜写信到三时：梅志、卢康华、李玉衡、方伯初，今晨一起发出。

秀拔一清早送来稻草，这是给园子里的葡萄藤送来棉衣。敏和小丁立即把它包扎好，给它作了过冬的打扮。这颗老葡萄树是从孔海珠家移植来的。

上午为给风兄写挽联，凑成几种：

> 今日得平反，聊可慰君于九泉；
> 因直而见罪，历史教训应记取。

> 因直而获罪，可叹古今竟这么相似；
> 今日祀忠魂，时代毕竟不是老封建。

> 焦大多嘴吃马粪，贾府多少讲些人道主义；
> 阿 Q 革命遭枪毙，民国竟是一块假招牌。

午睡后，王瑞偕一女青年来（在宝山经委工作），说是要为我写报告文学。正讲述间，徐邦泰的妹妹徐红和其丈夫、弟弟徐涛来访，说徐邦泰已去美国，来信说他姨夫姨母要我选中国小说的事，漫谈至六时辞去。

当中谢挺飞的女儿（外文系同学）来辞行，寒假中她将回沈阳。

晚，开始读昌东小说稿。

1986 年 1 月 6 日

早八时许，车小姐和高先生如约来，先领他们去看了陈子展先生，谈了半句钟，照了两张相；又同到新馆，老孙已给他们找出他们需要的有关杜甫的版本，到十一时许离馆；又在馆门前照了四张相——我个人，我和他们两位各一张，还有一张是我和小毛头；又坐他们包的车子到校园内逛了一圈，然后到家中午饭，吃饺子，喝绍兴酒——从闲谈中，才得知车小姐是犹太人，从俄国迁到美国已有两代了。饭后，他们别去。

睡了一下午。晚，吕胜送来作业。

收到戴舫、铃木正夫、冀汸、老何、昆明一想考研究生的女性、朱金顺信和海峡文艺出版社寄赠的《曹禺研究专集》（上、下）、《巴尔扎克传》《鲁迅与外国文学》赠书。收到万同林信及他的论胡风文艺思想的打印稿。晚，续看昌东遗稿——小说。

1986 年 1 月 7 日

下午午睡后，在家参加系里的一年级导师会议至五时散。

上午及晚上都在集中看昌东的小说稿。

收到孙梁的信及赠书《罗曼·罗兰文钞》。收到施蛰存先生的贺年词。

王祥下午来，送来散文集的复印材料。

1986 年 1 月 8 日

整日在家，读昌东小说稿。

早起后，苏州大学两个青年教师持范培松信来访，说是该校申请副教授审批权，只有一名教授，尚缺一名，以备用的名义请我，即按规章填好表，由他们去抄。他们并就此告别，当天得赶回苏州上报。

晚，严锋来，送来章品镇还来的《中国现代小说史》。

中午读梁晓声的小说《溃疡》（《小说月报》，去年十一月号），写干部及其子弟的不正之风给社会带来的灾难，很发人深思。小说中有这么一个情节：干部子弟把小姑娘剥光捆在凳子上，在她肚子上打扑克，谁先赢了，谁上去……这真是人间何世！黄世仁和这些"革命子弟"比起来，简直是太可怜了。

如何治这种内部的溃疡病，人民在翘首以待……

1986 年 1 月 9 日

买好了票——十一日下午。即给老耿通了电话。上午收到"胡风同志治丧委员会"的讣文、治丧委员会名单、悼词。我被列为治丧委员，悼词比初稿有很大的改变，没埋什么钉子，也没什么保留。这就如斯大林所说，形势比人强。

下午，日本横滨大学中文系学生持铃木正夫名片和手字来访。他名叫大槻英二，十八岁，中国话不通，铃木正夫托他给我带来一条香烟。留他吃过晚饭后，着小丁送他坐公共汽车回他住宿的浦江饭店。

晚，王锐偕王治（宝山经委会）来访，张廷琛随后来，坐至十一时别去。

看完昌东小说稿。

收到章品镇信。又收到一九八五年第四期《艺谭》，有顾征南评我的文章《贾植芳小说散论》。

1986 年 1 月 10 日

上午，丁言昭来送水仙花，她又拿来一本《编辑之友》，那里登了他们编的《给爱人的信——现代作家书集》的《后记》。思和随后来。古籍所李某来，托他代写挽联。王锦园来，为章培恒、王运熙招博士研究生要我出专业英语试题，即选了香港中大版的英文本《中国小说论文集》中 Nathan K.Mao 的《论李渔的小说技巧》的其中一节为题，请考生翻译。上列诸人即在此午饭，饭后各自离去，已下午三时。山西的《太原日报》一郑姓及杨姓同志来访，说是《太原晚报》下月一日创刊，要我写点什么，月底交稿云。

晚，医生小文爱人来，说是裴高为《现代家庭》写的关于我们的报告文学，将刊于三月份，要去两张近照。应必诚夫妇来，中午鄂基瑞来。

上午，上海书店刘华庭来电，托我去京开胡风追悼会时，为他们书店和他本人各送花圈一个。

陈子展儿子来，送来陈子展给胡风写的挽联。

收到鲍蘧信。

明日下午乘三时车进京。

1986 年 1 月 18 日

十一日下午与满子、庸兄并敏，我们四人一齐乘车进京。十二日上午十时许到京，晓风站接，被送到某王府文化部招待所暂住。广东来的朱谷怀夫妇，已早到数日，也寓此。朱才六十三岁，但多年的"改造"生活已把他弄得衰老不堪了。一九八三年，我在广州曾访问过他，听他的叙述，简直是一篇传奇。这个地下党员的悲惨遭遇，甚于解放前苦难多多。把人随便践踏，没任何人权观念，视人命如儿戏，把中华民族的一切优秀的传统精神与道德品性破坏无遗，令人发指……

十三日上午被迁送至西直门外上园饭店，房金每天三十元，伙食六元，以会议标准计算，每人每日自出伙食费一元八毛。这次旅费和住宿食饮费由文化部承担，但外地"分子"只限定二十名。从这天开始，"分子"陆续来到：南京的化铁、华田、欧阳庄，宁波的孙钿，杭州的冀汸，武汉的曾卓，合肥的张禹，宁夏的杭行，以及罗洛的爱人杨友梅、天津守梅的儿子（守梅于一九六七年以骨髓炎病死于天津监狱）等。十三日下午小燕来领我们到大哥处。当晚，李辉领李存光来，在此一块儿吃涮羊肉，晚即宿此。十四日上午，林乐齐（人民文学）来谈了中国现代文学史编写事，承赠我《林庚诗选》及《现代百家诗》各一册。下午北京出版社刘文及廖宗宣来访，刘文原系《泥土》人员，现任北京出版社副总编，他赠我《托尔斯泰传》一册。廖宗宣谈昌东小说稿事，当即坐刘文的车子与李辉一块儿到上园饭店。十五日下午追悼会后，廖宗宣来饭店取去昌东稿。

十五日下午，同乘车到八宝山参加追悼会，到有七百人，文艺界人士在京的都到齐了，挽联不少，我的那幅悬在入口处，由文化部长读悼词。会毕，在门口与骆宾基等人照了相，又与吉卜斯的儿子和他的女朋友（在北京饭店工作，美人）一块儿照了相。乘大哥车到饭店，大哥别去后，参加了《文艺报》《光明日报》记者的采访。十六日，《光明日报》登的该报记者戴晴的追悼会报道，提到我的名字。

在十五日上午，文化部文学艺术研究院的一位副院长来看望大家。这个八品小京官，一副官僚气。这个追悼会是迫于内外形势才勉强召开的，他们只是走过场，并不热心，甚至打小算盘，比如我们四个人回上海的车票，他们只准买硬席卧车，显然他们还以"分子"身份看人。梅志本来给新上任的宣传部长写了信，要他召开一个"分子会"听听意见，也无下文。

昨日下午乘车与同来的人一块儿返沪，晓风在站相送，大哥也在车站相送。今天早上八时不到即到上海，兴良接我们回校。北京之行，就此告一段落。

拆阅此间堆压的邮件。

1986 年 1 月 19 日

上午发出给晓风信，代寄去孟悦的推荐信（夏威夷东西研究中心）以及给孟悦的复信。王戎来，带来抗生纪念胡风文，在此午饭后，与敏一块儿送他至五角场。后天敏生日，买了半只烤鸭。归来时，深圳来的小翁来访，长海医院的小张同时在候，谈至四时许先后辞去。晚饭后，沈永宝、张建基先后来坐。现在已九时，一天都在接待谈话。

今天星期天，小周放寒假，开始在家中搭伙。

1986 年 1 月 20 日

礼拜一。上午对纪念胡风一文，又作了校改。海峡出版社的管权夫妇上午来访。下午五时翁思奇如约来吃晚饭。兴良送来《外来思潮》一稿的报刊译介编目。晚，金海夫妇来，送来陈乃祥信。

张廷琛爱人上午送来上外来的《上海比较文学研究会通讯》第一期内容目录，本刊由上海师大负责编印。

1986 年 1 月 21 日

上午文联民研会的三位同志来访，约我为他们的《民间文艺集刊》写短文，并拟开座谈会，约我届时讲话，当场又送我《民间文艺集刊》（第七期）一册。晚，灯下读了其中的二文——关于神话。

五时后，金海夫妇、管权夫妇如约来吃晚饭。敏今天过生日，一块儿热闹热闹。

收到汾阳二哥信，小李送来杨观海（P.Glassman）信。

收到本期《小说月报》《古旧书讯》赠刊。傍晚，李正廉来，送来他剪下的有关胡风追悼会各报报道（包括英文《中国日报》）及他编的《经济新闻报》数期。

1986 年 1 月 22 日

未出门，收到《文艺报》三期，最近一期报道了胡风追悼会情况。关于出席追悼会的"分子"报道得较多，只我和雪苇未报，谁知是怎么一回事。

下午曾小逸来。中午阿巍来。

读万同林的论胡风文，思虑周密，甚有见地，其中论胡风文艺思想一节，尤为深入。一个二十岁的青年有此历史和理论修养，令人赞赏。

1986 年 1 月 23 日

未出门，校阅《外来思潮》一书的《报刊资料索引》部分，边查边补改，看样子，得花大力气。只怪中年一代基础知识差，做学问没有真功夫也。

发出给潘行恭信。从今年起，香港邮资由国内收费标准提到国外标准，真不知何故，为了多收几个钱，把香港划入外国范围。

收到同乡（同村）青年王克强信，他说，如我回来，他来上海相接。

1986 年 1 月 24 日

午饭后思和来，送来为美国选的《中国现代小说（1950—1985 年）选》复印文及篇目，及华师大惠赠的《新文学先驱》（中国新文学社团流派丛书）。上午兴良及陈德祥来协助《外来思潮》稿的编写工作，并把插图作了排列，由我晚上写了说明文字。

午饭后，与敏散步到工会。这里进行商品展销，学校也展销校章、带衔的信纸信封，充分显示了官商一体的时代气氛——歪风。

晚，张兵来，说是学报要写学校中的著名学者的治学经验，我也被列入，即推荐思和执笔。

1986 年 1 月 25 日

上午和敏到校内剃头，并在书店购书二册：但丁的《论世界帝国》和《西方学者论〈一八四四年经济学—哲学手稿〉》译本。

午睡至一时半与敏到学校看电影《少年犯》。他们比职业演员还有本事。

晚，看《外来思潮》一书的《报刊资料目录》。

收到内蒙古出版社赠书《玛拉沁夫研究专集》和夏晓远的贺年片。

晚，研究生任一鸣来上课，借去一些教材性读物。

1986 年 1 月 26 日

上午看完《外来思潮》一稿的《报刊资料目录索引》部分，作了一些校改。遗漏之处，还需要补充、查核。

收到大哥信，下午给汾阳亲戚任泽甫（二哥）写了一信，并寄去糖果二包作为年礼。

晚，唐金海夫妇来，为分校的一位女同学出国（美国）进修签发了推荐信；苏兴良来，他明日去厦门出差，为他给庄钟庆写了封问候兼介绍信。

晚，杂读近年写的各文，也是温故的意思。在旧稿中发现一首八二年写的诗《哦，我听到你的声音了，兄弟!》，写得尚有真情实感，那是当时读了冀汸在《诗刊》上发表的《呼唤》在激动中写的，因之，副题为《给G.F.》。

1986 年 1 月 27 日

昨夜四时半入寝，写了一篇二千多字的小文，题为《遗失的原稿》，是看周作人文章的结果，这个题目也是借自他的。

中午，张循来（上海社科院），在此午饭后别去，借去《胡风论鲁迅》一书。方伯初自嘉兴专程而来，为当地举行巴金作品讨论会事，说地方当局很重视我的倡议，巴金自己也有信给他们，问题是要浙江文化厅批一下云。

午睡至四时许。晚饭时乐秀拔来坐。

上午童炜钢来过，送来他的作业。

收到赵博源信及译稿。

1986 年 1 月 28 日

上午邹用九（本校世经系副教授）来赠我他译的《威廉·李卜克内西》一册、他夫人裘因参加翻译的《庞贝城的末日》一册。

下午午睡后，在此开系二年级研究生导师会，我也参加了会议。孔海珠来，赠我她和唐金海编的《茅盾专集》一部（二册）。斯宝昶来，在此晚饭后离去。他说：罗洛已自美回国，他去参加世界笔会，外国人问他，胡风为什么久久不开追悼会？

忙于增补《外来思潮》一书的编目。

耿庸晚上来电，说王元化约我们夫妇二月一日去他家午饭，因罗洛自美归来。

收到夏仲翼自列宁格勒来信，他在那里进修一年。收到卢玮銮女士贺年片。

本日发出给董大中信及复印的《小二黑结婚》早期版本。山西将出《赵树理全集》。

1986 年 1 月 29 日

未出门，整天也干不成事。晚饭前后客人不断，川流不息：贾鸿猷等四人后，是朱立元夫妇、应必诚；曾小逸则在晚间坐至十一时才辞去。

收到湖北闻一多学会通知，我被选为该会理事，并寄来表格，发展会员。

收到吕胜及铃木正夫信。

晚，李辉自北京来电话，问起给彭燕郊写信的事，因此提醒了我，曾小逸走后即埋头写信，除直接写给燕郊的长信外，又给李辉信内附去写给燕郊的介绍信。

晚，上海大学的翁世荣来电话，说是托他问桂英去进修班旁听的事，已问过了，原收费八十元，任课老师听说是我的女儿，表示免费。真是不好意思，但现在的市面就是如此。

上午来人：任一鸣、陈德祥、同乡小张（在空军学习）、梁永安。

1986 年 1 月 30 日

一天等于无为。上午思和来，在此午饭。收到伍隼信。晚，小朱夫妇来。

着手处理图书馆评职称的材料。

上午小周来，签好给杨观海（P.Glassman）的信请即发出。

1986 年 1 月 31 日

上午赵坚来。下午思和来。

下午四时许，至图书馆开联欢会（和搬迁人员——青工），讲了些话。

收到孙乃修信。晚，接得吕胜由南京打来的长途电话——关于他出国的成绩单问题。

收到伍隼信，他已摆脱行政职务。

1986 年 2 月 1 日

星期六。早饭后，与敏启程去淮海路王元化家，几经周折（因坐车难），快十二时才到了。大家都担心我们出了事，等得心焦。

罗洛美国开笔会回来，带来徐大椿女士送我的电剃刀和打火机、唐湜托罗洛带我的他的诗集《泪瀑》。饭后，罗洛夫妇辞去，我们几个人——老耿、老何及元化步行到老耿家聊天。四时许，又一块儿动身搭二十六路到外滩，步行至斯宝昶家，近十时归来，在这里吃了晚饭。

收到江西出版社赠书《吴祖光研究专集》及夏仲翼儿子曹雨青留字及仲翼转送的美国出版的 *Yearbook of Comparative and General Literature* 十六册（1967—1982 年度）。

一天又这么跑过去了。

1986 年 2 月 2 日

午饭后和敏去五角场散步，街上已是一片腊月过年景象了。

下午王戎和抗生来。

据说：上海民间传说，某人的儿子最近在端正党风下被判无期徒刑。这个衙内玩弄了一百多个妇女，又转手把她们卖到香港为娼，但长期逍遥法外。一次中央主管政法的大员来市，才提了进去，大员一走又出来了……这个民间传说（报上不会登），姑妄记之，作为时代风尚存档。

又据说，苏北农村农民种田致富后，干部们开着拖拉机来收苛捐杂税（平均每户每人四十元，现定为一百元），如果不出钱，就抢粮、杀猪、拆房子，雇了一些自称"黑狗子"的打手帮着做这些勾当。……今天报上又说，中央决定抓党风，刹不正之风。不抓不整，真是民不堪命了。……

晚，沈永宝一家来，章培恒来。

收到上海文联联欢请帖。

今天礼拜天。

1986 年 2 月 3 日

下午常州教育学院的韩斌生来访，他说一九八四年曾与我在徐州开会相遇，他是章培恒亲戚云。二军大的护士小董来。

晚，章培恒来。中午陈海燕来，在此午饭。

收到杨岂深信、北大王广萍（金茂年之妹）信以及她要我签署的去美国求学的推荐信。

晚，包子衍来电话，说是接北京通知，雪峰纪念会定于三月十二日至十七日在京召开，地址是国务院招待所，他三月初去京，能带上我的论文才好。

晚，写好给上海《民间文艺集刊》的文章，有两千多字——晚上已打来电话催稿，说好春节前寄出。

1986 年 2 月 4 日

上午在图书馆开人事会。下午陈鸣树来访，约好正月初三中午在他家吃饭。

晚饭后和敏去五角场散步。

改好为民间文学写的文章，已由桂英抄好。另一篇短文《遗失的原稿》也作了一些校改。

1986 年 2 月 5 日

一早南大万同林与他的同学小李来访，借去夏志清的小说史和日文的胡风传记考查。他们去后，即去图书馆开会。近十一时，桂英来找，说是嘉兴的方伯初来访，为此先行回寓。

晚，写好给本市《民间文学集刊》编辑部信，连同稿子明天发出。又给金茂年妹妹王广萍寄来的三封寄美国大学的推荐信签好字，明天直接发出。

收到满子信，约好后天去玉佛寺相聚。收到上海文艺出版社张存煌信及资料书一册。收到本期《清明》赠刊。

中午柯文辉来，在此午饭。他已蓄了长须，小丁说，活像这两天电视上的李达。他还在为衣食之资给刘海粟当记室。

1986 年 2 月 6 日

上午鄂基瑞、陆士清来访，约我充当他们编的《中国现代文学辞典》顾问和写序文，说这是辞书出版社的意见，他们来信正式提出云。

上午王祥来拜节，送绍酒二瓶。

下午图书馆职员陈爱华等二女同志来拜节。

收到艾煊贺年片。

1986 年 2 月 7 日

早饭后，与王戎和抗生我们四人搭公共车辆到江宁路玉佛寺。先访问了绍宗法师，快三十年不见了，他现在任佛教会副会长兼秘书长，已六十四岁。由他陪同参观了玉佛，说是百年前缅甸制品，为该寺精粹。参观毕到食堂，满子约好在此吃饭，席上就是上海这些朋友——元化夫妇、罗洛夫妇、我们夫妇、满子夫妇、王戎、征南，席甚丰美。席间，元化说，已和上海书店说好，定某一日在他家相聚，并约方行参加，编个丛书，翻印港台学术书，"上面"由他打招呼。席间说起近来中央打击经济犯，邓公批示要杀几个，上海已判三个高干子弟死刑云。

饭后，大家散去，我们随征南到他家。敏带小锤的女儿外出，给她买了一件风雪衣为念，即乘车返回。

晚上来的有应必诚一家三口来拜年，此外还有朱利英夫妇和张廷琛。小张译了一本比较文学文集《比较文学的理论与实践》，要我写序文。他说，这本书收了三篇理论译文（美、法学派的），其他有关于影响研究的论文［从接受美学观点论列，即比较除过通过考证弄清事实后，并不到此为止，而是从接受美学角度，看它在被影响者（接受者）作品中的接收方式和具体表现及影响的具体变异形态和表现方式、方法］；其次，是主题学的研究，这是比较文学研究中的一个重要课题。……

收到卢倩信及贺年片、卜仲康信及他在上月我们去苏州时照的照片二张，以及柯文辉信及二幅国画。

123

1986 年 2 月 8 日

今天是旧历除夕，现在已过午夜，一个年头又过去了，所谓"天增岁月人增寿"是也。

早饭后，与小周去五角场排队洗澡，为洗一个澡花了一个上午的时间（洗后到家已十二时）。中国人的时间真不值钱，还是中世纪的时间观念。

晚上在唐金海家吃年夜饭。

收到日下恒夫夫妇及夏嘉杰贺年片。

读一九八三年一期《新华文摘》文章论东汉党锢之祸，是关于中国史上一次大文字狱的论文。

1986 年 2 月 9 日

今日春节，上午九时到工会参加团拜。十时许与姜德安同时外出，去新馆看望值班人员。又与姜及新上任的支书老潘到家小坐。

午饭后，教研室一些同仁以及应必诚夫妇、严修、汤珍珠、乐秀拔前后来拜年。晚，潘旭澜来拜年。

收到本期《批评家》（刊登了思和评我的小说的文章）以及编者董大中信。收到本期《幼狮文艺》，李存煜、孙乃修信，毕奂午信及他们夫妇近照，并附有他的助手在《光明日报》为他写的一篇文章《伴读》。收到冀汸信及在胡丧时大家在八宝山的合照。

新的一年又开始了，敏说，过去的一年日子过得算安定一些了。

1986 年 2 月 10 日

今天大年初二。上午来拜年的有谢天振、思和夫妇、范铮全家四口、胡奇伟等。思和夫妇同吃午饭后别去。午睡后，董玉杰来拜年。四时许，全家连小丁五人动身去小周家，与他们全家欢聚，席甚丰厚。九时辞出，归来已九时有半。

收到梅志、李旦初、彭燕郊信。

全天等于什么也没干。

来拜年的还有医生小文和她的爱人小田。

1986年2月11日

全日在家，晚饭后，与敏同去给陈子展先生拜年，并捎去梅志给他的信。

今日来拜年的：上午有潘保根等图书馆支部三同志、华师大倪蕊琴夫妇、二军大瞿大夫夫妇。中午陈鸣树来拜年，并应邀去他家午饭。晚上来拜年的有陈允吉等二人、沈永宝、徐俊西和孙小琪。孙下午来过，她系本校工农兵学员，现在是《现代家庭》杂志社副社长，她拿来裴高写的有关任敏的报告文学小样。我校过后，晚上她来取去。

收到河南出版社寄来的《文学研究会资料》（三卷集），灯下翻阅，体例尚谨严，像一本学术性研究著作，还基本上做到尊重史实的要求，印刷还过得去。定价要八元八角五分，非一般读者买得起。

收到小林二男、章品镇贺年片。收到山西大学苏以当信、卢康华信及他在香港为我拍的照片底片。

中午去陈鸣树家路上碰到来给我拜年的袁越、秦某、吴德润。吴说，我主编的《中国现代文学译丛》校出版社决定承印出版，今年出版一种——《中国现代文学的主潮》。

1986年2月12日

天好，上午孔海珠和她的小儿子来拜年，在此午饭。下午，曾小逸一家来，小周父母随后如约来，同进晚餐后别去。

没做什么事。

1986年2月13日

上午十一时许，顾征南和小锤与外孙女来，在此午饭。送他《胡风论鲁迅》一册，送小锤一些科技读物，小锤将带女儿明天回内蒙古。

侄女春琳中午自济南来，在此过寒假。

朱立元上午来拜年。黄昏小张（女）和女儿来拜年。

收到万同林信。

1986年2月14日

上午五十年代同学先后来拜年：张德林、陈秀珠、赵博源夫妇、凌云宝夫妇、朱碧莲、沈剑英、乐秀拔、王聿祥，在此午饭，费建祥、柯平凭一块儿参加。午饭后，章培恒夫妇赶来。

晚，陈宋惠自常州来拜年。

收到县志稿，《中外文学参考》七、九两期。

1986 年 2 月 15 日

整天未出门。吕胜和他的朋友王颖在此晚饭，饭后照几张相留念。

晚，写了几封信：金炳喆、大哥、赵博源、范泉。

下午为图书馆职员周敏出国推荐信签了字。

1986 年 2 月 16 日

六点多就起来。八时半和敏出发，去罗洛家，搭了两次车，还顺利。同席的有元化夫妇、满子夫妇、老耿、小顾、王戎。饭后外出，与王戎同伴到五角场分手。

收到鲍蓬信。

1986 年 2 月 18 日

据说昨夜起就下小雨，我整天未出门。

昨天从罗洛家回来后感到不适，多痰，舌腔有红肿和发痛，身体有些寒热，但关系不大，想季节转换所致。为此服了咳嗽药和六神丸。

收到梅志寄的本期《新文学史料》，刊有有关雪峰文章，但前此已托王祥买过一册。

这几天读雪峰论文及记和论雪峰文，为北京会议做些准备。下午陈鸣树亦为此而来。这将是一个政治性的会议，也将带有文艺上的人事是非，我孤身前去，似不合适，因为北京文艺气候和人事情况我不了解，为此，加上身体不好，诸事云集。必要时就打消去意吧。

昨天从罗洛家回来后，因感不适，未记日记。

1986 年 2 月 19 日

今天病情有好转。昨天一天身体极不适——反胃、喉痛、浑身无力，基本在床上生活。上午请来蒋医生，下午又请来小文医生，服了些药，才得以较正常地生活。

下午文艺出版社的同乡武杰华和他的女儿来访，送来他写的有关评胡风文章（已发表和未发表的），四时后辞去。他将回晋，为他写了一封介绍信给牛汉，因他将途经北京。

收到河南人民出版社赠阅的《世界纪实文学》第一辑，收有我的忆丸善的文章。收到中山大学易新农赠阅的《外国文学》上、下二卷。收到费兆基（南京出版的《全国中学优秀作文选》编者）催稿信及一九八六年第一期该刊。

收到上海市委宣传部开会通知。昨天下午袁晚禾来，带来杜思退益夫斯基讨论会通知。

晚，写好给伍隼信。

1986 年 2 月 20 日

上午在图书馆开会。王戎来，午饭后在此休息。四时许，友人们先后来：小顾、满子夫妇、尚丁、元化夫妇、罗洛、耿庸。晚在中灶楼上外宾招待食堂共饭，七时后先后别去。

下午来的有卢鸿钢，傍晚来的有蔡传廉，小朱夫妇。

下午来的还有王继权和作协资料室的傅艾以——他带来他的文稿，要我写个序。

晚，翻阅赵景深的藏书书目。

1986 年 2 月 21 日

上午上海民研会来人，送来开会请帖，我为该刊约写的稿子他们已收到，将刊用。

收到美国耶鲁大学高辛勇（Karl Kao）来信及贺年片，并寄来他和车女士来上海时和我的几张照片。其中有访陈子展先生时所摄，也有和我与小毛头在图书馆门口的合照，晚上分别送给陈先生和小毛头留念。

晚，读完赵景深先生藏书全目（十五册）。他的藏书的特点：其一是面宽，包括文史哲；其二是有其特色，曲艺和有关民间文学的书类较为齐全。

晚，写好给嘉兴市府信，建议将《嘉兴科技报》由半月刊改为日刊，我是该报顾问，也算聊尽此职。写好给孙景尧信，附寄罗洛和徐志啸文章。给上海文研所包子衍写好信，告诉他雪峰纪念会我走不开，不能出席。

侄女春琳昨日下午离沪回济南，这是一个心地纯真、爱好劳动的姑娘。

1986 年 2 月 22 日

下午乘车去文艺会堂参加市委宣传部召开的对西方文化的座谈会，主要是对西方文学的态度问题。一个潘姓副部长说，是应采取什么"对策"，会议目的于此可见，但在会上与会者的发言，也反映了学术界的真实意见。我在伍蠡甫先生发言之后，作了第二位的发言人。时代到底前进了，今非昔比了，人们敢讲真话就是很大的进步。复旦同去的有蒋孔阳、徐俊西、朱立元（中文），以及外文系的伍先生、哲学系的刘放桐等三人。

晚，六时回到家。

收到本期《小说月报》赠刊。

晚，写好明天上午杜思退益夫斯基（Dostoevsky）讨论会上的发言稿，现在已二时整。

1986 年 2 月 23 日

昨夜写发言稿至二时，敏不放心，一直相陪。

今早六时半起床。早点后，袁晚禾同志来打招呼，即相随至门口上车，邹剑秋同行。车开至一舍，伍蠡甫先生、翁义钦同志等上车。邹向袁抱怨，说复旦是杜思退益夫斯基讨论会发起单位，怎么去的人不多。袁说：没有人，所以请两位老先生出台。车开至延安饭店，会议在此举行，遇叶水夫，他从北京来，是会议的主持者，他才六十六岁，但头发已全白，说上月在北京胡风追悼会上看到我，过来打招呼时，我已卷入人群不见了。

会议开始后，遇元化、罗洛、王西彦、罗竹风、廖鸿钧等人。

会上我应邀发了近半个钟头的言，未用发言稿；伍先生却照读发言稿，他已八十七岁，仍认真地作了准备；邹剑秋也发了言，复旦有三人讲话，就算很体面了。

十二时散会，照纪念相吃午饭后，与伍、邹原车返校。在一舍门口下车，直去金海家，事先约好在此午饭，与山西长治师专的党委书记（唐的同学）见面。此君一九六五年被开除党籍，到山西晋东南劳动，在晋已二十二年，也算苦尽甜来。他说，他的学校聘我为名誉教授。二时许我和敏

（她已先走）辞别，小张送至宿舍门口。

午睡后，晚上，动手把今天的发言写成文章，题目就叫《我看杜思退益夫斯基》。

收到二哥信、耿庸兄寄的《中国文化报》——他附言说，系徐放兄给我的。这张报纸刊有诗人张志民悼念胡公文，题目是《送胡风》，写于追悼会开会归来。写得很好，很有感情，塑造了胡公的人品。诗末云：

> 去了，一代战士，
> 一代诗人，
> 没有写完的诗，
> 留给后人去写吧！
> 别了，请走好！
> 我为你饯行的是
> 两滴清泪！
> 送你上路的是
> 一抹早春……

另有燕郊兄的长文《他心灵深处有一颗神圣的燧石——悼念胡风老师》。

在今天会上还碰到冒效鲁，他现在安徽大学。

1986 年 2 月 24 日

今天却清静地过了一天，既未外出，来者亦只有一人——上午系副主任陈允吉来访，谈公事，也谈学问。

下午看了一些积压的报纸，晚上读了鲁迅先生的三本杂文集——《伪自由书》《花边文学》《且介亭杂文》。每次翻读先生的手泽，都很有新的收获，他对中国历史和社会的认识和理解，当代无出其右者，我想，这就是他不朽之所在。前几天各报转载了陈漱渝在《人民日报》发的文章《不许贬低鲁迅》，是说现在有一股风头——往鲁迅头上抹黑。这正像过去反孔一样，反孔并不是由于孔子本身，而是封建统治借重他来进行统治，把他化装成他们所需要的偶像并提倡对他的崇拜，目的是叫人民崇拜他们自己——"醉翁之意不在酒"也；我们也抄老文章，把鲁迅打扮成新的圣

129

人，拿他当石头砸人，作为政治工具，"四人帮"一伙就是这么干的。青年们不明究竟，因为反对极"左"路线对民族、国家和个人所造成的"史无前例"的灾难，把应该泼在"四人帮"头上的污水也泼到鲁迅头上来了；至于一小撮对鲁迅心怀旧怨的人为了洗刷自己，抬高自己，也在那里贬低鲁迅，多少年一贯如此……

下午敏由小姑娘陪同去四马路代我去买大字毛笔和宣纸，因为欠了好几笔写字账。

1986 年 2 月 25 日

上午图书馆老陈来，请他带去夏仲翼送来的美国威斯康辛大学赠给图书馆的一套《比较文学与一般文学年鉴》，并带去夏从列宁格勒的来信，请他给在信上开列的该大学收件人写信。

午睡后，颜海平父母来访，带来海平的信和她去加拿大莎士比亚中心购置的有莎翁像的贺年卡。她将在九月回国，希望能邀请她的两位教授 H. Shedick 和导师 M.Hays 先生来校讲学。她正在准备博士入学考试。即将河南寄来的载有海平译文的《世界纪实文学》二册，交给他们转海平。

晚，因古籍所有一女同志去广州，介绍她认识中山大学的饶鸿竟和陈启新，写了介绍信并托她给启新带去两盒上海人参蜂皇浆。

给山西人民出版社张仁健写了信，把为曾小逸书写的介绍文加写了一段附寄给他，以了却《名作欣赏》的文债。

上午为山西社科院文学室编的《山西抗战文学史》写了一则短文《我在中条山的抗战生活》，将和我的以山西为题材的小说二篇、散文三篇的复印件一同寄出，并给编者屈毓秀写好了信，也算了却一宗心事。

1986 年 2 月 26 日

昨天中午留日同学刘北天来访，他已七十三岁，但仍然很硬朗。晚，金海夫妇来，送来四川编印的有关《巴金研究集刊》的第一期篇目要我过目，我和王瑶被推为主编。

今日草拟为张廷琛的译书做的序。收到徐迺翔、黎辛（文化部文化艺术研究院副院长）以及江苏教育出版社总编常烽岚信。早上图书馆张涛来，说老姜从北京来电话，就关于召开国际图书馆学会事在北京听到的有关情况，要我转告分管图书馆的副校长谷超豪。晚上我用电话告诉了谷。

晚，外文系同学小邹和中文系叶易来访。

1986 年 2 月 27 日

上午上海烈士陵园管理所人员朱耀祖来访，了解"文革"烈士情况。据他说，这些死难人员的家属在"文革"中都受到严重迫害：《文萃》三烈士——陈子涛、骆何民、吴二南被取消烈士资格；骆的妻子被迫害致死，他家的房屋直到现在仍未被发还；吴的女朋友水月娟，因为进过牢，她的爱人，一个解放军出身的干部也受迫害而死……诸如此类令人发指的事，比比皆是，使人有人世何世之感！以所谓"四人帮"为符号的那股极"左"路线，就是这么作了蒋介石所做不到的事，也可以说，他们为蒋介石对那些反蒋的人进行了政治报复。他们的祸国殃民的滔天罪恶，总有一天要被中国人民清算，"虽孝子贤孙，百世不得改也"！他们将永远被钉在历史耻辱柱上，遗臭万年，这伙披着革命外衣的反革命、民族敌人！

下午应邀去文联，参加《文学报》和民研会举办的有关民间文学讨论会，出席的都是其他学科的"专家学者"，我也应邀发了言。五时被车送回家。

上午童炜钢来，吕慧芳来。

1986 年 2 月 28 日

这个月是最后一天。上午小邵来（上海旅行社日本部），他将于十八日去昆明，即托他去云南出版社，催问《中国通俗小说书目》的出版问题。

下午一时去图书馆，接待来访的全国人大代表共十一人，由苏步青、邹剑秋两位校领导带领，向他们介绍了图书馆藏书等情况，引导他们参观了文科阅览室及大库。送去参观者又去校内第二教学楼出席了全馆大会，并讲了话。

晚，王锐偕一女性小王来聊天。傍晚，杨竞人来。从全馆大会出来后到中文系走了走，拿来李存光寄赠的《研究生院学报》（一九八六年第一期）和他的来信。晚，读了李在上面论这八年我国研究巴金情况的文章，写得不错。

收到同村王克强信，晚，写了复信。

131

1986 年 3 月 1 日

上午思和来，在此午饭，送来他写的《现代文学史》数章，送他《文学研究会资料》一套、《世界纪实文学》第一期一册。

王锦园饭后来。下午秀拔来。

晚，读思和写的文学史稿。

1986 年 3 月 2 日

礼拜天，午睡后和小周去洗了澡。

下午及晚间，三个比较文学研究生先后来报到。晚，朱立元夫妇来，送来张循信及赠我的几本《社会科学》。

读海外一部研究苏联马克思主义文艺的著作，颇多想法。

1986 年 3 月 3 日

昨、今两天读完思和的现代文学史草稿拿来的一、二两章，并作了一些校改。

收到河南人民出版社夏晓远信，晚写了复信和他所需用的我的近照。收到潘行恭信及附寄的港报有关胡风逝世评论文章的剪报。信上说，我那篇记胡风的文章，《良友》画报说已在近期刊出云。收到江苏一考生王何越信，文字写得很动情。又收到重庆西南师大一学生信，询问一九八七年考研究生招生事。晚，沈永宝、张廷琛先后来。

上午图书馆领导班子在家里开会。

1986 年 3 月 4 日

读诸教材（比较文学），至深夜。

下午四川人民出版社来人组稿。王锦园来。汪西卡兄妹来，取走译文稿费。傍晚，日本横滨大学学生高藤芳枝来访，她是铃木正夫的学生，来校短期学习，带来铃木正夫赠我的烟和咖啡。

上午思和来过。收到苏大小韩信，本期《科技导报》有我的题词。

1986年3月5日

为了讲课，昨天忙到三点钟才睡，总算写好了讲义。由于我的土语发音和记忆力关系，随口讲来，一则太快，不易听懂，一则容易开无轨电车，修理不清。为此，只好写成讲义，照读，慢读，才能使学生听懂笔记。

今天才又作了一些校改补充。

下午小谢爱人金曼娜来，送来《中国比较文学》第三期样书。小谢已去北京受外事训练，准备去港。

晚，金海一家来，带来莫贵阳及严灵书信。他有可能去法国教书，他要我作推荐人，并已代我写好推荐信，请他抄好后签名为发。

收到《洪深研究专集》赠书。收到北大寄赠的《北京大学比较文学研究会通讯》二册。

1986年3月6日

上午九时许，王锦园来，由他陪同去老教学楼为学生上课。"比较文学"两节课，听讲学生六十多人，座无虚席，还有哲学系学生。这是三十年后又上课堂。

下午午睡后，外事处领来苏联海参崴远东大学东方系东方文学教研室主任奥博洛京娜来访。她说，她是苏联中国学家第三代，专业老舍研究及中国抗战期文学。她送我她写的《老舍1937—1945年的文学生活》一册，回赠她《契诃夫手记》《小说选》各一册为念。她现在北京第一外语学院进修，是副博士、副教授。四时半辞去，由锦园送她去电车站。

晚应必诚夫妇、兴良、金海先后来访。

收到北京大学寄来的中国比较文学学会的通报。

1986年3月7日

上午本校西德留学生柯韵弦和加拿大留学生郝德安持上海东西文化中心黄万盛同志介绍信来访——出于元化主意，因为他们需要在图书馆查阅资料。她们一个研究佛学，一个研究中国近代文学。即给她们写了批条，要她们去文科馆接头。

研究生陈德祥上午送来上学期论文。思和午后来，送来我请他写的介绍《文学研究会资料》的文章，当即转寄给河南人民出版社，请他们转

《光明日报》。

《文汇报》的徐启华（文艺部）送来我那天在市委宣传部上的发言稿样，信上说预备利用，即作了校改寄回。

收到章品镇、范伯群以及景尧妻子小肖信。

晚，写好张廷琛译文集的《序》。

《新民晚报》登出了我那篇《遗失的原稿》，明日将续登完。

晚上又看了思和草拟的文学史有关新月社、语丝社以及沉钟、未名等社团的论述部分，对周作人、徐志摩、闻一多的分析评价很得体，尤其将周氏兄弟相比颇有新见。

上午给梅志写成一信，准备托沈永宝带去北京；敏又包好两盒人参蜂皇浆和一盒巧克力，一块儿带给梅志和她的小孙子。

1986 年 3 月 8 日

上午日本御茶之水大学博士生加藤三由纪女士持山西大学高捷同志手函来访，思和上午亦在家，海燕也在，又在午饭时，留她同吃了午饭。她研究中国现代农民文学，在山西研究赵树理，来南方研究高晓声。即给范伯群写一介绍信，请他谈谈，因他写过关于高的论文，又请他必要时介绍加藤去看老高。

下午与思和看本届研究生专业外语试卷，有英语十一份、日语一份、俄语一份，当日看好日、俄卷子。顾征南来，送来胡公追悼会照片，坐片刻即辞去。

下午上海书店刘华庭来电，约好下礼拜一下午二时半在元化家相聚，谈印港台书事。

姜德安上午来，谈图书馆工作及北京之行的情况，董达武也来过。

收到常州教育学院韩君信。

1986 年 3 月 10 日

昨日未记，因为不到十二时就打瞌睡了，只好上床。

下午兴良来。晚，张廷琛和朱立元来，谈好接待杨观海（P.Glassman）事。说起社会新闻和文艺界动态，不胜感慨，总有那么一些"人"，把自己和儿女的犯法行为用权力合法化，超乎法律之外，而把人民的正常文化思维产品硬说成"犯法"，必予消除而后快——这也是多年来"蒙昧主义"的风行后果，正如某些纵欲的人却教育人民以禁欲一样……

今天下午起落雨。午饭后，和敏乘车到元化家，来此与上海书店人员商量印行《学术参考丛书》事，方行也到。这是元化和上海书店商谈结果，拉上我和方行凑成个班子。承上海书店赠书三册。四时外出，雨已下大，到家已近五时。

这两天杂读一些文章。

1986 年 3 月 11 日

下午由张廷琛、王锦园驱车去外院接来杨观海（P.Glassman）夫妇，先在家少息，送他酒三瓶、《文学研究会资料》一套为纪念。他们夫妇给我带来酒、烟、巧克力及二册《淡江评论》合订本。

他今日讲题是《圣经与文学》，由我主持会议，作了二十分钟发言。听讲同学据说在四百人左右，原在一较小教室，因为玻璃被挤破了，改换一大教室，人也是满坑满谷，会议气氛很活跃，反映了我校的学风——学生们对学习的渴求和上进努力，这会给杨观海（P.Glassman）夫妇留下美好的印象，这是最大的收获。我致辞后即暂告辞，由思和陪同到家，看研究生考卷。四时半他们讲毕回来，秀清同志亦随来，因为外事处只批准宴会有六个人，林秀清是半路杀出的程咬金，只好把她请上，因此，允吉、锦园只好退出由徐鹏参加。七时许他们离去，由林先生便路送回。这算了却一宗大事，出了一口长气。

晚，廷琛、杨竞人来。廖天亮来，给他讲了些话，算是上课。

收到陈宋惠信。收到吉林大学刘柏青赠书二册：《鲁迅与日本文学》《日本无产阶级文艺运动史》。又，收到吴樾信。

1986 年 3 月 13 日

昨夜备课至二时许，因此未能写日记，今日想昨日之事，真如过眼烟云，一点影子不留了。

上午九时许，王锦园来，约我去上课，他从旁协助。听讲的有七十多人，除过文科外系同学，还有一个外国女留学生（西方人）。

午后大睡。收到华田信、广西人民出版社阮同信——他已到沪，下午给他打了电话，约定礼拜六上午来会。

收到杨观海（P.Glassman）信，系三月一日自香港通知他来沪日期——早已是明日黄花了，我们的邮务就是这么慢速度。

1986 年 3 月 14 日

下午，上海大学中文系十三个同学在殷仪同志带领下来家上课。思和先此来，他正患感冒，可说带病工作，讲了些巴金情况，四时许别去。

图书馆送来立川从京都托加拿大维多利亚大学中文系主任白瑞德先生带来的复印件一包及信。白瑞德亲自送来，与我未能相晤，留字而去。晚给他回了一信，再约时间相会，他住华师大专家楼。

下午远浩一来，他要把一篇论文提交市内的科研评奖会，希望我能写些评语。晚袁明纲、姜德安来谈公事。

本日晚报登出消息，说上海作协成立创作委员会，我也被列名为委员。

立川带来的复印件是《肉蒲团》以及一些明清的零碎资料。

1986 年 3 月 15 日

天阴。早八时去找谷副校长，为公事，未遇，即将要送给他看的人事变动公文交办公室，在理科馆转一圈即回家。晓林自京来出差。近十时，广西人民出版社总编阮同来，他系北方出生，革命出身，但人尚直爽，有事业心，谈得很融洽。其间校档案室负责人杨同志来，为他的评职称事。阮同在此午饭后别去，当谈到那套丛书的我的一些想法时，他希望我能为丛书写个总序。送他去后已二时许，即去图书馆开会，五时许回来。

收到夏钦翰信。给住在华师大的白瑞德（加拿大）写了一信发出。

1986 年 3 月 16 日

礼拜天。上午王聿祥来，在此午饭，送他施昌东遗作《中国古代认识论史略》一册。收到上海作协、鲍蘧、赵祖武信。午睡后与小周入浴。晚，写好姜德安评语。

1986 年 3 月 17 日

天雨，未出门。上午图书馆小张取去姜德安评语。和谷超豪通电话，约定明天上午十时我和老姜去办公室和他谈图书馆事。

本日《文汇报》发表了我在市委宣传部关于西方文化的发言摘要以及与会诸人发言摘要，文字都有所改动。

收到北岳文艺出版社寄赠的《赵树理研究资料》，编者黄修已在后记中把我感谢了一通，但却未提他的老师王瑶——这也是一种社会心态的表现。

收到广西玉林县党史办公室汇款二十八元，说是采用了我的《人的斗争——陈子涛狱中生活》的文稿。下午小丁去邮局取回钱，并在新华书店买了《神话辞典》和刘介民编选的《比较文学译文选》各一册。

上午发出给王西彦信，后日开创作委员会，我那天有事请假。给鲍蘐信，推迟去她家日子。

下午陈建权来，送他香烟二包，送他老先生营养粉一筒，不能忘记他们雪中送炭的友情。

1986 年 3 月 18 日

早上去图书馆，在此叫老姜、小华一块儿去校长办公室和谷副校长开会。

上午、下午邹用九父子来，邹用九送来一册新出的《世界经济文汇》，他是副主编。下午，思和、锦园来。兴良、金海先后来。给伯群写了一信，托金海带去并附去博源所译山口守论中国三篇王鲁彦论文。

张德明自日本来信，为他的推荐信签了名。

收到丁玲讣文。

1986 年 3 月 19 日

上午在图书馆开会，讨论新馆落成典礼和人事问题。下午三时，老姜、小乔等来寓，同去专家楼看望来此讲图书馆学的两位英国专家 Martin Spencer 和 John Salter。晚，便宴于招待食堂。

1986 年 3 月 20 日

上午八时到图书馆，在教育部办的外文采购培训班开学典礼上讲了话。九时许到家，照例由锦园陪同去上了两节课。下午三时许，去校长办公室和中文、历史、哲学系负责人与谷副校长开会，就成立文史哲图书馆事。

收到美国波士顿一家出版商 Houghton Mifflin Company 代表 Deborah

Kacanek（柯善妮）信，她将在四月初来上海与我会晤，商谈图书购买事。

1986 年 3 月 21 日

上午朱立元陪《学术月刊》编者林榕立（女）来访，她系复旦新闻系六一年毕业生。她约我为他们刊物写点文章，因明年该刊三十周年特刊，年底交稿。

思和中午来，午饭后，整理好为美国编的《当代小说选》稿件。傍晚，王锦园来借去一些书备课。

上午林秀清来，将锦园文章（载《现代文学研究丛刊》）交她，收在复旦比较文学论文集内。

1986 年 3 月 22 日

晓林今日晚返京，由小下车送。

下午与敏到新馆查阅早期的《大陆》。晚，重新过目《外国文艺思潮和理论对中国现代文学影响资料》（1917—1927）一书的资料目录部分，作了一些添改，并草好为本书写的《后记》。

上午八时半到工会参加国家教委召开的文学理论和现代文学学科教材建设会议，有本校四人及华师大、上海师大数人参加，大家都能畅所欲言。主持会议的是四川大学一个研究生，他被借调在国家教委。遇许子东、王纪人。

收到杨观海、中文大学图书馆、大阪经济大学图书馆信函，收到胡征代寄的沙陵的诗集《归鸟集》。

1986 年 3 月 23 日

礼拜天，未出门，也未做成什么事。读卢鸿钢关于文艺社会学的译文。

下午徐邦泰妹妹和她的丈夫来。陈鸣树上午来，他从北京开了雪峰文艺讨论会回来，说林××说现在文艺理论有三种反马克思主义力量。这些不学有术的人，一贯批判他们并不懂的东西，认为这是他们的神圣职责，这就是中国式的荒诞派戏剧，虽然历史前进了，但这帮人总在上演这类荒诞派戏，这就显得更荒诞——不，更丑恶，我看，也很可怜，但愿上帝饶恕他们罢，虽然他们的灵魂是永远也不会得救的。

晚，林克来电话问严锋考试情况，有无把握录取。其实这是一个优质学生。

收到鲍蘧信、湖南人民出版社散文译丛通告。

1986 年 3 月 24 日

上午请横滨大学的三个学生（铃木正夫的学生）高藤芳枝、辰野美菜子、土屋太在此午饭吃水饺，小周在家相陪。我中间离去，到校门口和外语采购学习班同仁照相，又去中文系拿回邮件。

晚上来的有王继权、吴中杰夫妇、沈永宝、图书馆职工章嘉龙（女）和她的翻译日本小说的丈夫刘沪生。刘是看报知道我是上海作协的创作委员，特来就教的，送来几册登他译的日本推理小说的《上海体育》。中午翁世荣夫妇送来一册翁的新书《电影文学的技巧》。

桂英从扬州旅游回来，买了一些当地土产食品。

托高藤等人给铃木带去信一封、茶叶一听、蜜饯二包、《文学研究资料》一套。

收到二月份的香港《良友》画报，它这期刊出我写的回忆胡公文章，用了六幅照片。

收到《文汇报》寄来的两张我在宣传部会议上的发言的当天报纸、《现代家庭》寄来二册登有裴高记任敏的刊物。

收到国家教委发的科研补助费五千元。

1986 年 3 月 25 日

晚饭，以图书馆名义，宴请来馆讲学的英国人 Martin Spencer 和 John Salter 于中灶楼上，请邹剑秋作陪。

下午思和来，将国家教委拨来的资助款即五千元账簿交他买书。上午兴良来，和敏去邮局取出稿费，兴良从系内取回邮购来的《文学研究会资料》。

就本周上课调动时间事，锦园来商谈。

邹用九下午来，为他儿子考研究生事。

晚，沈永宝来。

收到高晓声、卢康华、孙景尧夫妇、孙桂森信和海峡出版社寄赠的《抗战文艺》丛书第二集一套。

晚，给高晓声写了回信（关于李欧梵来校时间。他信中就是问这事，他们是朋友）。

1986 年 3 月 26 日

全天在家，晚饭后和敏去五角场买金金龙香烟，没有买到，但也是一次远步的散步。

上午研究生任一鸣来，晚廖天亮来，都算上课。

中午王锦园来，送来北大张文定代中国比较文学学会办事人员的来信，说《中国比较文学年鉴》已进入发稿阶段，要我写几句话，作为题词。晚即用信纸写了一张，并写好给张的复信，再托小王发出。小王谈到本届研究生录取事，认为有三名分数差不多，系里认为可以全数收下，但最后要由学校内决定。

晚，应必诚夫妇来。老邓说，《中国现代文学作品选》一、二册，复旦出版社推到九月份出书，因此影响国家教委审定作为教材之用。为此给刘鸿议同志打了个电话，请帮忙，他答应一、二册校庆时即出，三、四两册他正在审稿，争取年内印出云。

1986 年 3 月 27 日

早上小谢车接到外院，在此举行上海比较文学理事会，近十一时散会，小谢用车送回。

午睡后，为了买金金龙香烟，和敏去四平路、国权路跑遍大小烟店，最后买到筒装，每筒二元一角。

晚，兴良来补好《外来思潮报刊目录》中所缺的《中国青年》条目。

收到金海自苏州来信，彭燕郊自长沙来信及附寄的《译丛》拟目。

1986 年 3 月 28 日

未出门。午后思和来，在此晚饭。严锋、朱立元先后来。

收到本期《艺谭》，刊了我为通俗小说书所写的序文。

收到山西社科院信、严锋送来的章品镇信。

晚上备课至一时许。

1986 年 3 月 29 日

今天上午有课，昨夜备课至一时许，由于敏的啰唆，只好上床。九时许，锦园照例来，上课后他又送回，也是照例。午饭后别去。

午后，王戎来，在此晚饭。三时后，谢天振偕许子东以及他的大舅子陈君来访，海阔天空地谈到五时才别去。

晚，斯宝昶夫妇来。

小周从上外取回杨观海（P.Glassman）赠送的全套《淡江评论》。

1986 年 3 月 30 日

礼拜天，阴。

上午唐金海来，谈苏州之行。下午杨丹来，为他的工作调动给罗洛写了一封信，对他写的抒情诗提了些意见。

下午和小周去中灶打浴。

1986 年 3 月 31 日

上午去校内文研所参加本年五月准备召开的"新时期文学讨论会"的筹备会议。

收到夏晓远信及寄赠的《文学论丛》，上面刊有他写的介绍《文学研究会资料》的文章。收到《上海社会科学院学术季刊》今年第一期、《复旦学报》本年第二期赠刊。收到《文汇报》稿费十元。

晚，给梁克虎、阮同、吴樾夫妇、章品镇写了信。

晚，王继权来，我给他写了参加上海作协的推荐信，送他本期《艺谭》一册，那上面有我写的有关《中国通俗小说书目》一书的译本序文，请他转交云南出版社备用。张廷琛来，交给他我为他的《比较文学的理论与实践》一书所写的序文，有二千余字。

1986 年 4 月 1 日

上午兴良来，将给阮同的信及托他带回广西的材料交给他，并包扎好给李辉、曾华鹏、范伯群的《文学研究会资料》，又请他寄出。

下午夏嘉杰来。陆士清带管权夫妇来。王继权送许地山材料来。思和来，他代买好三月份《读书》及《中西文化交流史》（沈福伟著），将申请《中国新文学七十年史》列为教材的报表，请他填好。

傍晚，曾小逸来，正赶上晚饭，即参加我们和夏嘉杰的晚餐。

上午王锦园来。

收到北大寄的《中国比较文学学会通报》。

1986 年 4 月 3 日

昨日备课至近晚二时，人已极疲倦，有点摇摇欲坠，所以未能写日记，大事补记如下：

陈宋惠下午来，为他的儿媳妇考研究生事，来问考试成绩。今天上午见到小王，看了分数（二门不及格），上午也回苏州去了。

今天上午去上课二时，小王陪接陪送，希望再讲一次结束。

午睡后，临钢两个女同志（山西人）来访，带来同村王克强信及家乡酒二瓶。同乡武杰华来（上海文艺出版社），他新近回晋一次，带来家乡酒和醋。他带来北岳文艺出版社口讯，要落实我的文集出版问题。美国女士（在苏州大学进修研究弹词）由图书馆女职员陪同来访，为借书事给她批了条子。姜德安来为公事。高文塚来，他新从京回来，说上次我们进京参加胡公追悼会在胡家聚餐散了后，梅志大哭一场，难过了一夜——这是他这次在京晓风在电话上告诉他的。

武杰华在此晚饭后辞去。

收到《世界纪实文学》稿费。

1986 年 4 月 4 日

上午和敏去剃头，又到校后门街上买到已好久买不到的"金金龙"香烟，敏一下买了三条。这条路好几年没走过了，昔日的田野已变成整齐的街市。

午饭后，去新馆办公。

中午思和来，在此午饭，他代买到二册（共三册）黄永玉诗画集，反映了这个时代的社会风情，有的题旨、寓意深沉，可作现代寓言读。在"文革"时代，中国没有文学，没有声音，人民对现实的态度只有通过"寓言"——奴隶的语言文学样式——才能表现，但也只有在这个特殊的历史年代逝去以后才能公之于世。

中午杨岂深来访，他说来打"秋风"，要去一册《小说选》。

张德林托人送来一册他们编的《新方法论与文学探索》。

晚，徐羽厚来，送来他的毕业论文——《徐志摩与英国浪漫派》，当时由我指导。

1986 年 4 月 6 日

今日学校放春假，但听说其他大学——如上海大学、第二教育学院等却未放，看来这是因为惧怕学生借此闹事，因为十年前的这一天北京发生了天安门事件，而去年九·一八北京大学学生又上街闹过，因此吸取教训，防患未然，放假一天。

今天无什么客人来，倒清静了一天，但又没做出什么事，只是杂读，因为欠读的新东西太多了，俯拾即是，如果不再读读，就变成古人了，脱离了生活现实了。

1986 年 4 月 7 日

礼拜天。早上和敏进市区去鲍薳家吃午饭，由秀拔陪同，同席的有朱碧莲（沈剑英饭后来）、王聿祥、蔡国祯、宋玉珩。饭后，离去时已四时许，碧莲夫妇、聿祥、秀拔陪我们逛淮海路，帮我买到雨衣后，诸人作别。所携带之物，托秀拔带回。我们夫妇二人漫步淮海路直步行到大世界，路上给敏买了一件毛衣，在大世界附近的小店吃了馄饨、炒面，又去郑富斋买了些北方食品，再步行至四川中路，乘五十五路回来，到家已七时许。桂英夫妇已回来，小丁亦自乡间归来，带来好些浙江土产。

收到梅志信、上海作协开会通知。

1986 年 4 月 8 日

全日在家。上午图书馆老孙来，送来两部善本书《三笑新编》（吴毓昌）、《夏商志传》。看完了《三笑新编》。

近日从读关于亚细亚生产方式联系到中国传统文化的内涵问题，为此读了一些专文（主要是三月份《读书》各文），引起了一些思考。这个问题还得通过读书深入思考下去。这不是理解历史，也更为了理解中国的现实。

上午王锦园来，谈李欧梵来校问题。这种学术性访问，被有的人当成拉关系的机会利用，造成一些矛盾，听来使人生气。

下午余安东来，在此晚饭。苏兴良、周春东来谈翻译外国文学作品书目问题。研究生吕胜来，通知他要他们三人本礼拜六来，与苏、周及我开个小会，落实编书事。

晚，刘琦来（李庆甲未亡人），沈永宝来，都各有其事。

看了田南帆送来的他和同事写的论上海开埠前港口的发展史文章，写得颇谨严。这个工农兵学生，打倒"四人帮"初期，曾被中文系一些棍子打成"现行反革命"，实际上反映了青年一代的开始觉醒的历史新潮。

1986 年 4 月 9 日

天阴，早晨有小雨。早点后，即到图书馆先会见了波士顿 Houghton Mifflin Company 国际分店的 Deborah Kacanek（柯善妮）——这是一个出教材和参考书的老出版社。又会见了美籍华人中国业务顾问陈华江，他也是书商代理人。中午在中灶楼上参加中文系接待芝加哥大学教授、来此作短期学术旅行的李欧梵（外事处着我充任他的指导教授）。

午睡后，再去图书馆出席外文采购培训班结业仪式并讲了话。回到家中，曾小逸已领德国女留学生在候，谢天振也已到场，接着王锦园、张廷琛、陈思和先后来。他们四个人在书房开会商量作文章事，我陪这位研究中国现代文学的德国女留学生谈话——她研究中国浪漫派与西方浪漫派的比较，给她提供了一些材料。六时诸人先后别去，思和在此晚饭后才走。

收到杨丹信（大百科出版社）。

晚，邹羽来，送来他译的《波特莱尔在中国》一文。

将徐羽厚的论徐志摩与英国浪漫派的文章交谢天振。

1986 年 4 月 10 日

未出门，有雨。早上，小田来坐谈。晚苏州大学研究生来坐谈。

昨天太疲倦。白天没做什么，也未看书。晚上备课，写好关于比较文学苏联学派的材料。这是最后一讲。

1986 年 4 月 11 日

阴，有时有小雨。上午照例由锦园来带我去上课——这是"最后一课",此后即由锦园主讲。

收到广州《科技导报》总编李若林来信,我那篇忆胡风文章他已排在该刊上,并复印一份转香港《文汇报》,希望能利用。

中国文联出版公司经金海手寄来《巴金作品论文集》样书,也算了却一宗事。

晚,严锋来,送来章品镇信和他赠我的一本书《皮五辣子》。

晚,读殷海光的《中国文化的展望》一书上册。此书值得细读。

1986 年 4 月 12 日

未出门,天转好。下午敏和小丁进市区采购食品,因为敏说梅志即将来沪,得做些生活上的准备,过得好些。我上午也给梅志寄去一航空信,请她在行期定了后即来电告知,以便去车站或机场相接。

午睡后,孔海珠来。傍晚,叶易、蒋凡以及曾小逸来。曾想见王元化,给他开了一个介绍信。

读西方有关苏联战后文学的评论,这是由看苏联官方的理论著作——阿·梅特钦科的《继往开来——论苏联文学发展中的若干问题》一书——引起的。旧社会时,大家说,苏联的今天就是我们的明天,把它当成一种理想和愿望,并为之奋斗、流血,但最终成了"苏联的今天",却也必须继续思考。这些年来,他们那里发生的情况和我们有惊人的相似(指文艺界),而在斯大林和毛泽东死去以后,我们发生在文学界的现象,也十分相似。

收到广西玉林市委出版的《陈子涛烈士事迹》赠书,其中收了我写的《人的斗争》一文。

1986 年 4 月 13 日

上午,山西大学苏以当托他的同事杨正中夫妇(四川人,在晋工作三十余年)来沪之便,带来便函一封及家乡汾酒四瓶。思和来少顷。谢天振与浙江文艺出版社外文编辑室主任沈念驹同来,沈系来沪参加莎士比亚会的。一块儿午饭后,一起别去,思和去外文书店去买台湾文史出版物。

午睡后与研究生吕胜、任一鸣和兴良同志一块儿开小会,布置现代中国文学史上外国文学作品翻译书目编辑工作及编辑体例。五时与敏一块儿去校礼堂观看电影——《绝响》，系根据孔捷生小说改编，颇有深度，耐人寻思。它包含了丰富的历史社会内涵，是中国现代史的形象脚注，开场与闭场时的景物场面，处理很好，给人以启示：一条陋巷，在雨淋中，经历了几十个春秋，依然如故——历史的凝滞本质，概括在其中矣。

1986 年 4 月 14 日

星期天，下雨，未出门。开始校译《中国现代文学的主潮》译文集，校出版社昨晚电告，要发稿。

收到翁思奇从深圳来信及附寄的有关胡风追悼会的港澳报纸材料的剪报复印件。

晚上来的有杨丹、应必诚。

1986 年 4 月 15 日

全日在家。上午苏大伯群介绍该校教师刘珏（女）来访，借去英文本《戏剧批评》一册。萧斌如来，赠我他们上图编的《柳亚子文集：书信辑录》一册，精装本。萧在此午饭后别去。

下午兴良来，谈《文学研究会资料》稿费分配事，晚上他拟好一份具体分配表请我过目。校统战部负责人老张同志下午来访，送来公安部发还的一九五五年梅志给我们夫妇的来信一封，说这是早该发还的，不应由公家保存。到现在为止，我的被抄的书物，就发还了这一封朋友来信，这应该说是中国生活中的象征主义手法！

收到吴樾信并寄来他们夫妇合译的《爱伦·坡传》一册。收到南京师大寄赠的近期《文教资料》二册。

下午校宣传部来电，说是中央胡启立同志来沪，约我和蒋孔阳在十六日下午去谈话，关于西方文化与精神文明问题。

下午来的还有姜德安，谈公事。

1986 年 4 月 16 日

上午九时陆士清领李欧梵来访。李说，外事处将我作为他的导师，他感到高兴——这是客气话。和他闲谈了近二句钟，思和来，才一块儿去图书馆参观了书库（现代文学部分），这使李大开眼界，作为身在国外的中国学者，他感到惊异——"五四"文学有这么许多内容，尤其翻译文学。李说，这种材料国外并不注意。中午即由陆陪他吃客饭，约好下午他再来馆看书并与一些研究生座谈，为此，我关照有关同志作准备。午饭后，我又去馆内一次，才觉放心。

晚，李玉珍一家来，金海夫妇来。

将《现代中国文学译丛》第一辑稿交思和送校出版社。

1986 年 4 月 17 日

下午一时，与蒋孔阳同坐校车到宣传部，由此集合其他单位的同志被送至胡启立同志住处。我们车到时，启立同志、芮杏文等已在门口相候。这是一个小型座谈会，主题是西方文化与精神文明。启立同志思想解放，做到畅所欲言，大家发言活跃，没有间隔，呈现一派和谐、互信的气氛。至六时半散会，到家时已七时许。我在会上也从中国历史情况，说明外来文化和本土文化相撞后的历史现象——也是现实现象，即既有排斥、反对的，也有全盘接受与盲目崇拜的，但历史常则是外来文化中有的合理成分被吸收，丰富发展了本土文化，其他不合理因素被排斥，所谓"凡是存在的，总是合理的"，应该相信黑格尔的这句话。而一个民族的文化，对世界总是有给予，也有吸收，决不是单一的，而是丰富和发展因此才能繁荣的。我又对图书馆购书费问题提了一些看法。

晚，廖天亮、兴良以及苏大小刘来。

1986 年 4 月 18 日

上午东北师大（大连）冉欲达教授来访。中午为巴金事找来唐金海，问明巴金会所引起的纠纷中的原委。晚上他们一家人来，给我看了巴金的来信以及他的复信稿（上午说还要拿来谭兴国给他的信，说巴金所恼火的请日人水上勉等的事，是谭向他提出来的，他把谭此一设想写信告诉了巴金，但晚上并未送谭的信）。

下午董问樵先生着他的两个研究生一男一女来看我，并着他们带来赠我的他新译的亨利希·曼的《亨利四世》一部（三册）。本届比较文学考生（已初步录取）小林来访。

桂英夫妇夜宿她婆婆家。

现在已快夜十二时，我一面看山西大学高捷的评审职称材料，一面等高晓声自广州来。

收到戴舫自美来信，他下月十一日返国省亲。

1986 年 4 月 22 日

好几天没写日记。十九日上午高晓声自广州来此，人客不断。当晚，在家请李欧梵（美国芝加哥大学教授，在我名下进修）吃饭，由高作陪，他们在美国相识，高此次来沪，目的就是来看他的。另外作陪的有思和、陆士清。高晓声晚即住此。

二十日一早，驱车去北站和桂英接梅志母女，车七时多到上海站。晚，在中灶设便宴，作陪的有高晓声和上海友人——耿庸、王戎、罗洛夫妇、顾征南。晚上，梅志母女即住客室。昨日（二十一日）上午领她们去图书馆，晓风在此查资料。午睡至一时许，坐车至作协，上海比较文学协会在此相聚，请李欧梵作报告，由我主持会议，到听众七八十人，讲题为《外国的中国现代文学研究与比较文学》。讲毕，送他工艺品一件为念。

今天下午与陈鸣树、徐俊西同车去文艺会堂，参加上海文艺创作座谈会闭幕式，芮杏文讲话，内容传达胡启立那次在小型座谈会上的讲话。四时许散会，乘罗洛车至王元化家，由此再去绍兴路昆剧团一餐厅吃饭，敏和梅志母女从淮海路走来——系何满子夫妇宴请梅志母女，我们上海人作陪。

晚，姜德安、苏州大学研究生小王来。收到伯群信、英国领事馆请柬，订于明天下午去该馆召开招待会，由老姜去作准备。又收到英国曼彻斯特大学出版社经理自英伦来信，感谢他在上海时我对他的招待。

1986 年 4 月 23 日

今天上午图书馆同志为下午应邀参加英国驻沪总领事的招待会，代定车辆事大费周章，因为学校校长贴出布告，校车在清理中，停止使用。同志们提出雇用友谊公司的车辆，我看就大可不必了，有这笔钱不如多买几本书大家看看。为此未能前去参加。

晚，陆士清在家招待李欧梵，我们夫妇应邀前往，陪客还有徐震、陈鸣树，至九时许才散。

晚，写好给伯群信及萧斌如信。

晓风下午从市区归来。

1986 年 4 月 24 日

梅志今晨自市区归来。下午由古籍所小王（女）设法租到外语学院一辆小车，下午四时送我们一行四人去玉佛寺吃饭，七时又接我们回来。今天是耿庸、王戎请客宴请梅志母女，我们夫妇、小顾、吴仲华、罗洛夫妇、元化夫妇作陪。

晚，写了一堆信：尹世明、陈宋惠、孙桂森、苏以当，都是些闲事。

收到肖翠菊信。

1986 年 4 月 25 日

下午思和来，在此午饭——与梅志母女同食。下午曹白一家来，照了几张相。四时坐车出发，到绍兴路昆剧团食堂，王元化、罗洛请梅志母女，我们夫妇和耿庸、征南相陪。因为学校车子在检修，停止使用，昨天，桂英找来外语学院的车子，今天找来中文系小侯弟弟的车子（上海汽车出租公司），解决了这两天坐车难的问题。

上午图书馆小徐引在苏州大学进修的美国何来西女士来访，同来的还有上海文研所的小黄（男，复旦毕业生）。

收到上海戏剧学院《戏剧艺术》杂志编者夏写时寄赠的两期《戏剧艺术》和来信。

晚，改好江西大学编的《当代中国社会科学家著译编目》中，他们所拟的关于我的条目；写好给编者欧阳寿荪的信，明日发出。

下午来的还有校医小文的丈夫小田和何佩刚。

早上，校出版社吴德润送来《中国现代文学作品选》第一册样书，收有我写的序文。

1986 年 4 月 26 日

早上老姜来，说是十时有武汉大学请的美国图书馆专家 R.Holeme 来访，并由我出面，中午在中灶楼上宴请。因此，十时到馆。该美国人十一时才来，谈话后一块儿去中灶。除老姜外，还有外文系资料室的小曹，由他任翻译，同席的还有外事处长兼美国研究中心的老某。饭毕后，送美国人回市区。

今天本来约好陪梅志去城隍庙，只好由敏陪去。下午二时许她们回来了，斯宝昶夫妇已在候，即留老斯夫妇同吃晚饭。

下午来的还有兴良、张廷琛以及两个研究生，请小张带这几位研究生去无锡参加上海和江苏合开的比较文学讨论会。

1986 年 4 月 27 日

礼拜天，有小雨。上午继续读梅志的回忆录，它的真实性将使它在文学史上具有重大的价值，也是一部历史文献。

晚饭后与小周一块儿在中灶楼下洗澡。晚上写好对高捷（山西大学）的学术鉴定，也算还了一宗文债。

晚间，苏州大学研究生王学军来，为他给上图萧斌如写了一封介绍信。朱立元来。

1986 年 4 月 28 日

上午去图书馆，为美国图书馆专家讲演作了介绍，即退出会场回家，先陪梅志母女吃饭后，即乘车送她们上火车站。她们先去杭州，桂英夫妇送她们进站。她们走后，我和桂英乘公共车辆回来，小周去上学。

下午睡觉，今晨五时才入睡。

将高捷评审材料交中文系发出。

收到《文艺争鸣》赠刊一册。

1986 年 4 月 29 日

下午去教研室开会，汇报胡启立召开的座谈会情况。下午桂英大哥、姐姐、外甥自上饶来，明日回山西，在此晚饭后别去。

王锦园、苏兴良晚间来。

收到徐迺翔信，他们为广西人民出版社编辑大型的《中国现代文学大辞典》，照出版社的意见，拟聘我和钱谷融为顾问。

下午，在杭州大学工作的一九五六年同学洪钦候和他的儿子（谭其骧研究生）来访，不相见已三十多年，他已五十九岁，一九五七年曾被打成"右派"。

150

1986 年 4 月 30 日

上午文研所胡从经来访，并午饭，送我他的《柘园草》一册，以及他的文章的散篇。

晚，陈鸣树在家宴请李欧梵，我和敏、徐震、陆士清以及戏剧学院的舞美系主任周本义（留苏学生）、画家方君作陪，至十时许才散去。

写给董大中一信，附上卢鸿钢译文《文学社会学》以及上海《比较文学协会通讯》一册，明日发出。

1986 年 5 月 1 日

五一节，阴雨，未出门。上午苏州大学研究生王学军来，他下午回苏州，算是辞行。

下午王继权来说，云南出版社来讯，那本中国通俗小说书目译本，本月发排。

晚，任一鸣来，看她和吕胜向无锡会议提供的论文。

收到吴樾、文刚信。给孙乃修写了一信。

晚，看电视故事片《相思女子客店》，古华小说改编，写改革的历史过程——由非改不可到改革略有眉目，又被旧势力破坏——戏中支持改革的赵书记说："中国是复杂的，改革有时还得流血。"

1986 年 5 月 2 日

阴有小雨。未出门，上午给徐迺翔、马良春各写一信，同封内发出。收到范伯群、张慧珠信。

在家杂读报刊文章，积压未读的报刊太多了，总顾不上拿起来看。昨天看某《导报》，那里转载《人民日报》一篇短文，提出了这么一个醒目的口号："打击知识分子就是打击革命。"

今晚看广西编的电视剧《不平静的银杉湖》，写一宾馆的改革，和昨天播送的《女子相思客店》一样，这两部电视剧反映了这样一个主题：封闭性的宗法封建式社会里，搞现代化往往演出悲剧，因为没有现代化的生活意识和思想方法，就不可能接受西方现代的物质文化，越往前走阻力越大，甚至出现变质和混乱，正如鲁迅所说，传统势力是以不变应万变。

1986 年 5 月 3 日

天晴了。下午斯宝昶来访，他说中央要编一部中国名人辞典，由单位上报人选及材料，上面审批决定，学校拟把我选入名单，要我写个材料，这本名人辞典的编辑总负责人是胡绳云。民进的林君来访，他打算以我为题材写报告文学，已来过二三次。他是一九五七年"右派"，原任中学教师。

收到在山西大学进修的日本御茶之水女子大学的研究生加藤三由纪女士的来信，赠书《御茶之水大学中国文学报》（内有她论赵树理《三里湾》的文章）以及上次她来访时照的三张照片。收到孙桂森信。

整天杂读。

1986 年 5 月 4 日

礼拜天，天气美好。上午孙景尧两个弟弟自南宁旅游回来，带来景尧的信和有关材料：他在那里（广西大学）处境不佳，因为这几年做了些事，有了成绩和名望，被当地的一些人嫉妒、打击，他愿意调回上海或附近，脱离这个地方。

午睡后，与敏一起去四平路漫步，在那里的书店买了一本志贺直哉的小说《暗夜行路》，我三十年代在日本时，它的后半部才在《改造》上刊出。这是作者花了十六年写成的一部力作。这个贵族出身的作家，对艺术一丝不苟、精益求精的奉献精神实在令人敬服。这才是一个真正的艺术家、严肃的人生探索者。

晚，写好温州师专管希雄的学术评语。早上写好上头要写的自传条目，说是推荐给公家编的《中国名人辞典》用的。

1986 年 5 月 5 日

昨夜为《新民晚报》写了篇关于读书的短文。下午为《文学研究会资料》稿费事，和当事人开了个小会。李辉下午自京来，伯群自苏州来，都是来参加明天举行的新时期文学讨论会的。

下午与敏及陈鸣树、徐震同车去静安宾馆应李欧梵宴请，同席的有作协的茹志鹃母女、魏绍昌等人。九时许归来。

收到彭燕郊、万同林、李昌华信及浙江文艺出版社寄来的一包《契诃夫手记》。

1986 年 5 月 6 日

早上，孙乃修自京赶来参加文学讨论会。九时，一块儿去参加开幕式，我也讲了话。中午，裴高来，他来拍电视。

晚间来的有伯群、秀拔、乃修、李辉、吴中杰、叶鹏、王克起，真是济济一堂，以咖啡相待，至九时许诸人别去。

收到吴樾信、锡侯信及代购的王振基译的小说《小学教师》、铃木正夫信、叶鹏及王克起带来的叶文铃赠我的两本书（《写在柳叶上的日记》《艺术的创造视角》）、孙乃修赠书《国外中国文学研究译丛》。

1986 年 5 月 7 日

上午江礼旸偕《消费报》记者张君来访，江受中国新闻社之托，要写一篇关于我的近况的报道，向国外发稿。为此，他记录了我的一些谈话，并送他一份近日为《中国名人辞典》所写的我的条目的复印件。王锦园来。

下午在天津文协工作的盛英来访，她系本校中文系一九六四年毕业生。唐金海来访。苏大研究生小汤来访。

收到山西师大尹世明信。下午市委组织部青年干部处高明海来电邀我下周三开出版会议。

1986 年 5 月 8 日

上午在图书馆开会。下午去无锡开会的三个研究生回校到家看我，带来会议材料一袋和陈秋峰信。

下午去秀拔家晚饭，有伯群、李辉、叶文铃夫妇来访，相遇于路上。

晚上来的有曾果伟、乃修，和乃修谈至深夜他始别去。

1986 年 5 月 9 日

上午在家，写好给彭燕郊的信，连同代借的三本英文书一起包好，晚上交曾果伟带回长沙。

下午二时去校参加校党代会，作为来宾出席。

晚，与唐金海合伙宴请来开会的孙乃修、李辉，陪客有乐秀拔、王锦园。晚上来访的有曾小逸、曾果伟、许志英、叶公觉（苏州师专）等。

1986 年 5 月 10 日

今天是"新时期文学讨论会"的最后一天。上午我去出席，并应邀即席讲话。团市委组织部小高同志来访，讲话后即与老应陪同回来，和小高同志谈话，他送来审评出版局副局长的材料和聘书。下午讨论会举行闭幕式，我去出席。会上，历次运动中被清除出去的同学，激动得甚至声泪俱下地控诉了"左"的势力迫害他们的史实，听众为之动容，落泪的很多。这也是"新时期"才能出现的景象——历史前进了，它给人教训，也给人以力量和信心。会后，全体与会者在中灶楼上聚餐，空气活跃异常，也是新时期的新气象。

晚上，为代培研究生复试卷评了分。

昨晚写好给上海师大陈秋峰同志的学术职称评语，今早交系内。

1986 年 5 月 12 日

昨日未写日记。这两天学校的新时期文学讨论会后，乃修、李辉都来家。今日晚饭后，乃修返京，李辉明日飞武汉，会议就算成为历史了。

这两日都未出门，但人来客往，也做不成什么事，只能杂读一些书报文章。

今日收到卢康华信及徐放寄赠的《杜诗新译》。兴良访问陈衡粹大姐，带回来她赠送的余上沅译的美国贝克的《戏剧技巧》，代阎哲吾转赠的载有《余上沅年谱》的《戏剧艺术资料》一册。晚，应必诚来赠我一册载有他论《红楼梦》的文章的《中国社会科学》一册。

给大哥和小彤各写一信，连同上午葛乃福送来的复旦招生校刊及复旦校况介绍这些材料，托乃修带京送交演乐胡同。

中午王锦园来，将无锡会议的论文材料送他存阅。

1986 年 5 月 13 日

上午张禹来，在此午饭后，又一块儿去世经所去看他的朋友郑励志。晚饭时思和来，共饭后，思和陪他回上海市区。

收到北京大学的征稿信。

1986 年 5 月 14 日

中午戴舫来，他是由美国回来过暑假的。他人没有什么改变。当谈到"反精神污染"那时他被领导意识形态的胡某点名批判那回事时，他说，他当时在美国，就有人向他说，他如果愿意居留，可以设法，因为他还具有要求政治避难的权利，但他回答说："宁肯回去坐牢，也不愿要求避难。"我们听了十分激动。……

过午后，由吕胜陪同坐车至出版局参加市委组织部召开的为出版局副局长赵斌举行的评审会，我作为专家被邀请，同参加评选工作的主要是出版局的一些新的领导人物，至六时许归来。

收到扬州师院张静河信。

1986 年 5 月 15 日

三十年前的今天，我因所谓"胡风反党集团"案被上海的公安机关捕去，所以这是一个应该纪念的日子，因为从此以后我过了二十五年的被"专政"的苦难日子，几乎被暴力踩在泥土里。……

上午小谢来，他明晨去香港，托他带去给古剑和潘行恭的信以及我对那里朋友的问候。研究生吕胜、任一鸣、《文艺报》记者潘凯雄同时来访，潘是来辞行的。

中午和敏去五角场邮局领取文联出版公司汇来的稿费。午饭时，小毛头来，这个可爱的男孩，由于父母不关心，竟然拿了家里的钱买冷饮吃，害怕被家里发现，来此要钱偿还。我为此责备了他，事后心里很不安，因此，晚上买了些吃食去看望他，使他感到人间的温暖，能健康地走向生活的未来。因为孩子们无罪，是多年的反动"左倾"路线毁坏了正常的生活秩序和精神世界，它扭歪了人的心灵，也扭歪了我们这个社会。这个反动思潮对我们的民族是一次破天荒的摧残、致命的打击，这个创伤的后遗症不是一代人可以恢复过来的。

收到本期的《文科通讯》赠刊，其中有几篇文章写得很不错，其中一篇《重评胡风和文学青年的友谊及其意义》，很有历史分量，也是文学上第一次出现的论述一九五五年文字狱的论文，它将是一个开始。

收到梅志母女信，她们已在南游后回到京中。收到丁福林信。

下午校出版社的吴德润领他们的摄影人员来给我照相，说是校庆时用的。

1986 年 5 月 16 日

午饭后桂英陪我到长海看病，先看了胃病，又查了腿伤，又对腿部照了一次片子，然后配药回来，花了整整一个下午。还幸好认识些人，受到些优待照顾，因为看病的人满坑满谷，简直像车站码头一样的混乱和拥挤，看着这场面真使人害怕。这也从侧面反映了我们是一个医药落后的国家，因为据说来就诊的还有多数的外地人——那里缺医少药，所以也挤到上海来。

收到范伯群、彭燕郊信。伯群信上说，景尧调苏大事已有眉目，问题是广西大学放的问题，即连忙给景尧写去一信并附去一信，要他快和那里办交涉。

1986 年 5 月 17 日

上午徐迺翔和广西出版社的阮同等来访，他们住西郊宾馆，来此开《中国现代文学大辞典》编委会，我被约为顾问。阮同等告辞后，徐的同学徐俊西来，陈思和随后亦来，我们共饭放谈。谈到北京的情况，连报上都说"腐败"，比如××在国外银行存款有美金四千万；××的儿子开贸易公司，每日有美女时装表演，门票每张十元，拥挤不堪；××也是外国银行的大存款户；而反精神污染的××，他的儿子是个五毒俱全的"衙内"，妻子是深圳的大商人……记下这些，真是污了这支笔，但不记下来，我对不起历史。

晚杨丹、吕胜来。

收到乃修信及《人民日报》姜德明信和赠书《寻找樱花》。

晚，写为给美国编的《中国现代小说选》（1950—1985 年）序文。

1986 年 5 月 18 日

上午顾征南来，他来拿梅志的忆胡风稿，是梅朵托他的。……

今天是礼拜天，已然挺热，有些初夏的味道。改了旧文，杂读了一些朱自清等人的序跋文。

1986 年 5 月 19 日

上午童炜钢来，带来他的研究生作业，托他给陈秋峰带去一信，附去戴舫的文学理论参考书目。

晚，沈毅之子沈静来访，他在国际旅行社工作，了解他父亲青年时情况。孙景尧自广西来，晚宿此。张廷琛来。

下午苏兴良和资料室三位女同志开会，分了《文学研究会资料》稿酬，总算皆大欢喜。

晚，丰一吟来电，谈好明日下午香港中大卢玮銮女士来寓吃晚饭事，就约丰和孔海珠相陪。同来的还有中大的杨先生，他与卢女士一同应上海大学之请来讲学。

下午，小谢爱人金曼娜来，送来《通讯》。

晚，张德林送来他新印的《小说艺术谈》。

1986 年 5 月 20 日

上、下午都去图书馆开会。下午三时许香港中大卢玮銮女士与杨先生来访图书馆，请老姜陪同参观后一块儿来寓晚饭，另有孔海珠、丰一吟相陪。中途唐金海夫妇来，邀他们同席。至七时许，宾主尽欢而散，由图书馆备车送客人回住处。

收到本期《批评家》赠刊。

1986 年 5 月 21 日

下午，去学校开了一个系学术讨论会，有两位副教授因为已到了退休年龄，要求提升为教授，以为照顾，因此划了两个圈，会就散了。

晚上连改好二篇文章，一篇是为《外来思潮和理论对中国现代文学影响资料》一书写的《编后记》，一篇是为《新民晚报》约写的《我的读书谈》。

1986 年 5 月 22 日

昨夜写文章至晨四时，总算写好了两篇文章。

下午去图书馆接见美国俄亥俄大学图书馆馆长胡某。晚，徐邦泰妹妹和她的丈夫画家王仲修来，将为季博思代选的《中国当代小说选》复印件及序文交她，并请她各打印二份，再由我看过寄出。送他们夫妇《手记》一册，请他们代送《小说选》一册给季博思和他的夫人李云珍一册为念。

收到陈衡粹信。

1986 年 5 月 23 日

听说昨夜四时左右曾有轻微地震，但我们毫无感觉，因为昨夜十一时我就入睡了。

上午思和送来选购的台湾出版物，有《恶之花》《叔本华论文集》等。苏州大学刘珏来还书。思和即和我们一同午饭。

午睡至一时许到图书馆参加全馆大会并讲了话。

晚邓逸群夫妇来，送来校出版社印的《中国现代文学作品选》（卷一）五册。我为此书写了一篇序言。

收到一个青年工人的来信。

1986 年 5 月 24 日

下午，吴中杰来。他昨天自山西讲学归来，他说，山西人民出版社托他带来口信，已决定印我的文集，要我先准备好目录，他们在九月间来沪和我具体商谈。晚，孙景尧来，他从苏州归来，他调苏大事已决定，他明日返南宁办理手续。托他将我为英译本《中国当代小说选》写的序译为英文，就请美国用这个译文，以免他们因文字上的误解造成失误，并在 Cowrie 上发表。又托他将范希衡的《雨果传》带广西漓江出版社，希望他们接受。

苏大范培松托景尧带来信和新茶一包，他的教授职称已获批准。

上午研究生任一鸣来、王宏图来。

下午上外廖鸿钧来电话相告：美国领事馆通知上海比较文学学会，有一美国比较文学教授来，邀请中国比较文学学者下礼拜五上午九时在他们那里开个座谈会，听取有关中国比较文学研究情况。

1986 年 5 月 25 日

礼拜天。上午由乐秀拔带领我们去曲阳新村凌云宝、沈瑞珏家午饭，他们新搬了家，因此约一九五四年同学相聚，来的有陈秀珠、王聿祥、蔡国祯、张爵侯夫妇。饭后，又相随到住在附近的张爵侯家，他也是新搬了家。四时许归来。

晚饭后小周陪我洗澡后到图书馆，同志们正在日以继夜地工作，布置开馆典礼。与姜德安同去八舍招待所及专家楼看望来参加会议的苏州大学、中山大学、山东大学、安徽大学等校图书馆负责同志。

孙景尧早饭后别去回广西。

1986 年 5 月 26 日

上午在家看评审材料。晚饭后到图书馆接见大阪大学图书馆馆长久保田谆和他的助手池田女士，他是天文学教授，即照相留念。又与老姜分别到八舍外宾楼看望来参加会议的香港浸会学院图书馆吴女士以及南开大学图书馆馆长来新夏教授与国家教委图书馆工作室负责人肖自立等人。

晚饭后，苏州大学图书馆馆长张君来访，带来伯群信，托他给伯群带去《中国现代文学作品选》二册，一册分赠小范。

1986 年 5 月 27 日

今日图书馆举行新馆落成典礼，我早出晚归：上午举行开馆式，由我致开幕词；中午由我做东宴请读书出版系统和修筑安装系统的来宾共三桌；下午学术讨论会由我主持，五时半散场，讲演者有南开、交大、华师大、东北师大、几家高校图书工作委员会、香港浸会学院等单位图书馆长和团工委的秘书长；晚校长宴，设九桌，欢迎全体来宾，由林克出面主持，我从职务出发，陪同敬酒；至七时才送客后回家。

收到湖南出版社寄赠的《散文译丛》之一《刚果行》（纪德）。收到晋东南师专请柬，请我去讲学。

1986 年 5 月 28 日

天下雨未出门。晚灯下读《世界经济导报》近期《理论版》各文，大开眼界和思路：随着经济改革和开放，学术界提出政治和文化的改革和开放，提出消除学术界所固有的"人治"现象。

收到李国涛寄赠的《Stylist——鲁迅研究的新课题》一书。

晚，张廷琛、吕胜、廖天亮来。

桂英近亲母女二人自山西来，在此晚饭，其母即宿此。

收到陈宋惠信。

1986 年 5 月 29 日

整天忙于外事活动。早上八时许，与老姜到外宾招待所送别大阪经济大学图书馆馆长久保田谆教授与他的秘书池田菊女士。九时到物理楼接待聂华苓女士，她系应上海作协邀请来沪访问，今日由李子云陪同来校。至十时，陪她们到老教学楼与毕业班同学讲课，十一时毕，我和她合影留念告别。午睡后，三时许与老姜同到外宾招待所与香港浸会学院图书馆馆长吴女士送别。

晚，罗洛应学生诗歌会邀请来座谈，在家晚饭。

中午，王锦园、张廷琛来谈比较文学课程事。

1986 年 5 月 30 日

未出门，在家杂读。

中午思和来，在此午饭。

午睡后，孔海珠、陈鸣树先后来。陈送来他的本届研究生二人毕业论文，预定下月中旬举行答辩。

发出给凯林、小彤信，附寄《作品选》一册，及本届招生介绍。

1986 年 5 月 31 日

早上和图书馆同仁坐车到科学会堂，出席上海图书馆学会会议。十一时散会，学校来车接回。

晚，灯下翻阅新出版的《当代文艺思潮》，这一期是《第五代批评家专号》，反映了文艺理论界在八十年代崛起的新一代的文化和理论性格。

1986 年 6 月 2 日

上午八时半到图书馆接待旧金山"中西文化历史研究所"（The Institute for Chinese—Western Cultural History）所长马爱德（Edward J. Malatesta，S.J.）博士和副所长傅得道（Theodore Nicholas Foss）博士，领他们参观了特藏部。他们来华是收集耶稣教会传教士在中国的文化活动材料。

午饭后，敏和小丁到市区买了两只花篮，四时许与敏去苏步青家吊唁他的夫人。晚饭后，我们又由小周陪同去同济大学吊唁了陈从周夫人。后又到安东家，在此饮五粮液，吃咖啡，八时许归来。

下午苏州大学研究生小汤持伯群信来访，他是收集狂飙社资料，给他写了几封介绍信。

读《当代文艺思潮》上的思和文。

这两天忽然从看流行的文章中想到《阿Q正传》的主题，应该是鲁迅对中国农民参加革命的一种历史性批判和他的态度：阿Q被枪毙，说明了农民（小生产者）领导不了中国的新式革命，因为小农经济的思想意识和文化心理只能在政治上走历史老路，回到封建主义；农民革命的结果，只能是改朝换代建立新的封建王朝，这种建立在小农经济基础上，以农民为领导和主力的"革命"只能是一种循环性的历史运动；"严重的问题是教育农民"，这句话十分正确，它是历史真理，再用力气，阿Q也画不圆圆圈，他没有这个能力——农民改造不了中国这个古老的农业社会。

1986年6月3日

午睡后与敏同去第一人民医院看望王戎，小丁同行照顾我们。坐九路车来到虹口后，已大雨如注，到达医院已四时许。我们分两批进入病房，王戎住高干病房，设备尚可，他患肺气肿，并不太严重，只是孤身一人，缺乏照料，所以只好入院，图个方便。五时许辞出，在新亚酒店楼下点心店小坐，饮咖啡食蛋糕，雨已少息，共同步行至虹口公园搭车回来。

晚饭时，吕胜和田力先后来。

看评审材料。

1986年6月4日

午饭后与教研室同仁驱车至华师大，和那里以及上海师大现代文学室的同志相聚，交流业务活动和彼此动态，是联谊性质。华师大同志热情相待，以冷饮招待。四时许原车归来。

收到邓云乡信。晚廖天亮来，在此观《阿信》。灯下草好对徐纪明（华中师院）的学术评语。

1986 年 6 月 5 日

上午戴舫来，在此共三个研究生（吕、廖、任）相聚，思和亦来参加。午间共食，由吕胜掌厨。他们相谈至五时许始散。其间，王锦园来。

晚间来客有金曼娜，持其夫小谢来信。金海夫妇来。张廷琛来，他明日去香港。

下午同乡邓云乡来，图书馆老袁来。

上午图书馆曹宠送来研究费所购的图书四十余册。

收到本期《艺谭》增刊、《吕梁师专学报》增刊、戴舫带来乃修赠的近几期《文学参考》。

晚，写好华中师院教师徐纪明评语。

1986 年 6 月 6 日

早上去图书馆开会——关于职称评定。九时许，锦园和戴舫来馆相邀，因为昨天说好，今天中午在比较文学课程时间内，由戴舫给同学们讲讲在美国学习情况。他讲了一个多小时。

下课后，和他们两个一块儿回家吃午饭。路上碰到章培恒，他从北京开国务院学术会回来，说已批准我带现代文学博士生——这么一来，就不能退休了。

饭后午睡，晚，苏州大学研究生小汤来辞行。

1986 年 6 月 14 日 礼拜天

七日下午去长海医院拔钉子，由桂英、小文陪同。昨日（十三）上午归来，住院一周。九日上午动手术，由吴医生动手术，一切顺利。留院观察几天，无异状，昨日上午出院。这两天在家休息。昨日上午回家时，范泉已在候，为他的研究生学位答辩事，他特地带学生从西宁来。中午即留午饭，恰好唐功儒来送骨头，季红来送《新民晚报》文章校样，一块儿吃午饭。

今日在家，来的人有鄂基瑞，送来辞书出版社给我的聘书——聘我为《中国现代文学辞典》顾问；卢鸿钢来，他在书店买到处理的（打七折）我的小说集，再请他全数买来，只有十三册。范泉研究生来，送来范的信。杨丹来送西瓜。晚，邓逸群母女又送来西瓜一只。小文一家来。

收到《县志》人物卷一册，有我们兄弟的条目。收到尚丁信及代赠的

《龙门阵》一册，约为作文。

这几天看冯骥才的《三寸金莲》，载本期《收获》。

1986 年 6 月 16 日

昨天未写日记，反正也没什么大事可记。下午蒋医生和文医生来为我换了腿上的纱布。近两天主要是坐在房间里养伤。

今日中午思和来，带来他们新出的《巴金论稿》，我为此和他对饮了一杯，表示庆贺。锦园来，谈青海师大研究生申请学位事，下午范泉也为此事来。原来这里规定，申请学位，得先考外文，外文不过关，谈不到答辩，看来定于二十一日开评审会只好延期了。

晚，天振自香港归来，他是回来出差的，带回三本《良友》和代购的两本港台书。他走后，抓紧看了青海师大研究生论文——论骆宾基的小说创作，并草拟好评语。

收到胡道静赠书。

下午来的还有华师大的陈子善，他要看台湾报纸，为此写了个条给图书馆同志。

1986 年 6 月 17 日

早上被邓云乡接到他的学校——上海电力学院，参加他们的职称评审工作，同被聘请的尚有陈从周、顾廷龙，由我任组长，程式如仪，除中午吃饭少休外。下午二时结束，车送回家。

四时，吴医生来，拆去伤口上的缝线。青海师大研究生来，为他们的答辩事。晚，王老太太偕儿媳来，约好在此与戴舫二次相见，他们好一同去美国，由戴舫途中照顾她。戴舫于九时许辞去，他将于二十一日回美国。

写好青海师大研究生李怀亮的学位论文评语。

1986 年 6 月 18 日

未出门，在家杂读。《日本文学》（一九八六年二期）上一篇论胡风文章——《不安的灵魂——胡风与日本文学、日本作家》，写得颇有分量，文章亦好。

晚，唐金海夫妇来。下午为古籍所一个研究生出国推荐信签了字。中午为林琳的出国信签字。

1986 年 6 月 19 日

天闷热，晴朗。晚饭后，长海医院的刘植珊教授偕女儿来访——为他的女儿（复旦新闻系国际班学生）毕业分配留在上海的事，为此，我们引他去看了徐震，也没有得到肯定的答复。

王老太太来辞行——她明日去美国，约好由戴舫带她走。

中文系一毕业班女同学来访。

思和晚饭后来，他日内去浙江，参加华师大的当代文学教材审稿工作。

读新收的《清明》上的小说。

1986 年 6 月 21 日

天雨，照例不出门。在家读《清明》这期小说，这等于深入社会生活，和我喜爱报上的社会新闻同等重要。我身居高等学府，处在知识分子群中，绝少与一般社会各界接触，但不能作"世外人"或"星空人"，要和我们这个存身的社会同呼吸、共命运，就必须了解这个社会的动态和心理，因为这是一个除旧布新的大变革时代，光明的中国和黑暗的中国在展开生死搏斗的大时代。

下午图书馆周敏来，为她的出国攻读的推荐信签了字，因为我作为她的领导有这个责任。

晚，乐秀拔和蔡国祯来。陆士清来，送来代照的高晓声在家里住时照的几张照片、我们和梅志母女和李欧梵的照片。

1986 年 6 月 22 日

礼拜日，天阴。上午十时，江礼旸驱车接我们全家四人到江湾他家相聚。同席的有《解放日报》两个记者，开车的是一个高干子弟。盛宴款待后，又由江的大舅子为我们这班人照了许多相，最后由那个高干子弟开车送回。

晚，姜德安来。收到李辉信。

1986 年 6 月 23 日

天好了，仍未出门，在家杂读。

下午，长海的小董来换伤口的药。她前天来换了一次，发现有脓肿现象，把脓挤掉，今日检查，已经愈合了。

叶易下午来，他先去医院看我，听说出院又赶到家里来。

收到中山大学易新农信，他约我九月间去中大讲学。

下午山东电视台一记者来访。

思和中午来，送他《良友》一册，他晚上去千岛湖开会。

1986 年 6 月 24 日

改好学报文章——《博采众花，以酿己蜜》。

下午，王锦园领汪一帆来访。汪系外文系近年毕业生，现在上图附设的联合国图书室工作，赠我他译的《西西里人》一册。

晚，吴中杰夫妇来，赠我一册留学生部印发给外国学生的《中国当代小说选》一册。

这两天读唐瑜的散文集。

晚，冀汸来电话，他到沪奔岳父之丧，日内将来访。

1986 年 6 月 25 日

天气骤热。午睡后，上海书店的余子林（经理）及刘华庭（出版部主任）驱车来接。我带出几种（六种）海外文史出版物，由敏陪同，一块儿去元化家，在此开个小会，商议系统地翻印《海外文林参考丛书》的书类。这是王元化倡议的，是为了补充目前缺乏高档学术读物的书市而编选的一套丛书，上海书店也热心负责印刷出版。五时许，由原车送回。

回家后，陈鸣树来，送来研究生材料，定于礼拜六开答辩会。金海夫妇送来北京文联公司寄赠的《巴金评论选集》六十册，分赠给选文的原作者及编者。

1986 年 6 月 27 日

昨日未能记，因陈鸣树的两个研究生昨日上午举行论文答辩，时间紧迫，我在全力从事两本论文的评定工作，昨晚几乎未睡，今天傍晚才算交卷。

李全安来信说，约我译的《布留索夫日记》拟于本年十月发稿。但人事匆忙，还未动笔，今日将英译本交给任一鸣，推荐她来译出，按时交稿。

下午鄂基瑞来通知说，中文系已提名为先进工作者。王锦园后来。

晚，文医生来换腿上纱布。

今日要早睡。

1986 年 6 月 28 日

昨日晚睡得很好，很结实。早上，陈鸣树来领我到他们文研所召开两位研究生——胡战英、杜荣根的硕士论文答辩。我作为评审会主席，另有师大两位教师参加。十二时结束，又在陈家午饭。

收到上海社科院情报研究所写的关于我的条目（收入《上海社会科学手册》）打印稿，改了一些个别字后，下午发出。收到乃修及人民文学出版社林乐齐信，前者要序，后者催稿。

晚，文医生来换药，送她同来的她的爱人田南帆《巴金评论选集》一册。

1986 年 6 月 29 日

未出门，礼拜天，上午阴雨。上午发出给孙立川、孙景尧信。收到刘华庭信。

下午，青海师大的两个研究生刘为民、李怀亮来，他们的外文考试已合格。我听了很高兴。

晚，开始看华师大研究生钱虹的学位论文《青春期的现代女性——五四女作家群创作论》，视野、观点、方法颇新，文字亦清新细腻。

1986 年 7 月 1 日

昨日冀汸夫妇下午来，人来客往，未记日记。冀汸今日下午离去回杭。中午思和、锦园来，大家同餐（还有余师母）。锦园来谈青海师大两位研究生论文答辩事。下午范泉带两个研究生来，商定好四日上午举行答辩，这两天抓紧办好一切应备手续。今日下午由锦园出题对这两位研究生进行专业考试。

余师母陈衡粹上午来，在此午饭和晚饭后由小丁送回家。

晚，小文夫妇带西瓜来，金海夫妇、吴欢章亦来访，大家共吃西瓜。

蒋医生也同时间来，补食西瓜。客人散后，写好为华东师大研究生钱虹的毕业论文评语。

上午我们陪冀汸夫妇游校园（昨天下午我们夫妇陪他们夫妇参观图书馆），在校内新华书店购《爱的哲学》《结构主义》《艺术原理》三种译本。

昨天收到刘华庭及无锡师专冯涛信、汾阳二哥信。

思和代购来六月号《新华文摘》和《读书》。

1986 年 7 月 3 日

昨日下午华师大小吴驱车来接，到他们学校参加钱谷融的研究生钱虹的硕士研究生论文答辩，题目是《青春期的现代女性——五四女作家群创作论》，我前一日写了评审材料。答辩会在他们中文系举行，由我任主席，委员有许杰、吴宏聪，五时许仪式完毕。钱谷融在家设席，同坐者，除我们这些人外，还有在这里讲学的美国教授 Johnson 夫妇。食未毕，送我的车已到，因吴宏聪要访问陈从周，与我同车，由方仁念女士陪同，先到同济，他们下车作别。车送我到家已近七时，应必诚、廖天亮已在候，应新从哈尔滨开红楼梦讨论会回来。晚，阅青海师大研究生刘为民论文《楼适夷评传》。给大哥写了一信，带了两样吃食；给艾晓明写了一信，附去她译的《巴金论》稿——今日上午唐金海取去，他进京参加茅盾讨论会，一块儿托他带去。

上午傅以兰送来两盆花。下午二时，在我家客厅开青海师大研究生刘为民、李怀亮论文答辩会，一时许他们先后来，我任主席，委员除许杰外，还有陈鸣树，由王东明任秘书。五时许结束，由范泉做东在中灶楼上请客，除上述诸人外，王锦园、于东元、任敏也参加宴会，七时散去。

收到谢挺飞信。昨日收到英国渣打（麦加利）银行上海分行寄赠的《国际经济评论季刊》一册。

昨日下午卢鸿钢送来代购的《清代文字狱档》上、下二册。

1986 年 7 月 4 日

这几天太疲乏了，今晨睡到九时许。

整日下雨——大大小小，忽大忽小。

中午范泉来，又给参加答辩的人补了一些钱——按他们学校的标准，给了我八十元，我提议将一半给王锦园，他为此也出了不少力。午饭，范即席便饭，王锦园也陪着喝了盅酒。王东明来，当面交了钱。

中饭后思和来，将梅志给他寄的《鲁迅研究动态》这期纪念胡风逝世周年特刊送他一册。梅志来信，寄来这个刊物数册，请分赠他和陈子展先生、王戎、斯民。

午后二时到系内参加系学位评审会，讨论本届系内十二个研究生和青海师大的两个研究生授予硕士学位问题，一致通过。

傍晚，青海师大两个研究生带了三个西瓜来辞行，每人送《手记》一册为念。

又收到赵博源信。

1986 年 7 月 5 日

上午到图书馆办公事。午睡后任一鸣送来她为连云港会议提交的论文。晚，姜德安、刘琦先后来。

上午外语学院小郭来。

敏和小丁下午去五角场买来恩斯特·卡西尔的《人论》译本和六月号《文汇月刊》。

1986 年 7 月 6 日

礼拜天，整天落雨，在家杂读。

下午王继权领作协的艾以来访，我答应为艾以文集写序已拖了很久，他今天显然是来拿的，只好告罪了。

晚，小文夫妇和同乡娶法国妻子的田力来访，小文夫妇并带来西瓜一只待客。

桂英夫妇上午到城隍庙买得花盆架一只。

1986 年 7 月 7 日

早上去图书馆接见耶鲁大学东亚图书馆馆长陈晓蔷教授（女，美籍），又陪她到四楼，请她给馆员讲该大学图书馆情况。讲得很实际，效果颇好。讲毕，由我做东请他们在中灶楼上便饭，由小季和陈的亲戚（又是山西同乡）张君（本校经研所研究人员）作陪，饭后辞归。

晚，约同乡田力便饭，由小文一家三口陪同，八时许尽欢而散。

思和上午来，带来董大中信，邀我参加九月在太原开的赵树理纪念会。

下午和晚上，研究生任一鸣、廖天亮先后来，送来他们的作业。

1986 年 7 月 8 日

今日天晴。上午姚辛带周颖信来访，她托这位她的学生查阅聂绀弩过去文章，说人民文学准备出版他的文集。即给本校图书馆有关同志和上图的萧斌如写了信，请照应他的工作需要，又着桂英领他们去校招待所住宿。下午华师大两毕业生来访：一位研究胡风文艺思想，分配去杭州文联的《西湖》工作，即写了一信介绍冀汸照应；一个分配在上海电影厂，即给彭小连写信求照应，同时关照她为《大江南北》（新四军离休人员杂志）写她父亲的回忆录。

晚写好校档案室负责人杨洪源同志职务评审材料。

下午范泉和他的研究生小李来辞行，他们明日回青海，取去复印的研究生评审材料。

收到凯林和小彤信，晚为小彤考学事给葛乃福写了一信。

1986 年 7 月 9 日

中午思和、锦园来，锦园送来代书的王晓明评审材料。

晚，三个毕业同学来求题字留念。发出给《新民晚报》和上海书店的信。晚写好给夏嘉杰信（附去推荐他任副教授的信），给卢康华及梅志信。

读×××为他的报告文学集所写的序文，感触甚多，但能写这样的文章，说明时代和社会的进步。历史总是往前走的。

收到唐金海自京来信。

1986 年 7 月 10 日

天晴。午后思和来在此晚饭。

这两天，看×××的报告文学，这是些真实生活的记录，一贯不容于当局，被视为异端，事情就这么不正常。

今天作为评职称材料，读图书馆老陈用演义体写的上海汪伪内幕小说，当野史看。

收到杨丹信附散文诗一首。

1986 年 7 月 11 日

天雨，晚上电视上说，浦东有龙卷风，造成灾难。天气趋冷，短袖汗衫又得脱下来了。

傍晚，小文医生一家来，她的丈夫小田带来他的同学田力送我的四瓶酒，他已回巴黎。小田陪我吃酒，谈起他在"文革"时的遭遇：小田是中文系工农兵学员，也是军人子弟，因为对现实说了一些真话，被关押审查后开除学籍。小文当时和他恋爱，也被隔离批斗。小田的姐姐来校看望弟弟也被提入公安局。田力是他的同学，也被隔离，在小文的帮助下才逃跑。他们这案直到一九七九年才平反。这虽然在那个时期是司空见惯的事，也是一宗小案，但从这一个小故事，这说明了"文革"灾祸的深度和广度。

收到谢挺飞信。

上午，童炜钢来谈他的学位事。

晚，写好图书馆陈煜仪的评审材料。

1986 年 7 月 12 日

上午到图书馆开会，讨论评职称的问题。十二时回家，安徽大学两位教师在候，他们送来方铭的材料和三十元，请我评方的职称。思和同时在座。

午睡后，罗洛来，取走代借的有关希腊文学的三本英译本。

晚上来的有从北京开茅盾讨论会回来的唐金海和孙桂森、中文系本届毕业生山西老乡章文涛（他分配在太原电视台，给他写了两封介绍信——董大中、青苗，找些社会关系）。谢挺飞的女儿来辞行。

收到张廷琛、吴樾、刘子善信及长江文艺出版社寄来的余上沅论文集的预订单五十张，即请图书馆采购同志分寄国内外图书馆。

今日将任一鸣、廖天亮文章寄海州李昌华。任一鸣上午来图书馆辞行，即给她写一信，介绍在苏州大学图书馆看书。

1986 年 7 月 13 日

天好。上午章培恒来，说是日本神户大学的山田敬三明天要来参观图书馆，晚上即电告姜德安作一些必要的准备。今天约定请孙桂森来午饭，由金海作陪，适培恒在座，一起吃了午饭——饺子。培恒席间告我说，他在北京看杨西光（五十年代校党委书记），杨托他向我问好，说一九五五年他送我"进去"，不送也没有办法；还说，他还去狱中看过我；又说，我如到北京，愿意去看他，只要给他打个电话，他会派车来接云。

晚上看日本电视剧时，孙桂森来闲坐，他已找到学生宿舍住宿，如此可省几个钱。

晚给思和写一信。

1986 年 7 月 14 日

上午去图书馆接见神户大学助教授山田敬三，他是章培恒的客人，陪同的人还有严修、徐志民，领他们去参观了各阅览室和书库。接着又接见了京都外国语大学宫田一郎等三人，由许宝华陪同。

晚，章培恒等人在蓝天宾馆宴请山田敬三，我被邀作陪，同席的还有濮之珍、潘旭澜、李平等人。

收到廖宗宣信，催昌东小说的序文。

1986 年 7 月 15 日

天气阴晴冷热不定，传言说上海将有地震，今晚电视台为此发表了地震局长谈话安定人心。

上午海燕来，送来《新旧约全书》，这是她妈托人买的，即将家藏的《新约》送她。下午孙令娜来，她去青海照相，为此给范泉写信介绍。这两位女同志都在吃饭时间来，都跟我们吃了饭。

昨日交去图书馆王国珍的评审材料。今天开始看安徽大学方铭的材料。

收到伯群、景尧信。

1986 年 7 月 16 日

上午斯民来访。下午两个新收的研究生严锋、王宏图来访，给他们布置了假期的学习任务，也算开始上课。他们各借去一些中外文书刊。

收到夏嘉杰信，为他的职称评定问题，当即写了复信。晚给人民文学出版社林乐齐写了复信，谈《中国新文学史》的问题。

读方铭的三篇送审材料完毕。

午前王祥来，拿去向作协借的纪德论杜思退益夫斯基（Dostoevsky）中译本。

1986 年 7 月 17 日

今日转冷，阴晴不定。

昨日午夜起来，写好方铭的评审材料至晨四时，今日上午抄好，又了了一宗心事。

收到李昌华信。晚写好给凌云宝、范伯群信。早上发出给张廷琛信及林乐齐信。

傍晚，金海领卜仲康来，晚饭即由他们二位约我们夫妇在五角场繁华酒家便饭。

晚，朱立元夫妇来。

1986 年 7 月 18 日

酷热，整日在家杂读。

上午卜仲康、唐金海、陈鸣树来，各有其事。晚，刘琦来。

今日发出给凌云宝、孙景尧及夏嘉杰挂号信。

1986 年 7 月 19 日

上午思和来，给我买来夏衍的回忆录，自下午到晚上即读此书（读了其中关于三十年代的章节和序言与结语部分）。应该说，如果没有"文革"，夏衍这本书绝不是现在的写法。

晚饭后孙桂森来闲坐。

整日足未出宿舍大门。敏今天泻肚，上午小文来看了看，服过两次药，晚上才停止了。

这几天气候不正常——白天几乎全天开电扇，现在夜间，我却早穿上衬衣读书。

1986 年 7 月 20 日

礼拜天，未出门。读《清代文字狱档》，那里面记述的案由案情，想不到和解放后一样，这真是"历史往往有许多惊人的相似之处"。

晚饭后，王戎偕侄儿、侄媳来坐，他昨天才出医院。一块儿看过《阿信》后别去。

收到大哥、小燕信。小燕产一男孩。

晚，为艾以的《艺海一勺》作序，已大致写成。

1986 年 7 月 21 日

未出门。上午晚上小田都来访，他想以我的生活为题材写报告文学，所以给他谈了一些生活经历，包括一些情节、细节和插曲。

上午来的还有同乡刘子善。下午王锦园来，他将去承德开会，途经北京，给他带去一封信，介绍大哥和他相见，又带去敏给小燕的婴儿买的一些衣服。

收到廖天亮自京来信。

1986 年 7 月 22 日

收到梅志信、日本横滨大学学生高藤芳枝信及她来家访问时与敏和小周的合照二张。

下午暴雨，晚有凉气。

杂读。午后图书馆小秦领将赴美学习的小李在宅前合照了两张相留念。

晚小文、小田带西瓜来，一块儿看过《阿信》后别去。

1986 年 7 月 23 日

上午去图书馆，思和夫妇来在此午饭。下午小文夫妇来，谈我的"文革"生活。晚廖天亮来，他昨夜至北京归来。

收到湖南出版社信。

晚，再次改好艾以书的序文。

1986 年 7 月 24 日

未出门，午睡后和敏去国权路剃头。

午饭后，焦万顺父子来，他的儿子已在天津工学院毕业，给他们各下了一碗面。剃头后，到七舍去看小毛头，领他到家。不久，他父亲小卞来，领他回去。给了小毛头二元钱买文具，又给了些吃食。

写好艾以书的序文。

1986 年 7 月 25 日

今日《文汇报》将梅志的《胡风传》以择要形式整版刊登（原载《文汇月刊》），说两天登完，编者按说因为它引起社会的注目与好评；又在新闻版上发出一条消息说，为刊登此文，报纸加印零售数目。为此，下午叫小丁到五角场邮局买了两份。这是一条很好的讯息，它将激起更大的社会反响，因为它是一个尖锐的历史问题，也是现实问题，它已走向广大社会，走出狭小的文艺界天地了。

收到范泉信，写了他回青海的遭遇，简直是一篇好的报告文学，从火车上的拥挤现象，反映了一片穷困的混乱现实。收到颜海平信、吕胜信和他的论文、美国 West Virginia University 的 Franklin Parker 教授的信及附件。

晚，瞿军医来访。

整日杂读——报纸、刊物。

1986 年 7 月 26 日

今日《文汇报》转载《胡风传》完毕。晚上给梅志写了一信，附寄去这两天的《文汇报》四张存念。

晚上也给大哥写了回信。

上午鲍邃来送她的评高级职称材料。下午孙桂森来坐。

为昌东小说写序，正在酝酿中。

1986 年 7 月 27 日

上午发出给梅志和大哥的信。下午发出为艾以的《艺海一勺》所写的序文。

未出门，杂读——非得抓紧时间多读一些书，而随着时间的推移，积压起来应该读的书和文章实在太多了。

1986 年 7 月 28 日

上午吴樾来，他系为《世界纪实文学》组稿。即将乃修及天亮译文交他，午饭后别去。

下午来的有邹羽，他已留外文系工作。晚上沈永宝送来他编的路翎资料稿，灯下翻了一遍，写了点评语，请他寄出版社。晚上来的还有瞿大夫夫妇，为女儿上学事。

收到李昌华信。苏州铁道学院寄来徐于的职称评审材料。

1986 年 7 月 29 日

未出门。晚上朱立元夫妇来，送来王文英和胡从经的送审材料。沈永宝来，拿走他编的路翎资料稿件，对他提了些建议，请他补充。

今日《新民晚报》登出我为他们写的关于读书的小文章。

收到襄汾县县志办公室的县志打印稿。

1986 年 7 月 30 日

上午吴樾来访，谈他的刊物事。午睡后，王某来，送来为 Gibbs 编选的小说选的序文和后记打印稿。他是个美术工作者，接触的社会面广，谈了不少奇闻逸事。晚，沈永宝来为路翎资料事，代他选用了几幅照片。

1986 年 7 月 31 日

晚，在学校的"大家沙龙"参加华东六省一市的在校优秀中学生座谈会（由教务处通知），和同学二十余人漫谈，并给一些同学签字留念。

晚，小文夫妇来。

写好鲍薳的评审材料。

1986 年 8 月 1 日

上午鲍薳爱人老王来取走她的评审材料，同时，发出苏州铁道学院的那份评审材料。

下午孙桂森来，在此晚饭。

收到李欧梵助手寄来的李的《中国现代文学浪漫派的一代》和 Karl Wittfogel 的《东方专制主义》二书。收到上海书店的三本赠书。

收到《工人日报》发出的赵树理立碑募捐通知。

1986 年 8 月 2 日

今日在家杂读报纸文章。伯群下午来电话，告诉他决定十二日到苏州，十三日同车去宜兴。他说，那里也给我订好住处。

早上发出给满子信、伯群信及李昌华信。

1986 年 8 月 3 日

早上发出给李旦初等人信及赠书。晚开始阅读胡从经评审材料，并给任一鸣、彭燕郊写了回信。

收到任一鸣信。

晚，应必诚夫妇来。下午钦鸿来，留他吃了晚饭。

1986 年 8 月 4 日

上午，由小周陪同到学校系内，路遇徐鹏，谈了谢迪克教授来校讲学事。在系资料室遇鄂基瑞，谈《中国现代文学辞典》编校工作建议，将梅志、梅林以及当代崛起的一些引人注目的青年作家列入条目。

收到梅林讣文及何满子信。更出乎意外的，是收到一位一九六六年我在第一看守所判刑后狱室同监犯的信，现在知道他名字叫姚金永，现在光学机械厂工作。信上说，他因一九六四年七月想去苏联，被判刑七年；又说："二十年前的三月三十一日晚，我被判处七年徒刑后，回到一所，面目全非，陌生、孤独之感，在你们热情友好的谈话中消失了，这是我们第一次交往。四天相处之后，有些事、话，历历在目，特别是为了架起一根晾衣服、毛巾的绳子（用你一双绿色纱袜，由我搓成的一条绳子），你争我争的，最后还是由我踩在你肩上，把绳子架起来了。四天后一次放风中，你被叫走了，我们回来时，你的东西没有了，我们相对无言，默默祝福你平安刑满，早日与家人团聚。"晚，金海自呼和浩特开会回来来访，王戎来，廖天亮来。

收到陈珏信及附寄的一篇读者投稿论文。收到山西雁北师专教师武世统信及文章，希望为他评职称写评语。

1986 年 8 月 5 日

下午有阵雨。为英译本《中国当代小说选》的序文加写了一节,用以介绍吉卜斯夫妇(Prof. Donald Gibbs, Mrs Loretta Gibbs),他们是这本书的英译者。这是为了在国内发表的需要。

收到一个读者李鸿亮的信,他读了我在《新民晚报》上的那篇谈读书的小文后,就我在文内所提出的五本书《神曲》《唐·吉诃德》《鲁滨逊漂流记》《浮士德》《西游记》,从人生境界的角度谈了自己的认识和体会。他说中国现代有两种吉诃德式的人,一个是"知其不可为而为之"的胡风,另一个呢就不说了。他在师大中文系读夜大学,本来是个工人。这是一个有头脑的青年。

晚,看胡从经的评审材料。

收到《人物》编辑部征文信。

1986 年 8 月 6 日

中午思和来在此午饭,代买来本期的《读书》。将李欧梵寄赠的《中国现代文学的浪漫一代》一书送他为念,因为他曾根据复印本译过两章。

收到陈乃祥信,他在编《助你成材》这种杂志,来信约稿。

给读者李鸿亮写了一信,并将他谈我在《新民晚报》的那篇文章中所提到的五本书所发的议论的那封信寄《新民晚报》,推荐他们刊用,用以帮助读者,理解这五种作品,因为它们大都是西洋古典名著。

1986 年 8 月 7 日

早上,我们与王戎一块儿坐车到龙华火葬场参加梅林追悼会,我列名为治丧委员,遇到一些熟人——王元化、满子、吴强、肖岱等等。梅林作为十二级退休干部,所以仪式还隆重,由出版局一个副局长致悼词。看到他的夫人衰老悲绝的样子,我不尽地难过,我想起了那些难忘的青年岁月,我们遭受的那些苦难。会后,古籍出版社的人们要我写篇文章,我答应了。

我们和王戎同车到小顾家,请车子回去,我们去看了小方,她已卧床,小顾上班了。我们都是青年时代的朋友,又都是"同监犯"。从小方家出来,我们在南京路一家广东馆子吃饭,我点了一客蚝油牛肉,也为纪念梅林兄——我从前每在他家吃饭,他都做这味他的广东家乡菜。饭后,去人民公园茶室，本想喝点茶，但只卖八毛一杯的冷饮，大概茶太便宜了。坐至三时，乘公共车辆回家，王戎在车上别去了。

晚。朱立元来，蒋医生来问病。

收到《新民晚报》转来的一个读者陈其范信，他是读了我那篇小文写的，文笔写得很出色，也反映了这一代青年是好学而深思的一代。

在虹口电车站买了一本七月份的《文汇月刊》，灯下读梅志的《胡风传》。这段是记叙判刑前后，文中说，胡风判刑后，公安部要她把抄家拿出的书拿回去，当梅志问到《七月》《希望》《七月诗丛》《别林斯基选集》等下落时，他们竟回答说，归档了。从判决书的内容看，那上面说："已交案的反革命分子的密信等罪证，没收附卷。"看来梅志所提到的那些刊物书籍都划为"等罪证"之例。我看到这里，不禁怒从胸中起。……

1986 年 8 月 8 日

未出门。上午兴良来，他身体不好，家乡（东北）又遭水淹，晚饭后任敏送去五十元，聊助一臂之力。

收到五十年代经济系一个女同学张鲁纯信，她多少年也是跌跌撞撞地活过来的，现在安徽一个专校教英文。她看到《新民晚报》上的文章，才知道我们仍然活在人世，特地来了上海，想来看望我们。晚上通了电话，约好后天上午来。

发出给尹世明信，附寄去为英译本《中国当代小说选》所写的序文，请该校（山西师大）学报补白之用，这是我在老年所表示的对家乡的一点怀念之感。

发出给《新民晚报》季斌信，附去读者对我那篇文章读后感的来信，也给那个读者李鸿亮复了一信。

晚，姜德安夫妇来。任一鸣来，带来苏州大学图书馆赠我的该馆编的《馆藏年谱（年表）目录》一册。为他们两位研究生去连云港参加会议，又给李昌华写了一信，请他照应他们。

收到本届毕业同学某某的来信，他已安排在山西电视台工作。

1986 年 8 月 9 日

上午去图书馆，老潘和老姜都向我谈了×××的生活问题。

中午，胡志昂妻子张平来，将胡的稿费交她，并将《巴金评论选集》二册送她，一册请她转送山口守先生——他是该文的作者，胡是译者，现在日本庆应大学进修。

下午广西艺术学院一教师来访，他二年前来过。看了他发表的一些文章，一九八五年八月四日，他在《广西日报》上发表了一篇《比较文学与孙景尧》。

傍晚，王锦园来，带来大哥讯和一些托带的食品。晚金大姐来，送来王老太太自美国来信，是写给复旦她的那些老姊妹的。信上说，戴舫和她到纽约后住了一天，翌日由陈明先车送飞机场。

晚，写好给今富正巳和久保田谆信，各附茶叶二筒，另附我们近照一张给今富。

1986 年 8 月 10 日

昨夜为研究生二人（廖天亮、任一鸣）近日去连云港开《镜花缘》会写了一堆介绍信——章品镇、何满子、李昌华以及徐州师院的李存煜。又为朱立元访美，给耶鲁大学东亚语文系的高辛勇（Karl Kao）写了一封介绍信。今日上午廖、任来家，即将写好的四封信交给他们。

上午五十年代经济系同学张鲁纯（女）偕她的外孙女来访，三十多年不见了，她已步入中年——五十七岁，她多年来日子也不好过。一九五七年成为"右派"，与丈夫离异，抚养一男一女成人，她孤身一人在安徽教英文。她是在安徽看到我在《新民晚报》上的文章，得悉我还健在，特地来上海看我的，那个时代的学生还懂人情，重情义。"文革"中，她也坐过监牢，当过"犯人"。她们吃过午饭后别去。

上午来的还有鄂基瑞，送来打印的《中国现代文学辞典》条目。徐俊西来，谈成立上海文艺沙龙和办理论刊物事。他新任上海文研所常务副所长。

下午桂英从苏州回来，晚给谢天振写了一封信。继续看胡从经的评审材料。

1986 年 8 月 11 日

上午图书馆小张取去外文及港台书目，这是北京将举行国际书展的书目，我昨夜翻阅了一遍，对需要购进者都勾了出来。

下午姜德安来，托他带去给今富正巳和相浦杲的信及礼品（每人茶叶二简）。姜将于月底去东京参加世界图书馆学会年会，也是借此给他介绍一些人事，有个照应。

中午思和来取去郑树森的《论文学理论与比较文学》一书复印本。他说，王元化于二十日将召开一大型座谈会，约我发言——到时我还回不来，即托思和写几句话，作为书面发言。他午饭后离去，留下两本《巴金论稿》托我送给伯群和华鹏。

下午，上海书店陈影（女）持刘华庭信来访，拿去沙特情人的回忆录（台北译文），我曾建议他们印此书。她送来借出的两本论佛教的书（台北版），赠我一册他们新印的《事物掌故丛谈》一册。这是一个颇有头脑的女同志。

晚，孙桂森来辞行。唐金海、苏兴良来。朱立元夫妇来，拿去我写给耶鲁大学 Karl Kao 的信，朱月底赴美。晚上来的还有解放初震旦同学陈国钧，他现任江西师大副教授，教中国哲学，已六十岁了，多少年饱经沧桑之变。

写好胡从经审评初稿。

明晨七时与敏去苏州。

收到高捷信，即写了复信发出。

本日发出给谢天振香港信。

1986 年 8 月 24 日

十二日晨与敏乘车去苏州，桂英送行。十时许到达，伯群等已在站相接，当晚住苏大招待所。晚饭后，该校中文系举办文学语言文献检索班结业联欢，该班有全国二十八个省市图书馆、资料室有关人员参加学习。伯群约我参加，并在会上讲了话，又为每个学员颁发了毕业证明。十三日晨与伯群一家三口和小范一家一起乘车去宜兴，小范是回家，他就是宜兴人。十一时到达，住县招待所，这虽是一个只有三万人口的小县，但这个招待所设施却颇现代化，该县副县长（女）林德意（苏大夜大学学生）、县委宣传部副部长许周溥、办公室秘书许兴成来访，并安排好我们生活。晚，由林县长设宴招待。翌日，江苏教育出版社的常烽岚（女）偕她的小儿子来参加会议。这次《中国现代文学社团流派评介》一书的审稿会即开始，全书共三十二个题目，已收到约稿二十多个题目。这本书是伯群、华鹏（他和他的妻子和小儿子也于十三日到宜兴）发起的，他们推我出头当个主编。从十四日到二十一日，大家都忙于看稿，碰头讨论，到二十日将近结束。大部分稿子尚可，其中需要少许加工的就地处理后，即交常带回南京；有大问题的，由华鹏、伯群负责处理；对于未按期交稿的，用我的名义发了电报，又由我亲笔给徐迺翔、吴子敏、张晓翠写了催稿信。其中两次外游：一次去参观了善卷洞，我在贵宾接待室的纪念册上写了"人杰地灵"四字，伯群等跟上签了名，中午在一个乡政府午饭，下午参观了位于安徽的广德县的太极洞和竹林；另一次上午参观了陶都丁山镇，参观了陶瓷陈列馆和砂瓷二场，由该镇长及厂长接待，购买了一些砂瓷品，价格很优惠，中午镇长设宴相待，下午参观了谷洞，正巧大雨，别有风味，又买了瓷品。

二十一日下午，县委姜书记来访问，当晚由出版社请客，姜书记、林县长等地方官员参加。

二十二日晨，由县府派车送我们和伯群一家回苏州。（来时的车子是雇的）林县长和县办公室主任来送行，华鹏一家和烽岚母子分别回扬州、南京，大家告别。十一时到苏州，仍宿苏大招待所。抓紧看了关于太阳社和湖畔社的文章，并写了意见交伯群。

昨日上午十时到家，桂英夫妇车接。下午到晚上来客不断：沈永宝为了发路翎的材料，我给出版社写了鉴定信；高晓声和文艺出版社小林来访，陆士清来，当晚，即和这几个人同进晚餐；下午来的还有秀拔、吴欢章；晚上来的有廖天亮，谈他们参加《镜花缘》会情况；张廷琛拿走他从香港先寄到我这里的三捆书。

看了一大堆信和文件。

今天星期天。上午大同来的雁北师专小张来访，为他们学校的一位教师武世统评职称事。下午卢鸿钢来，他从北京出差回来，送我一幅他托一位杭州书法家给我写的条幅。

收到李昌华、余师母信。

上午给吴欢章写好推荐他加入中国作协的表，即着桂英送去。

昨日兴良来过，送他砂壶一把为念。

1986 年 8 月 25 日

上午去图书馆处理事务，和李仁和一块儿来家午饭，送他这里编的巴金书二种各一册。

下午兴良来。晚饭后，全家去张廷琛家里看台湾录像，以钟理和生活经历题材的电影和以王象遥的小说改编的电影，后者只能算是新式的才子佳人小说，虽然它也有进步的社会内容，时代特色。

收到许杰、任一鸣信。

1986 年 8 月 26 日

未出门，中午思和来，在此午饭，和他谈了编《现代中外文学关系史》的设想，请他写成书面材料，开学时布置。他代购七月号的《新华文摘》和金观涛写的《兴盛与危机——论中国封建社会的超稳定结构》一书。

中午，兴良送来他写的关于文学研究会的论文部分初稿，阅后稍有改动。

晚写好山西雁北师专武世统的学术评语，并给他写了一封回信，明天托该校为此事来沪的小张带回。

1986 年 8 月 27 日

今天有台风，风雨交加，据说晚上将有十一级台风。

上、下午都在工会参加学校的干部会，明天还得开一天。

下午约雁北师专的张策吃晚饭，并将武世统的评审材料交他带回大同。他是专为此事来沪的。

收到万同林、任一鸣、李玉衡信。

1986 年 8 月 28 日

上午去工会参加干部会——文科组的座谈会。我也谈了对图书馆工作的一些意见，主要是高校图书馆在学校中的性质意义和地位的问题，它与办成世界第一流大学的关系问题。

午饭后，中文系管外事的副主任小徐来，拿走由图书馆代译的邀请 H. Shadick 来讲学的请柬。下午潘宝根来，约好明日上午到图书馆参加由人事处长参加的人事问题会议。

凯林自京来沪出差，晚即宿此。她说，小彤报考复旦已被录取。

收到卜仲康来信。

1986 年 8 月 29 日

上午去图书馆为退休同志事与人事处处长老徐和退休科科长老茅以及有关同志座谈。

下午荣华来，为她大儿子出路事，晚饭后别去。

晚，唐金海来谈十月份威海卫会议事。苏兴良送来文学研究会稿子，晚间代为批阅。

1986 年 8 月 30 日

未出门，上午收到李辉信，附有小乔关于劳伦斯书讯的译文校样。下午小乔来寓取出，进行修改。

下午还有六合师专夜大的学生金俊文来访，询问投考比较文学事。

研究生王宏图、廖天亮午后先后来。小廖明天去看满子，特着他带去一封问候信。

凯林下午归来，和她晚上漫谈了许久。

小丁今晚离去回家。

发出给潘维明（市委宣传部长）和许杰信。

晚，看陆金荣的《胡风的文体文学观》稿，写得尚有深度和新见。

1986 年 8 月 31 日

天雨。星期天。

上午，北岳文艺出版社总编张成德来访，同来的还有他的小女儿和给他做"向导"的陈黎星（上海工人，写小说），思和也如约赶来，围绕着出我的文集的事交换意见。他们出版社已把出版五个山西人的文集（赵树理、李健吾、王瑶、马烽和我）作为一个长远规划。午饭后众人离去。

晚吴中杰夫妇来。任一鸣中午来过，廖天亮晚上也来过。

凯林今日在家休息。

王文英在晚饭后我们外出散步时来访未遇，她送来赠我的朱立元的《黑格尔戏剧美学思想初探》和汪应果的《巴金论》。

思和购来八月份《读书》一册。

1986 年 9 月 1 日

未出门。上午写好胡从经的职称学术评语，晚上开始看王文英材料。

上午吕胜来。下午近傍晚，凯林外出回来，晚饭后和她谈天说地到十二时。

收到许杰信。

昨夜改好兴良的论文《文学研究会述评》，加了一段。

1986 年 9 月 2 日

上午湖南人民出版社李全安来访，赠我新出的三本外国散文译丛。为了《布留索夫日记钞》的译稿事，找来任一鸣当面相识，讲好任译、我校，李才放心。送他《手记》一册，也送一鸣一册为念。

思和来陪老李吃中饭后离去。

下午凯林领她的同事某女士来，晚饭后那位女士别去。凯林即宿此。

1986 年 9 月 3 日

早上去图书馆接见美纽约公共图书馆东方部主任 John M.Lundquist，陪同他来的有中国现代国际关系研究所苏联东欧研究室助研楚树龙和上海国际问题研究室助研张睿壮两位同志，我馆小吕和老孙陪同接见。座谈一时许，由吕、孙领他们参观。

午睡后，山西吕梁师专的教师，在中文系助教进修班进修的康序，持该校校长李旦初信来访。晚，三位新入学的比较文学研究生来访，给他们讲治学的要求和专业的学习方向、方法和制度，算是上第一课。他们辞去后，王文英来，她说评审职称的事又停止了，所以，她要我写的评审材料书不急用了。

收到高晓声、高志茹（沈阳师院）信。

发出给许杰信及代为复印的材料。

晚，给颜海平写了一信。

凯林午饭后离去，先去旅馆结账，晚乘车回北京。

1986年9月4日

上午，上海师大陈秋峰来，带来新出的《上海比较文学通讯》第二册若干册。林秀清先生正好来找我，大家为此谈到林提议编《中国比较文学辞典》事。时值午饭，林邀陈去同吃饭，即将研究生的论文交林。

陈鸣树来，为上海成立鲁迅研究会事要我应许当发起人，说是夏征农的意思。

晚饭后，唐金海夫妇来，同去散步。归来后姜德安来，他昨日自日本开会回来，谈到见闻经过，带来今富正巳和大阪经济大学久保田谆给我带的礼品。

发出给颜海平信。下午图书馆小周（女）来辞行，她将于日内赴美就读，托她给颜海平带去《上海比较文学通讯》一、二期各一册。

晚写好给李辉、廖宗宣信，托王锦园后天去京时带去。

上午××来，中文系准备明年办创作讲习班，已打印好简章，给我的任务是指导教学工作。

晚，读《世界经济导报》和《团结报》上有关议论政治改革的文章，为明天的会作点准备。

下午蒋以山医生来，约我为他的国画题词，他准备送一位出国留学的朋友。送他《上海比较文学通讯》二册及《手记》一本，感谢他常给我看病。

1986年9月5日

天雨。上午小彤来沪，她已考入外文系。

上午萧斌如来在此午饭后别去。

下午二时去科学楼参加市委宣传部召开的政治改革座谈会，宣传部来了两位年轻的理论处长，由本校宣传部副部长陪同，约了文科的中年教师九人座谈。因为我年长，由我开头发言，大家都能畅所欲言，反映了中国社会的前进形势。

苏大小栾持伯群信自苏州来，为景尧评职称的事，说是八日就要上报。因此，晚上开个夜车写成，又请张廷琛也写了一份。

晚上来的还有李仁和他们长治师专来助教进修班学习的王女士。

收到孙桂森信。

1986 年 9 月 6 日

天晴了。午间，由小彤陪同去图书馆拿回海关退回的张廷琛购的港版《金瓶梅》。原来书被海关没收后，我上周给上海宣传部长潘维明同志写了封信，今天就退回来了，感到我们现在对群众来信的尊重、党风的正常。

下午王锦园来，托他将施昌东小传、照片和我写给北京出版社廖宗宣的信和两本《比较文学通讯》带去。又带去给李辉信及《通讯》二期二本，一本转乃修。

傍晚，苏大小栾来，托他带回我给范培松信及我和张廷琛写的孙景尧职称评语。又带回兴良上午送来的他写的有关文研会文章，我看过后，也一块儿托小栾带给伯群。

中午请李仁和和进修班小王（女）同吃午饭，算是为他送行。

收到许杰信和上海作协的通知。

晚，上海大学殷仪来访，送来春天她带学生来家办学请我和思和讲课时的照片和他们学校的学刊一册，那上面发表了那次开门办学的报道。文医生夫妇一家三口来，他们昨夜由四川探亲回来，带来不少土产，蒋医生也后来，一块儿聊天。下午为蒋医生绘的梅花国画题了字，内云："华夏新气象，正像枝头花色之喜人。"

晚，桂英和小彤把海关退还的《金瓶梅》送还张廷琛。

1986 年 9 月 7 日

礼拜天，天好。上午范泉、顾征南先后来，午饭后别去。

晚，研究生严锋来。

1986 年 9 月 8 日

上午和晚上都去过图书馆。看香港出版的《乡眺》（卢岚、刘志侠著），写旅外华人，国内外见闻。

上午童炜钢来，交来他的论文《中国历史上的世俗化问题》。

下午四时，敏和小彤去四川路购物。

收到张晓翠及三个不相识的人的来信。收到本期《文艺理论研究》增刊，晚上读了其中的大部分文章，有一篇苏联人写的论《金瓶梅》的译文，写得别有兴味。

1986 年 9 月 9 日

　　上午思和来，在此午饭。就编中外文学关系史和我的文集，他草拟了一份材料。

　　兴良来，明天是教师节，可以多换几瓶啤酒，他相帮小楼换了十来瓶。

　　斯宝昶来为评职称事，晚上给他写成评语。

　　晚，廖天亮来。晚饭后去陈鸣树家他适不在，即托他夫人叫他回来来电，是沈剑英托他为《中学生语文报》写一篇介绍鲁迅精神的文章。晚上他来了电话，又交代了一遍。

1986 年 9 月 10 日

　　上午去图书馆接见广东高校图书馆代表团。

　　下午老耿、王戎来访，在此晚饭后别去，将在《西湖》工作的陈金崇论胡风美学思想的文章交老耿，转介绍给刘再复。晚上给陈金崇写了回信。

　　下午苏大研究生汤哲声来，送来他执笔的论狂飙社的论文。晚上读了一遍，写得不错。

1986 年 9 月 11 日

　　上午八时许，由吕胜陪同乘车去作协参加傅雷、叶以群的死难纪念座谈会。至十时半辞出，乘原车归。午后，同村人王克强夫妇来沪旅行结婚，夜即宿此。下午，苏大研究生小汤来，拿去他的文章。

1986 年 9 月 12 日

　　天雨。上午和四个研究生座谈编写《现代中外文学交流史》，给他们分配编写任务，也就是教他们如何做学问，如何才是做学问。思和、罗飞来，思和也参加了座谈。

　　中午留罗飞、思和一块儿吃饭。饭后罗飞辞去，我冒着小雨送到公共车站。

　　下午来的还有陈鸣树，他说，我也和他一样被系内评为"立大功"者。兴良送来系里发的月饼、毛巾。春东送来一盒月饼。陈鸣树替赵祖武带来送我的月饼和信。

晚，蒋医生来坐。

这三天，《新民晚报》登了巴金的《二十年前》，记"文化大革命"。昨天作协开会，纪念自杀于"文革"时的叶以群、傅雷，但几个发言人都孤立地谈"文革"，因为在座的不少人，虽然在"文革"中受害，但在前此的各次运动中都不大干净，所以只能就"文革"谈"文革"了。哀哉，可怜的东西们！

1986 年 9 月 13 日

早上去图书馆接见三位美国人，中午即由我做东，请他们吃了一顿便宴。

晚上在金海家与北京来的文联出版公司的编辑小刘共食，他带来《巴金评论选集》的精装本。

下午在家与林秀清、陈挺、陈秋峰、廖鸿钧、张廷琛开碰头会，为编辑《比较文学辞典》事。约定年底碰头。

1986 年 9 月 14 日

天雨。上午十时上海书店老刘驱车来接，顺路接了赵家璧、柯灵，三人同车到上海大厦十七楼午饭，为庆祝范泉由青海回到该店工作，同席的有十余人。饭后，由原车分送我们三人回家。

晓山下午来寓，送来他父亲遗作——新印的《〈石头记〉交响曲》及本期《新文学史料》与八月份《文汇月刊》。

晚，史宝金来，为填《科技人员基本讯息集信息表项》，要限期填好。

1986 年 9 月 15 日

晓山上午在此午饭，小憩后别去。

下午到图书馆办公——和一个新任的副校长和一位新任的副教务长就图书经费、人员配备等现实问题进行了交谈。

晚，许杰的研究生柯平凭来访。

收到山西师大尹世明信，说他们学校欢迎我前去讲学，聘书将送到我开会的太原。

收到胡从经、祝锐信。

兴良下午来过，他送我他从书展中买来的我的一本旧译《俄国文学研究》，据说花了一元钱。书封上有赵铭彝签名，大约是"文革"中流失在外的。

1986 年 9 月 16 日

上午思和来，他已买好去太原的票——十八日下午启程。

发出内蒙古民族教育学院王保林职称评语。

下午午睡后与敏去四川路买雨衣，跑了一下午也没有买到。在我们外出时，日本留学生京都大学来的浅野纯一君来访，他带着孙立川信和一包材料。他未见到我，留条而去。

科管系新生杜梅先持卢康华信来访，她父亲是康华的同事。

收到山西师大邀请讲学的电报。

晚，陈德祥、廖天亮、赵坚先后来。

1986 年 9 月 17 日

上午与同乡王克强夫妇在校园内照两张相。他们下午别去。

大哥上午从北京来电话，约好在临汾相见，一起回家看看。

晚，廖天亮、陈德祥来。

下午日本留学生京都大学的浅野纯一来访，他是孙立川介绍来的，即以咖啡月饼相待，并送他《巴金论集》一册留念。

中午王锦园来，他自北京开会归来。

下午兴良、金海都先后来过。

收拾了行李，准备明天下午与思和一块儿乘车去太原。

收到徐志啸信，他已考了北大林庚的博士研究生。

1986 年 9 月 30 日

昨日下午五时由太原乘机归来，本来预定上午十一时到沪，因太原气候关系，推迟了多半天，害得桂英和小车司机在虹桥机场等了这么久。而我和思和，连同送我们上路的山西大学苏以当（党委办公室主任）和高捷连同他们的司机去太原机场也浪费了同样的时光。中国人时间不值钱，一切先进的科学事物到了这个古国都会被改造变质，因此，人类为了珍惜生命和时间的交通工具飞机进入中国竟变成来去不定的飞鸟了。

今日上午金海来，谈烟台即将举行的《中国当代文学资料丛书》事，他们和文研所已通过由我任主编。兴良来，送来徐迺翔信。吕慧芳来谈美籍华人来馆访问事。过午，锦园来，谈系内工作，由我推荐研究生严锋作为中英文化交流人员之一，明年去英国读学位，又给锦园承担的科研项目——《比较文学在中国的发展》一书写了推荐意见。晚张廷琛来，谈有关出版比较文学译书事。

收到四川文艺出版社寄赠的《何其芳研究专集》，翻阅了一下书内有收何的作品目录，何这些年的面目昭然纸上。

补记这些天生活：

十八日和思和由真如乘车至太原，翌日下午到达。王克强兄弟及山西作协接至迎泽宾馆住宿，我和思和被安排在一级客房，有套间，每日房饭钱六十元。二十日上午正式开会，有日本、美国、香港及国内人士五十多人参加，我应邀讲话。晚上由思和整理成文交作协，他们说要收入纪念文集。

我参加了两天会议，这次会议与上次不同，学术空气有变化，尤其青年一代勇于提出有关赵树理的新观点，因此大学老派人物（唐治等）恼火，但却说明了历史的无情。

吕梁师专和长治师专都来人接我去讲学，因时间不及，只好婉辞谢之。

二十三日由山西师大来人陪同乘车至临汾。到达后，该校中文系殷、林二位负责人及戏曲研究所负责人黄君已去站迎候。到该校后，大哥已到，同宿外国专家楼。当晚由该校副校长设宴相待。二十四日该校安排我们驱车至洪洞参观了广胜寺上、下院及"大槐树下"，由地委来电约请吃中饭，赶回临汾，在临汾宾馆由管文教的一位副专员和人事局长（女）出面宴请。当日下午由思和对中文系同学讲课，晚上由我讲课，介绍比较文学在中国的情况。二十五日上午落雨，我们兄弟连同思和、师大段副主任、王克强和我们的堂弟吉来、来为我们摄影的小王共同乘面包车冒雨先到襄汾县上。因路途泥泞，由县委改派一辆吉普车送我们回乡。因车小，段主任和思和留县上，我们这些人一块儿去了古城，再由此去了东侯。先在敏住了十多年的土房前留影，又与房东留影，他们送我一些土产。由此再到家乡南侯，先到了祖坟，坟头已被铲平，吉来按记忆找到原址，我们兄弟照地方习俗在树上挂了纸，洒了一瓶酒，并把带去的一个大月饼分开献上，行了礼。又由乡人引我找到前妻高婵娥的墓葬处——那里只在田埂旁留下一个小土洞，乡人指点说，就埋在这里。我在洞口堵了几块石子，行了个鞠躬礼。这个娇弱多感的农村女子，十六岁和我结婚，前后相居不到五个月，竟在一九三七年战争开始时因肺疾逝去，当时还不到二十岁。一九三九年我由战地回乡，曾在她的坟头伫立许久，又过了四十多年，我才有机会以一个年逾七旬的老人站在她已被铲平的坟头——这当中，我经历了多么严峻的生活道路啊。

在东侯村克强家吃了些面，路过常村姑母家（她于前年亡故），再回到古城静妹家，和她一家大小照了像，吃了饭，大哥即宿此。我乘原车回到襄汾，已下午五时，换了原车于暮色中匆忙参观了丁村的晋南民俗展览会，回到临汾已晚七时。

二十六日，上午师大校长陶本一约我参加他们的校务委员会，会上为我被聘为该校兼任教授，举行了授予聘书和校徽仪式，会后又和中文系同志举行了座谈会。中午由陶校长设宴送行，下午乘火车返回太原。天还在落雨，苏以当和高捷同志接我们到山西大学，宿外国专家楼。二十七日上午，我向中文系师生讲了近三句钟课，关于影响研究。中午该校校长程人乾设宴相待。午憩后与思和访问了常风先生，他比我年长，多年未写一个字，说是只是写检查交代而已。

二十八日，由苏以当陪同，游览了晋祠。晚，北岳文艺出版社的两位负责人来访，谈了我的文集编辑事，又由思和将我的散文集的内容调整了一些篇幅。山西社科院文学所的艾斐来访，谈他们组织人力为我写评传事。

昨日早上，山大为我安排送行，照山西习俗，吃了胡萝卜羊肉水饺，但等到下午三时许才上飞机回沪。

1986 年 10 月 1 日——国庆节

下午山西省委宣传部文艺处贺新辉来访，他在编《宋词欣赏辞典》，拟请施蛰存先生为顾问并作序。即写信为他介绍，又介绍他去找上图萧斌如，为他查阅元好问诗的手抄本提供方便。他辞别后不久，孙景尧夫妇来，他们已调来苏大，已在那里安好家。一块儿吃过晚饭后别去。

晚，廖天亮送来译文。

昨晚回来后，读了案头上积累的各方来信。今天又翻看了这个时期的各种报章。

晚读台北版的《永恒的巨流》，这是一部论述中国文化史的书。

下午来的还有李何林的博士研究生陈福康，他将去宁波参加巴人的学术讨论会。

1986 年 10 月 2 日

上午沈剑英夫妇来，带来蛋糕为我祝生日。午饭后别去。

午睡后与敏及小彤去上海市区游玩，在金陵东路给小彤买羊毛衫，沿途吃了些小吃，辗转跑路，近七时许回来。

晚，研究生吕胜来。

收到大哥自临汾来信，谈家乡房产事，他信上说，由于地方基层干部素质和作风太坏，房产事是一笔糊涂账，一时很难处理。这也是多年来"政治挂帅""以阶级斗争为纲"的路线下所培养的一批流氓式干部所产生的恶果之一，因为这些干部的唯一职责是为人民制造灾难，从人民的苦难中喂肥自己和家族。

收到中文系新生的请柬，我也被任命为新生的导师，明天下午举行茶话会。

夜读《永恒的巨流》。

1986 年 10 月 3 日

早上去图书馆接见美籍华人谷女士，她十八岁去美，现已五十八岁，在美国西北大学图书馆任职。她系贵州人，是国民党宪兵司令谷正伦的妹妹。想不到会与这样人的亲属相见，历史真奇怪啊！

下午参加中文系新生与导师见面会，这是学校新的教学措施——为新生自己请导师，我名下分配三名：王毅（女）、邵海升、张永昱。会上我应邀作即席讲话，又和他们三个谈了话，会后，他们送我回家。

陈宋惠自常州来，晚饭后宿此。

晚上来的还有卢鸿钢、王宏图。

收到大哥自临汾来信、山西师大学生刘殿祥信、雁北师专党委办公室主任武世饶信、李云田的儿子李怀红信。

上午来访的还有斯民，他在此午饭。

1986 年 10 月 4 日

上午，鄂基瑞、邓逸群夫妇来，送来《中国现代文学作品选》第二册。鲍遄、蔡国祯由秀拔陪同来。除鄂基瑞辞去外，诸人相随到乐秀拔家午饭，饭后与鲍遄、蔡国祯一块儿回家。鲍借用《外国文学》二册，作教材用。

下午，华宣华来，已六时，一块儿到校内，由校统战部出面，以侨委会名义邀请美籍华人谷女士便餐（在原留办地址，此处已开设为餐厅），除图书馆我们三个负责人（小吕、小华和我）外，有统战部部长张某、王某（女）。

晚，斯民夫妇来，严锋来。

上午来的还有任一鸣。

收到大哥、凯林信，国家教委信，黄河大学一教师信，山东大学比较文学学会开会邀请信。

收到本期《科技导报》，转载了我的忆胡风文章。收到山西作协寄的各方赠阅的有关赵树理研究材料及会议论文。

1986 年 10 月 5 日

星期天，有小雨，整天在家。

上午出版社的强义国来访，他的舅父章品镇已回南京，因我和林克都不在家，所以未来复旦。他送来章留赠给我们的两本书，张爱玲的《十八春》等。

晚饭后，小文医生一家来。刘琦来，送来李庆甲的遗作——他集评校点的元人方回选评的《瀛奎律髓汇评》三卷本一套。

研究生吕胜、廖天亮都先后来交作业。

1986 年 10 月 6 日

今天是我的七十一岁生日，不是金海夫妇送来寿糕我几乎忘了。晚饭时备了一些酒菜，约金海一家及桂英夫妇一块儿聚餐。

收到山西大学邰忠武信及大哥信。

晚上给谢天振和大哥各写了一封信。

晚王文英送来《弗洛伊德后期著作选》一册，其中三个译者之一是张唤民，他身在日本，嘱上海的朋友送我一册。

晚，吕胜来。

1986 年 10 月 7 日

上午西德高级进修生柯韵弦来访，她的进修专题是"东西方浪漫主义"，她是波恩大学的博士生。

午后，参加研究生导师会。

思和午饭后来。晚曾小逸、张廷琛来。上午陆士清来。

收到伯群信。

1986 年 10 月 8 日

上午山西北岳文艺出版社张仁健及杨君在毛时安带领下来访，谈书稿事，午饭后别去。

晚，陆士清领杨云、管权来访。

收到上海书店俞子林信。

明日一早和敏去烟台。

1986 年 10 月 24 日

十八日从烟台回来，半夜，胃病复发（呕吐），请来了小文医生，连日服药，但迄今仍未全好，加之回来后会议云集（系里和图书馆都在评职称，我都参与其中，其中图书馆系统还由我负责），所以一直荒于写日记，这两天身体复原一些，现在补写上。

昨夜写好山西师大段登捷的职称鉴定，今日发出，又将写给襄汾县委书记的关于房产的材料一块儿寄出。昨日上午，由吕胜陪同，乘车至锦江饭店，参加古籍出版社的《中国古籍善本书目》发行仪式。

二十一日晚上在家设宴招待美国康乃尔大学教授 H.谢迪克（Harold Shadick）。他已八十四岁，是颜海平的教师，也是一个中国通，一九二五年来华，在北平燕京大学执教，一九四六年始回国。请周春东掌厨，参加宴会的有海平父母、徐鹏、思和以及担任翻译的陈晓明。

二十二日，下午，我主持谢迪克的讲演会，讲题是《中国文学研究在美国》。晚由谢希德校长在八舍宴请，我应邀参加。原来他们是老相识，谢希德的父亲和这位谢迪克是燕大的同事，又是邻居，可谓世交。饭毕，他即离校去市区住。

今日上午研究生在家开会，为《西方比较文学早期论文选集》一书的校订工作，王锦园参加了会议，给他们分配了互校任务。下午给静妹写了一信，附去三张我回乡的照片。又给尹世明一信，仍是托他办房产事。

晚王继权来，带来一册湖南出版社托他转我的赠书《比较文学自学手册》。

补记在烟台情况（十月十日—十月十八日）。十日下午到烟台后，住警备区招待所，这个当代文学资料丛书出版发行会议，由解放军文艺出版社负责办理。伯群也到了，章品镇也在十二日来了，文研所来的有许觉民、张炯等。十一日开会，我在下午的会议上讲了话。开会期间，我审阅了文研所资料室编的《当代文学评论资料论文编目》一书的稿件。

十二日全体乘军舰去威海市及刘公岛旅游，岛上有甲午海战时清海军指挥丁汝昌的海军公署，已修理一新，室内陈列蜡像。

十七日闭会，即乘车返沪。这次会议参加者主要为各地出版社及新华书店人员。会上曾按文研所决定，成立主编制，宣布了由我、朱寨、伯群等任主编，下设副主编四人。但由于文研所内部纷争，分"赃"不均，暗中反对该所张炯任主编，因此只作为提议提出。

烟台是一个海滨城市，环境清幽，是一个好疗养所在。

1986 年 10 月 25 日

上午与章培恒、袁晚禾一块儿乘车到淮海路赵景深先生家，他的藏书捐给复旦图书馆，以八万元奖金相赠。上午在此举行仪式，我也讲了话，摄影留念。赵师母赠每人一册赵新出版的论文集《中国戏曲丛谈》为念。参加仪式的还有副校长庄锡昌以及图书馆职员数人。十二时到家。

下午参加图书馆系列的职称评审会，我是负责人，五时回家。谢天振正在家相候，他从北京开会回来，过几天赴香港。与小谢一块儿用晚饭，由吕胜作陪。

晚上来的还有斯民夫妇。

下午天雨，开了一天会，什么也做不成了。

1986 年 10 月 26 日

星期天，整日下雨，未出门一步。

晚饭后，金海的大女儿领来《晋阳文艺》的编者赵中悦和山西青年作家冯浩来访，他们都在上海大学办的一个短期班学习，答应为他们刊物的创刊三十年写题词。

续看王文英的评审材料。

下午写好给徐州师院巫岭芬的信。

1986 年 10 月 27 日

上午学校学委会学科小组借家里客厅开会，为支持外地的中文、历史系三个教师提级事，无异议投票通过。历史系里有蔡尚思、田汝康、程博洪和一中年同志，中文系只有我和章培恒。

中饭未进食，为的是去检查身体。十二时半与桂英坐公共车辆去第一人民医院，这是一年一度的"高干体检"。胃部近来不好，医生另开了一张单子，约好下月十一日来拍片。四时许查毕出院，至新亚小吃部小憩，吃了些点心，又和桂英步行至虹口公园搭九路车回校。途中购本期《小说界》，那上面有一篇写的"文化大革命"中的上海滩上"左派"的狗咬狗斗争，晚上靠在枕上读它，聊作消遣。

1986 年 10 月 28 日

天冷了，下午李辉从北京来电话说，那里已是零下 2℃了。下午，身上又加上一件羽绒背心，真是人到了迟暮之年，就日渐弱不禁风，更受制于自然规律了。

晚张廷琛来，他将去四川，为此给木斧写了一信，介绍他们相识，他为出版事正要找他。

收到铃木正夫信。

晚把送给山西师大的一些书签了名，明日发出。

下午金海来，送来出版社寄来的《巴金评论集》精装本，请他分寄给各入选本书的作者。

1986 年 10 月 29 日

天冷，未出门。

上午，敏把寄赠给山西师大的一包书籍包好送往邮局发寄，回来说邮局要拆开验过重包，如果不拆，就作为邮包收费。结果一件作为"印挂"的邮件却作为包裹件花了二元，这真是不折不扣的敲诈、勒索。自开放以来，社会上，尤其是衙门里贪污腐败现象严重，而公用事业则带了头：去年往广西寄外来思潮资料稿子，被讹去三十五元；还说这不保险，如要保险，应保一万元，用费二百元，这个价钱比派人去一次广西还贵。又如那次我去北京软卧，又被加上所谓"软坐费""空调费"，真是巧立名目。这些国营企业只顾从百姓口袋里抓钱，而服务质量低劣，态度蛮横。这些现象都是封建官僚主义的人事体制的产物，人员素质低劣使然。

下午日本大学的助教授金子文夫和夫人来访。金先生系上海横滨两市的交流学者，专攻东洋史。他的夫人是世界语学者，东京大学的研究生。他们带来山口守的来信和礼品以及铃木正夫托带来的香烟。和他们约定，在下月七日上午在家接见他们的同事——专攻英美文学的古平隆教授，并在我们家中一块儿午饭。

早上给思和打了电话，因为昨晚陆士清来电说，李欧梵已从京到沪，作两天居留，要来复旦看我，因此约思和明天来陪。

收到袁鹤翔来信及上海书店赠阅的《古旧书讯》一册。

晚写好贵州大学顾朴先的论文评语。

晚，王文英、严锋先后来，敏付给小严一百二十元托他代购收录机。

1986 年 10 月 30 日

上午到图书馆接待日本京都大学教授竹内实，他由王水照和上海鲁迅纪念馆副馆长唐应光等陪同，参观了旧本书库，他对《希望》各期封面都一一照了相。

午睡后，郑州大学刘洛献带男女研究生（倪玉联、崔明芳）做学术访问，我的讲话他们录了音，至六时别去。

晚约李欧梵来家晚饭，由徐震、陆士清夫妇、思和相陪。他赠我 M. Goldman 编的《五四时代》一册，回赠他《上海比较文学通讯》第二期及《巴金评论选》精装本各一册。至九时尽欢而散。

收到徐迺翔、吴子敏等来信。收到《中国新文学研究》样书一册。

1986 年 10 月 31 日

上午到文艺会堂参加古籍出版社的建设三十年座谈会，遇罗洛、满子，十二时返家，都由桂英相陪。

傍晚思和来，将零碎写的关于施昌东小说序文片断交他，整理成文。

陈鸣树下午来，他从北京参加鲁迅纪念会归来，谈观感。这次他会到了一些外国汉学家。会务由社科院一位总务处长包办，他联系的住食单位是他个人的"关系户"（一个工厂附属办的招待所），伙食低劣、服务极差，甚至一次由中国某一老学者请外国人喝咖啡，这位中国老者给外国专家一一倒好咖啡后，服务员竟将咖啡壶从他手中抢走说："中国人不准喝！"一位日本客人不好意思，连忙把自己的一杯让给这位中国老者，"举座为之不欢"。但"服务"尽管如此（伙食多为素食——青菜豆腐，数量很少，根本不够吃，炒肉丝算是最好的荤菜了），收费却不低，很认真。这个和处长挂钩的工厂赚了四万，最后还由这位处长设宴酬劳这个厂的头头们，当然，不言而喻，这个处长也从中捞了一票。这类干部是只管个人利益，而不管国家体面，这种吏风只可如报上公开说的"腐败"二字来概括。

晚，徐州师院干部王军来访，他是为王进珊教授落实政策来的。王因历史问题，一直被纠缠不清。报上也有检查落实知识分子政策的报道，因此又有这股风刮来。

晚，吕胜、任一鸣先后来，他们分别译了李达三、袁鹤翔的论文，将由小谢带港交他们本人校阅，行前由我校阅一遍。为此，当晚校阅了一鸣的译文。

傍晚，徐俊西来，送来中国作协邀请参加国际中国当代文学会议开幕式的通知。他说，他们社科院在编写一部七八十万字的左翼作家传，要我写一篇序文。

1986 年 11 月 1 日

未出门，天转暖。上午校订吕胜译文，中午他来后，连同任一鸣的译文交他送上外，面托小谢带到香港，请原作者校订。

过午，孙立川自日本来，夜即宿此。晚饭后又陪他去看了图书馆，随后又到专家楼看望了金子文夫一家人。

晚，写好给上海师大陈秋峰信，附去吕胜代为起草的我祝山东比较文学大会的成立会的贺电文，请陈发出。

1986 年 11 月 2 日

礼拜天，未出门。早餐后，孙立川别去，托他带一信给山口守。

下午午睡后，赵博源来，后来思和来，送来代购的本期《读书》，以后卢鸿钢来。上午来的还有应必诚夫妇。

晚，严锋代购来收录机一架，试播了本年春节时我和化铁的谈话录音，清晰可闻，那是我们回忆一九五五年一案的始末。

这两天忙于看王文英的评审材料。

收到耿庸信。

1986 年 11 月 4 日

昨日下午二时，徐俊西驱车来邀，我与戴厚英、赵家璧一同坐车至金山宾馆参加国际中国当代文学会议的开幕式和酒会，遇到不少文艺界友人。与同来诸人又同车离开金山宾馆，到家已十时许，来往行程共三百二十公里，也算一次远游了。因小彤昨晚在书房学习，所以未记日记。

今日上午去图书馆召开馆长会议，十二时归来。午睡后来人不绝：先有王东明夫妇送喜糖，他们新结婚，我们向他们致贺；接着来的有鄂基瑞、王锦园、思和以及谢天振——谢明晨去港，今日来辞行。

晚，写成了王文英、张涛、焦宗德的学术评语。收到郑怀礼信及《文汇报》会议邀请通知。

昨日上午在图书馆接见了美国威斯康辛大学博士谭景辉，他来查阅鸳鸯蝴蝶派材料，系袁鹤翔来信介绍。

今天收到美国马若芬（Josephine Mathews）女士信及在太原赵树理会上给我照的照片。

1986 年 11 月 5 日

昨晚工作至二时，连写好三个职称评审鉴定（焦宗德、张涛、王文英）。今天又送来谢天振和宁波大学一副教授材料。

敏为后天的请客事，整天忙于买菜。周春东中午来，代开好一张菜单。收到满子信。给耿庸写好回信。

上午中文系徐鹏电话，今年评职称考外语，仍要由我出题评卷。这只能是"走过程"，因为中年一代不懂外文——那个"路线"统治时代，是义和团时代，由不提倡学外文到不准学外文，"文革"中甚至成为罪行遭到批斗。

"五四"的文化革命传统是走向世界，追求中国现代文化事业，但这个新的文化开放体系，从四十年代以来被否定了，因为所谓"改造"知识分子的"资产阶级思想"，实质上是反对中国的现代化，把中国拖回闭关自守的中世纪蒙昧时代，那套"左"的思潮和路线实质上就是封建化的代名词。

1986 年 11 月 6 日

未出门。上午为中文系考教师外文，翻了一些马恩著作，图书馆老孙同志并为此给我在上午送来两种英文本《自然辩证法》的译本，又请他明日找来俄译本。这种考试只能是"走过程"而已。

下午陈德祥来，他因写毕业论文跑了北京、西安、重庆、成都、武汉几个地方。

晚，金海夫妇来。苏大的小汤、小方来，他们为那里正在开的文学观念讨论会跑腿——给与会者买车票。

王文英来，赠我她们所出版的《文学研究》第二期，灯下读了其中一些文章。读《参考消息》上译载的《真理报》论苏联改革的阻力的文章，那里提到的政治和社会上的消极现象（即改革对象），和我们这里一模一式——斯大林模式。

收到胡征、汤逸中及一留美学生来信。

敏为明天请客事，又忙了一天。

1986 年 11 月 7 日

上午九时，横滨大学的古平隆教授、金子文夫副教授夫妇和他们的孩子金子翔来访，陪他们参观图书馆后一起到家，高晓声适来访，加上思和和吕胜正好坐满一桌，午饭后别去，送古平、金子、吕胜小说选各一册。下午在图书馆开职称会议。

忙乱了一天。晚张静河来。

晚九时上海文研所包子衍来电，说徐俊西数日前约他们编的《三十年代的上海左翼作家》（收入六十五人，分上、下二卷，以加入"左联"者为限）一书即将付排，约我写序事，他拟下周四为此来访云。

1986 年 11 月 8 日

未出门，下午同乡邓云乡来访。

杂读书刊——看看这几天的《参考消息》；又看了《上海杂文选》中的一些选文，其中收有刘×先生写的一篇《古今文字狱》之类的杂文——这位刘先生，"文革"中被称为"小爬虫"的文士，却是在"十七年"中也是以此起家，一九五五年他就做过一本《感情问题及其他》的专题性小册子，把我和有些同学"考证"成"分子"的。现在由他出面谈古今文字狱，这大约就是"贼喊捉贼"的流风所及吧？

收到日本釜屋修、山西师大段登捷以及晓风、王克强等人信。又收到浙江文艺出版社寄赠的《孙席珍教授纪念册》一本。

1986 年 11 月 9 日

礼拜天。早七时，由兴良、桂英夫妇陪同去第一人民医院查胃部——拍片子，约上午一时拍完，医生说是局部溃疡（十二指肠溃疡），仍然是去年的结论。兴良因考外文辞去回家温习功课。我由桂英夫妇陪同，漫步北四川路，在一家小店吃馄饨，又买了些水果，去虹口第一医院，看望了因工伤住院的小周父亲，然后乘九路车回家，已十一时许。

午睡后，读陈幼石女士（在此进修的美籍教授）的论茅盾文章的译文，她是从考据的角度、论证茅盾写大革命的小说和历史事实之间的关系，近乎索隐派治学方法。

中午到家时，陈鸣树已在候，他为评教授职称正在进行寻找各种有关人士。唐金海夫妇晚间来亦为此事，据说中文系领导已暗里定好人选，因此人心浮动，愤愤不平。

晚，李辉自京来，即宿此。他专程来沪，是为了写关于一九五五年一案的文章。

晚，灯下给美国普林斯顿大学的谭景辉博士写了两封介绍信（苏州范伯群、南京章品镇）。谭是研究鸳鸯蝴蝶派的，希望章、范能给他以帮助。

1986 年 11 月 10 日

上午与李辉谈一九五五年事件。王戎来，在此午、晚饭后，与李辉谈他一九五五年以后的情况。

晚，中文系老史来，拿走考教师的外文试题。

下午，校出版社小杜来，谈《中国现代文学主流》和《复旦比较文学论集》的出版事。

收到本期《文艺理论研究》的赠刊，夜灯下读其中的陈丹晨为巴金杂文集写的序文，颇有理论和历史深度。

晚，一气改好小田写我们夫妇的报告文学，他因对事没有完整深入的了解，写来多与事实不符，内容十分混乱，只能大段删去，可用处略加改删补充，才勉强成文。

收到彭燕郊挂号信。

1986 年 11 月 11 日

上午《学术月刊》的编辑林榕立和一位王女士（她的同事，也是复旦学生）来访，询问了三十年代文艺运动事。午睡后和敏去专家楼看望了谢韬。下午，王锦园来；吉林大学研究生赵崇华来；思和来；至七时，李辉和应红来。今天等李辉夫妇来吃饭，至七时才开饭，思和相陪，中途潘凯雄来，一块儿喝酒。晚李辉夫妇即宿此。

晚，灯下读思和为之整理的昌东小说序文，作了一些小修改。

早上发出给张仁健及曾小逸信。

早上去图书馆接待美国太平洋国际书店董事长 David，他持杨观海（P.Glassman）名片来访。十时到家后，又接见了陈鸣树，中午来的还有徐某，该二人都为职称评审而来。

1986 年 11 月 12 日

　　　　因为我曾经是一个人，这就是说，是一个战士。

　　　　　　　　　　　　　　　　　　　　——歌德

今日上午去物理楼接见来访的两个外国汉学家：苏联莫斯科大学教授谢曼诺夫（华名司马文，В.И.Семанов）、英国立兹大学（Leeds Univ.）詹纳尔教授（W.J.F.Jenner）。到场有现代文学教师五人，研究生一人，由我主持这个座谈会，至十时许散去。

午睡后，西德高级进修生柯韵弦来访。她前几日交来"研究计划"，她的题目是中西浪漫主义比较，就她的计划我谈了自己的意见和建议，算是上课讲授。送她一册这里编的《中国现代文学作品选》（卷二），她借去一本日本人写的《摩罗诗力说材料考》。谈话约二小时。

晚，曾小逸领湖南出版社的编辑主任唐维安来访，他对我们正在编的《现代中外文学关系史资料长编》甚感兴趣，希望能得到出版权。

晚上来的还有图书馆职员陈国敏和他的妹妹张丽萍。廖天亮来，带来来这里查资料的谭景辉先生（美国普林斯顿大学博士）赠我的他的打印手稿《通俗小说研究方法再议——大纲》，灯下读了，很有新意。

天亮后天进京查资料，给他写了一信去见徐放，又给他带去给何满子信——小廖明日去看望他。

收到王富仁的赠书《中国反封建思想革命的一面镜子》、路翎新印的三本书（《战争，为了和平》《路翎短篇小说选》《路翎创作选》）、海峡文艺出版社赠书《中国当代文学参阅作品选》（第六册）、市出版局陈巧孙来信及赠阅的本期《出版史料》。

昨日，李辉从老耿处带来曾卓留赠的他的新著《吹笛人手记》。

1986 年 11 月 13 日

有些小雨，早上去图书馆接待谢曼诺夫和詹纳尔教授，领他们参观了书库。十时回家后，写好宁波大学王全韬的职称评定材料。

午睡后，包子衍来访，他拿来他们编的《三十年代上海左联作家》的打印稿，作为我写序文的参考。

李辉夫妇下午回来。晚，由应红扶我去陈鸣树家晚饭，陈邀请谢曼诺夫和詹纳尔，我是陪客。席间我谈到尼采，问讯了苏联对索尔仁尼琴作品的看法。谢说，他初期作品还好，但越走越远，成为法西斯，西方说他是"持不同政见者"，但这话不足以说明问题，他是背叛者。饭后，詹纳尔说，路翎的《财主底儿女们》是二十世纪最伟大的作品，英国只有伦敦大学还有一部藏书。九时许先辞去，仍由应红陪我回来。灯下改好桂英抄好的为昌东小说写的序文。

收到尚丁的赠书《四十年编余忆往》。

1986 年 11 月 14 日

今天下了一天雨。思和、李辉夫妇下午在中灶楼上请吃饭，满子、王戎两兄都参加，所以下午人都到了。参加吃饭的除我们全家外，还有北京来的潘凯雄。晚饭回寓小坐后，市区的人们离去。李辉夫妇仍宿此。

上午来的有童炜钢。下午苏大研究生方文送来伯群信及稿子三篇，晚读了王学敏写的《论七月派》。

1986 年 11 月 15 日

整日阴雨。整天在中文系开职称评审会，听取二十五个申请者的自我介绍。

中午晓谷来，晚即宿此。

收到郑怀礼、广西人民出版社、孙桂森等来信。

1986 年 11 月 16 日

中午午睡后，晓谷告别。整天未出门，但人客不断。中午来了一个襄汾同乡李君（上次在太原相识的李君），在此午饭后别去。下午来的有吕胜、秀拔、徐鹏、唐金海夫妇。

晚，给谢天振写好评语。给大哥也写了一信，托李辉明日返京带回。

1986 年 11 月 17 日

整天忙乱，天气很好。

昨晚写天振材料至午夜三时始寝。

今日上午九时许，美籍进修学者陈幼石女士由徐震陪同来访，这是第一次正式会面，谈话至十一时。

午饭前，李辉夫妇离去回京。

午休时×××来，谈××系一些怪事，旧势力盘根错节，总是为自己利益挣扎，可怜亦复可悯。

一时许至图书馆，参加外文书店在此举行的原版书展销会开幕式茶话会，应邀讲话后告辞，又赶到中文系阅评审材料至五时许。

晚，中文系送来思和评审材料。研究生任一鸣、王宏图来。

今日托兴良给广西人民出版社回了信。

1986 年 11 月 18 日

上午去学校看中文系评审材料。

中午思和在此午饭。王锦园饭时来，谈应届研究生工作分配问题。湖南人民出版社唐同志来辞行，将《中国现代文学关系史资料长编》的编写计划复印件交他带回——他此次来，是因为他们愿意承担它的出版问题。

下午在图书馆召开图书资料系统高级人员评审会议，经过讨论，投票表决，算完成了这个工作的一部分。

晚，陈德祥、张廷琛先后来。

灯下批好二份申请评职称的教师的英文试卷，写好苏兴良的学术鉴定评语。

1986 年 11 月 19 日

整天在图书馆开中文系的评审活动。下午表决了提升副教授的人选，因为框框条条太多，我只能就我的力之所及尽到自己的选择，并呼吁会议注意现代文学这个薄弱环节，予以足够的重视，在定额比例上改宽一些。

晚，写好思和的学术评语，评好一份俄文试卷。陈鸣树和唐金海来，反映了人们对这个会议的神经状态。我只能守口如瓶，谈一些评选原则，这在他们听传达时也早知道了。

1986 年 11 月 20 日

整日在图书馆参加中文系的职称评审会，中午时又抽空接见了一个英国出版商代表团。今日表决破格提升副教授的青年讲师，陈思和以十票对一票的绝对多数通过作为第一预备入选者。为此，我晚上又要为他写个材料送校审查。因为激动，竟无从下笔。

晚饭后濮良沛、叶子铭相携来访，他们是来参加明天举行的教材评审会的。

几天的连续开会，晚上加开夜车，人已弄得精疲力竭了，而手头要办的事情还有一大堆，真是苦煞人也。

晚饭后来的还有唐金海夫妇、陈鸣树、潘旭澜，后者是来这里看叶子铭的，他们是福建同乡。

收到徐迺翔催写序文信。

1986 年 11 月 26 日

二十一日上午去八舍招待所出席《现代文论选》审稿会开幕式，并应邀讲话，外地来的人有叶子铭、林非（濮良沛，一九五六年中文系同学）。

回家后，赶写好有关思和评语，着桂英抄好后送中文系。

午饭后乘车同敏去北站，动身去苏州参加钱谷融主编的教材《中国现代文学作品选》（1917—1984）审稿会，在站与钱及华师大的陈子善等相逢，即同到苏。抵苏州站时，伯群来车接，即住吴宫招待所，是新建筑，去年七月来此投宿时尚在修建中。二十二日全天开会，由我主持，当晚到景尧家晚饭。二十三日上半天开会，下午去苏州山西馆观昆曲半日。二十四日小雨中与与会同仁乘车去无锡旅游，中午在此饭后雨止，游了蠡园诸名胜。晚归来，苏大设宴招待。二十五日上午仍由我主持会议，费时一时许散会，当天下午乘车返沪。抵家后，鄂基瑞来访，告以王瑶已来校，晚由校部设宴招待，我也是陪客之一，当晚辞谢之。王锦园接着来，也辞谢。思和已到，即同用晚饭。

今日上午吴子敏来访，他拟写关于胡派的专书，谈了许多话，自中饭后一直至二时许。因约好下午王瑶作报告我主持，所以与子敏及来接的陈鸣树、鄂基瑞一块儿离家，吴在校门口别去。

陪王讲话至五时始散。

晚上来的有吕胜、任一鸣。

发出夏嘉杰评审材料。

1986 年 11 月 27 日

上午同乡邓云乡招饮于杨树浦寓所，与吴中杰同行乘公共车辆前往，同席的有满子、许宝骙以及《文学报》的郦国义等人。饭毕，他用车送我们夫妇及吴君归来。晚饭时因王瑶来校，与培恒、陈鸣树、吴中杰等人合宴于中灶，饭后到我处闲坐至十时辞去。

1986 年 11 月 28 日

中午金子文夫妇及其友人某日本女士来寓相访，他约我们一家下礼拜五去锦江晚饭。下午学报张兵来，送来发表了日下恒夫文章的本期学报两册，并谈了他研究中国古典小说的工作。晚间，他又借走了本校图书馆善本书目。

晚，图书馆职员刘君来，为他的评高级职称事提出申诉。张晓云母女来，敏把苏州带回烟台之会所用款项交给她。

晚，写《学术月刊》约稿，校改好为曾小逸一书所写的介绍文。

1986 年 11 月 29 日

上午去图书馆办公，借来清代小说《梅魂幻》以及周瘦鹃等人的《倡门小说集》、香港《广角镜》三册，上、下午读完了这些书刊。

午睡后，与敏到五角场闲走，买了二个八宝饭，又买了十个菜包子。

晚，兴良来，施昌东六弟来。

收到刘北汜赠书《雪零集》、四川大学陈君及福建吕君信。上午收到李辉信。

给山西大学苏以当写了一信，并拟寄赠《手记》一册，感谢他对我去太原时的盛情接待。

1986 年 11 月 30 日

礼拜天，好天气。上午吕胜来装好了煤气炉，屋子里有了火，就暖和了。为吕胜写好毕业鉴定。

读刘北汜记巴金、李广田文，文章清楚流利，一如北汜为人的平实。

收到廖天亮自京来信。徐俊西下午送来陈梦熊赠我的《孤岛文学回忆录》（二册）、《文学研究》（第二期）及信。

晚上，小彤代写好发给国外友人的贺年片名单。给戴舫、颜海平、高辛勇的贺年片上都写了信的内容，其他名单上的各人，请图书馆代为填发。

晚给日下恒夫写了信。看上海文研所的《三十年代上海左联作家》稿的打印材料，准备为它写序文。

1986 年 12 月 1 日

上午去图书馆，借来明人《燕居笔记》（十卷）刻本。下午看了大半部，乃艳情之作，列为本馆善本书。

晚，医生小文一家来。工人张建基来，赠我他写的一篇关于孙中山的文章的《上海文史资料选辑》——这个工人也是自学成家，倒有一番事业精神。

收到吴证能信及见赠的胡拓自印诗集《太阳照在她的头顶上》。胡亦因"胡案"而受罪，乃冀汸、王戎之友。

1986 年 12 月 2 日

上午辞典出版社小吴来访，为考研究生事。金子文夫来访，约礼拜五去锦江夜饭。

午睡后，林帆陪同香港商务印书馆的陈国辉（经理）来访，又陪他参观了图书馆。

晚上来访的有孔海珠，与我们共吃晚饭，送来她新出的《茅盾的早年生活》一册。唐金海夫妇来访，唐才从四川归来，带来木斧赠我的《木斧诗选》及《疯狂的上海》各一册。国家教委的魏亚田来访，他系文科教学处的干部，谈教学事。

收到×××来信，她为评职称落选事已弄得神魂颠倒，×××也是为此事苦恼不堪。这一代人的世界就是这么狭小，他们对人生并无奢想，这么一点人生要求——一个副教授，就是他们的最高生活境界了。

1986 年 12 月 3 日

未出门。午睡后，邓云乡老乡偕许宝骙、陈从周来访，邀我七日下午去参加《团结报》召开的座谈会。

晚，人武部（本校）负责人李超民来访，谈图书馆职员×××的生活作风问题。

收到本期《批评家》赠刊，以及上海作协开郁达夫纪念会的请柬。

晚，给山西师大林清奇回了一信，并寄去《文贝》二册赠中文系。同时寄去《比较文学自学手册》一册，请转赠给该系同学小刘，答谢他的热情来信。

1986 年 12 月 4 日

上午锡侯夫妇来，他系来参加学术会议的，也是借此到上海走走，晚即宿此。

晚，上外陈喆夫妇来。吕胜来，他将去西安、北京，为此给他写了三封介绍信：谢韬、胡征、徐迺翔。

1986 年 12 月 7 日

三天未记日记，补记如下：

五日下午，金子文夫夫妇为给他们的日本同乡吉原女士送行回国，邀请我们全家到锦江晚饭。我和敏与小彤同去，同席尚有吴中杰及外事处两个干部。

昨日下午应邀去作协参加郁达夫九十诞辰纪念会，与赵家璧、肖岱同车。应于伶主席邀请，作了即席发言。在此地遇西德留学生柯韵弦女士，与她同车返校。

晚，高晓声来校，他系受聘为复旦兼任教授事，寓八舍。饭后，与敏同往看望，并与他及同行的他的女儿女婿回寓小坐。校办公室主任张晓林来访高，找到这里。高说，最近中宣部有令，凡是属于"文革"的系统性资料一例不准发行，"以利安定团结"。张说，前日安徽大学生两千余人上街，围观者万余人，在此之前，山东也发生同类事件，十二月九日近，所以全国高校都很紧张，怕学生趁机闹事云。

今日下午应邀去《团结报》开座谈会，遇到不少熟人，并应邀讲了话。

今日上、下午高晓声在家便饭。

晚饭后，锡侯夫妇自二军大开会回来，晚即宿此。

1986 年 12 月 8 日

上午去图书馆公干。下午两时出席校党委宣传部召开的艺术教学座谈会，刚坐下不久，上海教育出版社的一个女编辑来访，为此中途退出，和她到图书馆谈话。

1986 年 12 月 9 日

上午去图书馆出席馆长会议，下午又去图书馆参加职称评审工作，我是这个系列——图书资料档案系统的负责人，因此事情就多了些。

晚，高晓声、章培恒来访。章约我参加他编的《中国近代小说全集》的编委。

收到北京出版社廖宗宣信，昌东小说及我的序文已付排。接到中国社科院文献情报中心信，寄来收入他们编的《当代中国社会科学手册》中的有关我的条目初稿，晚上加以订正后明日发出。

1986 年 12 月 10 日

中午学校在东招宴请高晓声，由林克、庄锡昌主持，我和中文系一些人作陪，也算尽欢而散，颇有民主气氛。

晚饭前，由王宏图陪我去校门外肺结核病院看在此住院治疗的小林，也算了却一宗心愿。小王又陪我回家，一块儿吃了晚饭。

晚上，陈鸣树研究生小彭来谈，借了两本新出的论鲁迅书而去。

1986 年 12 月 12 日

昨日上午，北京三联书店的编辑张梁木来访。他是来组稿的，年已六十有八，一九五七年也戴上"右派"帽子，苦了二十年。

下午中文系教文学的研究生导师在家里开会，讨论学科问题。

收到北京出版社寄来的校样——施昌东的小说《一个探索美的人》，四百余页。这两天就全力校这部稿子，也是我给这个死去的老学生最后一次改稿子了。

今天未出门。中午后，思和来，买来本期《读书》。晚饭时，张廷琛来，他将去香港开会，来此辞行。

收到福建海峡出版社寄赠的《冰心译著集》（三卷）。

1986 年 12 月 14 日

昨天未记，也没什么想起来的大事可记。只是加紧校对昌东小说稿，现在重读，觉得写得还算成熟，它真实地记录了我们这个时代的风习。

今天礼拜天，小雨。收到乐黛云的出国要求通知。收到教育出版社周忠麟信和寄赠的他编的一本关于大学生作文的批改书，即送给小彤用。

下午，山西的侄儿景斌来，他去宁波路过上海，在此晚饭，带来他爱人和别人编的一本书稿和家乡的土产。他谈到山西政界的问题、人民的困苦，说是他"看破红尘了"。这个工农兵大学生竟有这样的感慨。

1986 年 12 月 15 日

未出门，全力看昌东小说校样，昨夜看至午夜二时。

中午思和来，特地为会见住在招待所的三联书店人员张梁木。

晚上来的有兴良、蒋医生、卢鸿钢以及秀拔，最后王文英来赠我朱立元新出的《黑格尔美学论稿》一册。

上午图书馆焦宗德来，为明天开会评职称事。

收到谭景辉香港来信、广州花城出版社林贤治来信、上海作协开会通知。

1986 年 12 月 16 日

天小雨。下午去图书馆开中级职称评审会，这个评审工作就算大致告一段落。

晚，王继权来，送来他和章培恒发起的《中国近代小说大系》第一辑选目和与江西人民出版社签订的协议书复印件，我也被列为编委之一。图书馆小华来，谈工作。

收到一些出版单位来信。

仍在集中力量看昌东小说校稿。

1986 年 12 月 18 日

昨天未记，这两天天冷阴雨不定。昨天看完昌东小说稿，又给廖宗宣写好信，等思和去京时带去。

今天上午兴良陪我去第一人民医院高干门诊部，乘小车去看病，不外是胃部、气管以及心脏的小毛病，拿了些药水、药片回来。

下午，张梁木及他的外甥女来家照相。

晚，唐金海夫妇来。给彭燕郊、梅志写了信，好久顾不上给朋友写信了。

接到孙立川托马良春从日本带回的信，信上说还有三部小说复印件也托马带回。

收到征南信及贺年片，收到《文艺报》潘凯雄及华师大许子东贺年片。

1986 年 12 月 19 日

天太冷。午后去朱东润先生家参加系里的学位委员会，讨论中国语言文学学科设置问题。

晚饭，由校文研所做东，在中灶楼上聚餐，坐了两桌。

收到《文艺报》贺年片、杭行信及寄赠的枸杞一包。收到教育出版社汪济生信及寄赠的三本书。收到本期《清明》赠刊。

晚，王继权来访，灯下读本期《新华文摘》上的苏叔阳以老舍之死为题材的戏本《太平湖》及一些论政治体制改革的文章。

1986 年 12 月 21 日

昨日未记，补记如下：

早上七时半与蒋孔阳一块儿乘徐俊西文研所的车子到虹桥樱花度假新村（一个中外合资的宾馆）参加上海作协理事会。上、下午都开会，三时许乘原车返来。因这两天大学生游行，交通堵塞，路上花了二时许才回到家。

北京的《法律咨询》杂志的两个青年记者夏仲荪、危刚相访，他们说是他们社长特派他们来沪对我进行专访，因谈起一九五五年事件，共三小时。他们作了记录，并带走三张照片。他们走后，身体即感不适（想呕吐，身上发冷），请来蒋医生吃了点中药，今日见效。

今日上午由小彤陪我到学校看学生贴大字报。……

收到范伯群等人来信及一些贺年片。

午睡后卢鸿钢来，送来绍酒一罐。他说，今天仍然有学生游行，也谈起这次学生运动，不胜感叹。

1986 年 12 月 22 日

未出门。上午王戎来，谈起漓江出版社拟就一九五五年事件出专书事。下午邹羽来。晚小文夫妇、蒋医生来。

收到马良春寄来的孙立川自京复印的三种明清小说，都是当时的色情作品，为国内罕知者。

晚，北岳文艺出版社张仁健自太原来电话，说：1.他们明年将出的几册论佛教与中国文化的书，请我复印；2.他们已将我的文集列入明年出版计划。

1986 年 12 月 23 日

早上吕慧芳来，谈图书馆工作。

过午后，小文来做晚饭，田文及小文一家、蒋医生、思和同餐。晚，谢天振来，带来台北出版的《中国文艺政策研究论集》，论一九五五年案，也算一种专著。

趁思和进京，给梅志、乃修都写了信，并买了一些食品，都由思和带京。

收到袁鹤翔、香港大学图书馆、深圳大学图书馆及一些青年人贺年片。

昌东小说校稿及给廖宗宣的信都托思和带京。

这两天作为休息，翻阅了《如意君传》及日本复印的三种色情小说。今天老孙又送来《隔帘花影》残本四册。这些读物，都反映了一个时代的社会风貌和流风习俗。

1986 年 12 月 24 日

中午冀勤由朱碧莲陪同来访，共进午饭后，一块儿照了几张相。她仍在北京中华书局工作。

晚间来的有王继权、苏兴良、小卞。

收到本期《中国》终刊号，大约因为发表了一些被认为"不妥"的文章，这个刊物寿终正寝了。文坛并不"宽松"，干涉仍然会有，历史发展在这个古老的国度里必然是曲折离奇的。

1986 年 12 月 25 日

午饭后，许子东由王锦园陪同来访。晚，金海夫妇来。

收到香港古剑等人的贺年片。

杂读，作为休息。

晚，写了一信给银川的杭行，今晨发出给万同林信。他在南大毕业后已分配到北京陈涌主持的《文艺理论与批评》工作。

1986 年 12 月 26 日

午后去图书馆参加联欢歌咏会，并讲了话。

晚，张兵来。中午思和来。

收到戴舫贺年片及信、日本一友人及长江文艺出版社贺年片。

1986 年 12 月 27 日

天阴。上午在家召开图书馆与校出版社、中文系有关同志座谈会，商量合力出版《复旦大学图书馆学术丛书》及《小说、戏曲、弹词丛书》事，至十一时许散会。又去参加了在中灶楼上的会餐，系图书馆邀请上海外文图书进口公司负责人及兄弟院校图书馆负责人座谈明年举行外文图书展销会事宜。我作为馆长，也作为东道主宴请来客。

午睡后，来访的有朱利英、周书兰。晚，三个一年级同学（中文）来访，他们系以我为导师的新同学，同他们进行了关于学专业的谈话。

收到苏以当信以及香港中文大学图书馆、广角镜出版社、新加坡《联合报》和晚报负责人贺年片。

收到山西师大、宁波师院职称评审费一百一十元，算是高价了。晚，写好廖天亮的毕业评语，写好给冀汸信——他已收回《江南》编务，将为昌东小说所写序言寄他。

1986 年 12 月 28 日

星期天。午饭后和敏去北四川路"旅游"，因为长远不逛马路了，也是为了开阔眼界和现实生活接触，看看市区风光。走到新亚酒店，在那个"门市部"各喝了一杯咖啡，算是休息。又走了回来，直到虹口公园，才搭公共车辆回来。

晚，看新买的《法制文学选刊》，傅聪谈他的父亲说得很好。傅有理想主义，但又有封建思想，这就是他悲剧的根源。这个人物，可提到哲学高度来认识和反思。这说明：中国知识分子接受西方思潮，是以自己的民族文化背景为根据的，因此，"五四"以后中的知识分子也是以传统的宗教观念来接受马克思主义，把马克思主义封闭化、宗教化。这种马克思主义和中国式的封建专制主义的结合造成了中国进步知识分子的人格分裂的悲剧，在"革命者"身上具有封建性的人身依附，把自己当成皮上的一根毛，而酿成了他们的悲壮的命运交响曲……

1986 年 12 月 29 日

天气晴好，敏一早就忙于买菜做饭。午后三时许，满子、王戎、耿庸先后来，兴良来送电影票，因此帮忙做饭，大家共餐，又算一块儿过了个新年。

晚，读本期《小说月报》各文。

收到《文学报·世纪风》编者黎焕颐信。那篇为艾以写的序，他们已打好清样。

收到青海师专寄赠的日历。

1986 年 12 月 30 日

未出门。傍晚以后来的人先后有张兵、杨竞人、葛乃福夫妇、姜德安等。

中午，屠颖颖来，她系思和同学，为她签署了出国求学推荐信。上午图书馆老陈来，签署了近十张国内外贺年片。

收到《中国作协会员名册》《作家通讯》以及北岳文艺出版社寄赠的《闻一多资料集》（上、下二册）。

中午写好给张仁健的信，请王祥发出。

收到颜海平、孙立川等人贺年片。

1986 年 12 月 31 日

上午去物理楼参加校长召开的学科评议委员会，我被评为委员。据校长声明说，凡被聘任者，并不代表学科，而是以专家身份聘任的。会议至八时才散。

晚饭，由图书馆设便宴招待北京中国书店来沪人员徐同志二人。他们店与我馆达成交易，作价卖给我馆两批古籍（地方志和清人诗文集），丰富了我馆馆藏。他们明天回京，因此设便宴送行，我们有关同志出席相待。

景尧一家三口来家，和我们一家欢度元旦。晚即宿此。

收到美国明尼苏达大学东方图书馆馆长王自扬先生来信，彼明春二月将来访问。

一九八七年

1987 年 1 月 2 日

昨日元旦。因为整天忙乱，未能写日记。补记如下：

中午约张廷琛一家、谢天振一家以及住在家里的孙景尧一家，都是大小三口，加上小瓯、桂英夫妇，一块儿吃中饭。饭后，又照相留念。

晚饭，廖天亮、小瓯、桂英夫妇、小彤和我们二人一块儿吃饭，也算愉快地过了一天。

今日未出门。中饭后，安徽六合市一青年职工来访。二时后，上海书店刘华庭及一女同志（本校八三年毕业）同来，赠我一部《中华风俗志》（胡朴安著）及代借的《亭子间嫂嫂》《亭子间嫂嫂新传》各一部四册。他们出版的我和王元化编选的海外学术丛书，他们写了个《出版说明》，我改动了一些字句。本丛书已由出版局批准，每年推出三种。临行时，他们借去《汉学发达史》一册，拟重印。

1987 年 1 月 3 日

未出门。下午写好《国家社会科学基金研究项目申请书》所需各种表格的草稿，晚开始由桂英抄写。

午后王继权来，他已就图书馆出丛书事，写好向校长提出申请报告的草稿，和他谈了编委会人选问题。王锦园来谈公事。

收到李欧梵、今富正巳等人贺年片以及山西师大同学刘殿祥的贺年片和来信。发出给范伯群信。

1987 年 1 月 4 日

上午，孙景尧接来自广西的马克·本德尔先生到家，陈秋峰、谢天振、陈珏、张廷琛相继到来，一块儿在此午饭后纷纷别去，把《亭子间嫂嫂》及其续集《新传》托景尧带给伯群。

傍晚时与小周一块儿入浴。

晚间来的有应必诚、吴欢章，后者送来他的新著《现代散文艺术论》一册。

桂英抄好申请书，明日送教务处。

严锋晚间来。

1987 年 1 月 5 日

上午姜德安来，谈图书馆人事——关于领导班子人员问题。晚间小吕送我来家，也谈到她想离职，愿与我同退。

晚六时到大礼堂，参加图书馆主办的知识竞赛，我被邀任荣誉评分员。会毕发奖后，与敏一起看香港影片《似水流年》，由小吕伴我们到家。

收到冀汸信、四川一教师唐龙潜信及寄赠的《鲁迅作品手册》一册。

1987 年 1 月 6 日

上午去图书馆，为公务。

中午潘慎来访，他在太原师专教书，被整了二十多年（判刑、劳改），现已五十八岁，但还是一个月只拿八十余元的讲师。他此次为编书到上海查资料，与我们一同午餐后别去。

晚，刘琦来，送来王元化为李庆甲文集所写的序言和她自己所写的《后记》给我看，对她的《后记》提了一些文字上的校改。贾鸿猷来，他将去美国"伴读"，为他在那里上学写的推荐信签了字。

收到冀汸、周建、冀勤等人信及冀勤和他的小儿子所写的散文。

1987 年 1 月 7 日

早上到图书馆和人事处的同志谈中级职称评审事。原来所定的指标又要缩减，因此又得重评一次，拉下几个。本来已很紧的名额，这下更吃紧了。

十一时到家，敏锁门外出。在门房相候多时，才看到她领孙景尧和马克回来，她领他们去看望陈子展先生。与他们一同午饭。中间章培恒来，要我为一个日本庆应大学的高级进修生高桥智去厦门大学查书写介绍信。晚即给应锦襄和庄钟庆各写信，明日由桂英转培恒。

收到范伯群、万同林信。万的信内附有"马克思主义文艺理论与改革学术讨论会"的三期简报。

下午和晚上读借来的年前的《争鸣》，算是开卷有益。这几天报上又旗帜鲜明地"反资产阶级自由化"，又把矛头直指文化学术界。

1987 年 1 月 8 日

上午陈德祥、任一鸣先后来。晚廖天亮来。晚间来的还有吴中杰，他已调汕头大学，说那里的待遇很高，生活条件比复旦也好。中国知识分子社会经济地位低下，尤其教师，因此研究生毕业后都不愿留在学校里，这两年考研究生的越来越少——这都说明，我们这个社会的价值观念还没有变，虽然不像过去多少年那样，"知识越多越反动"地仇视知识和知识分子，但轻视知识和知识分子的遗风仍然左右着社会舆论和社会心理。我们的价值观念还停留在史前时期，仅是就中国文化传统说来，这也是一种历史倒退。

读《争鸣》各文，也是获取些信息。

晚为华东师大图书馆王寿亨写好评审材料。

1987 年 1 月 9 日

上午第二教育学院的殷海国来访。该校将举行教师职称评审工作，因我系该校中文系顾问，被聘为评审委员，另外又请了复旦中文系的其他三人。下午徐俊西来，他负责的上海社科院文学所聘我为特约研究员，其他被聘者有王元化、徐中玉、肖岱、蒋孔阳。

下午张德明来访，他已去日本一年，在日本大学学电影艺术，因之，和我也算前后同学。他说，该校的一些中文系教授都知道我云，也谈到中日文化交流，约我访日事。送来茶叶一筒，别去。

下午来的还有于东元，送来博士论文指导费二百余元。桂英又领回年终奖和超工作量费二百余元。

收到卢倩自美来信，她在阿拉斯加半工半读，那里最低温度零下50℃；她的爱人作为出国访问学者也到了美国。收到顾放勖夫妇贺年片，他一年多未来信，听说生病住院，这张贺年片附有他们夫妇照片。晚间为留学生部填好外国进修生二人学习情况表。为历史系编的中国现代人物参考资料，着桂英抄好一份近年报刊上介绍访问我的文章目录。晚，给赵祖武写了一信。上午小彤买来一本台湾柏杨著的《丑陋的中国人》，她说，同学们抢着买这本书。翻看了一下，这本谈中国国民性的杂文写得很有深度，这是鲁迅本世纪初提出的一个题目，目前我国也在热衷于这个题目。经过"文化大革命"运动的洗礼，人们不能不进行深刻的历史反思、寻根，从各种角度、用现代意识认识我们这个古老民族的深层文化结构。近日报上反"资产阶级自由化"的声调越来越高。今天报上说，上海人民出版社正收集近日社论出"文选"。

1987 年 1 月 11 日

昨日未记。当日下午王聿祥送来两期《中国社会科学》，上面刊有舒芜论周作人文章，这两天即读此文。晚，金海夫妇来，送来自己做的高庄馒头。这两天知识分子又为文艺界发生的风浪惴惴不安。小文夫妇来亦谈及此事，说是三个作家被开除出党。这大约就是报上说的"头面人物"了，又说一些电影、小说亦被禁止……

今天是敏的生日。昨日下午着桂英夫妇去南京路买了生日蛋糕，今日中午吃面。下午吃饺子，晚上同席的有小瓯、小彤、小廖及桂英夫妇，饭后共食了 Mark 先生赠的菠萝一枚。

今天天气不好。昨夜有一邻家猫到家，今日晚上又来了。

收到顾易生信，说放勖患白血病住院。他回美后一年未见来信，原来是卧病在床，使人不胜惦记。

晚给冀汸写了一信。上午为南京江苏人民出版社编的《中外名人座右铭》一书写了个条目，着桂英抄出发寄。

内云："在绝望的坚壁前正是希望的火花闪烁的地方，因为只有这个时候，你才发现了自己，认识了自己的价值，明了了生命的意义，不在于你从世上得到了什么，而是体味到了什么，这里才有诗，有哲学。"跋语云："我年过七十，饱经忧患，在生命史上，曾有几次被暴力推到死亡的边沿，所幸大难不死，使我对人生、历史、社会和自我的认识和体会，不断得到深化。"上面的几句话，作为我的座右铭，因为它说明了我的生活态度。

昨日晚间，桂英说，历史系编的《中国近代人物索引》要关于报刊介绍我的文章目录。即照敏的记录，由桂英抄了一份。

1987 年 1 月 12 日

未出门。下午小吕来，谈图书馆公事；王祥来。晚，历史系教师陶女士来。

这两天读了舒芜在《中国社会科学》上发表的评论周作人的文章，因为太长，只看了一个头尾。

敏和小彤下午去上海逛消费品展览会，所以整个下午一个人在家留守。

发出给冀汸信。

收到同村王世纬信，他在河南仪表厂做工程技术工作，但写文艺文章，已入河南作协为会员，与敏在乡下结识。

收到近两期《西湖》赠刊。

1987 年 1 月 13 日

天寒，报上说温度零下 4℃。邻居的猫一早就跑来叫门，整天卧在我书房里的火炉旁。

午后稍憩，到中文系参加总支召开的春节座谈会，列会者多为党外人士、老年教师。由总支负责人宣读小平同志的讲话全文，我也应邀讲了话，校党委副书记、统战部部长出席并讲了话。看形势似乎不至于搞成一场运动。

中午思和来，他已从京中开会回来几天。据说，他们那个会受学生游行影响，因此开成形式，没有实质性内容。他带来梅志给我们的好多食品和李辉带的绍酒。

下午开会前去校新华书店买来弗洛伊德的《图腾与禁忌》和美国胡克的《历史中的英雄》。收到阿垅儿子寄来他父亲的重印的诗集《无题》、诗论集《人·诗·现实》。

下午来的还有赵祖武。晚上来的有陈福康，他在李何林处读博士研究生。

1987 年 1 月 14 日

退休，保健，写作——时代对我提出的命题。

翻旧札记，那里收录了我在读书时记下的一些"良言"：

皮沙列夫："凡受得起打击的东西就适宜于生存。凡破碎成片的东西，只配抛在垃圾堆里。"

"爱情、知识、工作。"

英 Willy 的话：

"官吏与图书馆的藏书一样，最无用的位置最高。"

今日下午，在家和编《比较文学辞典》的校内外同志开了三个钟头会。上午去银行和邮局领取汇来的稿费和温州师专寄的评审费，又弯到校内商店给濮之珍买了一包补血食品——她那天摔伤，手腕受伤，从学校回来后，我们就去看望了她；又在学校给小彤买了回京路上的干粮和饮料。

昨日报上转载了《红旗》的社论《坚持人民民主专政》，"反自由化"似乎又升级了。今日报上头版大半版报道了上海纪委开除王若望的报道。

晚上出席图书馆的干部春节茶话会，我作为馆长讲了话。

收到北岳文艺出版社来信，拟议中的德国作家写的《东方专制主义》一书，因与时势不合，不拟出了。好在仍未动手译。其实这只是一本学术书，人们的敏感性又发达了。

本期《文学报》刊载了我为艾以《艺海一勺》一书所写的序文，题为《读〈艺海一勺〉》。晚上给大哥及凯林各写一信，预备托小彤带回。

1987 年 1 月 16 日

昨日的事补记如下：

上午思和来，在此午饭。之前，鄂基瑞来谈教研室工作。

晚，电视台播放了胡耀邦犯错误辞去总书记职务的政治局扩大会议公报。

当日《文汇报》有对王若望的"大批判"文章。

今日下午与敏逛四川路，小彤明天返京，给她买了吃食。街上人们熙熙攘攘，商店生意兴旺，看不出"反自由化"给生活带来什么迹象。

上午景尧自苏州来，将两年前在《复旦学报》上发表的文章交他译成英文——北京外文出版局将出一套介绍中国的书，其中一册是关于比较文学，已决定收入此文。远浩一亦赶来和景尧见面，一块儿吃了中饭后，他们辞去。

收到辛笛赠书，他的新诗集《印象·花束》。收到陈秋峰的信。

1987 年 1 月 17 日

天小雨，礼拜六，未出门。

中午为小彤今日下午回京，全家吃饺子。午后三时许，由小周、小瓯送小彤到车站。

继续看文研所（上海）关于"左联"盟员的材料，要积极地把那篇序文做好。

这几天的报纸上有李鹏发表讲话，说"有人挑拨党和知识分子的关系，党对知识分子的政策不变"等。

1987 年 1 月 18 日

上午童炜钢来，算来上课，他系代培研究生，因此给他讲了两个小时的"历史与文学"的课，同吃午饭后他离去。我与敏搭车到静安寺去看小方，车子走走停停，一个钟头才到下车的北京西路，和去苏州的时间一样。小顾在家，小方虽不能下床，但面色正常。坐一小时后，由小锤陪我们逛南京路，就在一家镇江小吃喝啤酒吃面。饭后，因车子太挤，又到小顾家，八时许才乘车归来。

今天报载赵代书记会见匈牙利共产党总书记时的讲话，说"不搞运动，不搞过去错误的'左'的做法，总书记变动不仅不影响而恰恰是为了更正确地执行全会路线"云。

今晚广播，开除方励之党籍。

1987 年 1 月 19 日

上午读了一个科学杂志上刊载的北大一同志写的方励之的介绍，甚有感触。无怪外国汉学家近年来把中国现代知识分子作为一个专题来研究，这是一个既有民族文化背景和传统又有现代意识的群体，他们的精神、思想是一个复杂的世界，与西方知识分子有很大的区别，它的民族特色和时代色彩非常显眼。

收到出版社赠书《高士其研究专集》及《北大比较文学通讯》（油印本）、《上海大学学报》等。又收到北大出版社来函，他们出的四卷本《中国现代各流派小说选》，收了我早期的一篇作品《理想主义者》，寄来三十六元稿酬。

晚，灯下草《三十年代的上海左翼作家》一书的序文。已拖了好久了，一直难以下笔，倒写了不少零碎的感想。

给北岳文艺出版社张仁健写了一信，附去《上海比较文学研究会丛书》第一、二辑书目。

1987 年 1 月 20 日

未出门。下午陈德祥来谈他的毕业论文事，就现代文学的版本等问题和他交换了意见。

晚，斯宝昶夫妇来访。

收到海南岛文联寄的卢鸿基画展目录，附卢的小传，他逝世已两年。

收到王宏图信。

晚，仍然忙于为《三十年代》一书写序。这个文章不好写，接触的问题太复杂，只能简单写几句——写深了，不行！

1987 年 1 月 21 日

天下雨，未出大门一步。午饭后敏和桂英到四川路办年货。中午华师大外语系送来一份职称评审材料，晚上看材料，写了个草稿。

晚上来的有小华汇报图书馆工作，老苏来闲坐。收到日下恒夫贺年片。收到哲学系樊同志信，答复教育出版社编辑汪济生所询问的招聘艺术教研室教师事。即给汪写成一信，附去樊信，供他参阅。

1987 年 1 月 23 日

昨日未记，一天寒冷。今天上午与敏到复旦小学的展览会购物。午后鲍蘧来拜早年，她多年辛苦，但此次评职称，却被一些掌权的干部评了一

223

个不学有术的人充任。她为此不平，即给她解说了半天：在这个时代如果把鬼当人，就要吃亏了——这也可以说是一条定律。

收到乃修信，说随着孩子的降生，他感到责任的沉重，面对孩子天真无邪的笑容，他想到处身这个尔虞我诈的世界的无奈。这使我想起有岛武郎的小说《给幼小者》，那种做父亲的沉重心情，经过了半个多世纪仍然在人的心灵上有增无减；那种对下一代的殷切希望，仍然是一种理想，真是"救救孩子"——我仿佛仍然听到鲁迅这个历史性的呐喊声音。

收到海平舅父信。

1987 年 1 月 25 日

昨日未记。这天耽于杂读《清明》《报告文学》上的文章。敏上午去看了余上沅夫人，中午就在那里吃饭。余师母送敏皮衣一件，说是留以为念。傍晚，瞿军医送来大米七十斤。昨日报载开除刘宾雁党籍。今天仍在杂读。

鄂基瑞上午来，说是他们编的《中国现代文学辞典》将付排，催我写序。王锦园来，送来节礼葡萄酒二瓶。

傍晚小田父女来。

收到冀汸赠书——他的诗集《没有休止符的情歌》一册。

晚饭前与敏到五角场买菜包子，正售空，各人吃了一只糯米团子疗饥。晚与秀拔一起到中灶入浴。

入浴前，姜德安来。他们在虹桥疗养，三年来他身体垮了，仍需继续疗养。谈起图书馆领导班子的事，他已不能工作，我与他一同到职，已满三年，为此我希望辞去这个兼职，也算告一段落。看他的意思，我大约可以告退了。他前次回校时我已托他向学校声明，与他一块儿告退。

1987 年 1 月 26 日

早九时和敏搭车去共和路，应何满子约去那里的深圳饭店午饭。饭前在附近漫步，书店中购得新出的一本谈尼采的书和《巴金六十年文选》（前者是国人第一部较系统地论述了尼采的著作；后者收录了作者写"文革"的杂感，可视为一部中国知识分子的忏悔录），都值得一读。

吃饭的都是我们的老友——耿庸、王戎、征南、罗洛夫妇和满子夫妇，席面丰满。经理黄姓前来打招呼，这是一位青年，自己说要学阿信的拼搏精神。大家尽欢而散，像个过年的样子，而这些人都是劫后余生者，二十多年来都在苦难中挣扎，都算"苦大仇深"——仇者，封建势力也（或名之曰"左倾路线"）。

饭后，到满子家小坐，三时许乘车归来，人已很疲倦了。

今天，《文汇报》登了一篇对刘宾雁的批判文章，一如宣布了开除王若望、方励之之后所出现的情况。晚报上登了一幅漫画，一只大笔正对准小兔子，题曰："今年临到了我。"因为今年为兔年。

1987年1月28日

今天旧历除夕，昨晚接到沈可人来信，他的夫人病逝。因他又将我的住址写错，以致不能如期去参加悼念会。为此，上午由桂英陪同去虹口买了一只花篮到沈家吊唁，得到沈所赠新印《回忆雪峰》一册。

下午，高文塚和叶易相继来拜年和送节礼。小高将去杭，给冀汸写一信，由他带上。他刚接手《江南》，又碰到现在这个多事之秋，望他能慎重处理，最好还是埋头写好长篇，更是上策。叶为调苏大事和我商量，他希望去那里，专治近代文学，如此易出成果，即予以鼓励。文塚谈到他的报纸——《世界经济导报》处境，他希望能调到大百科，从事行政工作。上午沈可人也谈到，他们办的《政治学信息报》停刊。中国似乎又走到一个奇异的境地，真是"前途光明、道路曲折"。作为一个老年知识人，但愿不要再闹腾，不接受历史教训的人必将受到历史的教训——这是一条规律，千古不易。

除夕，每一个有良知的中国知识分子，恐怕都是在非常复杂的心情下度过的，人们眼睛紧瞅着变幻着的时代风云，但愿我们这个苦难深重的民族不要再在痛苦中悲叹了！

窗外，爆竹声盈耳，此伏彼起。

1987年1月29日

今日是正月初一，早起后近九时去工会参加校团拜会。离退休老同志参加得很多，老知识分子较稀有。校领导讲话后，加演文艺节目。退出会场已近十一时，思和夫妇已到。不一时，金子文夫夫妇及他们的男孩也来了，加上小瓯和桂英夫妇正坐满一桌。金子先生已不胜酒，近二时来客纷纷辞去。

下午来拜年的有于成鲲和他的老父亲、吴欢章父子、潘旭澜夫妇、卢鸿钢、医生小文夫妇和小姑娘、长海医院小董女士。

晚间，去金海家晚饭，饭后他们送我们回家；陆士清夫妇来拜年；在我们外出吃晚饭时，校组织部部长汪同志和中文系总支书记以及另一旧邻居干部陆续来拜年。收到乃修贺年片，美籍教授王浩、陈幼石夫妇请柬——约请我们夫妇初六去静安宾馆晚餐。

吴欢章来拜年，赠我一册他编的《中国诗人成名作选》。思和代购来去年十二月号《新华文摘》和本月份的《读书》。

1987 年 1 月 30 日

今天是年初二。上午来拜年的有上外的小谢、小陈和他们外国文学研究所的副所长、乐秀拔、蔡传廉夫妇和长海医院刘教授。午睡后，王熙梅来拜年，他已被任命为上大文学院长。

三时许与敏外出，乘车至静安寺，先到小顾家与耿庸、王戎和他的新夫人、斯宝昶夫妇、小顾一块儿到老松盛（现易名为羊城酒家）。罗洛已在此相候，今天算他们几位宴请我们夫妇。食毕已七时，坐街车到家已八时许。

收到泽甫二哥信。

1987 年 1 月 31 日

今天正月初三。上午来拜年的有蒋孔阳夫妇、蒋医生、小华（图书馆）。移时，沈剑英夫妇、谢天振、秀拔、潘行恭一家四口、蔡国祯、章培恒夫妇——今午约来吃饭的同学纷纷来到。行恭系香港归来，因此也是一次难得的聚会。晚饭仍是上述诸人在秀拔家相聚，这一天在愉快中度过。

我们去秀拔家晚饭时，张廷琛、苏兴良来拜年，都未能相遇。

昨日报载，赵总理在春节会上谈话，说反资产阶级自由化严格限在党内，是指政治思想战线云。

1987 年 2 月 1 日

正月初四。上午去楼上周同庆先生家拜年，周先生"文革"中受迫害神经错乱，已住院半年，和周师母谈起往事，不胜感慨。

午睡后，去苏步青家拜年。他问我接到"反右"讨论会请柬没有，我不知此事。他说原定于一月二十五日在京开此会，因费孝通、钱伟长等人退回请帖，现在大约不开了。从苏家回来后，曾小逸夫妇及德籍进修人员柯韵弦女士来访，拜年。五时多，客辞去，我们家四口去小周家拜年、晚饭，十时许归来。

来拜年的上午有赵博源，他译的山口论张辛欣的文章已在本期《女作家》刊出。

傍晚临出门时，有邓明以来拜年。

收到夏嘉杰和苏大研究生小栾的贺年片。

上午拜年的还有小徐、刘玉莲夫妇。

1987年2月2日

今天初五。上午五十年代同学相继来拜年，有张爵侯、凌云宝、陈秀珠、王聿祥夫妇、吴继耀，午饭时大家一起又吃了一顿年饭。大家坐至四时，章培恒来访，诸人又坐了坐，才一起别去。

收到小林二男、任一鸣贺年片。收到贵州出版社刘总编寄赠的有贵州风光的台历和信。

这两天作为消遣，读外文系朱金和同志赠送的他译的日本森村诚一的推理小说《花的尸骸》，是一部揭露日本黑社会的小说，通称为"通俗小说"；又近似现在中国时兴的"法制文学"，它的来源当属西方的侦探小说，又近似中国清代流行的公案小说。

今天报载了《人民日报》有关反自由化的社论。

晚，袁越来拜年，送来水仙花一枝。

1987年2月3日

天太冷，据说有零下5℃。

下午四时许，我们夫妇与徐震夫妇、徐鹏、余天玲（徐常太夫人）一起坐面包车至静安宾馆，应王浩、陈幼石夫妇之邀，在此欢聚。徐常太在华东医院疗养，也按时到来，陈思和亦按时到此。一桌"复旦人"与王浩夫妇欢宴，气氛很热烈。王浩夫妇虽久居国外，有美国国籍，但到底是炎黄子孙，大家都有共同语言。近九时原车归来，思和在淮海路下车。

收到郑州大学中文系贺年片，题词云："学贯中西好比较，常使晚辈仰其人。"还有饶鸿竞寄赠的贺年片、中国社科院文学所寄赠的《刘大白研究资料》，以及吴奔星来信——他不久将来沪相晤。

还收到香港中文大学卢玮銮女士贺年片。

午睡后，与敏到对门蒋孔阳家拜年，算是回拜。

1987 年 2 月 4 日

未出门。晚饭约小周父母共餐，亲戚往来，一如礼俗。

收到铃木正夫信，他将于三月二十七日来沪查资料，晚上写了复信；也给山口守写了一信，今日收到他寄赠的年历；另外，也给湖南人民出版社的黄仁沛写了信，请他给山口守寄一册《巴金研究在国外》，那里面收了山口的好几篇文章。

杂读《法制文学选刊》文章。

1987 年 2 月 5 日

上午钦鸿自京来访，带来徐迺翔信，他自己也带来他和迺翔合编的《中国现代作者笔名录》的大部分原稿。迺翔信上提出要我为此书和他主持的《中国现代文学大辞典》写序，真是盛情难却，只好勉为其难。他辞去后看了一些他带来的原稿，同时开始拟腹稿。

上午来的还有图书馆的小吕和老潘，图书馆领导班子的人事变动仍未明朗，只好等待。

午睡后，美籍学者王浩、陈幼石夫妇应邀来晚饭，培恒夫妇、思和夫妇先后也到了，在中灶楼上共聚一桌，宾主融洽。因为这个招待食堂尚未正式开张（春节休息），所以除我们这一桌外，别无食客。饭后正门已下锁，由后门走出，又一起到家中吃茶聊天。八时，思和夫妇陪他们回市区，车已事先由桂英约好。

发出给朱立元贺年片，山口守、铃木正夫以及黄仁沛的信也一块儿由敏发出。收到美国马若芬（Josephine Mathews）女士贺年片。

1987 年 2 月 6 日

今天过得平静，几乎没有什么人来。看《中国现代文学作者笔名录》的稿子，准备为它写序，但想得太多，又有无从说起之感。加上这时又发生了"火烛小心"的生活境遇，更加深了写文章的"难度"。

读新到的《文艺报》，登了开除刘宾雁党籍的报道和编者响应的评文。

1987 年 2 月 7 日

天好，中饭后和敏在宿舍周围的马路上逛了一大圈，天冷以来，好久未作这样的散步了。

下午文研所包子衍来电，询问为三十年代"左联"作家一书作序事，他明日下午来访。为此把上午开始写的有关作家笔名录的序文压下，又回过头正式为那本书的序下功夫。晚上总算基本脱稿了。

午时，中文系资料室余世谦来拜年，晚上来的有张廷琛、汪文济（教育出版社编辑）以及钦鸿，后者拿走他的作家笔名录原稿。张廷琛胃出血，为此送他一包奶粉补养。

1987 年 2 月 8 日

天气美好像春天。午饭后，和敏去五角场散步。

今天算把为《三十年代的上海左联作家》一书所写的序定稿，近四千言。

上午包子衍来访，送我他编的《回忆雪峰》一册。晚上来的有苏兴良、朱利英夫妇，后者送了些汤团，因为元宵节就要到了。

1987 年 2 月 9 日

今天未出门，天气仍很暖和。上午桂英抄好有关《三十年代上海左联作家》的序文，下午又一字一句地做了校改。这类文章不好写，必须讲究语法修辞，更不要说观点、论点了，但也不能委身于人，做历史傀儡——要对历史和群众负责，用不用由他，交卷就是。

下午姜德安来，图书馆新的领导人选已定好，我们可以退位了。

晚上来的有金海夫妇。给厦大的庄钟庆写了复信。

1987 年 2 月 10 日

未出门。上午图书馆两个老职工徐六姐等相访，她们在这里干了二三十年，但此次申报中级职称都没有评上，为此不平找我，因此谈了不少"官场"的人事趣闻。晚饭时×××来，也是为她的男女纠纷事。今天接触的三个女同志，都面临个人的前途问题。我虽然是一个要离职的馆长，但他们仍要找我，乞求帮助。

今天由桂英把为上海文学所写的序文又重抄了一份，因为又改动了不少字句。晚上给包子衍写了信，明日将稿子、材料一块儿送给王文英转送，了却一宗事。收到本期《清明》赠刊。

1987 年 2 月 11 日

今天是旧历正月十四，报载虹口北四川路在近期内举办一条街的霓虹灯展。今日晚饭后，虽然天有微雨，仍与敏及桂英搭公共车辆前去看热闹"夜游"。在虹口公园又和小周会合，四人漫步走了半条北四川路，过了横滨桥才往回走。大多饮食店、食品店都开门营业。大约因为天落雨，游人并不多，敏买了元宵、八宝饭，我在报刊亭买了近期的《法制文学选刊》。归来已八时许。

上午王锦园来，午后陈德祥来。收到应锦襄信（厦门大学），邀我参加下月份在福建泉州举行的福建比较文学成立会。

晚翻旧稿，找到去夏在宜兴写了一个开头的《忆东京质屋》的残稿，很想把它写完，以纪念春潮和子豪，但好久未写这类抒情散文，有些笔不从心。

1987 年 2 月 12 日

上午顾征南和他的大儿子、媳妇与小外孙女同来，在此午饭。他的大儿子小锤算我们的"过房儿子"，一家在内蒙古工作，日内将离沪回去。

看了昨天买的《法制文学选刊》各文，据说这个刊物销数七十万。收到赵祖武信，小彤电报——她明天回来。

今日旧历灯节，晚间周围有零星爆竹声。

1987 年 2 月 14 日

昨日因家中留客未记，补记如下：午后，谢天振和小郭陪卢康华来访。卢自苏州来，为调来上海师大任教事，因此，从哈尔滨先到苏州，现在又来到上海，希望经过面洽，把调动的事弄成。他在东北已三十多年，一九五七年划为"右派"，"文革"中又被打成"苏修特务"，也算历尽千辛万苦。我和他们三个一起吃了晚饭，谢等别去，卢即宿此。今日早餐后，他去上海访友。

昨天下午来的有鄂基瑞，他来催为他们编的《中国现代文学辞典》写序。出版社已催他们，我的稿子到了后，书才能付排。晚上来的还有刘琦。

今日午后，中国社科院政治所的薛涌持李辉信来访，李辉并托他带来两瓶葡萄酒，他们在《北京晚报》同过事。

昨日上午，小周夫妇去车站接回小彤，她带来大哥的信和一些吃食。中午我们一家五口加上小瓯共吃午饭，算是又过了一回年。

今日开始看材料，酝酿为《中国现代文学辞典》写序。

收到黄仁沛、高晓声女儿信。

1987 年 2 月 16 日

昨日未记。研究生已纷纷到校，昨日上午吕胜来，晚严锋来。今日上午任一鸣来。一鸣带来她假期拟就的《比较文学辞典》有关中国部分的条目名称。他们都带有父母送我的吃食。

昨晚，上师大陈秀峰送卢康华来，张廷琛亦陪同前来。谈到我后半年访美事，他们说，我如果不去，对方很可能和我们现在的"反自由化"联系起来，还认为我有了问题不准外出呢！——这倒值得考虑。

今日上午校领导（副党委书记宗有恒、副校长庄锡昌、组织部长汪某）同来，就图书馆领导班子事和我正式谈话，已批准我辞去兼职，并代表校领导对我在图书馆这几年的工作表示感谢。

晚上来的有王文英、王宏图，前者将去美伴读。

收到杭行信及本期《女作家》，上面发表了山口守论张辛欣的文章。收到湖南出版社李全安信及新出的《惠特曼散文》一册，在这本书的底面广告上，已登出《勃留索夫日记钞》的广告，署名我与任一鸣译——这在现在几乎成了一个习惯：年轻人出头，必须有一个老头子陪绑，或写篇序文作为招徕手段——这也可以说是一种中国文化所养成的民族心理。虽然关于《日记》署名问题我已当面和编者说好，由一鸣独署，我只作为校对者，但他还是照他的需要写上了。只好再和他商量，破一下陈规陋习为好。这两天在为《现代文学辞典》写序，已写了一些草图，到底年纪大了，写这类文章很难一气呵成，几乎要写上几次，改上更多次，由内容到修辞用语，都得小心再三，才能完稿。

1987 年 2 月 17 日

下午有雨，未出门。上午陈思和来。下午王锦园来。图书馆小张又送来四份职称评审材料。

正在为《现代文学辞典》作序，已有了眉目。

昨天医院通知：戒烟三个月，查肺病。今晚小文医生又来这么说，因此从昨天下午起烟少吃了。

1987 年 2 月 18 日

天雨，又冷了。

上午吕慧芳来，约我星期五上午去图书馆接见美国书商陈华汇和他的经理。图书馆新班子仍未发表，我还得出场。上午来的还有周春东。晚，卢鸿钢来，送来他购到的《文化大革命十年史》，此书一般限制发行，"文革"好像又成为"禁区"——这真是阿Q，因为头秃，"光""亮"之类也列入禁区了。

晚上来的还有金海夫妇。

桂英带回章培恒送我的《禅宗与中国文化》一书，此书不易买到，上次和章培恒谈起，他说请著者葛兆光送一册。

晚上为廖天亮进入《人民日报》，给徐放打了个长途。他说"由于现在的特殊情况，一切都停顿了"，答应去问讯一下。

教育学院袁越下午也来过。他写的《大学城》正接洽由中国文联出版，编者来信说，因为反自由化，一切列入出版计划的书，包括已发排的，都得重新审查。风又刮起来了。

中午余上沅夫人由她一学生陪同来访，在此午饭，由谢兰郁陪吃。张廷琛晚间也来过，与卢康华道别。卢明晨去上海师大讲课，由此即长途回哈尔滨。

1987 年 2 月 19 日

早上，卢康华离此去上海师大讲学，再从这里直接回哈尔滨。

上午校人事处徐处长来访，因图书馆新领导班子还未明令公布，所以关于图书资料系统人员的评审职称工作，我仍然得负责。据他说，在我手里结束这一棘手的工作。

李辉的同事薛涌同志今晚返京，即托他给李辉夫妇带去一信，并把给梅志的信和一些上海食品托他带给李辉，由李辉转交给梅志。

晚上袁越来，送来吊兰一盆，即放在书架上。上、下午都把时间用去翻阅华东师大图书馆送来的三份职称评审材料。

1987 年 2 月 20 日

上午九时，去图书馆接见美国费城科技情报公司高级副总裁芭妮·珞拉（Bonnie Lawlor）女士以及她的陪同人员陈华江，陪同我接待的有副馆长吕慧芳及馆内各有关人员。接见完毕后，小吕领客人参观，我先退出，正好中午下班在楼下和门外路上碰到馆内人员，我好久没来过了，大家纷纷围上来打招呼，说我还不能完全脱开，还要当顾问、名誉馆长。有一个小姑娘说："我梦见又发生了'文化大革命'，你又被揪出来了。"反映了"反自由化"以来人们的心理反应。

中午由我出面，在九舍五十一号宴请美国客人，作陪的有上海对外科技交流中心的干部韩光明等二人，小吕也同座。饭后，客人乘车回去。到家，思和已在候了，他来校听下午的传达报告。敏说，王锦园在我外出吃饭期间来过，送来《西方早期比较文学论文选辑》全部译稿。

晚图书馆曹宠来访。收到格罗斯曼夫妇贺年片、本期《复旦学报》。晚，继续写《现代文学辞典》序，这仿佛是一个泥潭，很难插足。

1987 年 2 月 21 日

今天晴朗未外出。

早上姜德安来，拿走我签名的发给图书馆两位在美国攻读图书馆学的同志的信。近十时，范泉来，送我茅台酒一瓶，并在此午饭。傍晚，谢天振、陈秋峰、张廷琛先后来，陈送来新出的《华东比较文学通讯》（第一期），留谢及陈在家午饭。

下午来的还有在日本庆应大学读学位的外文系日语教师胡志昂夫妇。

收到山口守信,他介绍巴金的老友吴克刚到上海后与我相往还。他从台北回上海定居,也是八十开外的老人了。

1987 年 2 月 23 日

前夜写《中国现代文学辞典》序至深夜三时,总算基本定稿。上午睡至九时,被来客打断,不得不起来。午饭后又睡,睡至三时又被喊醒,《修辞学习》编辑部的彭嘉强来访。睡眼蒙眬下,只好应其所请,用毛笔为该刊写了个题词,抄自《孟子》,曰:"言近而指远者,善言也。"应景。

今日上午去工会,参加校学科评审会。今天开始看报审材料,计二十三份,但名额又比原先缩小了——两个系(中文、历史)加上古籍、留办四个单位,正教授只有四个名额,副教授十一名额。下午看完送来的材料,没有陈思和材料。经问讯,作为组长的章培恒打电话问人事处,说是原来林克讲的话不算,经校领导小组决定:未送来材料的人员,只有等投票表决后不能满额,才作为遗留问题处理。实际上就是又自我否定了。而且这个学科评审委员人员,也有变动,两个系的主任都参加了,真出乎意外,这只能说是加强领导或控制了。知识分子的命运,就永远是一个未知数。

中午《文汇报》编者陈志强,在他的同学田南帆陪同下来访,要我为今天开始上映的电视剧茅盾的《农村三部曲》写一篇评介文章。

收到本期《艺谭》及《文科通讯》赠刊。

中午来的还有王锦园,苏大的刘珏——她持伯群信来,为她介绍去上图查书。

晚,唐金海夫妇来。

1987 年 2 月 24 日

未出门。上午又把手头这篇《序》校了一遍,下午由桂英抄好,算是完成一桩事务。

晚上,三个研究生来(吕胜、廖天亮、任一鸣)。廖明天去京,给大哥带去一信和一些上海礼品与食物。

下午来的有研究生谢长安,他从长沙回来,说是湖南出版社因译出《查泰莱夫人的情人》(印了五十万册,卖掉九万册,余收回销毁)总编朱正已作了检讨云。他要访赵家璧，给他写了一封介绍信。

上午来的还有王东明，他送来要我填写的列入"七五"规划的那部《关系史》的合同书。和他谈了匹克威兹写的论瞿秋白和中国马克思主义文艺理论的书，他说此书颇有新的见地，对瞿的思想深层作了剖析。这些年来，我们研究鲁迅的这些代表人物，总是简单化地把他说成由革命民主主义入到马克思主义，或由进化论进到阶级论，实际上离开了出生和教养他们的中国文化土壤。只用外国的思想概念来概括，实际上没把问题说清楚，仿佛中国知识分子身上只有外国东西似的，但这个思维模式却是早成为定式的。

1987 年 2 月 28 日

今天是本月最后一天，三天未写日记，现在补写，也不复能记忆了，只好把刚过去的一天——昨日补一下。

昨日上、下午都在工会参加学科的职称评审会，下午四时前投票结束。由于僧多粥少，指标远不能反映实际情况，身为评审者，只好"挥泪斩马谡"，按指标的硬性规定划圈，这真是一个吃力不讨好的得罪人的差事，也是无可奈何的职责。今天下午又去图书馆参加这一系列的职称评审工作，我虽已辞去馆长职务（迄今尚未明令公布），但仍负责这一系列的评审工作。这里矛盾很多，因此，庄锡昌副校长和人事处的小王也参加了今天的会议，由他们向委员会解释评审要求，更为合适。

昨天中午思和来，在午饭时，柯文辉偕女儿和他的一个学生来访，一块儿吃饭。古籍所的李庆也在这里。

昨日收到伯群信。今日收到南京师大寄赠的《文教资料简报》近期。

这两天酝酿给《文汇报》写评电视剧《农村三部曲》（茅盾作品改编）的文章。为此，昨日着桂英借来一册茅盾小说集，又把三个中篇看了一遍。编者昨日电告，下礼拜二下午来拿稿子，只得努力一下。

今日下午刘珏（苏大）爱人拿去代她借的五种通俗小说，她在上海家中度产假，便中为伯群的中国通俗小说研究工作做些史料搜求整理工作。

1987 年 3 月 1 日

　　今日开始戒烟。现在已晚上近十时，仍未抽过，吃了些瓜子，但预备写的文章仍未能写出，感到混乱、空洞。但还得努力写，因为编者后天下午来拿，为此，田南帆中午特来关照了写法——结尾处谈改编问题，引起讨论。

　　晚，扬州师院的研究生张静河来辞行，他来此和杨竞人改了关于敌占区文学的译稿。

　　下午曾小逸来，带来乃修托他带的信和两盒北京茯苓饼。

　　晚，任一鸣来，为她去上图查书写了个介绍信。晚，金海夫妇送来代购的新式煤气取暖炉，并代为安装好。

　　下午看完小田送来的使《人民文学》受到处分的小说。

1987 年 3 月 3 日

　　昨日未写日记，为了给《文汇报》写评《农村三部曲》电视剧评文，写到下半夜二时，共三千字。从一号起戒烟，两天一个字写不出来，晚上又吸了五支烟，才写出文章。今日着桂英抄好，等编者来取。

　　中午思和来，谈编我的《文集》事。下午二时去图书馆和干部与新派来的馆长开会，由副校长主持，我应邀讲了话，感谢大家三年来的支持，从此作为一个馆长就拜拜了。

　　中午来的有王祥、陈德祥以及孙振民同志。傍晚，图书馆小秦陪他的一个朋友来访，要我为他的出国推荐信签字。

　　收到冀汸信。

1987 年 3 月 4 日

　　未出门。平静地过了一天。读了终刊号《中国》上丁玲关于在南京囚禁生活的回忆文章。这位老太太一直到晚年仍然怕人们对她这段生活经历留下误会，所以作为她生前最后的一篇文章，竟仍是这个题材。

　　晚，张廷琛、刘琦来。收到卢康华回到哈尔滨后的来信。

　　昨日下午，上海书店的女编辑来还书，听说王若望以刑事罪被捕云。

昨晚，《文汇报》小陈由小田陪同来拿去我为茅盾作品改编的电视剧写的评文，约三千字。

1987 年 3 月 5 日

中午苏州铁道师范学院教师甘建民持景尧信来访，拿去二包《通讯》。

午后去图书馆看职称评审材料，名额有限，僧多粥少，真是"巧妇难为无米之炊"了。

收到梅志信及本期《新文学史料》。又收到景尧信（由邮路来）。

上午写好为图书馆让宏模职称鉴定评语。

《文汇报》陈志强托人送来我的那篇读电视剧《春蚕》的小文校样，他们作了一些削改，我又改正了几个错字，明日送回。

1987 年 3 月 6 日

上午写好为师大图书馆一位职工的职称评审材料。晚上还得写两位的材料。

晚，殷海国来，天下雨了。

收到上海《学术月刊》社请柬。

下午参加学报召开的本科生导师会议，思和与我同去，会后一块儿在家晚饭后辞去。

1987 年 3 月 8 日

昨日忙了一天，到晚上回来已精疲力竭，所以没写日记。现补记如下：

早八时，由第二教育学院车接到一舍朱东润家，参加该院中文系教师职称评审工作，被邀请的除我和朱东润外，有潘旭澜及华师大的钱谷融、上海师大的许先生。中午即由该院在中灶楼上宴请，午后继续开会。至四时完毕，又赶到图书馆参加职称评审，至五时许归来。

今日未出门，在家读上海大学送来的评审材料——长篇小说《从前，当我年轻时……》，作者施燕平是个老编辑，已六十多岁，要评副教授。

晚，吴欢章来。

今天礼拜，收到徐迺翔信。

下午三时后，上海外语学院日语系主任陈生保夫妇来访。他的夫人张青平在本校国政系教日文，张将于后天去日本，到东京大学进修比较文学。他是该大学客座研究员，给他带了两册 *Cowrie* 转送日本比较研究会，又带了两本《通讯》。他要了一份复印的我前年在学报上发表的论中国比较文学的文章和我的一张照片，以便在日本介绍。他们送我一册他们夫妇合译的司马辽太郎的小说《丰臣家的人们》。

1987 年 3 月 9 日

未出门一步。天仍寒冷。读施燕平小说稿。中午童炜钢来，送来登他论文的本期《花城》。本期《花城》原在《文艺报》登过广告，有王若望小说，为此，又重新抽去，重排了一次，所以出版迟了。《中国大百科全书》的《中国文学》卷，因载有刘××的条目，印好几十万册，不准发行。还在按老规矩办事：某人受到点名批判，从此从历史地平线上消失，好像他就没出生过一样。我也是过来人，想不到历史总是反复重演，中国也只好停滞不前。昨晚阅本期某报，载有苏联现任领导讲改革的长文，他说社会主义社会要扩展民主，讲人权、人道主义、尊重人的人格和价值。同期报上说，苏联文艺电影界又开始"第二次批判斯大林"。

上午陈德祥来，为他工作事。下午给梅朵打了个电话，他说，"到报社工作是浪费时间、生命……"又给高文塿打了电话，请他问《新闻报》。

午睡后，看了《花城》上肖复兴的中篇小说《四月的归来》，很有生活气味。青年作者对生活认识深入了，有了自己的思考和评价，这就是历史前进的现象，令人喜悦，充满希望……

1987 年 3 月 10 日

上午到图书馆开中级职称评审会，投了票，圆满结束。

晚，写好上海大学施燕平的职称评审材料。

中午思和来，购来《知堂书话》，又收到高晓声女儿代购的《文化大革命十年史》。收到香港中大新亚书院由院长林聪标签署的"明裕学人访问计划"邀请信，约我们夫妇去那里进行学术交流二周。又收到"美国全国科学院美中学术交流委员会"北京办事处负责人苏迈德教授（Dr. Richard P.Suttmeier）邀请信、莫贵阳请我去贵阳参加学术职称评议会信及黑龙江省委党校冯前明信。

下午来的还有吕胜与外文系德语班毕业同学何乐群。何分配在上海国家安全局工作，打算考我的研究生。来人还有刘琦、苏兴良。

中午外文系资料室张老先生来，请他代还英文本《文学的中国理论》一书，借来三年了。

1987年3月11日

下午和复旦同仁乘上海《学术月刊》社派来的车子，在文艺会堂参加该社成立三十年纪念会。在此遇靳以的小女儿，她就在社联工作，嫁给孔罗荪的儿子孔海立。相谈甚欢，我把会上发的点心送给她的小儿子。五时许归来。

中午周春东来，代借来好几本有关现代文学流派论文的刊物。晚，兴良与修电视的小王来，代安好天线，来的还有金海夫妇。收到王克强信。

1987年3月12日

天雨。下午到工会参加党委召开的理论座谈会，到会十人，都是文科各系五六十岁的教师，以我年事最长。题目是"反自由化"问题，大家都作了发言，我也谈了中外文化关系这个题目。在座的教师，大都是在传统教育下长成的。

中午张廷琛来。晚给校领导写了个报告，为到香港申请护照的事。

1987年3月13日

下雨。晚在学校看了《芙蓉镇》电影，情节与小说大有改变，小文夫妇陪我们。电影完场后，又碰到刘新康，一块儿到家，她到十二时许才离去。中午王戎夫妇来，在此午饭。

1987年3月14日

昨夜刘新康来说，大门已关，所以晚上宿此，今早离去。

收到廖宗宣信，并附来我为昌东小说所写的序文校样。他已到沪，日内来取校样。中午即校此稿，傍晚秀拔来，又校了一次。

下午陈允吉来。晚，分配在江西出版社的毕业生朱光甫来，他来沪组稿，将黄川所译捷克女汉学家论郁达夫的译稿交他带去审阅。

收到羊云赠送的《覃子豪诗粹》（李华飞编）及文学所赠书《郭沫若研究资料》（上中下三册）。收到艾以信，我为他写的那篇序文，又由他家乡《浙江文艺》再次刊载。昨日收到华师大汤逸中信，约我参加他们编的现代文学作品选的审稿工作。

1987 年 3 月 15 日

礼拜天，未出门，天好。

上午开始为伯群书作序。

午睡后，高文塚来访。四时许，思和、小逸夫妇和柯韵弦女士先后来，以上诸人即在家晚饭。柯女士系西德波恩大学博士生，跟我进修，下午将返国，晚饭系为她饯行。

给她写了两封介绍信给王元化和何满子，她希望能访问他们二位。

1987 年 3 月 16 日

未出门，阴有小雨。

午后，王锦园领他的同学龚志成来访。龚报名投考蒋孔阳博士生，请我推荐。他现在政法学院教语文，业余从事翻译，今日送来他译的《蝇王》及刊载他介绍尼采的《书林》一本。

陈衡粹来，送来长江文艺出版的《余上沅戏剧论文集》，我曾为之作序。晚饭后，由她的保姆接回。

收到《文汇报》小陈信及几张登我文章的该报。收到长江文艺出版社寄赠的余上沅的戏剧论文集一册。

1987 年 3 月 17 日

未出门。上午上海大学中文系吴欢章、于成鲲、殷仪相偕来访，约我五月去该校讲学。王锦园来，为去香港访问事，学校又要我填表，其中一个栏目，是"上次出国表现"，即说明了一些情况，请小王代填交。

思和中午来，在此午饭后适鄂基瑞来，他说，我为他们的辞典所写的序，出版社认为与他们的"后记"有重复处，请我增加一些有关新文学运动概况，再删去一些与他们重复的内容。他请思和代我增删，等于给他加了一些麻烦。

下午卢鸿钢来，要我为新创刊的《新闻参考》题词，即用钢笔写了下列几句话："开拓思维空间，沟通学术信息，为繁荣社会主义文化而努力。"

仍在继续为《流派述评》写序文，原稿又觉得太长太啰唆了，还要大量删改才成。

收到卢康华寄来的《导论》三册。收到苏兴良送来的朱金顺赠书——他的新著《新文学资料引论》。

收到景尧爱人小肖信，他们代找保姆事弄不成，只能另外托人了。请保姆问题，已成为一个社会问题，连外国报上都谈到中国存在的这个社会问题了。

1987 年 3 月 19 日

昨日未记，补记如下：上午杂读。午睡后与敏到五角场一游，小周找来，买了几个包子回家。

今日上午写好范伯群书的序文，算是基本定稿。晚饭时，秀拔带来酒菜，和我们家人与章培恒共饮共食。我拿出苏格兰威士忌共饮，有些醉意。八时许，他们辞去。

昨日晚间小瓯送来温州出版的地方人物志，其中有施昌东条目。

1987 年 3 月 20 日

今天总算把伯群托写的序写成定稿了。傍晚，景尧自苏州来，希望能托他交卷。由于他的到来，又找来了张廷琛，在此饮酒聊天。景尧晚即宿此。

中午北京出版社廖宗宣来访。他来上海开会，约来思和一块儿吃了中饭，他谈了北京的一些见闻，发人深思。昌东小说序文校样，即交他带回。

下午来的有三个本科生，我算他们导师，和他们谈了学习态度和要求。严锋晚上也来过。

蒋孔阳晚上来，送来他新印的一本美学论集。廖宗宣送来近期的两本《长篇小说》。

中午来的还有王锦园。午后来的还有吕慧芳（图书馆）。

1987 年 3 月 21 日

天雨，未出门。景尧午饭后回苏，托他给伯群带去一信。晚饭后陈宋惠自常州来，晚即宿此。

今天桂英抄好《社团流派》序文，晚上又作了一些修改，即托陈宋惠明天回常州过苏州时带交伯群。又给高腊英写了一信，也托他带到常州，同时带上十二元，偿还腊英为我代购两部写文章的书所花的钱。

1987 年 3 月 22 日

昨夜桂英抄好为伯群书写的序文，又作了些校改，所以到二时许才睡。宋惠早点后辞去，即托他路过苏州时把文章交给伯群，算又完成一个"任务"。

早上八时许被唤醒，颜海平父母来访，带来海平给我的信，她为写博士论文的选题征求我的意见。午睡后又被喊醒，鲍邃和长海医院的瞿军医夫妇来访，聊了两个多钟头，他们一同辞去。

收到本期《批评家》赠刊。

今天礼拜，下雨。现在敏去包馄饨，家中只有我们两个老基本——小彤去市内听音乐，桂英夫妇午饭后回婆家。

1987 年 3 月 23 日

下雨，未出门，杂读小说。

午睡时，新闻系老毕业生王春燕来，送来一包苏州点心而去。

晚，廖天亮来，他刚从北京回来，说是大哥在病中。

晚，伯群自苏州来电话，说是去贵州时间定在五月五日至十五日之间，为此晚间给莫贵阳写了一信，明天航空发出。伯群二十七日将来沪。

1987 年 3 月 24 日

今日放晴，上午给外事处通话，为铃木正夫订好专家楼房间。思和中午来，买来本期《新华文摘》。午饭后，研究生王宏图、严锋、林利平、任一鸣先后来，就《中外现代文学关系史》的编写问题以及他们工作进度进行了交谈，至五时毕。×××此时来和三个一年级研究生谈话，强调"管理"。此君也是个"走捷径"的人物，希望在政治上建立功业。

晚，廖天亮来，谈他的工作问题以及做人和治学。

收到两期《西湖》赠刊。

1987年3月25日

天好。早饭后，苏大徐斯年、黄镇伟同志持伯群信来，即托中文系小余给他们安排好住处，并又给上图写了介绍信——他们下午去那里查阅通俗小说材料。伯群二十八日再来。他们走时，长江文艺出版社的副总编陈东华和干部孙国光来。陈原系新闻系五四年学生，我教过。他们送来一堆书，并拿来一部他们编的《现代爱情小说选》要我写序，只好答应。午饭后别去。

下午四时许，廖天亮陪昌华来，李将调回扬州师院，晚饭后辞去。

收到梅志寄来的《文汇月刊》二月号，仍连载了她的《胡风传》。

敏早上就去参加选举，她要担任检票工作。十一时回来，就忙做饭，所幸周春东帮了些忙。晚饭时，小周回来了（桂英生病），又由廖天亮帮忙弄好晚饭。家里没有保姆真不行，敏为此一天忙得团团转。

晚，吕胜来。

1987年3月26日

上午范泉来访，带来艾以赠我的文集《艺海一勺》，我为它写了序。范日内将回西宁，他还兼任那里的师大教授。他答应为我们在西宁找一个保姆带回上海。新闻商业系传达邓力群关于"反自由化"讲话，说是搞"自由化"的有四种人：1. 高级知识分子；2. "五七年那批人"……

下午，满子夫妇偕《文汇报》的谢蔚明来访。谢系《结婚十年》的作者苏青的女婿，他说，一九五五年苏因和我有通讯关系，被关押一年半，放出后孑然一身，三年前死去，身后萧条，火葬时送葬者只有家属云。一九五六年我在监房听广播（监狱系统放送）说，苏青节省囚粮上缴，为国家节粮是改造认罪表现云，当时才晓得她已被捕，但认为她在敌伪时红极一时，社会关系复杂，想不到却又由于受了我的株连，实在歉然，怅惘不止。

小周陪我去专家楼看望金子文夫夫妇，他夫人在室，金子到公安局去办理离境手续。他们将于二十九日返国，给他们送了些礼品存念。

晚，沈永宝来，送来选民证。

下午史宝金来，送来《中国人名辞典》中有关我的条目的打印稿和一份补正表格，即补正了一些必须见之文字的材料，晚上由小周抄好签字。

今天开始动手为徐编辞典写序，边看一些材料。

今天天晴，但仍寒冷。

1987 年 3 月 27 日

中午思和来，未遇。我此时送敏去车站，顺路到校新华书店买了三本书，贺麟的《黑格尔哲学讲演集》、巴金的《病中集》以及《近代来华人名录》。回家一看，后两书都重复了。五时思和开会回来，在此晚饭，即把《近代来华人名录》送他。他为我买来本期《读书》和《知堂杂诗抄》。他说，今天陈允吉找他正式谈话，关于申请副教授事，材料退回来了，要他安心工作。这大约也与"反自由化"有关，知识分子又成为眼中钉了。此次评职称一再压缩名额、改变政策，也反映了这个"新形势"。

晚六时，铃木正夫来，正好田南帆一家在此，即请小田送他回宾馆。

1987 年 3 月 28 日

天雨。上午金子文夫夫妇来辞行，他们明日回国。伯群来，中午即在此午饭，由徐斯年、王祥作陪。午后三时，伯群来，萧斌如陪日本友人中岛利郎持孙立川信来访。中岛系《咿哑》负责人，这是一个专门介绍中国文学的杂志，他送我好几本，即将其中论通俗小说者三册送伯群。中岛四时许辞去，他明日去南京，二日回国。

晚饭，由伯群做东，在中灶楼上请萧斌如，我们全家五人作陪，同食者还有苏大徐斯年、黄镇伟。晚上从食堂出来，又来家坐谈，至九时前后辞去。

收到上海图书馆赠书《周作人论》《郁达夫论》《桥》（废名著）、《流言》（张爱玲著），湖南人民出版社赠书《蒙田散文选》以及伯群赠书（他和华鹏新出的《鲁迅小说新论》）以及《苏州大学学报》本年第一期（刊有山口守文章）。

晚上来的还有小朱（把我腿碰伤者）一家三口。

1987 年 3 月 29 日

天阴。礼拜天。午睡后由小周陪同到中灶入浴，在此又遇秀拔。晚饭后，我们夫妇由小周陪同去看望了铃木正夫，在此遇陈子善。因王文英在家，接桂英电话后返回。王文英带来朱立元信，她将于四月初间去美。

1987 年 3 月 30 日

上午徐酒翔一学生来访，适苏兴良在座，徐托复印庐隐的《女人的心》，已由苏兴良办好。中午周春东来。晚铃木正夫来。

收到北京大学信、吉林社科院文学所李士德信。

1987 年 3 月 31 日

上午，伯群来，谈他的通俗文学编辑工程。移时，中文系的陈允吉、王锦园、林之丰、于东元同来看望伯群，他们通知我下礼拜一白先勇来校，由我参加接待座谈。他们辞去后，思和下课后来，在此即与伯群午饭。饭后，一时许铃木正夫来，思和相见后，又由桂英领铃木到中文系查资料。晚饭由我家在中灶设宴请铃木及伯群和苏大二位同志，作陪的有培恒、秀拔。饭后一块儿到家，铃木已醉，由小周送他回宾馆。应必诚夫妇、吴欢章、叶易先后来，至九时许诸人分别离去。

收到北大出版社寄赠的《中国现代各流派小说选》（四册，严家炎编选），《七月派小说》中收有我的一篇《理想主义者》及"作者简介"。收到本期《复旦学报》，收有我的为《中国现代文学研究译丛》写的序文及六十四元稿费。收到暨南大学寄赠的《比较文学通讯》一册。

1987 年 4 月 2 日

昨日未记，年纪大了，现在回忆又想不起什么来了。昨夜枕上读×××长篇小说，觉得算是传奇性小说，作者好像在茶馆说书，实在华而不实。

今日上午，伯群和他的两个同事来辞行，他们中午返苏州。午睡后和敏外出，先到校内剃了个头，买了只塑料桶，又拐到五角场买水果，遇陈鸣树爱人，送我草花一盆，放在桶内提回来。到家时，张禹与三个客人来访，他自合肥来。三个客人中其中一人是湖北大学教师，他说曾卓遇到了麻烦："反自由化"以后，他因传达了作代会关于创作自由发言，现在运动又起，那些"运动根子"又借此攻他；姚雪垠被派到武汉，要每人表态等等。这情况在情理之中，"还乡团"是会抓住这个时机反攻倒算的。

傍晚铃木正夫来，他明日去作协查资料，为他给艾以写了封介绍信。在五角场书摊上买《人本主义研究》（［英国］C.S.席勒著）及《法制文学选刊》一册。

1987 年 4 月 3 日

　　下午徐俊西来，送来他负责的《上海文论》创刊号。晚上读思和发表在该刊上的论巴金的《随想录》的长文，觉得是一篇很有深度的文章，它概括了解放后三十多年来在"左"的波涛中打滚的旧一代知识分子的心态，他们的精神悲剧。这篇文章也反映了新一代知识分子的觉醒力量，这正是中国希望之所在。

　　午后思和来，坐了一下就去开会。晚饭后张廷琛来，他自泉州开会回来了。晚接到王水照先生电话，日本大学的两个教授明日上午来访问我——五十多年前我曾是那里的一个学生。为此又和任敏商量，准备些饭菜待客。

　　后日"四五"，天安门事件纪念日，学校放假一天，小彤与她的同学今日下午动身去苏州旅游了。

　　学校师资科转来美国国家科学院为邀请我赴美开会致谢校长信，校长已作了批示，如果我决定去，路费学校研究，并附信发来要填写的出国表格。

　　晚上来的还有研究生林利平、廖天亮和苏兴良。

　　今天天气转暖，一天未生炉子。

1987 年 4 月 4 日

　　上午王水照先生陪同日本大学访华团今西凯夫、丸山茂二位来访，同来的还有王先生的进修生保苅佳昭。今西等二位都在日本大学教中国文学，他们带来日本大学文理学部给我的二件礼品以及我在日本大学时尚在担任助教的老师马场明男教授的亲笔信及近照。马场先生已八十一岁高龄，信上说，他战后作过日本大学社会学科的主任教授、图书馆长，现已退休，在家读书；他的孙女本月来华学习中国文化，要求照拂云。信开头说，由于战争关系，彼此不相问已越半个世纪以上了。即留他们晚饭，又由今西先生照相留念，即托他给马场先生带上回信及我们照片三张（一张为一九三六年在日本求学时所摄）以及宜兴茶具一套，送给日本大学文理学部花瓶一只，并给日本大学图书馆、今西、丸山先生各《小说选》一册为念。饭后，他们辞去，明日即回国。

午后思和来，送来代草的序稿。他今天来本来是为了去看望铃木正夫，但他进门不久，铃木即来访，所以就不去招待所了。和铃木约好，明日上午在家午饭，即由此乘车去机场。思和在此晚饭，适分在第二教育学院工作的他的学生（去年中文系学生）宋炳辉来访，就一起吃晚饭。

饭后，景尧自苏州来，晚，即宿此。晚间来的还有中文系本届三个毕业生，约好为他们班题词。

晚，为铃木先生用黑笔题词二句：

"苏世独立，横而不流"（屈原《九章》）。

1987 年 4 月 6 日

昨日事情，补记如下：

中午，铃木正夫来，在此午饭后由桂英夫妇送他到机场回国。晚写好《爱情小说选》的序文——思和的稿子，我改动了一些增添了一些，尤其关于张资平的评论。

小彤晚十点自苏州旅游归来。她在苏州买到巴金的五本《随想录》，临睡前，我读了《无题集》中的一些篇章。

今日未出门，上午又细改了《爱情小说选》序中的一些字句。

午后，谢天振来，他自泉州开会回来，带来两包当地土产。据说，中央已发表第八号文件，推翻四次作代会的内容。

收到应锦襄信、马蹄疾信。

读《上海文论》各文，这个刊物很有声色，没有官腔八股。

1987 年 4 月 7 日

天微雨。午睡后，与敏一块儿去南京路配眼镜，好久不来南京路了，趁此在铺子里转了转。走到河南路，在一家无锡人开的面店各吃了三两面，坐街车到家已六时许。

收到襄汾县编《古城镇志》的通知，要我开列履历寄他们。

晚上，校好《五四爱情小说选》序文，同时给陈东华写好信，明日发出。又给上海教育局长袁彩写了信，为书龙调工作事，这是上午接到剑英

247

电话行事的。

晚上来的有吕胜、陈德祥。

在街上小店购得《日瓦戈医生》一册。店员说，只卖剩这一本了。

1987年4月8日

天还是阴的，午睡后和敏与小彤外出散步，兼去小吃站买酒菜，结果冒雨而回，但牛肉却买到了。

上午白先勇由陆士清陪同来访，他已五十岁，现在美国加州大学柏克莱分校任教，此次应邀自美国来沪。他将在沪居留一个月。他说，他十一岁时离开上海，现在回来看看，他们旧居还仍然如旧，街道也没什么大改变。我劝他回去写一本书，题名就叫《燕归来》。他说一九五五年那一大案，外国有人专门在研究。一个文人式人，毫无纨绔子弟的那种"高等"习气，坐谈了一个多钟头，无拘无束。

晚上来的有图书馆小阙（女）。

前接辽宁社科院文学所马蹄疾信，他们将编《回忆胡风》一书，征稿于我。今天桂英将前年写的《悲痛的告别》一文，又复印了一份，晚上写了信，明日挂号发出。

收到孙桂森信。

晚，开始校阅任一鸣所译勃留索夫诗，将她写的译者前记，作了一些增改，又加了一段关于英译者的介绍。

下午来的有王宏图。

1987年4月9日

天晴好，像春天的气候了，午睡后换下棉袄。

晚饭后，来客如云：有两个本科毕业生，拿走我为他们毕业班写的题词。龚志成来，送来本期《书林》，那上面刊了一篇他论汤因比《历史研究》的文章；他译的尼采，现在出书困难了，上面已明令出版社，尼采又被列入"禁区"。小田与《文汇报》小陈来，听说《光明日报》点了不少人的名，禁区越来越多了。大家都感到下笔难，看形势，似乎又要回到"舆论一律"的时代了。人们只好静坐以观。

秀拔也来了。他们纷纷离去后，廖天亮来了，他的工作问题，《人民日报》仍未落实。

收到海峡出版社寄赠的《中国现代文学参考作品选》（第七册）一本。

晚，王文英来过。她将于十一日赴美，为此，趁机写了两封信（朱立元、颜海平），明日着桂英送给她，托她带到美国。

1987 年 4 月 10 日

天雨。中午思和、王锦园来。思和为我买来一册《弗洛伊德美学论文选》。

读了一些五六十年代被打成"毒草"的小说，如《小巷深处》《陶渊明写〈挽歌〉》《杜子美还家》等。现在的形势下读起来仿佛还能听到那些狼嗥似的批判、斥责的喊声，这种声调好像又回到现实文化生活中来了。

晚，为白先勇去苏州、扬州访问事，给伯群、华鹏写了信。

读《学术月刊》上思和的《中国新文学发展中的现实主义》，是一篇有见地的力作。

1987 年 4 月 11 日

天阴，下午转雨。这一个时期的自然气候正像中国的政治气候那么动荡变幻，使人感到压抑。

早八时，华师大汤逸中用车接我与潘旭澜到该校参加钱谷融主编的自学用《中国现代文学作品选》的审稿工作，这是教材必须有的程序。参加工作的还有丁景唐。中午该校设宴相待，同席的还有许杰、徐中玉。我也照例讲了一通，签好字。下午四时，该校出版社小叶同志送我到家。

会上收到陈子善的两本赠书《周作人杂诗钞》和《回忆郁达夫》以及华东师大出版社赠送的《明清人情小说研究》。该校出版社还送每个审稿者大洋五十元。

收到乐黛云信、范培松信——他要我为他的报告文学论著写序。

晚，廖天亮来，他到《人民日报》工作事已得到该报的正式回复，算解决了。

1987 年 4 月 13 日

昨日未记，也没什么大事，整天在家。今日放晴，中午，王锦园来。

晚，博士研究生小陈和安徽大学小石来访。

白天看廖天亮学位论文。因为明日下午要参加白先勇的报告会，也看了一些有关材料，做些准备。

收到范泉信，晚上写了复信，又给王志强写了一信。

1987 年 4 月 14 日

全日在家。天晴，仍然很冷。晚饭中文系在九舍五十一号宴请白先勇，我参加作陪。

收到赵博源信。晚，谢挺飞来。中午，思和在此午饭。

1987 年 4 月 15 日

未出门，亦无事可记。这几天有点精神恍惚，什么也不想干，只是读点小说、杂书度日。

下午，吕胜的同学——本校德语系毕业同学（在安全局工作）来访。晚，廖天亮来。

收到王志强信及稿。

1987 年 4 月 16 日

未出门，只是晚饭后散步到第七宿舍，与敏和小彤去看了小毛头一家，又顺路去了小田、小文夫妇家里坐了坐。

下午，本校外语系日语组教师庞志春带了日本留学生马场美智子、石井和代二位女士来访。马场即马场明男的孙女，她持她祖父的名片来，她祖父正是五十多年前我在日本大学读书时的教授的助教。前几天，日本大学的今西先生带了他的信和照片来访时，信上已托我关照他的孙女了。美智子现在上外学习，她的好友石井则在复旦，和她们照了几张相，她们才告辞了。

晚上陈衡粹大姐着她的学生胡君（画家）来拿余先生的书，给她写了回信，一并托胡君带给她。

今天看廖天亮毕业论文。晚间陈德祥也送来他的论文——关于李劼人的《大波》等的版本问题研究。

1987 年 4 月 17 日

看好陈德祥论文。

下午苏大王尧来，带来孙景尧和范培松信，请我为他们的著作写教材奖评语并带来评审费一百二十元。

晚饭时，日本留学生高桥智、浅野及古籍所的李庆、邵毅平和谢长安一块儿在家晚饭。高桥自东京归来，带来清酒一瓶，大家一块儿喝光。

1987 年 4 月 18 日

上午为苏大的四本教材写了入奖评语。下午为外国文学译本书目与三个研究生（吕胜、廖天亮、任一鸣）和兴良开了个碰头会。

下午韩云涛派他外孙（一个十二岁的小女孩）和她的同学来看我们。韩为留日同学，韩侍桁之胞弟，不相见已三十多年了。今天来的小女孩的母亲，我们见到时还是一个四五岁的小女孩，那时她已丧母，与父亲相依为命，任敏曾给她缝了一件棉袄。所以，今天来的小女孩说她妈见过我们，使我想到这些三十多年前的事情，敏已经无所记忆了。

晚上给范培松、孙景尧各写了一信，后天连同四份评审材料托专程来沪的苏大教师王尧带回。又给深圳大学乐黛云写了一封复信。

下午开会后，托吕胜为我填了两张申请去美国开会的表格，先报上去再说。

收到凯林信。

1987 年 4 月 19 日

礼拜天，暖和起来了。大部分时间读贾平凹的小说（发表在《收获》上的），听说市委书记对它作了严厉的批判。当前形势，作家又面临严峻的历史考验，中国又回到了一种微妙的历史关头。

收到本市外语学院在日本东京大学进修的陈生保教授来信，他拟把我那篇《中国比较文学研究的过去、现在与将来》译成日文，刊登在东大的《比较文学研究》上。

晚，廖天亮来还书。

今天过得比较清静。下午和敏去看了陈子展，他今年九十大寿，敏送他宜兴陶瓷、寿桃、花瓶一只为念。

给乐黛云发出一信。

开始为范培松的《报告文学春秋》一书写序文。

1987 年 4 月 21 日

昨日未记，可记者，是连续读完了贾平凹的长篇《浮躁》。今天听思和说市委领导又对它批了一通，真是念念不忘了。

上午牛汉由包子衍陪同来聊天，他来沪组稿——他又回到《新文学史料》，还有他一个同事黄君陪同。思和下课后也来了，大家吃了午饭，三时后离去。

收到吴宏聪信，他约我下月中旬去广州开会。收到四川文艺出版社赠书《艾芜研究专集》。

晚，张廷琛来。

1987 年 4 月 22 日

未外出。为几个序挤在一起，真是弄得寝食不安。今日又决心先把《中国现代文学大辞典》的序写成，已经过期了。

下午任一鸣来。和她谈话，算是上课。她译的勃留索夫的二十一首诗，我把她的《译者附言》作了些增改，又由她重抄了一下。谢长安下午来，他将去长沙，即连同一封信托他带给彭燕郊。一鸣还给我带来李全安托她转我的信，谢长安还要我写封给南大陈瘦竹的介绍信，以便他过南京时访问。

收到我曾签字推荐她去美国留学的周励来信以及附寄来的她和纽约市长的合照。她信上说，已和朱大路离开了，现嫁给一个德国人。她自任"美中国际贸易公司"副理，改名为 Julia Fochler。

晚，中央文化部文学艺术研究院小陆来，在《文艺理论与批评》工作的万同林托他把两部借去的书带还我，还有万的一封信。陆说万因思想活跃，在那个理论杂志不合适，要调离。他信上也说，一年多来增长了不少见识。

晚饭时金海夫妇来，他母亲病逝后，他按照旧礼，在家守孝，所以一个多月不相见了。

1987 年 4 月 23 日

未出门。中午王锦园来，谈比较文学学科硕士授予权的问题。他说国家教委已下放到学校，学校意见是摆在中文系，外文系有关教师并入。

浙江师院教师同重奎持思和介绍信来访，他需要查港台出版物，即给他写一条，如他需要调阅，请图书馆领导取决办理。又托他给陈乃祥带去一信和铃木正夫带给陈的洁本《金瓶梅》。晚上总算草好《中国现代文学大辞典》的序文。

上午王戎夫妇来在此午饭，从他这里得知，耿兄从京中开会带回来不少北京见闻。

1987 年 4 月 24 日

下午国际政治系的日语教师张青平来访，将上午写好的写给他的爱人陈生保的信和我的那篇《比较文学在中国的过去、现在和未来》的英译文复本一块儿送她，请她转寄东京，因为陈先生在东大访问，他来信要译我那篇文字为日文。

傍晚，思和来转了一下。晚上又在改写现代文学大辞典序文。

收到近期两册《西湖》，读了上面的一些小说作品。收到王克强信。

今日阴雨，晚又打雷，天气又变冷了。晚上生了煤炉，加了衣服。

1987 年 4 月 27 日

前昨两日都未记，现在只记得前天晚上韩云涛女儿和孙女来看我们，带了水果。这个女儿三岁丧母，和我们相识一晃三十多年，她已是一个四十多岁的职业妇女了。

昨晚最后把《中国现代文学大辞典》序文定稿，今晚桂英抄好，又给迺翔写好信，明天寄出，了此一事。今日上午在八舍招待所会议室参加《中国近代小说大系丛书》编委会议，这套丛书由章培恒、王继权主持，我列名编委。今日由出版单位江西人民出版社的两位负责人桂、周二位来上海召开编委会，还有鲍正鹄及北大的安先生参加。十一时散会，出版社赠该社出版物二种——《中国历史地名辞典》及《八大山人诗钞》。收到骆宾基赠的近著《书简·序跋·杂记》一册，午睡后，开始为《报告文学春秋》写序。

晚，吴欢章来。

又，想起来了，前天下午与敏及小彤坐街车至南京路，取回自己的眼镜。又踅到上海书店和刘华庭坐了半天，他赠我新印的《四十自述》（胡适）、《春醪集》（梁遇春）各一册。在四川路回教馆吃面，回家已近七时。

今日收到国家教委批准我们夫妇去香港访问的申请。

1987 年 4 月 28 日

上午，仍然在八舍会议室参加江西人民出版社召开的近代小说丛书编委会。中午即由该社在中灶楼上宴请编委会，会议即告结束。

晚，和敏与桂英夫妇在学校观看白先勇带来的三部据他的小说改编的电影中的二部——《玉卿嫂》《金大班的最后一夜》。同时举行一个仪式，由华中一副校长主持，白先勇也讲了些话，同他来的谢晋也应邀讲话，至十一时散场。

思和下午来，给我买来胡适《中国哲学史》等三册。

收到李昌华信。今日把序文寄给徐洒翔，为此，下午和敏跑了一次邮局，又陪她到校内理发，并去新华书店看书。外文系一去日本留学归来的同志项杏林下午来过，我适午睡未见，他从日本带来山口守送我们带表的打火机一只。

1987 年 4 月 29 日

下午，上海大学三位女教师黄乐琴、周成、陈晓东持单位介绍信来访，她们正在编《七月派》诗选，要我提供一些历史材料。她们提了一些问题，我也作了解答，约一时许离去。

晚饭前与敏外出散步，因为天气很好。路上碰到廖天亮，又由他陪同到校园内转了一圈。

晚，为范培松的书作序。沈永宝来，为他的科研项目表签了字，又托他带去上午为思和科研项目所写的推荐评语。

1987 年 4 月 30 日

天雨，下午转晴。午后严锋来。晚体育教师陈老师偕他们资料室的一个女同志来访，还是为职称问题。我虽然已摆脱了图书馆的差事，但仍然有这类问题来干扰，也只能有权说些宽慰的话。

小彤下午回来说，学生们都感到闲得慌，读书无用论好像又回潮了，这真是历史的悲剧。

1987 年 5 月 1 日

今天五一，放假，天气尚好，人来客往尚少，只有晚上田南帆一家三口来坐。小文给敏量了一次血压，小田给她进行了一番按摩。

杂读报刊文章。那篇为报告文学论集写的序，又计划大量修改，否则这类序文很快会形成一个模式，那就没有生命了。有模式的东西往往缺乏生命，文章亦如此。

1987 年 5 月 2 日

天阴冷，未出门。收到华东师范大学出版社叶志方的信及惠赠的该社出版物托洛斯基自传《我的生平》下册，前几年我买到它的上册，一直未在书店中找到下册，上次到华师大和小叶同志谈起，他说早已出来了，今天果然寄来一册，真是喜欢。顺手翻到这部下册中写流放生活的一段，托洛斯基借用了他妻子写的文章，读来很像梅志的《胡风传》，引人入胜。

下午卢鸿钢来，送来新出刊《新闻参考》一册，上面有我的题词。卢还送来该社的请柬——这个刊物将在六日下午在丁香花园举行座谈会。

晚秀拔来。收到徐迺翔信，催《中国现代文学大辞典》序的稿子，说出版社等序一到就付排，其实上月二十七日就把序文挂号寄出了，他却还未收到。现在邮政不正常，报上说北京市内的信件有的在四五天以后才收到；前些日子上海报上说，本市的邮件要八天才能收到。

上午王锦园来。

1987 年 5 月 3 日

礼拜天，好天。下午苏大在交大进修的教师小吴来访，带来范培松信及见赠的汾酒一瓶。

上午和晚上又将为他写的序文，从头修整了一遍，删去那些"违碍"字句，必须磨平才成。这时候写文章实难下笔也。

1987 年 5 月 4 日

上午又把为小范写的序，在重抄中改了一遍，晚上开始由桂英抄。

午饭后搭古籍所便车，同来开明代文学会的人们一起，由桂英陪同去南市文庙参观书市，买了胡适《白话文学史》、马叙伦《石屋续沈》等三册，打九扣出售。出文庙，又由同车载至城隍庙，不来此已近三年矣，似乎更"现代化"了。在九曲桥遇戴厚英和她的荷兰文译者——一位荷兰汉学家，她为我作了介绍。近四时，原车回家。

收到静妹信，及本期《科技导报》赠刊。

上午王锦园来，为申请比较文学硕士学位授予权事。去年上报，由外文系出面未获准，此次下放各校审评，改在中文系，仍由我主持。

1987 年 5 月 5 日

天冷，真是"天人合一"，正如中国的政治气候出现春寒一样。

昨夜没睡好，到天亮才睡去。午饭后，敏和阿姨去四川路购物，午睡到三时许。晚上王宏图来说，思和和他二时半来过，大约没有人开门，他们才走。

上午陈德祥来，说是哲学系一个硕士研究生在图书馆剪书（各科百种图书，关于女性的描绘或插图）被发现，保卫部对他住处搜查，发现他已剪了一大堆，价值万元。据说，这是个党员，还常打小报告，还拟考博士云。

晚饭时，陈鸣树来。他从京探望李何林归来，说是各单位在组织大批判组，今日中文系也开会组织。上海的刘金和曾文渊被调到京参加这一工作，这真是第二次宁汉合流。

晚上来的有吕胜、苏兴良及姜德安。

1987 年 5 月 6 日

天阴，下午偶有小雨。午饭后，卢鸿钢驱车来接，到丁香花园参加华中讯息导报社主办的《新闻参考》创刊发布会，我被邀坐主席台。会后，到会画家钱君匋等当场作画，我被邀题字，在宣纸上写上"视野万里"。与该报负责人交谈，该报女记者张运梅对我多方照应。题字后，开始舞会，我们这些年长者即告退，仍坐原车返回。同去的陈鸣树、吴欢章送我到家门口辞去。

到家后，《湖南日报》驻沪记者庄宗伟及湖南省驻沪办事处干部刘君在候。庄君带来彭燕郊信及见赠的《国际诗坛》第一辑及《彭燕郊诗选》。从信上看他的处境不佳，漓江那套丛书命运未卜。

晚，应必诚夫妇来。午后王锦园来。

收到北京新世纪出版社田×山（字迹不清）来信，他们编的英文本《比较文学论文集》下半年可发排，我那篇文章《中国比较文学的昨天、今天与明天》英文稿他们已收到，并决定采用。

收到广州《科技导报》近期赠刊。

1987 年 5 月 7 日

上午颜海平来，她去美已三年多了。思和和任一鸣先后如约来一块儿午餐纵谈。她住两个月后回美续读。

晚，上外远浩一来。他上午就来过一次，为他的评副教授事，晚上送来材料及廖鸿钧信。

晚，图书馆阚武军和她的小男孩来，为她的评职称事，心绪不宁。

收到伯群信。

1987 年 5 月 8 日

礼拜五，天好。

上午与敏到邮局发出给范培松信及附寄的为他写的序文，挂号寄出。又转到校内剃头，花大洋三毛。

中午王锦园来，为公事。午后，国政系日语老师张青平来闲坐。晚，苏州铁道师院一教师及其弟来取去四捆《华东比较文学通讯》第一期。

收到下列赠刊：《文艺理论研究》《文艺理论与批评》《文科教材建设》《编辑学刊》。收到徐迺翔信，他已收到我挂号寄出的序文。收到王克强信、陈衡粹信。杂读新刊各文及新到的《文艺报》。

1987 年 5 月 9 日

礼拜六。读《女作家》本期小说，晚开始翻阅上海外语学院远浩一的评审材料。

上午，图书馆编目部小贺来，他编了《中外古今名人名字来源考》在北京出版，求我写一序文。青年人的事，却之不好，只有答应。

敏今天感冒，大约受风寒所致。

1987 年 5 月 10 日

礼拜天，杂读《长江》小说。晚，又转读《小说月报》本年第一期。

午后四时，由小周陪同去中灶入浴。

小彤傍晚与阿姨洗澡时晕厥，幸好桂英碰到，由他们夫妇背了回来，休息了一会儿，渐次好了。晚，蒋医生适来，为她查了血压，说没什么。蒋医生又替敏诊断了一下，并回去取了些药给敏，也给我开了一张转诊单——到长海医院看皮肤科。

晚上来的还有廖天亮。

1987 年 5 月 11 日

天好。下午去教研室参加潘旭澜博士研究生的口试。考生王东明是在职研究生，由潘提出问题，王答复后我作了一些评论，经鄂基瑞整理记录，写总结，大家签名了事，费时一小时许。口试题目是关于新时期长篇小说的概括性评述。

回家后，天津师大一硕士研究生来，他系鲍昌研究生，想报考我的博士生，但我不招，他告辞而去。晚廖天亮来，为他去南京出差查书签了字。

收到美国加州大学李云贞女士信，她听说我将去美，说她家离旧金山不远，邀我届时到她家做客并参观她的学校。晚灯下看远浩一材料，写评语稿未成。

1987 年 5 月 12 日

一早起来写好远浩一职称评审材料。中午思和来，在此午饭，他代购来近期《新华文摘》《读书》。据说，这期的《读书》出版迟了，因为某某人批评了它，前些日子传言，说已派工作班子进驻，正像上海某报的命运一样。我们这个古国，要向前走一步，真是不易啊！

夜读本期《读书》所载谈苏联作家《日瓦戈医生》的作者帕斯捷尔纳克和诗人叶甫图申科的文章。这些人的遭遇，和我们这里的知识分子的命运真是一个模式。

下午吕胜来，他将去京，给廖宗宣写了一信托他带去，并随信附去施昌东生活照及小说书拟赠者的名单。在这样的时代气候下，我真担心这部写知识分子命运的小说的命运。

1987 年 5 月 13 日

上午龚志成来。上外李蓝天持廖鸿钧、谢天振手书拿去远浩一评审材料。

午后，徐俊西来，送来文学所聘任我为该所特约研究员的《聘请书》及新出的《上海文论》第二期。

晚，廖天亮来，他将去南京查书，托他给章品镇带上问候信及日本茶叶一盒。陈德祥来，为他写的有关中外文化文学关系史的作业论文判了分数。他们两位将进入社会立足，分别和他们谈了些"人生经验"、立身处世之道。

收到横滨大学金子文夫副教授及夫人春阳女士的明信片。

读安特列夫的孙女儿、随父母入了美籍的奥尔加·卞来尔写的《帕斯捷尔纳克访问记》，刊本期的《国际诗坛》。陈德祥说这个新创刊的杂志被北京读书界认为是畅销书。中国人文化饥饿太厉害了。

晚，金海夫妇来。

1987 年 5 月 14 日

上午浅野纯一来访。他和高桥智最近外出归来，各带了一些土产托他送来，回赠他《中国现代作品选》（二）一册，另外送了他和高桥每人一本《华东比较文学通讯》为念。浅野说，他的老师竹内实教授来信，要他多向我求教。竹内实去年秋间，曾由王水照陪同到图书馆访问我。

午后，王锦园来，为申报比较文学硕士学位授予权事……

收到浙江师大陈乃祥信、乐黛云从深圳大学寄来的美方中美比较文学会议的北京代表给她信的复印件，询问我和杨周翰等四人的论文题目。

收到徐放赠书《徐放诗集》，邮寄来沪的。

1987 年 5 月 15 日

礼拜六，天好。九时和敏乘公共车辆到耿庸家时，满子已到。一块儿吃中饭，饭时他们说今天是我们的受难日——三十二年前的今日我们都作为"胡风分子"进入苦难历程。

午后三时，满子别去，我们与老耿步行至元化家，听说这次"反自由化"，他也被有关人士点名。他新迁居，住所比过去有改进。八时许从元化家出来，在车站与老耿告别，我们即转乘车到家。

晚上来的有金海夫妇及大女儿、浅野纯一及小董（长海医院）。

收到陈宋惠信、晓林信。

步行上海街头时，在小书摊购得《首脑论》（严家其著）一册。

1987 年 5 月 16 日

早起后，九时到工会参加学科评审会，评审会上讨论落选的一名教授人员、二名副教授人选。我在会上向组长章培恒提出，请他转告学校当局：像陈思和这样出类拔萃、品学兼优的人才，不能提升副教授，实在叫岂有此理！

但实际说，这只能是一种声音，因为政治形势在微妙地变化，一切"左"的东西，又借所谓"反自由化"为口实，悄悄地回来了，甚至气势汹涌地反扑回来了。今天报上说，学校政治思想工作由于这些年自由化关系，有"三重三轻"情况：1. 重业务、轻政治；2. 重智育、轻德育；3. 重知识、轻能力——便可见一斑。据说，中文系也奉命写这个关于"反自由化"的大批判文章云。

午后，应必诚来，谈到物价、大币（一百元）、赤字这些经济财政形势。

晚，韩云涛大女儿来（她的女儿，小学生康抒舒先来过，又引她来过一次），她伯伯侍桁已在八日故去，二十一日开追悼会，届时车子来接我们。韩逝世时七十九岁，病因未查明。老朋友又走了一个了！

代敏给她住在村里时的房东崔希浩写了一信，已托王克强给他家买了一架缝纫机，费用二百元，我们早已汇去，就算敏打扰他们一家多年的一点纪念。敏从一九六三年由青海回侯村后，大部分时间就借住在他家的一间小屋内，直至一九七八年回沪。收到钦鸿明信片，催为他的《笔名录》写序。

昨晚，枕上读新买的《首脑论》。中午来的还有苏兴良，他送来一锅嫩豆芽。朱利英来，赠我一册他爱人编的《大江南北》。

1987 年 5 月 17 日

礼拜天，天好。上午两位当中学教师的一九五五年毕业同学吴晓林、钱镜涵来访，其中吴晓林在"文革"中在四马路旧书店碰过面，钱同学已三十多年不见了。他们在"文革"中也吃过不少苦头，总算熬过来了。下午陈鸣树、卢鸿钢来，卢取去报刊上一些记我的文字和两张照片，作为他为《新闻参考》写我的文字之用。

杂读《复旦学报》那期关于中国新时期文学的文字，都是复旦出身的专业者所写。那是去年五月，正是宽松气氛迷漫的时期，今天读来，颇有今昔之感。

晚，抄好为《爱情小说选》所写的序文，又作了一些补改，作为向《上海文论》投稿之用。

收到鲍蕙信。

1987 年 5 月 18 日

上午到学校内的文学所参加中文系的学位委员会议，议题是在本校设置比较文学硕士研究生学位问题。去年学校以外文系的名义报到国家学位委员会时，未获批准；今年学位授予权下放，学校决定放在中文系，由我领头，将外文系的三位教授、一位副教授并入申请学位。今天讨论一致通过，再由学校约请校外专家及本校有关教授讨论表决。

午睡后与敏去五角场，从书摊上给晓林买了一本《文化大革命十年史》，此书已被禁（因为"文革"和"反右"都被列入研究禁区），只能在小书摊上见到。这使我想起青年时代在北平东安市场书摊上买左翼刊物、作品的情况。经历了半个多世纪，中国还是老中国。

下午杨岂深先生研究生小钱送来杨先生赠我的新译的威勒克的《近代文学批评史》第一卷。晚，秦耕来，送来潜明兹的信和她的著作《史诗探幽》，还有薛汕信——薛任中国通俗文学学会副会长，四十多年不见了。

晚上来的还有秀拔、应必诚、冯光大、王继权、鄂基瑞。

收到《西湖》四、五两月增刊，收到上海书店相赠《古旧书讯》近期二册。晚上，把《中国社团流派述评》序文又重抄改了一次。

1987 年 5 月 19 日

上午华田来，思和来，一块儿在家午饭。午睡后，王运熙博士生曹旭来，送来邵伯周评审材料。

晚金海夫妇、姜德安来。收到本期《批评家》赠刊。未出门。

1987 年 5 月 20 日

未出门，只是午睡后到八舍门口买了一回冰砖。

读邵伯周的送审材料《简明中国现代文学史》《茅盾评传》二书，都是他新出版的。下午他又专程来看我，送了一册《茅盾评传》。去年我也给他写过教授评审鉴定，但未获通过，此次他报批研究员。据他说，当中有些人事纠纷。

晚饭时，适小彤同学小郑在家，就一块儿吃晚饭。饭后，和这两个大学生聊天。

1987 年 5 月 21 日

午后，韩侍桁侄女和侄孙女来接我们去龙华参加侍桁的追悼会，到会人不多，大约由于他多年不和社会接触，也近隐没状态。由译文出版社孙家晋主持，鲍文棣致悼词，参加的还有朱雯、刘金等人。见到韩云涛，他已七十五岁，多年流放青海，前些年才算结束了苦难回到上海，但人已很衰老了，几乎不能相识。会后，由作协派车送我们归来。到家不久，高文塚来，并在此晚饭。他那个报纸，也处在生命重危状态。

收到中山大学吴宏聪信。他说，因形势如此，原来召开的现代文学与西方文化座谈会只好暂时作罢了。

收到华中师院学生张建军信，他系胡风同县人，有志于研究这一专题。

1987 年 5 月 22 日

未出门。晚间日本庆应大学教授尾崎康由李庆和他的学生高桥智陪同来访，他专攻历史与文献学，此行为查阅宋元版古籍。他知道我性嗜酒，送来日本威斯忌一瓶，我即以茅台相待，相谈甚欢。后来章培恒也来，大家照相留念，十时辞去。

收到马场明男先生信，我托今西教授带给他的信、照片及礼品他都收到，表示感谢。他是半个世纪前我在日本大学上学读书时的助教，从他的信上得知，当时的教授园谷弘先生一九四九年突然病逝，即由他接替任社会学主任教授。

晚上来的还有叶易和两个助教进修班的外地同学，一为盐城师专的，一为山西晋中师专的。

1987 年 5 月 23 日

上午写好邵伯周的学术职称鉴定，又算了了一宗急事。

午后，上海教育出版社编辑叶碧芳来访，她们为《给我影响最大的一本书》约稿。同意七月份交稿，写个千多字。

收到潘世兹信、夏嘉杰信（内附他和女儿合影三张）。

收到本期《名作欣赏》增刊。

1987 年 5 月 24 日

礼拜天，天热，也清静了一天。午后，与小周到中灶入浴。

为乃修书写序酝酿。这一个时期，序已成负担，也写成模式了，说明了进步的停滞。这是很可怕，也可悲的——补救之道，在读书。我一生奔走江湖久矣，虽然始终没有放弃文化的学习、知识的增长，但很难有明窗净几之下读书的机会，这些年安定了，但又由于干扰太多，加上正常工作上的负担，也多了些应酬，又很难有整部读书一读到底的可能和习惯。那么，应该拨正生活航向，强迫自己在读书上的毅力了。这样虽因记忆力的衰退，读后多不能记忆，但可以造成思想上的活动，打破停滞，防止空虚之感，总之，使精神生活充实，生命力充沛。

晚上看电视。上海台转播的纪念延安文艺座谈会的文艺晚会，出演的除地方剧外，还有现代歌星的流行歌、外国体裁的芭蕾舞，用这些节目纪念《讲话》，有些滑稽，因为它们正是《讲话》的对立物。

这几天报上登的纪念《讲话》的出席人物，几位延安时代的文艺干部及新老作家未见出席、表态，也是一种新现象。北京也是如此。

这几天报上关于"反自由化"的调子，以《人民日报》社论为始，调子又强调改革开放。因为由于"反自由化"，"左"的势力抬头，认为"自由化"正是改革造成，要"反自由化"，就必须全面深入包括经济领域。因此社论将"反自由化"与改革开放并列，并说不改革开放，就没出路，反而给"自由化"帮了大忙云。总之，形势还不稳定，但两种力量的矛盾表面化了。

1987 年 5 月 25 日

真正的夏天来了。上午金海的女儿唐涛来，为她去美学习的推荐信签字。

午后二时，由桂英夫妇陪同坐街车到长海医院看皮肤病。近一个多月来，瘟疫由会阴扩展到前后胸、两腿，奇痒难当。先找到口腔科的瞿大夫，由他介绍皮肤科的陈达治医师，开了些药物。顶着如火的骄阳，走路真是汗流浃背，在五角场冷饮店小息少许，才又乘街车回来。

收到中文系要研究生成绩的通知。收到图书馆书展的冷餐会请帖，由桂英去代吃。

1987 年 5 月 27 日

昨晚，孙景尧在我写字的书房住宿，所以未记日记。他从广州开会归来，先回了一次苏州，晚饭时到来。为此，廖鸿钧、谢天振先后赶来，把下午和思和喝的那瓶日本威士忌喝完。十时许，廖、谢告辞。

昨天下午思和来，在此晚饭饮了日本威士忌，把我的一本旧译《俄国文学研究》送他。虽然是四五十年代的苏联研究观点，但从文艺学观念看，还有少许可看之处。

昨晚来的还有廖天亮，他新从南京查资料回来，他的学位论文已印好。

昨日上午任一鸣来，借去些书。为他们研究生分数事，今日上午一年级三位研究生来。

今日上午高文塚来，他日内进京，托他给梅志带去一信；任敏又赶到五角场买了一些南方食品，一并托小高带京。

这两天杂事云集，人精神有些恍惚。到底年纪大了，精力日衰了，但应该振作，得争取多做些事才行。这也是自勉吧！

晚上阅读积下的研究生作业。

晚上来的还有陈德祥，他送来毕业论文的打印稿。

1987 年 5 月 28 日

上午淮阴电视台一女记者来访，有关施昌东生平和美学评价问题，即介绍她去看潘富恩，并谈了我的一些观点。晚，上外远浩一来，谈他评职称事。

整天看研究生论文作业，为了给他们打分。

晚上来的还有廖天亮。

1987 年 5 月 29 日

与敏到秀拔家与五十年代同学共餐。席间，王聿祥带给我一册他作责任编辑的《〈申报·自由谈〉杂文选》，那上面选了我一九三四年写的一篇杂文。

晚上来的有吕胜和一个古典文学研究生小王。吕胜自京归来，带回我为《一个探索美的人》所写的序文小样，编者删去了其中"不太方便"的一段，据说将先刊载在《长篇小说选刊》第十五期。

收到乐黛云转来的美中比较文学会美方致她的信。信中一段有关此会近况报道，说是除我而外，诸人都报了论文题目。为此给景尧写出一信，请代我打一封回信，先报个《五四新文学与外国文学》题目再说。

1987 年 5 月 30 日

上午王东明、杨竞人先后来。午睡时同乡刘子善来。晚兴良来。

收到山西文联贺新辉信，发出给王聿祥信，附去杂文一篇的复印件，供他编《上海杂文选》之用。听取昨日夜饭时他提的意见，发出给廖宗宣信，附去昌东小说序文清样。

晚灯下草就贺锡翔的《名人名字掌故》的序文。他下午来催过。

1987 年 5 月 31 日

今天是端午节。晚饭约了在上海外院进修的马场明男先生的孙女美智子来过节，作陪的有小彤和指导员日语教师庞老师及小瓯。

上午写好《名人名字掌故》的序文，千余字。

收到张禹信及本期《清明》，那上面刊登了我为艾以书作的序文。

1987 年 6 月 1 日

天小雨，未出门。上午贺锡翔来，将我为他的《名人名字掌故》一书所写的序文拿去，了此一事。

收到铃木正夫信及寄赠的《满洲文学二十年》复印件。

感到疲倦，杂读报刊文章。

1987 年 6 月 2 日

中午，王戎夫妇来，他们那里停电，因此，来这里午饭。思和来，共进午餐后离去。来的还有李庆。晚饭时陈秋峰来在此晚饭，同时来的还有应必诚、吕胜。

陈秋峰那里一个年轻的代培女教师，因陈单位不愿再负担学费，希望能调到苏大任教，即给伯群写了一信，托秋峰面交。信上说，一切由他们按需要安排，不可勉强。

收到山西文联贺新辉寄赠的《宋词鉴赏辞典》和郑择魁寄赠的《鲁彦作品欣赏》。钱谷融托思和带来他的新著《文学的魅力》。乐秀拔带来潘慎和他人合编的《古代农民生活诗选注》。萧斌如女儿送来她母亲赠我的《中国近代现代丛书目录》二册。

收到徐放信、柳亚子书展开幕式请柬。

1987 年 6 月 3 日

天气热起来了，像真正的夏天了。午后与敏去北四川路购物，多亏戴了遮阳帽，敏撑了伞才行。

晚饭后，研究生吕胜、廖天亮、林利平来。高天如来，他系系里总支书记，谈了三件事：1.关于去美国开会问题，他说应该去，但经费问题，因财政上压缩还得动用一部分项目经费；2.关于退休问题，只是办一个手续，还要回聘，待遇照旧；3.后天下午开学委会。

他走后，姜德安夫妇来，拿去托图书馆去京开会的同志在北大代查我三十年代发表在北平《京报》上的文艺作品。

收到孔海珠信。

1987 年 6 月 5 日

昨日晚间，晓谷来。他来上海开会，趁休会期间来访。晓谷昨晚即宿此，今日中午和晚饭一块儿吃法国洋酒，思和同饮，晚饭后离去。

昨日上午兴良来，托他购《文学研究会资料》一套，并托他寄给吴宏聪。下午吴中杰夫妇来，他刚自广州归来，带来吴宏聪口讯：他那个会已获中宣部批准召开，本月底举行，要我一定赴会，说"人生难得几回醉"。今日回他一信，再托思和另给他一信，问明开会准确日期，以便登记机票。

昨晚来的还有金海夫妇，他们说到苏北黄州安葬两方双亲，并带来黄州土产；又因他事路经成都，木斧托他给我带回一本木斧新出的诗集。

今日下午二时，在校门口参加中文系本届毕业生合影。随后又到图书馆参加中文系的学术委员会，评讲师职称。

今日下午来的还有王锦园，谈比较文学硕士学位点评审开会事。

1987 年 6 月 6 日

礼拜六。午后孔海珠来，她的助研职称尚有待解决，为此，给她的所长徐俊西打了个电话，为她"说情"。她晚饭后辞去。

晚间来的有沈永宝。上午收到《清明》第三期赠刊，读了那上面的小说，以至耽误了午睡。

廖天亮晚上来，请他去古籍出版社为徐放买了一本钱锺书的《七缀集》，明日离去。

1987 年 6 月 7 日

整天落雨，天气骤寒，又加上了毛衣。礼拜天。

读了赵祖武的送审材料，当夜写好他破格提升副教授的学术鉴定有两千多字。

晚，给今富正巳写好信，加上上次与敏在四川路买的两桶龙井新茶，一并托陈秋峰带到东京。

给徐放寄出代买的《七缀集》。

1987 年 6 月 9 日

昨日下午晓谷来，晚宿此，今日午后又去大场开会。昨日晚饭时，除晓谷外还有陈秋峰，他近日去东京开会，即托他给今富正巳带去一信及新茶二筒，又托他给京都的孙立川带去一信。同座的还有国政系日语教师张青平。

晚上来的还有韩文玲母女。下午来的有严锋、吕胜、廖天亮。

昨晚给乃修的书写序至凌晨三时。

今日发出给美中学委会驻京办事处主任 Dr.Richard P.Suttmeier 信，由秋峰从苏州带回托景尧打好，为我去美国开会报了个论文题目：《中国传统文学与现代文学》。今日接到这位驻北京的美国主任转来的中美比较文学讨论会美方主持人 Prof.Miner 信，说是论文应在八月二日前交稿，并通知了到美后的日程安排。信末说，他知道中国与会者有些财政问题未解决，有所苦恼，并希望将所遇到的不愉快的事告他云。这个美国教授对于华情可谓一清二楚。

今日下午任一鸣来，章培恒来。他说，学校的留学生部将改称国际文化交流学院，负责人蔡传廉、陈仁凤拟在下半年我退休后聘我到该院，陈思和也可调来云。下午来的还有苏兴良。上午杭州大学姜亮夫的研究生小李女士持王元化信来访，介绍她去图书馆查港台书刊，恰好焦仲德来，即托他办理。

收到郑怀礼信，为家乡房产事。收到艾煊寄赠的《艾煊散文选》一本。

1987 年 6 月 10 日

上午童炜钢来。"留办"的陈仁凤来，正式和我谈到回聘我到他们改名为"国际文化交流学院"的事。为此，下午给思和打了个电话，约他礼拜五来商量，因为也包括他的调动。

晚，为乃修的《屠格涅夫与中国》写好序。

下午与敏到五角场买菜、买菜包子，也在书摊购得《乱世狂女》一册。收到《中国比较文学》第四期赠书。

早上发出给郑怀礼信，收到蔡传廉爱人病逝讣文。

1987 年 6 月 11 日

昨夜抄改为乃修写的序文至晨五时，当天发给学林出版社，并给乃修写了一信，交代这一任务。

上午吴中杰领王克起来。王和他的夫人叶文玲已调至浙江杭州。他此次来沪，系为他的学校——杭州广播专校一教师评职称找我写评语，并预付五十元，并带来叶文玲新作《湍溪夜话》一册及近照一张。晚即约他在家晚饭，由吴中杰作陪。

收到方铭、鲍蘧信及《西湖》赠刊。

1987 年 6 月 13 日

昨日晚间，晓谷来，今日午饭后回南京。

昨夜起看华东师大研究生毕业论文。其中一篇是论曹禺剧作中的男女形象的，为此看了一些有关参考材料。

今日落雨，又冷了。晚廖天亮来，灯下草成《中国现代作家笔名录》一书的序文，应承了好久的一个工作了。

昨日下午，由秀拔领我们去蔡传廉家，他的爱人张乃立最近病逝，因此表示悼念。

昨日上午思和来，在此午饭，谈了国际文化交流学院的聘任事。同时来的还有鄂基瑞，谈下学期教研室工作。

1987 年 6 月 14 日

礼拜天。阴雨天冷，所谓夏行秋令。

为了写研究生论文评语，又读了曹禺的《雷雨》和有关评介材料。

上午为钦鸿的笔名录写了序文草稿。

上午陈鸣树来，谈到"反自由化"又有了变化的情况。

1987 年 6 月 15 日

整天看华师大研究生论文（关于老舍小说），并参看了有关资料，对论文作了详细的记录，以为写评语的准备。

下午林秀清来。杨岂深着研究生钱名坤带来手函。晚外文系教师邹羽来。

晚和钱谷融通了电话，约定二十日上午请他来此答辩。他说，他的两个研究生答辩会二十九日下午举行。

下午徐俊西来电，孔海珠的职称已获通过。即给孔的母亲通讯报告这一喜讯。

收到本期《文教资料简报》赠刊。

1987 年 6 月 16 日

上午三位进修教师来辞行，并摄影留念。

中午，王锦园来，为评职称事。晚，张廷琛来。

白天写好华师大两个研究生论文鉴定草稿。

现在看吕胜材料。

收到两期《艺谭》赠刊。

这几天睡眠不佳，有些不成寐状态。这是因为杂事太多，情绪有所干扰，松弛一下就会好的。

1987 年 6 月 17 日

上午正式写好吕胜的论文评语。午睡后将为《中国现代作者笔名录》写的序文又重改了一次，近乎定稿。

日本庆应大学尾崎教授晚饭时在中灶楼上举行宴会，我们夫妇应邀出席，同席的有吴中杰、章培恒以及古籍所的李庆等。我们与桂英赠送了他两件中国文具为念。同席的还有尾崎的研究生，在古籍所进修的高桥智。饭时和饭后，都照了相。

中午周春东来。晚吕胜来。

收到本期《学术季刊》赠刊和安徽大学方铭寄赠的《比较文学论文选》一册。

收到艾晓明信和聊城师院中文系信。

1987 年 6 月 18 日

这两天由于精神紧张，睡眠不宁，今天下午好了些。

写好陈德祥学位评审材料草稿，并写好浙江广播电视专科学校一位教师的副教授评审材料——先由廖天亮拟了个稿子，明日盖公章发出。

下午，卢鸿钢领《华东新闻通讯》报编者李君来。卢已帮我印好名片，是他的朋友代印的，免费。

收到吴宏聪信，读来如相对而谈。昨夜午夜，因不成寐，给艾晓明回了一信，今日发出。

1987 年 6 月 19 日

上午思和来。山东大学田仲济研究生王建来访，他的毕业论文题目是"七月派小说"，因此来了解我的情况，并提出一些问题。

思和在此午饭后离去。我抽空写好陈德祥的评语。下午四时到文学所参加系学位委员会改选主席会议。回来后，邹用九来访，他新自苏联访问归来，谈了那里的情况。

晚，兴良来，廖天亮来。灯下看廖天亮材料，因时间迫切，三位研究生鉴定，只写好两位——明天答辩，只好移到后天交了。

下午来的还有王锦园。

1987 年 6 月 20 日

全天进行本届硕士毕业生论文答辩：上午陈德祥，评委钱谷融、陈鸣树、苏兴良；下午吕胜、廖天亮，评委朱雯、廖鸿钧、张廷琛。由王东明任秘书。

中午在中灶设宴，宴请上列各评委及秘书。一切顺利。

收到朱雯先生带来的邵伯周信及赠书《简明中国现代文学史》。

1987 年 6 月 22 日

昨日未记，这两天忙于为廖天亮毕业论文写评语，今天晚上才抄好。这期三个研究生的带领工作从此作一结束。

昨日上午远浩一来，送来他在香港复印的金耀基著的《从传统到现代》复印本。

今日上午罗洛偕兰州科学院副院长王维祺及其女婿（医生）来。王系长安人，四十年代复旦政治系学生，母亲地下党，中途辍学。为此，饭后和他同车到校园内转了一圈后，他们始别去。

晚，应必诚夫妇来，送来治皮肤病的药方。

收到订购的《中国大百科全书》（上、下二卷）。收到本期《文教资料简报》《文艺理论研究》赠刊。

收到同乡郑怀礼信。

1987 年 6 月 23 日

整天下雨。小彤提前吃过晚饭后，到校集合，前去无锡"学军"。

上午写好《中国现代作者笔名录》序，又算还了一项欠账，晚上由桂英重抄一遍。另外给编者钦鸿写了一信，明日挂号发出。

收到苏兴良送来的张大明新出的赠书《三十年代文学札记》。

下午写好陈德祥《学位申请书》鉴定。晚吕胜来，拿去他的评审材料。

1987 年 6 月 24 日

今日天晴，上午发出《现代作者笔名录》序文及信给南通师专的钦鸿。

看杭州大学郑择魁的职称评审材料。午睡时，王克起来，我上次为他那个浙江广播电视专科学校陈姓教师写的职称评审材料，以为他评副教授职称，其实要评教授，为此一字之差，他特地从杭州跑来。我又将原文重抄了一次，去掉了"副"字，把材料送到吴中杰家。他们留我们晚饭，为此，我们夫妇和中杰夫妇和克起喝了些啤酒才回来。

晚，廖天亮来，拿去他和陈德祥的学位评审材料。由他送中文系。

1987 年 6 月 25 日

上午给大哥和徐洒翔各写一信。午饭后和敏到五角场买菜时发出。

精神很疲倦，杂读到手的书刊。

今日天气不错，但在室内我仍穿毛衣。

晚廖天亮来。

1987 年 6 月 26 日

上午将《中国现代作家笔名录》的序文第二段又作了一些改动，当日即寄给钦鸿，请他照此修改一下寄去的原稿，今天正好接到他的来信。

午后四时，到校内系学委会出席讲师职称评审。行前，满子、老耿、征南以及小吴、丽丽如约来家。开会回来后，大家聚餐。晚七时，他们别去。

这两天大概过于劳累，胃不舒服。晚上请医生来寓，诊断了一下。

明日上午又要到外国语学院开会，因此听医嘱要早点休息。

晚间吴宏聪自广州来电话，相约九月十二日去广州开会。

1987 年 6 月 27 日

早八时许，上外小谢驱车来，接到上外参加上海比较文学研究会理事会，选举第二届理事，所到各单位理事十余人，有王辛笛、朱雯、辛未艾、方平等人。中午，即由上外戴副院长出面邀到会人员午饭——西菜。下午一时许，与到会的林秀清、陈秋峰、谢天振等乘上外车到家，召开《中国比较文学辞典》编务会。三时许，诸人别去。

校外事处小赵来，送来陈幼石书目，要我审查，以便带出。她下月初将去加拿大任教，因此她外带的中国书籍，必须由我签字——我挂名她的导师也。

今日胃稍好，但仍不很舒服，服药片。晚蒋医生来探视。

晚，徐俊西来，为他们文学所参加上海比较文学研究会事，要求选他们那里的王道乾为副会长。谈毕正事，聊天。

晚，看了现代文学研究室各位同志的工作量登记表，我也填了一份。我还挂着主任名义，因此都得签字上报。陈秋峰自东京开会回来，他见到今富正已，今富托他给敏带回一件新式汗衣。

1987 年 6 月 28 日

礼拜天，天好。未出门，埋头为华师大两个研究生的毕业论文写评语，已完成多一半任务。

晚，卢鸿钢来，应必诚夫妇来。中午小毛头父子来。

1987 年 6 月 29 日

上午写好华师大研究生陆某的学位评审材料。晚上写好郑择魁的职称评审材料。

晚，乐秀拔来。

1987 年 7 月 1 日

昨日未记，因为一天下来人实在太疲倦了。

昨日上午去校内参加系学位委员会议，通过本届二十位研究生授予硕士学位问题。午饭后，华师大派车来接到他们那里参加钱谷融两位研究生论文答辩会。会后，他们系内请客，七时许归。

今日未出门。下午颜海平来，带来她去北京时乃修托她带回来的信和他的小女孩照片。晚，吴中杰夫妇来。

收到吉林大学刘柏青等三人联署的信，邀请我在八月上旬去长春参加中日文学讨论会。收到日本庆应大学校长信，函谢照应尾崎教授来此检阅宋元古籍。

上午任一鸣来过。今日开始校看她的《勃留索夫日记》译稿，搁了好几个月了。

今日上午，小瓯和他的六叔在家午饭，他六叔施昌秀昨日自金华来。

昨天早上上班时，交小周发出杭州大学郑择魁的职称评审材料。

收到上次日本大学今西教授来访时在寓所摄四张照片。

1987 年 7 月 2 日

下午在家就外国文学作品翻译书目召开了一个碰头会，因为参加工作的两个研究生毕业即将离校。

下午曾小逸来，为他去西德上学的推荐信签了字。晚王继权来。

收到钦鸿信。

1987 年 7 月 3 日

天雨。午后到校内参加本届毕业茶话会，我也应邀讲了些话。四时许，由陈德祥送我回来。

晚，曾小逸来。下午严锋来。

1987 年 7 月 4 日

天雨，晚饭请本届毕业的三个研究生——吕胜、廖天亮、陈德祥同餐，请张廷琛作陪，是送行的意思。

读郑振铎的《汤祷篇》等。

1987 年 7 月 5 日

礼拜天，热起来了。

下午五时许，乘车到锦江饭店参加谢校长宴请陈幼石会。同席的有外事处长、留学生部正副部长及徐震，九时许到家。陈幼石在此进修一年，挂在我名下，最近离华到加拿大教书。

读《清明》中篇小说数篇，很有生活气息。

收到章品镇信。晚入浴。

1987 年 7 月 6 日

上午天晴而热，傍晚起风有雨。

下午到大礼堂参加本届研究生毕业典礼。上午范泉来，托他在青海找保姆。

为论文泛读有关文章。

收到赠书《丁西林研究资料》《论"民族形式"资料》。

1987 年 7 月 7 日

未出门，今日天好。仍然为准备出国论文读材料，写笔记。

下午余师母（余上沅夫人陈衡粹）来，在此晚饭后，由她的保姆接回。她已八十六高龄，但仍然有精神，说起不肖的儿孙来滔滔不绝。

兴良夫妇来。晚吕胜来。

1987 年 7 月 8 日

午后，召集参加编写《文学关系史》的四个研究生任一鸣、王宏图、严锋、林利平以及思和座谈。谢天振也应约而来，讨论了比较文学辞典条目及编写计划，由几个研究生分头撰写。

思和在此晚饭后离去。

晚，本届毕业生（中文）分两批共九人来为纪念册题字，一般都写了"进德修业"四字相勉。

晚，廖天亮来辞行，给他写了两封给武汉友人毕奂午、曾卓的介绍信。

上午批好在学的两届研究生学位课程分数，明日着桂英送系。

1987 年 7 月 9 日

收到吴宏聪信，为九月十四日到中山大学开会事，即写了复信发出。

275

又给马场明男先生写了复信，是搁延好久才写的。

收到吴子敏信，他编的《〈七月〉、〈希望〉作品选》已出书，并已付邮寄出。信上说，他一九八一年编选此书，因为当时"胡案"还在红头文件里留有我的"尾巴"，所以虽选了我的作品，但未能在序文中分析，也未提。

下午任一鸣来，给她写了个介绍作协艾以的信，以便她能看旧书刊。

傍晚，法律系杨奉琨来，赠我一册他校注的《无冤录》。

晚，三个本届毕业生来，为他们的纪念册题了字。

1987 年 7 月 10 日

天极热，尤其在午后。

早上给吉林大学的刘柏青发出一信，辞谢他邀请去参加八月在长春举行的"中国文学讨论会"。

中午思和来，送来系内期终发的奖金二百多元。在此午饭后，他又去了学校办事，四时许又来，又送来系内发的七十多元。

午后，小谢陪上海戏剧学院的夏写时来访。小谢已将颜海平的论文《布莱希特与中国京剧》一文转交他所主编的《戏剧艺术》，他此次来访时也赠我该刊一册。

收到黑龙江大学李锡胤教授赠我的他的近译《老人与海》（海明威小说）。

晚，读任一鸣所译的《形式的寓意——论鲁迅与中国现代小说》（作者为美国 Marston Anderson），本文来源于李欧梵赠我的他编的《鲁迅和他的遗产》一书，加州大学出版社一九八六年版。

收到湖南出版社李全安信。

1987 年 7 月 11 日

天很热，什么也干不成。这么热，来得突然，一下子还不能适应。中午王锦园来，晚上吕胜来辞行。

晚饭后和敏到五角场买橘子精，顺便买了一个大西瓜，我们勉强提，正好路遇两个中文系毕业同学，由他们送回，其中一个小李是山西人，另一个是湖北人。

收到小吴（交大女生）寄赠本期《女作家》一册，上面有她的一篇小说。

1987 年 7 月 12 日

礼拜天，下午暴雨后天气转凉。午后，任一鸣来。晚小肖自苏州来，夜即宿此，明日和谢天振一起去青岛。

收到乃修信。杂读。校任一鸣所译论鲁迅小说论文。

1987 年 7 月 13 日

早八时，秀拔驱上海财经大学小车来接，与邻居胡裕树一同到该校参加"全国财经院校语文研究会第六届年会"，我与胡君均被聘为该会顾问。九时开会，到会的有夏征农，及上海市府高教局与财经大学党政领导，与我同类的还有徐中玉。我在会上应邀讲了话。

会后照相留念。午饭后原车返回。晚五时许，秀拔又驱车来接，到该校参加会议的聚餐会，七时与胡裕树同车回寓。午后，景尧爱人小肖别去，由小周送她到上外，她与谢天振结伴去青岛。

思和下午来过一下，送来代购的费正清主编的《剑桥中国晚清史》中译本，共上、下二册。收到赠书《周作人研究资料》（二卷）、本期《科技导报》《古旧书讯》及常州师专校刊。

收到徐迺翔信及《〈中国现代文学大辞典〉序》原稿，他建议与钱谷融共同署名，交《新文学史料》刊载，以利发行。晚上即给牛汉写了一信，随同原序稿，签上钱谷融名字明日发出。同时也给徐迺翔写了回信，明日一起发出。

桂英上午从研究生院领来孙乃修的学位证书。

1987 年 7 月 14 日

天凉，短袖衣裤不行了。

杂读。午后法律系老杨来，杨约明日下午北四川路剑南春川菜馆吃饭。

1987 年 7 月 15 日

天小雨。午后四时许，法律系杨奉琨来，与我们全家四口坐街车到北四川路剑南春四川馆吃晚饭，是上海式的四川味。六时许归来。

晚上来的有在此进修的安徽大学孙石两个研究生和本届中文系毕业的山西同乡朱鹏民。小朱将到太原工作，为此给他写了两封介绍信，一是董大中，二是高杰。

桂英已重抄好我为《中国现代文学大辞典》写的序文，又校定了一次，明日给《新文学史料》牛汉发出，同时再将原稿寄给徐酒翔存念。

1987 年 7 月 16 日

天晴好，上午九时许王元化如约来，在此午饭后才别去。

上午，韦秋琛着他的女婿刘定海持函来访，为这位刘君赴美深造找经济保证人事。老韦是我们的老友之一，一九四八年冬，我从国民党监狱外出后，孑然一身，他的出版社虽然也不景气，仍然掏给我十五个银元，以济燃眉之急。今天信上说，他已因病卧床数月。为此，晚饭后，我和任敏前去大陆新村看他，欢谈良好，至八时许才辞出，由刘君送我们到九路车站。

收到董大中信及日本和光大学教授釜屋修用中文写的《日本农民作家伊藤永之介与赵树理比较研究初探》稿。收到上海大学本期学报。

1987 年 7 月 17 日

天好。上午十时许，殷海国邀我参加他们正在举行的全国教育学院文论教学与编写教材会议的各地同志在门外草地上照相留念，照过相后，又被邀到九舍招待所和会议人员闲谈，约二句钟才辞去。下午山西教育学院的二位讲师成九田（汾阳人）、于杰（山东蓬莱人）来访。

收到吉林大学李凤吾信，约我参加八月底在长春举行的"中日文学关系"讨论会。

读有关材料，为出国论文作准备。

1987 年 7 月 18 日

天好。上午刘定海来访。中午，陈宋惠自普陀山旅游来此，晚即住宿在家。

晚，秀拔送来财经学院语文教学会闭幕式邀请信及上周开幕式的照相，并带暨南大学一物理系女教授来访。晚上来的还有王仲绪、李弘夫妇。

收到日本庆应大学尾崎康教授信。

1987 年 7 月 19 日

早八时，秀拔驱车来接我和胡裕树同志去他们财经大学出席在这里召开的"全国财经院校语文教学研究会"年会闭幕式，结束后参加了午餐会后原车回来。

在我外出时高文塚来，带来他从北京带回的梅志送的烟、酒，以及新出的《胡风晚年作品选》《新文学史料》第二期。梅志在信里说，她去桂林时碰到有关同志，谈起一九五五年受株连的人时，说到当时任广西文教所所长的李春潮受株连情况——说是当地的文痞秦×为了立功，竟动手打春潮，以致他不堪受辱上吊而去。读后心情久久不能平静。

晚饭后，陈允吉来，他显然是为留办要聘用我而来，说服我留在中文系的。他对思和的教学工作也作了很高的评价。

收到本期《批评家》赠刊。

晚灯下读《胡风晚年作品选》各文。

今日发出给美国周励信。

1987 年 7 月 20 日

午睡后，桂英夫妇陪同乘街车去长海医院看皮肤病。天气炎热，路途拥塞，只是看毕回来时，天转阴凉，因此三人在五角场一小饮冰室小息后步行到家。

晚，兴良、任一鸣来，为他们明日去上图查书，给萧斌如写了介绍信。

晚，读了任一鸣为西安会议提供的论文《唐诗在英国》，是一篇读书记之类的文章，但有材料，有论点，也多有自己见地。

收到本期《上海文论》增刊。收到范泉信，他已在青海代为找到一个小保姆，下月陪他的研究生来沪。

1987 年 7 月 21 日

天热，据说有 36℃。上午乔长森来，送来新出版的他与人合编的《曹靖华研究专集》。吃了两次昨日拿来的治痒药，但晚上去学校看录像时，胃又作痛，为此又吃了胃药。

仍在看写文章的有关材料，作摘要为下笔作准备。

1987 年 7 月 22 日

上午近九时，学校派车接我们退休教师到校美国研究中心开会，出席的有校各级大小领导，据说这次退休十八人（教授、副教授），其中，博士指导教师十一人。校长书记都讲了话，说是只让出位子，仍然要带研究生以至培养博士生导师。我也讲了话，作为离别赠言。正式的教师岗位总算下来了，也算人生一个大的段落。会后仍由原车送回。

午饭后小休，天落起大雨，坐租来的车子与敏及桂英到古北路大百科全书出版社出席罗洛宴请来沪的曾卓、徐迟，出席的还有元化、耿庸、满子以及吴强。一九五五年吴强在上海作协负责，主管反胡风斗争，老耿和老何就是他带警察捉将官里去的，想不到三十多年后坐在一起喝酒，世事真是古怪。饭后已七时，由罗洛车送至七十一路车站，搭车回校。

收到铃木正夫寄的《满洲文学二十年》复印本。收到大冢秀高寄赠的《增订中国通俗小说书目》。

周春东中午在此便饭。

1987 年 7 月 23 日

整天阴雨连绵未出门。上午兴良来，从系内带来我的邮件——谢长安信及所附的彭燕郊信、湖北大学寄赠的《湖北作家论丛》。晚，田南帆一家三口人为我买来了难买的猪头肉，我也陪小田喝了两盅梅志托小高带给我们的桂花酒。

晚写好苏州经济管理干部学院一教师的副教授学术鉴定，又由桂英代填好民盟发的知识分子抽样调查表。

晚给湖南人民出版社的外文编辑李全安写了一信。他来了好几封信，都未能作复。人老了，一切都退步了，往往有心力不足的迟暮之感。

1987 年 7 月 24 日

天雨未出门。上午校日语系同学，现在日本学习的张勤及其爱人张静莹来访，他们带的是现在神户大学讲学的李平介绍信。张静莹在神户大学攻读博士比较文学研究生，以"穆时英论"为专题。为此给她写信介绍去访问施蛰存，可能会得到一些实际材料。

晚沈永宝，唐金海夫妇来。

收到人民文学出版社林乐齐寄赠的两套《〈七月〉、〈希望〉作品选》，收到赵博源信及译稿（日本推理小说）。小彤晚上从无锡来，她三十日晚乘军车返家。

上午来的还有韦秋琛女婿小刘。

1987 年 7 月 25 日

天阴雨未出门，上午陈鸣树来。思和来，在此午饭后别去，和他谈了我的退休问题以及打算。晚唐金海夫妇及大女儿来。小唐谈了他此次到无锡和文学所张炯等人就《中国当代文学研究资料》主编人员问题的讨论经过，我说我年过七十，什么名义对我都无意义，但你们年轻，正在事业途中，中国社会的传统观念，这些名义上的东西，还有它的作用的。我上午也这么对思和说过，因为陈允吉前几天来说，我仍回聘中文系，系内将成立一个外国文学和比较文学研究机构，由我挂名，思和负责。我好不容易结束了教员生涯，只要把现在的研究生送出门，就完全脱出来，还我自由。

读八十年代的一些写"文革"的小说，恍如看原始社会的荒唐的神话小说，而"文革"实际上就是二十世纪的神话，那么荒诞不经。

1987 年 7 月 27 日

昨日未记，补记如下：

天气阴雨不定。上午王戎夫妇、曾卓、顾征南与高文塚先后来，在此相聚、午饭，这是早上由小高用电话约来的，曾卓将于日内返武汉。

晚唐金海夫妇送来他们编的一大堆《巴金年谱》，要求为它写序文。

今日天雨，但有大风，或许是台风表现。收到李全安信及所附《译丛通讯》（油印）。

看了研究生为西安会议提交的两篇论文。

这几天心情有些茫然，胃又不好，大约与吃止痒药有关。

晚饭后，田南帆夫妇给我们送来冷面和药品。

1987 年 7 月 28 日

有大风，又时有暴雨。晚饭后和敏去门口散步，没有走五分钟，大雨沛然而至，及逃回时已衣履尽湿。

仍在为论文博读。今日下午翻阅了这几年的《读书》，看了不少精彩的文章，这是近几年文化开放的可喜的景象——知识分子从假话中解放了，进入历史和时代，真正和人民结合了。

晚，袁越打发他儿子送来一盆吊兰，青葱异常。

1987 年 7 月 29 日

今天天好了，晚饭后和敏去五角场散了一回步。

晚饭后，卢鸿钢来，带来代购的《兴盛与危机——论中国封建社会的超稳定结构》。这是两个青年写的一部中国历史著作，是多年政治文化动乱之后青年一代反思历史的成果。打倒"四凶"后，中国出现了一批又一批敢于站在历史高处对我们这个国家的历史与现状，从不同角度进行审视和思考的青年人，恍如"五四"时期的再现。

午后，校师资科一女性干部来，送来福建师大一副教授（温祖萌）申请提升教授的评审材料。

1987 年 7 月 30 日

天热，据说已 36℃。

下午吴欢章来，约为他编的中国现代诗歌流派一书作序。晚饭后，校医小文夫妇一家三口领小文父亲来。这位四川老先生已六十高龄，是一位离休的老军医（中医），为我们夫妇诊脉看病，并开了药方。

晚为福建师大教师温祖萌提升教授的材料写好评语。

今日小彤学军归来，现已十二时，桂英夫妇到校内相接。上午来的还有广西艺术学院的张建国（?）老师。收到王宏图信。

1987 年 7 月 31 日

上午天闷热，晚有雷雨。

上午给大哥、乃修都写好信。给乃修的信中还附有他的学位证书及我为他的书所写的序文复印件——这两封信都由小彤带回北京。晚饭后，我和敏去五角场买了些上海食品和小彤在路上吃的食品和饮料。

午后，刘新康领一气功师王姓为我治病。晚中文系一年级学生小刘来，他和小彤都去无锡学过军，我是他的"导师"，和他谈了做学问的道理，他明天回大连。

晚上来的还有田南帆，他给小彤送来治泻肚的药物。

收到本期《编辑学刊》和《比较文学研究》（暨南大学出版）增刊。收到华师大智量同志的信和他们打印的论文《比较文学：从西方到中国》，他信上要我为此文提意见。这是他参加编务的《比较文学500题》中的文章之一，他还要我为此书写个序。

唐金海大女儿唐涛送来她译的《叶圣陶与中西文学》（普实克著）和英文原本，要我代她看看、校校。

1987年8月1日

天闷热，无法静下心来。

今天小彤晚饭后回北京，由桂英夫妇送站。

午后斯宝昶夫妇来，稍坐即去。

收到任一鸣信。收到李全安信，即日给他写了回信，并同时将《托尔斯泰散文选》一书挂号寄他。

1987年8月2日

天热，礼拜天，无从做事。看夏志清的《中国现代小说史》，也算一家之言。这是一个反共学者的著作，不同于反共宣传家，因此这类著作需要分析认识，而不是简单化的"批判"所能说明的。

今天服中药，又用中药擦痒处。

1987年8月3日

昨夜大约因服中药过量，胃部不时作痛，以至夜不成寝。早饭后，由桂英夫妇陪同去第一人民医院治病，因属于"高干"范围，所以不排队。医生丁姓对我过去情况甚了解，他诊断后，又去作了心电图、胸部透视，并约定本周日来拍片。又去看了皮肤科，拿了两大包药。出院时天正热，胃又作痛，到一家卖冷饮的铺子，讨了半杯开水，吃下胃药，又喝了半碗鸡粥。坐街车回来，大睡至午后三时，精神转好。

夜，校医小文来。发出给任一鸣信，收到卢康华信及论文。

天气很热，空气是烫的，据说有 36℃。

1987 年 8 月 4 日

天奇热，报上说有 37℃。

上午，王宏图来，交来他写的西安会议论文及一篇关于劳伦斯的译文。午饭后离去。

收到福建师大李万钧赠书《欧美名剧探魅》一册以及本期《名作欣赏》《女作家》赠刊和范泉信。

中午苏兴良来，他明日动身去长春开中日比较文学讨论会，托他带上给李凤吾信。

上午来的还有葛乃福，为小瓯上学事。

1987 年 8 月 5 日

今天晚间，天较凉，未出门。

午后，思和来，我的赴美论文，他自告奋勇去整理成文。随后景尧一家三口自青岛归来。晚饭后，谢天振来，他们同船从青岛归来。国家教委指定由我主编的三卷本《比较文学论》，他们两位愿意作为副主编承担。即将表格交天振去填写，再上报备案。

收到本期《清明》赠刊。思和代买来本期《读书》《新华文摘》，他又送我刊有他文章的《中国现代文学研究丛刊》。

晚上来的还有徐羽厚，他的一个同学将去美学民间文学，他询问了我一些这个学科的中国论著。袁越来，他自庐山归来，带来一套瓷器小动物见赠。

下午读了《清明》上的中篇小说。

1987 年 8 月 6 日

孙景尧一家早饭后离去。历史系教师于子道爱人来访（原在复旦党委工作），说是跟于进修的日本某博士研究生因研究中国知识分子的需要，希望访问我，了解胡风情况，约明日晚间来此相见。

午后，在古籍所学习完成任务的徐州师院王进珊的研究生小胡来访，托他给王先生带回一信和一些上海食品。

晚饭前，秀拔来。

收到本期《复旦学报》。

天气稍凉，杂读。

1987 年 8 月 7 日

天凉有雨。

上午萧斌如来，送来上图建馆纪念文集一册。随后，上海文学所胡从经领吴茂生来访。吴原在香港中大任教，现在美国加州大学任教，我编的《巴金作品评论集》曾收有他的《论巴金与俄国文学》一文，但从英译把他的名字弄成"吴桑格"了。午饭后，又坐了好久，四时许才辞去。

下午，王戎来，在此晚饭。晚，历史系于子道领日本斋藤哲郎（帝京大学讲师）来访，他因写关于中国现代知识分子的书，找我了解胡风和我的情况，即给他介绍了一些有关资料。近九时辞别。

晚上来的还有金海夫妇。

1987 年 8 月 8 日

未出门。下午任一鸣来，她将去青海，为此，给兰州科学院王院长写了一信，托他照应。

晚，上海文学院哈九增来，为出席西安会议事。

收到大哥信。

1987 年 8 月 9 日

礼拜天。一早空腹到市一医院拍片，由桂英夫妇陪同，一切顺利，要三天后才能得到结果。在吴淞路吃了点东西，乘五十五路回来。

午睡后，朱碧莲和她的女儿海燕来。海燕将于九月到美国加州大学俄亥俄分校读书，给她抄了一些我所相识的在美友人、学生的地址，以备她不时之需。就留她们母女在此晚饭，喝了点葡萄酒，算是为海燕送行。饭后，碧莲又给我打了针，治痒症，才辞去。

收到马场明男先生信及附寄的《神田》一本。

看今天路上买来的《报告文学》《法制文学选刊》一类刊物上的报道，那些由于干部知识道德水平太低所造成的冤案，使人实在发指，不能忍受，这些打着人民招牌的人竟然这么肆无忌惮地践踏人民……

1987 年 8 月 13 日

未出门。上午董××来，为他的教授职称未批准感到懊丧。由于多年来特殊的政治环境所培育的那种文化性格，把人际关系演化为封建的人身依附关系，甚至是同志名义下的主权关系。这个时代的知识分子往往缺乏独立的人格观念，把自己的命运和前途寄托在领导的"提拔""栽培"上，而且功利心又特别重（缺乏应有的精神生活），因此，往往造成个人的苦恼以至悲剧，实在是一种历史倒退的退化心态……

午前与敏到校内剃头，因理发店不开门，顺路进了新华书店，买到《展望二十一世纪——汤因比与池田大作对话录》《婚床——世界婚俗》《现代西方哲学与文艺思潮》，因此，下午与晚间都在泛读前二书。

上午读了周作人的《我的杂学》。这些文章，体现了周作人身上作为软弱的现代中国知识分子的特征（他自论是儒家思想性格）——在解放后的各项运动中、在一般中国知识分子身上表现得更加丑恶、普遍。这是自觉地以倡优自居，实在可悲。

晚，长海小董来。

1987 年 8 月 15 日

昨日看书未记——看了拿回来的这一个时期的《参考消息》，苏联又在批判斯大林，批判《联共党史》，因为这个人物代表一个历史时期、一种路线、一种思潮，又形成一种理论模式，也是改革途中的最大路障。

今日下午陆士清来访，他不久前从香港访问归来。上午上海外贸职工大学人事处长和一老师给我送来该校教师职称评审组长聘任书和两位教师的材料，定于本月二十一日上午到该校开评审会。收到周励自美来信，托她为刘定海赴美留学作财政担保事，她说，已保过四个人，因此要等到明秋。为此，晚饭后，与敏到虹口看韦秋琛和他的女婿小刘，谈此事。八时半归来。

收到美国科学院公函，催开会论文，定本月底交稿。

收到本期《艺谭》增刊。

1987 年 8 月 17 日

上午由桂英夫妇陪同，坐街车到长海医院，由小董的"后门关系"，请皮肤科的主任陈时看我的皮肤病，就去他的教研室内。陈军医六十二岁，他说，曾毕业于河南大学中文系，后又改学医科，因此，也对我这个文学界的人有所知道。他给我开了些内服外用的药，才又原道而归。

午后三时，思和与丁言昭来。思和已为我整理好去美的论文，有万多字。同吃晚饭后他们别去。晚，卢鸿钢来带来五幅条幅，已裱好，作为他送我赴美的礼品，字也是他的手笔。张廷琛来，带来新印的《华东比较文学通讯》第二期。

上午我去看病时，兴良带来长春会议的有关中日文学关系的材料，即送思和先阅。思和送来他新出的《中国新文学整体观》，作为上海文艺出版社的《牛犊丛书》之一。

上午由医院回来时，途经五角场，在小书摊购得《偷渡者》一册，内容写香港的黑社会。

1987 年 8 月 18 日

昨夜校改思和代为执笔的赴美论文至下三时，今日开始由桂英抄写，约万五千言。这篇论文通过对新文学与传统文学之间在历史上所形成的差异以及有可比性的事实，以求在理论上对比较文学的研究对象提出这么一个方法论本身的问题——国内的不同时代的文学比较研究，是否应属于比较文学的研究范畴？而我所选取的这个论题，也即是说，中国新文学与传统文学应有可比性，是因为除过时代条件之外，主要由于西方思潮的冲击，从而在中国文学史上开辟了一个新的文学纪元，它与传统文学既是对立的，又是有联系的，是改革中的继承和发展关系。

午后陈允吉来，谈起明年办比较文学讲习班事。他说有这个学科点的学位授予权，如学员提供论文，外文达到要求，也可以考虑授予学位的问题云云。淮阴教育学院派党委干部丁同志来，送来闵抗生的职称评审材料，后天来拿评语。晚开始看抗生材料——主要论述鲁迅与尼采的关系。

下午来的还有秀拔和潘慎。收到钦鸿信，当即写了复信，晚饭后与敏去五角场散步时投入邮筒。

1987 年 8 月 19 日

　　午后，潘旭澜女儿引小林二男来访，已和他有三年不见了。他坐了近一刻钟，照了几张相别去，说好二十二日来家小酌。晚改好桂英抄的论文，写好闵抗生的评语已深夜二时。

　　收到冀汸及江南大学丁锡清信。

1987 年 8 月 20 日

　　上午又重新校订了一次对外论文，作了一些小修改。

　　上午兴良来，谈长春会议情况，并带回来五种会议赠书，都是有关中日文学的专著。

　　晚，看好上海外贸职工大学两位教师评审副教授材料，准备明天开会用。

　　桂英一早到千岛湖旅游，小保姆辞工回家。

　　收到范铮信。

1987 年 8 月 21 日

　　上午，上海外贸职工大学来车接到国权路该校参加两位讲师的评审副教授工作，由我任组长，另有复旦中文系一副教授、历史系二位副教授。至十一时评审完毕，我一一签字后，由该校车送回家。

　　午后，由小周陪同到中文系办公室，将赴美论文请小余打印，遇思和在此办理送我们上车站派车的手续。完事后，一块儿返家。思和带来他编好的我的文集第一卷稿。谢天振来，他二十四日去西安。

　　晚上来的还有斯宝昶和殷仪，为老斯职称事。吴中杰夫妇、刘玉莲亦来过。

　　收到罗庆朴信，本期《文摘》赠刊。

1987 年 8 月 22 日

　　上午给北大图书馆办公室发出一信，请代查一九三四年我在北平《京报·飞鸿》上发的小说《米》。

给江南大学的丁锡清发去一信。

午后三时许思和夫妇先后来，六时许小林二男来，加上严锋大家一块儿晚餐。小林二男带来日本白酒，我喝了不少，饭后又照了不少相。

下午来的还有一九五五年同学宋玉珩，晚上有应必诚夫妇，都是来送行的。

晚上，思和夫妇即住此，明日一早同乘车去西安参加中国比较文学年会。

约一周后回来，现家中留下小周一人看门户。

1987 年 8 月 31 日

昨日晚十时从西安归来，桂英夫妇和思和都来站相接，思和夫妇上午乘飞机回来的。回家后，看了一大堆信件，人很疲倦。今日接吴宏聪信，广州之会改在下月二十四号举行，并要我准备论文或讲课一个半小时。这个要求太突然，加上人疲倦，因此考虑到去否问题。

上午杨竞人来，托他去查阅 H.G.Wells 的 *The Fate of Man* 一书，因吴宏聪信上说，他从闻一多的文章中看到文内引用这书的一句话："一个中国人里头，有一个儒、一个道、一个土匪"，他需要查来源。下午小杨又来，查来了原书，请他复制这一段后，再同发吴宏聪。

晚上写了两封信，一封给西安华岳出版社的郭继明，寄去赵博源译的《日本推理小说选》和葛乃福译的《日本电影名片赏析》二书内容摘要。另一封给《西湖》的陈金崇，附寄去我的回忆胡风的序文。他上次来，需要此文作为他的研究参考。

前几天的生活补记如下：

二十四日中午乘车到西安，与思和夫妇、严锋同车。西安外院黄世坦来接，住外院外宾招待所。中午饭即与先来此的卢康华和三个研究生在一个个体户饭馆午饭。王宏图和他的同学小瞿亦来站相接，大家一起吃饭。饭后见到任一鸣，她已先一天来了。

当日晚饭后与杨周翰同车到朱雀饭店拜会国际比较文学协会主席福克玛，回来后参加理事会。

二十五日会议（中国比较文学学会第二次年会暨学术讨论会）正式开幕，我任为执行主席；下午至二十七日连续举行学术报告讨论会；二十八日上午开理事会，下午闭幕会，我致了闭幕辞，晚饭会餐。

因为买到二十九日票，二十八日上午我未参加会议，我和任敏、思和与三个研究生加上小瞿一块儿逛市区。去钟楼合影后，思和去打电报，我们和他们四个学生逛了碑林，路上又看了南柳巷的故居，但已认不出来了，真有景物全非之感。中午即与几个同学在狗不理吃天津包子。晚上我们夫妇参加了《小说评论》社举行的茶话会。

二十八日上午，《文史哲》及山东教育出版社的两位同志对我进行了采访。

二十九日由西安华岳出版社派车，并由郭继明陪同，领我们夫妇及四个学生（任一鸣、严锋、王宏图、小瞿）和孙景尧参观了兵马俑、秦陵、华清池及半坡村遗址。中午由郭继明代表出版社请我们吃了羊肉泡馍。

二十七日晚，陕西海外联谊会在朱雀饭店举行，冷餐会招待出席会议的外宾，还请了与会的十多位中国学者，参加主持招待会的有陕西政协和统战部负责人，会上并有当地三个女歌手表演了民歌。

参加此次会议的有十多位外宾，包括香港的李达三夫妇和梁秉钧博士。中国代表及列席有一百七十多人。

会议期间，我的三个研究生和梁秉钧的四个研究生进行了座谈活动，我和梁与谢天振都在座。

1987 年 9 月 1 日

下午赵××来，他为了评副教授未获批准造成很大的精神负担，为此留他晚饭，给以安慰。下午来的袁×也是为职称未被评准，也有所不满。从这里看出，这一代中年知识分子眼界狭小，在个人小利小害中自苦的落后意识。他未能想到个人的命运由自己掌握这个根本问题，缺乏自我觉醒的社会意识，只视自己为一个工具，为生活上的小得小失苦恼。这正是那个封闭的时代所养成的文化性格，实在有悖于"五四"的新知识的传统，而更像个体的农民。

晚，唐金海夫妇来，因为接到中国社科院文学所当代组的信，要我和范伯群担任《中国当代文学资料丛书》的主编，所以请他来商量。

伯群的研究生小刘来沪查书，也带来伯群的信，就此事和我讨论。

收到校党委和办公室公函，说是本月五日开会，欢送离退休人员——

退休的事就算明确了。

上午发出一信，给暨南大学的小倪，将她所需的我在西安会议的闭幕词复印件寄去，供她的《比较文学研究》选用。

上午王锦园来，将西安会议的论文交他参阅。

收到本期《文艺理论与批评》，还在"反自由化"。

1987 年 9 月 2 日

下午王东明来坐；秀拔来；谢长安来，带来彭燕郊信。

收到范泉信。

胃总不大舒服，也许西安之行太累了。

杂读《中国比较文学年鉴》。

中午来的有周春东。

1987 年 9 月 3 日

上午殷海国来，为小周调动事。思和来办理去广州手续，午饭后别去。上午来的还有鄂基瑞、苏兴良。

午睡后，本届中文系学生戴谦（女）来访，她在《文艺报》实习三个月，带来李辉信和应红赠我们的食品。她说《文艺报》要她写我的特写，因此，她来访问我，适严锋、王宏图、林利平来，大家谈得很热闹。她六时许才告辞，拿去二张照片和两本有关我的情况的材料。

晚，写好为上海书店所写的文章。给今富正巳、孙立川写了信，为小周留日事。

小彤早上回来，带来大哥信，晚上给他写了回信。

收到本期《上海文论》，刊出我为《五四爱情小说选》写的序。收到本期《古旧书讯》《编辑学刊》赠刊。

收到颜次青信，附海平的英文介绍。

晚上来的还有张廷琛、谢天振、孙景尧，后两位今日从北京归来，带来为编《比较文学高级教程》所拟的计划，以便送国家教委。

1987 年 9 月 4 日

午后，上海书店刘华庭来，送来三册新印的《中国现代文学史参考资料》，有陈梦家的诗、沈从文的文学评论集和关于大众语文论争的文录。我把为这套书写的一篇短文交给他。

收到曾在这里进修的东北教师迟恩华信。给范泉写去一信。

下午读李辉编的萧乾的《北京城杂记》中关于写"文革"的篇章。这可以称之为"史笔"式的纪事，可以作为历史鉴证，传之子孙，使他们明白我国历史上还有人打着"革命人民"的幌子，干尽伤天害理的勾当，如马克思所说"一个流氓强奸了一个民族"这样的黑暗时代。

晚，任一鸣来，和她谈了工作和学习的事。

1987 年 9 月 5 日

上午十时，香港中文大学李达三（John Deeney）教授及其夫人孙祝瑾由谢天振陪同来访。他的夫人是外籍华人，第一次回国，现在美国任教。约他们在此午饭，作陪的还有张廷琛、思和。他的夫人系吴祖光表妹，也与余上沅夫人陈衡粹老太太有亲缘，为此送她一册《余上沅戏剧论文集》为念。饭后雇校车送他们去逛上海书店，由天振、思和陪同。

送走客人后，我到工会参加退休欢送会，我领到"光荣退休"证书，并在会上讲了些废话。

早上，范泉带他的三个研究生及为我们找的小保姆来访。

晚上苏大研究生小刘来辞行，给伯群写了一信，托他带去。

收到本期《文教资料简报》赠刊。

1987 年 9 月 6 日

礼拜天，上午九时，我们夫妇与唐金海和他的小女儿一块儿坐街车到南京路"茂昌"眼镜店——前次在这里配了一副眼镜，戴起来不舒服，为此托金海交涉。今天相约而来，由一个女师傅接待重验了一次光，说是他们没弄错，只把架子扭松了。决定就戴这副新眼镜——只能向远看、不能用来近看（如读书）的眼镜。

中午，即请金海父女一块儿在西藏路一家清真馆喝啤酒、吃牛肉面。近十年前，我和金海几乎每日到上图查资料，几乎每次都在这里吃饭，一晃又近十年了！

坐街车到家时已近一时。

午睡后，李涛由他的妹夫小胡陪来。他说，他的姨夫吉卜斯和姨母将去旧金山展出中国书画和风俗照片，要我为之题字。又由我写信介绍陈从周，由我这个末流推荐名流为展览会题词。

来的还有中文系女同学戴谦，她已写好关于我的"风采"的短文，要我过目，系为《文艺报》而写，配照片用。

晚，卢鸿钢来，他已译好我赴美论文，约好明晚交稿。

收到梅志信及寄赠的新出的《胡风的诗》样书一册。

收到邵伯周信。

1987 年 9 月 7 日

上午为中国书画展和中国风情摄影展写好两个条幅，前者为"四海共赏"，后者为"求其友声"。

上午范泉来访。午后，范的两个研究生刘晓林及一尹姓来坐，他们住八舍招待所。

下午来的还有王宏图，晚上有兴良及《现代家庭》编者孙小琪，以及卢鸿钢——他送来为我的赴美论文所写的摘要及英译文。提了些意见，请他再改一下。

收到本期《文艺理论研究》赠刊，孙小琪也送来几期近出的《现代家庭》和《为了孩子》。

1987 年 9 月 8 日

过午，李涛来，拿去我写的两张题字，又照了几张相。他愿意帮我刻两个图章，我建议一刻"余儒"二字，实为"秦坑余儒"之意，但为此太直露，不如"余儒"二字，含蓄并可作多义解释；一刻"洪宪生人"。

思和后来定好十一日早上赴广机票，不能更动，只好准备十一日动身。他晚饭后离去。

应必诚下午也来过，他参加了昨天文联的作家艺术家从事教育工作三十年茶话会，我因榜上有名，他带回给我的礼品：一为"荣誉证书"，一为水笔一支，一为鲜人参一盒。

1987年9月9日

天雨未出门。上、下午都在校改任一鸣所译《勃留索夫日记》，拟将英译者序文和一个女诗人的回忆文章，连同勃的二十一首诗交彭燕郊的《国际诗坛》刊出，也算为这位诗人出个特辑。晚间，任一鸣来，拿去应补译和复印的部分，并要她拿去一套英文文学辞书作查考。

上午思和来过一下，结算了西安之行的账目。午后，于东元、俞天玲先后来。

收到华师大赠送的《现代文学作品选》（上、下册），我系审稿者之一。又收到王晓明赠书《沙汀艾芜的小说世界》。

下午来的还有学报的张兵和童炜钢。

临睡前写了四封信：蒋荫安（《人民日报》海外版）、廖天亮、彭燕郊、冀汸（附去他两篇旧作的复印）。

1987年9月22日

前天（二十日）夜十时与敏及思和乘机从广州回来。昨日上午景尧自苏州来，为国家教委干部田君来沪商谈《比较文学高级教程》事。

下午他又从外语学院带来谢天振，也为此事。因为这本教材由我挂名，他们两位以副主编名义负责实际工作；田君是国家教委教材司干部，专管此类事，也为此类事专程到上海，因此必须与他碰头才行。今晨景尧一早就去找天振，下午小谢来电，他们已去华师大见到田君，约好明天上午在复旦见面，景尧已返苏州。

昨天上午王锦园来，为明年招博士（现代文学）研究生事，我答应招一名。下午鄂基瑞和邓逸群来，送来学校出版社印行的《中国现代文学作品选》三、四两册，全书算出齐了；又送来他们参加编写工作的《中国现代作家评传》已出版的一、二两册。老鄂并送来我为他编的《中国现代文学辞典》所写的序文的校样，今日看校后着桂英送还。

前天晚上归来后，看了一大堆来信及收到的刊物。

今日下午北岳文艺出版社的张仁健来，他陪他们出版社的老夏来上海看病，住八舍招待所。晚饭后由桂英陪同，我去招待所看了他们。

下午来的还有上海外院的日文系副教授陈生保夫妇，陈新自东京回来，不久再去。

上午来的还有范泉，他们上海书店计划出一套《中国近代文学大系》，要成立个编委会。为此写信介绍他去看章培恒和王元化，约请他们参与编委工作。

昨天下午和晚上王宏图、任一鸣都来过。

补记十日以后事项：

本月十日，思和晚上宿此。十一日清晨和他与敏一起乘校车到机场，因去广州的班机晚点，下午二时才起飞，五时到广州，雇出租车到中山大学。吴宏聪先生闻讯赶来，才知道他们正派人去机场相接未遇。当即被安排在该校西区招待所住宿，房间有空调，环境尚清幽。当晚，吴兄在一家饭馆请吃晚餐，吃到广东的烤乳猪。十二日清晨，吴兄又请我们到南园饮茶，有饶鸿竞作陪。这里早点花色繁多，这家南园茶楼类似一家中国亭园，早茶后和他们相别。思和陪同我们雇车到越秀北路去看陈启新，他家中无人，邻居说，他在外地疗养，孩子们去上班了，因此，写了个条子并把带来的礼品托邻居转给他的孩子。我们顺路逛了越秀公园，看了两家大宾馆。这里高级宾馆老百姓也可以进去，思和说，这是平民意识的表现，不像上海北京这类场所老百姓不许入内——这种封建特权的标识那么突出。

十四日上午正式开会，到会四十多人，围绕着"中国现代文学与中外文化"这个题目作文发言。我将赴美论文先在这里提出，又在开幕式上应邀作了即席讲话，我那篇论文由中大加班印出，散发给与会者。会议共三天。十五日上午会后，中大党委书记张幼峰请我们夫妇吃午饭，喝广东白酒，吃山西削面。张兄是山西人，四十年代复旦经济系毕业，与"胡风分子"多有友好关系，我此次去开会，也是他关照吴兄的。

十七日上午乘火车去深圳。因去特区需要地方公安机关批准，中大办事同志把我的名字错写成"贾芝芳"，因此到深圳住入华侨酒店后，又托此店经理（一位女同志，中大学生）剥下我工作证上的照片，去当地公安机关办了个通行证。当晚该店经理、支书设宴相待，饭后，又应邀观看了舞场。

十八日早上，深圳大学在五十三层的旋转餐厅请吃早茶。饭后，坐车到沙头角，大家在中英街购物并摄影留念。此地用港币，临行前，吴兄借给我们百元，因此在中英街买了咖啡及家中几个青年应用的衣服（到中英街购物应为十七日下午）。

十八日，在旋转大厅早茶后，即驱车看了深圳图书馆。又看了深圳大学，在此午饭，由胡经之招待。午饭后到蛇口，由此乘船到珠海。下午六时抵珠海，由该地文化局办公室主任相接，宿观海楼（市委招待所）。十九日早茶后，乘船沿澳门转了一周。下午乘旅游车回广州，在此休息一天。二十日下午到广州机场乘六时起飞的班机回上海，晚十时到达，桂英在机场相接。

1987 年 9 月 23 日

因报载上午有日食，便中止了去检查身体的打算。

中午小谢夫妇领国家教委干部小田来访，并在此午饭。

午后来的有研究生林利平。唐金海夫妇临近晚饭时来，送来一只炖鸡。上午校对《勃留索夫日记》。晚上看了一大堆《参考消息》。上午来的还有苏兴良。

1987 年 9 月 24 日

早七时，由书龙陪同到第一人民医院体检。十时许坐原校车归来。

中午陈鸣树来。午睡后，潘富恩来。晚苏州大学研究生小刘来。收到鲁迅抵沪六十周年纪念会请柬。收到暨南大学贾益民信。收到北京大学乐黛云信及邮寄的美国此次会议的论文打印稿。

1987 年 9 月 25 日

中午思和来，王宏图同时到来，午饭后别去。黄昏时，谢天振来，他从苏州带回我出国的申请表格，又补填了一些空白项目，想不到出国竟有这么繁多的手续，弄得人眼花缭乱。思和说，现在规定七十岁以上的人要体检合格，怪不得昨天系里打电话，说学校组织部要我检查身体。如此麻烦，真没有外出的兴趣了。

整天看九月份的《小说月报》，很久不读文艺作品，人的精神好像就渐渐枯干了。

早上发出给暨南大学贾益民信，附去我的简历。收到赵博源信。张兵傍晚来，他为书稿事日内去太原，为他写了两封介绍信：1. 李国涛；2. 张成德。

1987 年 9 月 26 日

今日校改任一鸣译文。晚苏州大学研究生小刘来，他明日返苏，托他给伯群带去一信。收到贺圣遂的赠书《徐文长评传》。午睡后和敏到八舍一带走了走，买了几包烟。

1987 年 9 月 27 日

全日集中力量校改《日记》，本书不仅有文学价值，它抒写了一个诗人的生活世界（包括外在和内在的），也展望了当时的俄国文坛风景，接触到众多的人物和事件，因此又有其文献价值。为此，注文很多，校改起来很费手脚，全日只改好十五页稿纸。

今日是礼拜天，有秋意，加了毛背心。

1987 年 9 月 28 日

仍在忙于校改《日记》。

晚朱立元夫妇来访，他们近日从美国归来，谈了那里的生活和风习，尤其谈到美国（包括华人在内）知识界对中国"反自由化"的关怀和看法。

上午与敏到校内剃头，顺路在新华书店买了一册《异端的权利》（茨威格著）。

1987 年 9 月 29 日

仍集中力量校订《手记》。

上午王锦园来，为了下学期一个中文系女同学直升比较文学研究生（张廷琛带），交我签字同意。上午来的还有范泉，他留下五十元作为支付他的研究生听课费。晚孔海珠和她母亲来。

收到香港中大新亚书院院长林聪标先生公函，关于我访港事，他们同意推延到明年。收到国家教委杨娟信，为赴美开会事。收到彭燕郊信。

上午给王克强写了一信。晚上又给梅志写了一信，好久未给她写信了，心中十分不安。

1987 年 9 月 30 日

上午老韦女婿小刘来，王祥来，陈鸣树来。

午后四时浅野纯一来，他要访问施蛰存，给他写了一封介绍信。

收到任一鸣信，她回苏州过节。收到济南侄女贾春琳信，她将来沪旅游结婚，并附来他们新婚照片。

晚，约请青海师大两位研究生小刘等谈，约二时，算是讲课。其余时间仍忙于《手记》的校改——勃留索夫，被高尔基称为"俄国作家中最有学问的人"，从他《日记》中所反映的他的读书范围看，可称为博学，因此为给他所提到的文化人物加注，就很费手脚了。

今天早起陪任敏到菜场买菜，看看拥挤的菜场风光，物价腾飞，带来市场的紧张和人心的紧张、怨声。这是两种经济体制——产品经济和市场经济相撞击、冲突所带来的混乱。

收到学校的回聘聘任书一纸。中文系秘书老施来，送来教授调查表，要填中英文各一份。

1987 年 10 月 1 日

今天国庆，未出门。

中午唐金海来，午饭时与我们一同喝了两杯酒别去。

午睡后吴欢章来，送来他新印的两本书：《新时代歌手》《现代作家游记选》。他劝我去美国开会一事，应慎重考虑，不可造次，因为东西方生活节奏、生活方式差距太多，老年人一时很难适应。敏也完全赞同他的意见。我决定中止美国之行，只把论文交去算数。

1987 年 10 月 2 日

上午美国芝加哥大学李欧梵教授的博士生傅海呐（德国人），持浙江师大陈其强介绍信来访，即给他作书介绍上图和上海书店的同志，为他的研究工作提供便利。这位博士生的研究专题是中国现代文学中的异国情调，他的中文很流利，据他自我介绍，一九八三年至一九八五年，他曾来复旦进修。他将由上海去日本，请他向铃木正夫问好，他们有通讯关系。

鄂基瑞来，送来他们编的《中国现代文学辞典》中有关我的条目的小样，即改了几个错字送回。

本日收到的《文艺报》，近期在《文艺家风采》栏内登了我的照片和介绍文，撰文者是中文系女同学小戴。

午后，斯宝昶夫妇来，带来月饼水果，算是拜节。

收到晓风、梅志信。

晚钱谷融来电话，劝我去美开会。我根据自己身体现状，决定打消去美之行。

1987 年 10 月 3 日

上午《现代家庭》《为了孩子》杂志的孙小琪来访，为评审职称事谈了好久，并送来两册《现代家庭》的合订本，借我参看。因为精神不佳，下午和晚上就看这本《现代家庭》消遣，也借以了解时下的社会风尚或"社会文化"。

晚，《嘉兴科技报》的方伯初，由图书馆的曹宠陪同来访。

收到孙乃修信、任一鸣寄来的稿子。

1987 年 10 月 4 日

下午，辞书出版社小吴来访，原来她和耿庸已决定缔结良缘，实在出于意外，因为彼此年龄差距太大，但既然他们都出于理智的考虑，我们只有赞成。她说，我们是朋友中第一个被她通知这个讯息的人，午饭后别去。

午睡后，王戎夫妇来，晚饭后别去。上海的友人中，只有王戎和耿庸是受一九五五年案件影响失去妻子的人：王皓跳浦江自杀，王戎的妻子张某在积极"检举揭发"王戎的基础上宣布"划清界限"——离婚。如今他们都算成家或快成家了，使人感到欣悦。

仍在读《现代家庭》合订本，算是了解这个时代的社会和人生的办法，也是一种休息方式。

1987 年 10 月 5 日

中午，王宏图来，林秀清来。午后三时去图书馆参加馆内离退休同志茶话会。因为我兼过几年馆长，又值今年退休，所以也蒙招请，并收到大红花一朵、照相簿一册、月饼一只；又应邀讲了些话，并摄影留念。

收到四川广汉县覃子豪纪念馆公函和聘任书，委我为该馆顾问。收到人民文学出版社《新文学史料》负责人李启伦信及我的两篇稿子——纪念胡风的文章和为《中国现代文学大辞典》一书所写的序文校样，该两文将刊在该刊近一期。

下午给孙景尧寄去一信。

1987年10月6日

中午陈家灼来，送来他的画展请柬。谢天振来，因听说我身体不好，送来两瓶人参蜂皇浆。

午时，春琳侄女夫妇自济南来——结婚旅游。

今天早四时起床校改《新文学史料》将要刊登的两篇文章校样。

1987年10月8日

昨日下午由桂英夫妇陪同到第一人民医院照超声波，结果良好。因昨日是中秋节，约在上外学习的马场美智子来寓与我们全家晚餐共庆佳节。

今日早九时，由"鲁迅来沪定居六十年纪念会"派车接到虹口文艺会场参加该会开幕式。正如许杰在会上讲的，现在研究鲁迅的队伍里有这么两种人：一种是把他当敲门砖，一种是把他当成棍子，实际上都是"为我所用"。如今天这个会，××、××都是第二种人物，因此开幕式完毕即乘原车回校。

昨日上午思和来，在此午饭。发出给钱谷融信，附寄《中国现代文学大辞典序》校样，要用两个人名字发表，所以必须请他鉴定签字。

晚上文医生一家和张廷琛来。为中止赴美国事，晚上给乐黛云和国家教委杨埒都写了复信，明晨发出。

1987年10月9日

早上由田南帆陪同到长海医院看皮肤病，他的妻子小文在此实习，因此又看了耳部，因为她在五官科实习。中午，和他们一家三口在家同吃午饭。

午睡后，思和来，谈了编写三十年代文学史情况。

收到罗洛信，一天就这么在休息中过去了，近乎无为。

1987年10月10日

早九时，由小周陪同到第一人民医院看病。坐九路车到虹口公园门口，发现未带医疗证，因此买了一张公园门票入内等候，由小周坐原车回家取医疗证。好在在门口买了一张《法制报》和一本记载诈骗犯的小册子可以消时；又值大雨倾盆，观看街景行人，亦是一种娱乐。

等小周取回证件，乘二十一路到四川路桥过去的北京路下车雨方止。到了"高干门诊部"，已近十一时。由丁姓大夫诊视，说毛病不少，除胃病外还有冠心病、肺气肿，说是都是劳累所致，因此这种体质不适于美国之行。配了好几种药，原车到家已十二时。坐九路车前，在公园门口吃一碗馄饨充饥。

收到钱谷融信及附寄来的《〈中国现代文学大辞典〉序》清样，也未改一字，签了名，即给《新文学史料》编者李君写了信，连同那篇关于忆胡风文章校样一并挂号发出。

午后来的有苏州大学的小栾。

1987年10月11日

上午上海科学院女研究生小张和她的一名女同学来访，带来晓谷信和两条新产品——长乐牌香烟。苏州大学研究生小栾和小李在此晚饭。小李是沙州人，据说那个县的百万富翁有十五人，五十万的更多，说这些发了财的个体户，都是"山上来的人"——劳改劳教犯，因为他们胆大。

晚，应必诚夫妇、任一鸣来。

午后，为赵祖武写了一个长条："更上一层楼"，并去工会参观了中文系教师陈家灼的画展。

收到阳云信、要和耿庸组织家庭的小吴信。

晚饭后，由小周陪同去中灶入浴。

晚饭时潘旭澜来，送来他的新作《诗情与哲理——杜鹏程小说新论》。"立身全在骨"——这句话应该写个条幅。

1987年10月12日

未出门。收到国家教委杨堉电报，要我给美方去电，说明赴美及离美日期。他大概还未收到我告诉他不能去美的信。今天桂英也将我因身体不好不能去美的事通告校师资科，他们认为如果这样以不去为好。

收到萧兵信，也是为去美之事。

下午王聿祥来，在此晚饭。杜月邨晚间来探病，并说，如果我在台湾有朋友，可劝他们回来。显然，因台湾准许回大陆探亲，我们想从此打开一个缺口，以谋统一，或借此孤立那里的统治集团。

给王瑶写了一信，告了不能去成都开会的情况，交晚上来的唐金海，托他的妻子去成都开会时带去。

1987 年 10 月 13 日

上午收到吴宏聪信，说是我为广州会议提供的那篇论文，已为广东社科院的《学术研究》拿去发排，因未得我同意，希望电告。为此下午和他通了个长途电话。他十五日去成都开会，晚上殷仪来，托她给他带去一信并港币一百元、兵马俑一套。又托她给王瑶带去一信，谢谢他的邀请。

下午来的有谢天振、任一鸣、陈思和、王宏图。

晚，同乡薛淑琴来。

收到阳云寄赠的香港版《覃子豪诗选》。

1987 年 10 月 14 日

上午王宏图来。下午上海文研所袁绍发来，为他和他的哥哥自购的我的《小说选》和《契诃夫手记》都签了名。

午后把赴美论文又作了些改动加工，因为陈珏来电要在《中国比较文学》上发表。

晚饭后，和敏去同宿舍内同乡李培基家闲坐。

收到《文艺报》和上海作协的联合请帖、本期《清明》《上海大学学报》赠刊。收到老友廖伯坦来信，他在江西省图书馆工作。

1987 年 10 月 15 日

上午，将出国论文又作了一次修改，下午谢天振来时托他带给陈珏，以便应由《中国比较文学》作为专辑刊载。

因为退赴美机票问题，下午给孙景尧发出信。信发出不久，他就随同谢天振、小甘（苏州铁道师院）来了，他带了赴美论文的英译文即我给美方主持的信，明天发出。他们认为我因健康中止去美是会议的一个缺陷和损失，但医生意见，也只能遵从。他们晚饭后别去。

下午发出给孙乃修信。

1987 年 10 月 17 日

昨日下午近二时，作协派车来接我和蒋孔阳、徐俊西同车到锦江饭店参加《文艺报》、上海作协关于有关改革题材的座谈会，由吴泰昌主持。从一些发言看来，一些被目为"左派"的人物，如杜×、胡××、罗××等观点都有明显的改变，说明时代潮流之不可挡。会毕，会餐。这是个老、中、青三代的会议，我与几位同代人如陈伯吹、许杰、师陀、杜宣、王辛笛、哈华、草婴、蒋孔阳等同席。饮食华美，气氛也融洽。食毕乘作协车返回，同车的还有戴厚英、赵长天——他在曲阳新村下车。到家后，金海和苏州大学的小栾在候，金海通知木斧的女儿来沪，小栾则专程来送该校教师潘树广的评审鉴定材料。

今日上午思和来，他也参加了昨天的会餐。他的文学史正写到臧克家，我谈了对臧的看法和写法。小栾来取材料，因来不及写好，一块儿午饭后，他们别去。小栾下午回苏州，和他谈了编写中国翻译文学史的看法。

中午来的还有王宏图，送来他写的有关西安会议的评介文章。早上，任一鸣来，谈了他们研究生三人到上外参加编写比较文学教材的分工情况。

午后来的还有吴欢章。晚上来的有小周的妹妹和妹夫，他们新从北京结婚旅游回来，就借住大哥家中，谈到家中的一些情况。

春琳夫妇下午离此回济南。

收到在美国印第安纳大学攻读比较文学的石明非信。他说，他从《比较文学北美会刊》上获悉我将随中方代表团访美并将在该校作短暂停留的讯息，很高兴，希望那时能见到面，并附来近照一张。但我已记不起他了，大概是我曾推荐他去美留学。

收到《复旦学报》《科技导报》近期赠刊。

今日连同论文英文本发出给美国 E.Miner 教授信，由美国全国科学院转交。

昨日发出给廖伯坦信。

今日中午，邓逸群送来《中国现代文学作品选》三、四两册的审稿费二百元。

1987 年 10 月 18 日

中午到金海家吃饭，因为××文艺出版社××的小女儿杨×来沪学习。席间，她说起她也在那里工作的这个文艺出版社的内部情况，说人事极复杂，比如一个什么也不懂的"文革"造反起家分子竟然被派来当副社长等。怪不得外国人担心中国还有发生"文化革命"的可能，因为不少"打、砸、抢分子"仍然身居高位，有恃无恐，这些人仍会待机而动，因为他们都是各种政治运动的产物和受惠者。

午后，同村人小崔来，晚即宿此。

今天晚饭为小彤、小瓯和马场美智子三位本月出生者过生日，由小周掌厨，吃得还不错。

晚，为苏州大学的潘树广写好教授学术鉴定。

今日天冷，阴间有小雨。

上午王戎夫妇来，中饭即由小行陪他们，饭后别去。

1987 年 10 月 19 日

上午陈允吉、王锦园先后来。下午王宏图来，拿去他写的关于西安会议的评述文章，我略作修改。晚饭后，王戎夫妇同来，为耿庸婚事，并带来耿庸向朋友公开此事的来信。晚上，方伯初自嘉兴来，带来当地科技报丁士运长信，谈该报革新事、他的办报方针。老方要我作为顾问，对此写些话。为此，给丁写了一信，托伯初带回。

收到戴舫自美来信，并附来他一家三口在芝加哥的照片，小女孩丁妮已一岁了。

收到本期《学术月刊》及《文教资料简报》赠刊。

敏上午去五角场买来本月《文汇月刊》，看了梅志回忆胡风文章，因此想起前几天《文汇报》小陈来信，要求在该刊载胡风书信。为此又找出他逝世前的几封信，拟选用几封加注释发表。

1987 年 10 月 20 日

上午发出给范铮和吕月生信。

中午王锦园来。晚上来的有王东明夫妇、朱立元。

收到《广东鲁迅研究》第一期。

上午还有田南帆来，为《文汇报》要登载胡风书信事来找我。

一天近乎无为，休息——不，在休养中。

1987 年 10 月 21 日

天雨。

上午看好为上海文学所编的《三十年代在上海的"左联"作家》一书所写的序文校样。

午睡后谢天振与景尧夫妇、华东师大王智量夫妇联袂来访，即将赴美论文中文本以及英文本和给 E.Miner 的信和国画一幅托他带去，并另给他三幅中国书画以便赠送他的在美友人。王智量夫妇是头次来，他听说我身体不适，特来看望，并带来一筒麦乳精。

晚，灯下看好王宏图论文《比较文学的危机与发展前途》，尚有新意，为此给徐俊西写了一信，拟推荐在《上海文论》发表。又给高晓声写了一信，关照他明年赴美到密西根大学作客时，就由戴舫照料他。戴舫昨日来信，说是高明春二月访问该校时，他的教授梅仪慈已打报告给中国中心，提议雇佣戴舫照料他，因此，我先和高通个气，由他和美方打个招呼，这样更方便些。

早上发出给梅志信，并附寄我和敏游珠海的照片一幅，因为大家有一年多不相见了。

1987 年 10 月 22 日

未出门，看了老何、老耿的理论文章，觉得用过去的框框去套八十年代的青年人实在大可不必。他们即或难免幼稚、不成熟，但这是成长中的现象，不必过于苛求；即或有"怪言怪论"，对于极"左"思潮说来都是一种否定或反抗，虽然形式是扭歪的，但应该从时代的主流看、历史地去看。

早上发出给高晓声信，并着小周送给谢天振一信。晚又写了给张禹的信，并连同为昌东小说所写的序文同寄。

中午思和来。傍晚邹羽来。下午来的还有童炜钢，拿去他近年交来的作业。

1987 年 10 月 23 日

现代教研室编的《中国现代文学作品选》四册出齐，挪出一些编审费，晚上在中灶楼上聚餐。除教研室同仁外，还有校出版社和中文系的头头脑脑和有关人士。我即席讲了些话。

下午来的有思和、严锋、王宏图、王锦园以及空军政治学院的小周（田仲济研究生）——他想考我的博士研究生。

晚上来的有张廷琛，他喜爱覃子豪诗，因此送他一册。他的《比较文学译文集》已排好校样，我写的序文，他已代校。前一阵子反自由化，出版社想删去结尾一段，现在似乎又太平了，所以未删。王文英来，托她给包子衍带上他们编的《三十年代在上海的"左联"作家》一书的序文小样，并附去一信。

上午发出给张禹信并附去我为昌东小说写的序文。

1987 年 10 月 24 日

上午章培恒来，他知道我身体不佳，送来一盒西洋参。傍晚新闻系同学王春燕也来问候。

上午来的还有任一鸣、田南帆。下午来的有何佩刚、林利平。

午饭后，和敏到五角场散步，书摊购得《疯狂的节日》一册、过期的《啄木鸟》一册。

一天除谈话外，几乎无所为，而本来是订好机票今日启程赴美的。下午来的还有王戎，据说老耿回来了。

1987 年 10 月 25 日

现在将近晚上八时，七十二年前的这个时刻——晚八时我出生了，起步走入生活，走入人生，走入世界。那正是民国四年，当时正是袁世凯窃取辛亥革命果实、复辟帝制、登基称洪宪的那年。因此，从我降生之日起，中国就处在民不聊生、国将不国的时代。一晃七十多年过去了，时势仍不安宁，其中包括解放三十多年后的今天，封建主义的残余还没有肃清。这是个非常时代，但我们将在有生之年，为自己青年时代的理想——建立民主化、现代化的国家，做出自己的努力，"尽其在我"地完成自己的人生责任。

今日天阴，中午桂英夫妇掌厨做了些菜，下了面全家吃了一顿比较丰盛的午餐，算是过生日。同席的有金海夫妇和四川文艺出版社木斧在沪学习的女儿杨桦，兴良也送来一只蛋糕，小瓯也同席。

今天没做事，也未看书。

午睡时秀拔来，送来他大儿子结婚的喜糖。

1987 年 10 月 26 日

整天没做什么事——无为。

收到《文汇报》陈志强催稿信，要刊登胡风为我写的那首诗。但一时找不到，只好写去信，请小周带他，并应他的要求，开了梅志和绿原地址——他要向他们组稿。

晚上灯下查了前几年梅志、胡风信，还是没有找到那首诗。

1987 年 10 月 27 日

上午陈鸣树来，谈到成都开的中国现代文学研究会情况，我被选为顾问，思和被选为理事，并谈了选举理事中的一些趣闻——充分展现了现代知识分子的贫乏的心理状态，使人感到悲哀。

为寻找胡风那首诗稿，整理了一个抽屉，仍未找到，最后给《艺谭》写了一信，不知是否曾寄到那里。

中午，中文系送来鄂基瑞评审职称材料。杂读了一些新老报刊文章，获得一些知识讯息。

1987 年 10 月 28 日

未出门，上午王戎和他的外甥闵抗生来，午饭后别去。

晚，王宏图送来作业（关于比较文学辞典条目），并引来他的同学杨小滨（在上海文学所工作）。小杨将出国赴美攻读，我为他的推荐信签了名。

写好鄂基瑞的学术鉴定。

收到大哥信，他人在重庆，不日回京，不再来沪，收到本期《艺谭》赠刊。

晚，给在美国密西根大学学习的戴舫夫妇和在印第安纳大学学习的石明非都写了回信，告以不能去美开会的原因。

1987 年 10 月 29 日

上午思和来。他已接到香港中文大学邀请信，约他今年十二月起到该校三个月，收集有关文学资料，但当我谈到学校又正在补评职称时，他竟不知。饭后，他去找×××，这个×××一推六二五，竟忘了他给我的诺言，只说他们没办法，要思和自己去找上级。为此，我下午未午睡，趁敏她们去市区的时间，给校长和党委书记写了一信——我抗议这种压制人才的武大郎作风。

中午来的有陈秀珠和潘慎，他们来校参加陈望道铜像揭幕典礼和学术讨论会。

下午校宣传部小金来为我照相，供学报用，他说昨天照坏了。

晚第二教师学院袁×带两个学生来访。袁为他的小说《×××》的出版来，我看过稿子，写了点书面意见，他竟说这是我的鉴定评论，不仅向出版社张扬，因现在订数不够，不能开印，他又写信上海市委宣传部，仍然说是我的评论要求发表，以利出版。这种人真招惹不得。

收到本期《长篇小说》，我为施昌东小说写的序文已刊载。

收到大哥、吕胜、黄川信。大哥从重庆来信，他去那里开会，会后经武汉回京，不再来上海了，为此给他写了一信。

早饭后与敏到邮局发了寄美国的两封信，又转到新华书店，购入《马克斯·韦伯》和《理性、社会神话和民主》（[美国] 悉尼·胡克著）二书。前一书著者为英国的弗兰克·帕金。

1987 年 10 月 30 日

天小雨，未出门。上午思和来，我昨夜已写好给谢校长和林克书记的信（为他的高级职称），今日他带来报刊上登的评介他的材料，即作为信的附件，上呈学校当局。午饭后，即由他送至党委办公室。

陈秀珠中午来过，送来张德林新书《现代小说美学》的征订单。现在出书不易，形成"出书难、买书难、卖书难"的"三难"局面，这都是多年的发行高度集中加上官僚体制的结果，旧体制从各方面都强烈地表现出对社会前进的阻力作用。

午饭后，田南帆偕《文汇报》的陈志强来访，为刊登胡风文章事。现在这类文字有市场价值，决定将胡的《纪念鲁迅先生》这首旧体诗给他，我再写个附记，因为是胡风囚禁近三十年后和社会相见时的第一篇文字，有文献意义。

午睡后，思和又来过一下，一块儿喝了咖啡，他趁机填好出国申请。

晚，为小周调动事，给第二教育学院的王茂荣院长写了一信，明天着他送去。

1987 年 10 月 31 日

今日幸无人打扰，一口气写好《记胡风的一首旧体诗》一文，以应《文汇报》的小陈之需，有二千多字。晚上由桂英抄写。

收到老耿转来的唐湜信和唐的纪念胡风文章，他是站在自己的立场写的，有些个人的观点和看法。晚上给他写了一封回信直言我的看法，因为照他说来，是胡风"纵容阿垅们骂人"，因此也影响了这次悲剧的发生——这类话极合乎"左"分子的需要，好像兴师讨伐"胡风们"是"替天行道、为民除害"似的。当然阿垅的意气用事的文章伤害了一些人，在理智上有些不智，但不能构成"反革命"罪。

收到博源信，并转来他译的山口守给他的来信，因为上次我对博源说，山口守到现在还没有一个固定的职业，为他担心。博源回去给他写了信，传达我的意见。因此引起山口写来一封长信叙述自己的身世、理想和追求，非常朴实诚挚，像一篇有哲理的散文。通过这封信，我对山口君肃然起敬，他的思想状态使我想起自己的青年时代、我的坎坷的一生。

收到夏嘉杰信，他为副教授职称，闹了几年，总算得胜了。

收到漓江出版社总编刘硕良电报。收到长江文艺出版社孙国光信，他们编的《五四爱情小说选》即将付排，因为刊登我为此书写的序文的《上海文论》武汉买不到，他索要一本。当即付挂号寄出。

昨日晚上来的还有陈鸣树研究生谢长安，他的毕业论文是写"战国策派"，为此来征求我的意见。

1987 年 11 月 1 日

天阴，午后有雨。上午《文艺报》的潘凯雄与张林来访，午饭后别去。午后，上海大学殷仪来，她参加成都的中国现代文学研究会年会，并带来瓷器小摆设和清茶一包。卢鸿钢来。晚，我们夫妇到秀拔家晚饭，同席者多为此次来校参加陈望道铜像揭幕典礼的各位语言学者。

收到乃修信及我为他的《屠格涅夫与中国》一书所写的序文校样，晚上作了一些校补。

收到张禹信，他说《艺谭》已决定明年停刊，《清明》半年后也要有所变动。卢鸿钢说，《当代文艺思潮》和《文艺探索》两个介绍新思潮的文艺理论刊物也将停刊。这也是一个动态。

1987 年 11 月 2 日

天雨而冷，未出门。

上午田南帆来，拿走给《文汇报》的稿子和给陈志强的信。

王锦园来，通知说，明年将招考香港的硕士、博士研究生，希望我能招，即答允——反正只招一名，国内或香港均可。

下午李庆偕高桥智来，王宏图来。晚兴良夫妇来，任一鸣来。收到李平信及胡风怀念我的那首旧诗稿，信上说，原来准备发，但由于众所周知的原因，未能刊出，只等适当时机发出，但从明年起《艺谭》奉命停刊，只能退回云。看这个形势，《文汇报》亦未必敢刊出。这里仍然是一个微妙的禁区。

下午胃部不好，所以停止做事。

收到华师大赠书《湖畔诗社评论资料选》。

金海夫妇中午来，催《巴金年谱》序言，说是出版社责任编辑不日到沪，最好能带去。小张借去《冯文炳选集》一册。

1987 年 11 月 3 日

午饭后和敏到五角场散步，买吃食。

晚饭后，沈永宝、袁越来访。

杂读。

1987 年 11 月 4 日

收到《文汇报》陈志强信及我关于胡风的一首旧体诗的文章校样，当即校订了几个字，晚上着小周送给田南帆转送小陈。

中午和敏到金海家午饭，四川文艺出版社的龚君夫妇来沪，所以聚一聚。龚君定本月十二日返川，因此为《巴金年谱》写序定得如期交卷，以便由他带回。

收到施蛰存信，晚上写了复信。

桂英中午拿回近期的《参考消息》，看了外国人对十三大的议论以及苏联戈尔巴乔夫对苏共人物的评价——他继续否定托洛斯基，对斯大林的功过作了历史的分析，说是斯和他周围的人在三十年代发动的肃反运动对人民犯了不可饶恕的罪行，也肯定了赫鲁晓夫的五七年的改革活动；说苏共二十大后，对一些被斯大林错误定罪处决的人物，虽已平反了一千余人，但这个工作在六十年代初停止了，现在组织委员会继续进行工作。

1987 年 11 月 5 日

天寒，晚上穿了棉袄。

上午陈鸣树来为思和职称事叹息，严锋送来他为辞典写的条目稿。

中午，谢天振来，思和来。是我约好小谢今天来，和思和谈去香港的生活问题，因为他是过来人。午饭后，别去。思和带来戴光中赠我的他的新著《赵树理传》。

午睡前，魏绍昌来，送来他的自我介绍材料，要我推荐他为研究员，并赠我一册他的新书《东方夜谈》。

他辞去后，移时同乡邓云乡和华鹏的一个学生（女）来访。

发出给施蛰存信。

晚，袁越来，给我看他为自己的小说《大学城》所写的后记稿。

1987 年 11 月 6 日

上午开始为《巴金年谱》写序，下午还顺利。

过午，马场美智子来，晚饭后别去。

王锦园来，为明年研究生分配事。

下午一汾阳同乡来。

晚，将《文汇报》文校稿，着小彤送小田转交。

1987 年 11 月 7 日

上、下午总算把《巴金年谱》的序文写成初稿，约五千字。

午后，留办教师陈阿宝来，送来外国学生入学规章——是给马场美智子要来的。上午谢长安来，谈"战国策派"，他以此为学位论文题材。

收到李达三信，为思和赴港事。即给思和写去一信，通知李信内容。

收到本期《上海文论》及广州出的《文摘》赠刊。收到上海比较文学会理事会开会通知。

1987 年 11 月 8 日

星期天，仍忙于改《巴金年谱》序文。

午饭后，和敏与小行坐车到四川路购物，看街景——好久没上过市区的马路了。在横浜桥一家点心店吃了碗牛肉汤和生煎馒头，近五时仍坐街车回来。田南帆适来访，一块儿吃了晚饭。

收到韦秋琛信。

1987 年 11 月 9 日

上午对《巴金年谱》序又作了一次校改。收到北京出版社廖宗宣信，昌东小说订数九千，已开印，并寄来我的序文在《长篇小说》的发表费一百元。

傍晚研究生王宏图、林利平来。

晚，给小彤谈我们贾姓家史，并录了音——我们祖宗三代都是些冒险商人、创业家，到我这一代才出现知识分子，改变了门风。

收到济南侄女春琳夫妇信。

1987 年 11 月 10 日

把《巴金年谱》序又重改写了一次，算是定稿。

午后马场美智子来，晚饭后别去。

收到唐湜信、李旦初信、范培松信，后两封来信当晚写了复信，明日发出。

上午任一鸣来，谈她明年毕业后的工作问题。

昨日上午覃××的妹妹找来。因为覃××诗集在国内出版，他出生的四川广汉县又将为他立铜像纪念，他的一切国内亲友，都把它看成一个扬名发财的机会，你争我夺，十分可叹。

1987 年 11 月 11 日

上午何满子夫妇来，他从武汉归来，带来曾卓赠书《诗人的两翼》。午饭后，与后来的上海作协的两位人事干部老吴（女）和小汤（他们送来魏绍昌、艾以的评审材料）一同离去——搭作协的车子。

傍晚，唐金海和四川文艺出版社的编辑龚明德一块儿来接我们到小唐家晚饭。龚君一家三口明日返川，托他给木斧带上一信，我为《巴金年谱》写的序也由他带回。饭后，由唐家直接到校内大礼堂观看《老井》，故事很有深度，演出也很出色。在文化开放的环境中，中国电影艺术成熟了。

本日《文汇报》的《笔会》改版，登出我的短文《旧事重提》，但内容删得不成样子，实际上只是原文的一个部分。

收到中国社科院文学所通知，我和伯群被任为《中国当代文学研究资料丛书》的主编。

上午任一鸣来。为她的工作事，我给留办的陈玉凤打了个电话，她们在研究。

1987 年 11 月 12 日

上午思和来，他已接到香港"中国文学与现代主义"讨论会邀请信。因会议在十二月十日至十六日举行，时间迫切，师资科说出国须二个月前提出申请方能办理审批手续。为此，我晚上给国家教委高教一司的负责人蒋妙瑞同志写去一信，要求他的帮助。移时，谢天振来，他和思和谈了一些香港生活的注意事项。午饭后，他们一块儿离去。

收到李辉信，他已调《人民日报》副刊，管杂文。

收到《文艺理论研究》《现代家庭》《为了孩子》近期赠刊。

秀拔后日进京，为此晚上给大哥和凯林各写一信，并给凯林的三本书，连同明天要买的上海吃食一块儿托他带去。

1987 年 11 月 13 日

上午思和来，他说党委办公室同志说，我为他的职称事写给校领导的信，林克书记已经看过，前几天还说矛盾很大，现在又改口说问题不大。看来，校当局考虑这个问题，因为这不只是思和的命运问题，是学科的发展前途问题、人才的使用标准问题，是唯亲还是唯贤。他午饭后离去，傍晚又来过一下，和正在这里的研究生严锋、林利平谈了编文学史的问题。

傍晚，王锦园也来过，谈任一鸣的分配和出差问题。

中午妇联一女人事干部来，送来孙小琪的评审材料。

晚，在《文化艺术报》工作的陈德祥来。

上午发出给国家教委蒋妙瑞信，为思和去港参加"中国文学与现代主义讨论会"事。

上午与敏到国权路理发。

下午秀拔来，给大哥带去信及食品。

收到财经大学叶子雄赠书《汉语成语分类辞典》。

1987 年 11 月 14 日

早九时，乘校车到上海外院参加上海比较文学研究会年会，选举第二届理事和正副会长人选，我仍连任会长。中午即在该院用膳。午后三时由桂英驱车来接回家。

晚，写好孙小琪和艾以职称评审材料，前者为《现代家庭》副总编，后者为上海作协资料室人员。

1987 年 11 月 15 日

未出门一步。上午写好魏绍昌职称评语。晚又写成任一鸣的毕业鉴定。下午苏州大学的小栾来，带来苏大托我写评语的潘树广同志的《古典文学文献及其检索》一书，它入选为优秀教材，要我写一鉴定。

收到吴宏聪、梅志、夏嘉杰信。收到《书讯报》特刊赠刊。

小栾还带来范培松信及赠我的一瓶鹿鞭酒。小栾还说伯群知道了我身体不好，想来探望，盛情可感。

今天是礼拜日。

1987 年 11 月 16 日

整天休息，没做什么。

上午任一鸣来，谈她的毕业论文事。午后，顾征南来，晚饭后离去。

昨晚写好苏州大学潘树广的《古典文学文献及其检索》一书评语，因为该书将入选为全国高校优秀教材，需要有人推荐。今日午后小栾来取回。

傍晚来的还有上海大学的于成鲲。

1987 年 11 月 17 日

天雨。上午作协的两位人事干部（女）来访，拿去魏绍昌、傅艾以的评审材料，又带来《萌芽》俞天白的评审材料，约定礼拜五交卷。

晚饭时，法律系杨奉琨来闲谈。饭后，苏兴良借用一些港台书刊，他现在课堂讲港台文学。

1987 年 11 月 18 日

上午看俞天白材料，开始写他的评审鉴定。下午任一鸣来，谈她的出路问题。她还没接触社会，就感到某些有职有权的人以权谋私的丑恶面目，瞪大了眼睛。

上午又把唐金海送来的经过他重抄的我写的《巴金年谱》序言，改动了一下，取消了我参加编写巴金资料工作的那一大段，因为经过他对某些事实的修改，以不要为好。

午后殷海国来，王宏图来。晚，到唐金海家晚饭，他们为木斧的女儿送行，即给木斧带去两瓶绍酒。

收到金宁信和她的出国推荐信。收到陈金荣信，并寄赠的近期三册《西湖》。

晚，给《文艺报》的吴泰昌写了一信，并附去《巴金年谱》序，希望能请《文艺报》发表一下，了此一事。

1987 年 11 月 19 日

上午思和下课后来，给我买来了周作人的合订的《苦茶随笔》《苦竹杂记》《风雨谈》和十月份的《读书》。他的职称问题尚无下文。午饭后别去。

午睡后和敏去五角场买菜包子，又在书摊逛了一圈，买回一本《法制文学选刊》。

回来后，留办的蔡传廉、陈仁凤、高玉蓉协同来访，谈及思和、我调到他们那里的事情，说是谢校长本来答应了，又为中文系做去。他们欢迎思和去。

收到本期《批评家》赠刊。

早上发出给章品镇信，附去于成鲲的材料。给吴泰昌信附去我为《巴金年谱》写的序文，希望《文艺报》能登一下，造些影响。

下午我外出时，林秀清先生来过，她送我请她代译的任一鸣译文中的法文词句。

1987 年 11 月 20 日

上午林帆来，他下周去东京开会，为此托他给今富正巳带去一问候信并绍酒一瓶、茶叶一盒。

晚饭前思和来，他开过会，路遇留办的高玉蓉，因此相偕而来，仍为我和思和到留办事。

上午苏兴良来，说是×××托他给我带个口讯，思和职称事他们尽最大努力来办。这事看看再说。

思和晚饭后离去，他代我买来十一月《读书》。

晚为翻译文学书目事，与苏兴良、周春东、任一鸣开了个碰头会。任一鸣明日去作协资料室取她复印的材料，那里规定每页收"服务费"一元——这类干部借权诈财事，已成为风气。为此给魏绍昌一信托她带去，希望他帮个忙，"从宽处理"。小周调第二教育学院事，虹口教育局因为他先用借调形式，要办手续，每月也要三十元。我去美国办护照，也用了五十五元的"手续费"，想不到腐败如此——吏风。

今日给新疆的金宁复了信，寄还我签字的她的出国推荐信。

1987 年 11 月 21 日

整日无为，杂读。

上午韦秋琛及其女婿小刘来访，小刘已结婚，送来喜糖。

收到华东师大出版社通知，定于下月下旬到安徽巢县开教材评审会议。

上午将为乃修的《屠格涅夫与中国》一书写的序的校样寄学林出版社。

1987 年 11 月 22 日

礼拜天，无为。

上午到院内同乡李培基夫妇处闲聊。

午后，上海大学吴欢章儿子（该大学学生）来相约，他和他的同学应《中学生知识报》之邀，要来采访我写特写。约好明晚来。

上午看了唐涛的论文——《〈复活〉和〈玉堂春〉的比较》，视野还比较开阔，只有些小疵。

1987 年 11 月 23 日

今日正式开业——重新校阅任一鸣所译《勃留索夫日记钞》本文，除校改译文外，增加了一些注文。

上午袁越来，为他的小说《大学城》的印行。他要把我看稿时所写的书面意见作为评论来发表，并为此给上海市委宣传部写了信。那里回信说，将我的文章抄好后寄给他们，再发给报纸发表。

下午杨小滨来，为他的出国推荐信，补签了几封信。晚，上海大学的两个学生——吴欢章的儿子和他的同学李宁来访。他们为《中学生知识报》来采访我，由小彤录了音，谈约二点钟。

收到中国现代文学研究会信，推选我为该会顾问。收到国家教委蒋妙瑞信，为思和去香港办护照事，他因出差已交给国家教委外事局港澳组办理。即将此一情况电话告诉了思和，他已写好为香港会议提供的论文，正由小徐抄写。

收到孙钿新译《日本当代诗选》。收到近期《文艺理论与批评》赠刊。收到福建师大教师职称评审费四十元。

今日未出门。昨夜起牙痛，为此今天刷了三次牙，也算破天荒。

1987 年 11 月 24 日

上午任一鸣、杨竞人先后来。午睡后，王锦园来，他后日进京。师资科意见，将我和敏去香港的申请托他带京交国家教委，因为其中有我的护照，怕邮寄遗失。即由桂英到师资科拿回再交他。

晚饭后，和敏到校后门散步。

回来过校内，遇唐金海夫妇。

又回到干训楼，在此买糕点，金海也送我们一包，并把我们送过校外马路。

午后，曹进行也来过。

1987 年 11 月 25 日

午睡后，路翎外甥向志来访——他前年来过。

他送来他的朋友张立华写的一篇论路翎抗美援朝小说的论文，要我看一下。

唐涛来，为她的论文《关于〈复活〉和〈玉堂春〉》提了些意见，晚饭后离去。

晚，章培恒来，送来他新印的译作《中国诗史》（〔日本〕吉川幸次郎著）。

收到廖天亮寄的《人民日报》（海外版），登了王宏图写的关于中国比较文学年会的评述文章。

收到本期《名作欣赏》赠刊。

收到陈子善信及教材《中国现代文学作品选》的选目，以备下月开审稿会时讨论。

1987 年 11 月 26 日

上午陈思和、谢天振、刘定海先后来，一块儿吃了午饭，其间曾小逸也来过。天振最近去了一次绍兴，带回两瓶绍酒。

晚，高玉蓉、戴厚英、顾硕平同来。顾为评副研事找我写一个证明材料。她六二年在复旦中文系毕业，在艺术所工作。稍后，她们前脚走后，徐俊西来，约好后天去作协开座谈会。

收到李全安信及寄赠的新印的《散文译丛》二册。收到萧斌如信，她提出申请评副研究员，要我写个鉴定材料。

继续校对《日记》。晚，给谢天振写了一信，托他找勃留索夫新材料。

318

1987 年 11 月 27 日

今天转冷，屋外有小雨，未出门。早上七时起床后，即开始动手校改《日记》，工作竟日。

上午作协一人事处干部送来《收获》编辑唐凤楼的评审材料，说明下礼拜二交卷。晚，吴欢章来，送来他们编选的《现代流派诗选》的目录，约我写一序文。

收到大哥信。收到华师大钱谷融信，是公事信——对他们编的《现代文学作品选》的编例和内容提出五个问题，希望能表示意见。为此，晚上也回了一封公事信（给华师大中文系主任汤逸中），谈了我的一些看法。

收到李全安信。收到山西师大学生刘殿祥信。收到上海书店寄赠的本期《古旧书讯》。

小彤下午买回一本十月份的《新华文摘》，灯下读了其中的一些文章。

大哥信上说，同乡叫高树帜的，写信给他，说山西要成立一个"河东文化中心"，研究山西历史上各方面的名人，也包括作家，约他参加并托他转告也邀我参加，积极支持云。

1987 年 11 月 28 日

天冷了。早八时不到，徐俊西来接到校门口乘文学所的车子去他们的单位，因天冷，穿了风雪衣。

上午九时开会，是《上海文论》创刊一周年会，到会五十多人，青年为多，我也应邀讲了些话。在此午餐后，与陈鸣树、应必诚同车归来。思和他们年轻人，下午继续开会。

午后，任一鸣来。晚，苏大范培松托他的侄子的朋友持函来访，想找些香港的爱情诗，给他写了个介绍信去找图书馆小乔。严锋来。

收到本期《新文学史料》，在《胡风研究》栏内登了我的文章，在《序文》部分登了我和钱谷融署名的《〈中国现代文学大辞典〉序》。收到《文汇报》陈志强信并两张登有我的文章的报纸。

今天学校来拆电话，说是退休要拆。敏和他们费了一些口舌，打电话给总务处长，他答应"研究研究"。

1987 年 11 月 29 日

天太冷。今天是礼拜天，整日杂读，房间已生了煤气炉。

收到范泉信，通知上海书店在下月十日开编审会，并约我在会上讲话。

灯下写好《收获》编辑唐凤楼的副编审学术鉴定。

1987 年 11 月 30 日

上午曾小逸来，他将到德国海德堡大学进修，我前此写了推荐信，该校比较文学教授华格纳先生特复我一函，为此小曾用我的名义托德国朋友代写了一封复信，今日由我签名发出，同时发出贺年片。

午后，上海书店刘华庭和小徐来访，我和元化合编的"海外学术文库"已出了《佛教与中国文化》一种，印得很不错。他们送我百元、样书三册，又送来新印的林语堂的《我的话》一册。

傍晚，王宏图、严锋来。

收到湖南人民出版社信。

给山西师大同学刘殿祥写了复信并寄去一本《华东比较文学通讯》。

上午来的还有秀拔。

1987 年 12 月 1 日

今天大冷，未出大门一步。中午王锦园来，托他带到国家教委人事局的我们夫妇去香港的公事，因为没有带原批件——外事工作人员造成的疏忽——致使他把原件带回。

晚，图书馆的华宣华来，送来上图萧斌如的职称评审材料。

收到李辉信，他继续在写那本关于一九五五年一案的书，问我当时报刊上批判我时那些关于我的"历史"的真实情况——那时报上说我是"土匪""人口贩子""国民党少将""汉奸""参议"等等。

1987 年 12 月 2 日

未出门。上午九时许《书讯报》的葛昆元来访，约我为他的报纸写一篇短文——《教授与书——读〈中国小说史略〉》，限定本月二十五日前交稿；再写一篇《我的第一本书》。他写一篇访问记，并借去我的照片二张，作速描之用，近十二时别去。

午睡后，赵坚来访，他已考上顾易生的博士研究生，明年拟赴美，要我写一推荐信。葛乃福来，谈他译的日本电影剧本出版问题。晚饭后，小朱来修日光灯。张廷琛来，送他《佛教与中国文化》一册、《覃子豪诗选》一册。

晚，写好萧斌如的副研究馆员职称评语。

1987 年 12 月 3 日

未出门一步。上午思和来，他新从南京开会回来，送他《佛教与中国文化》一册，午饭后离去。

今天送出萧斌如、唐凤楼的职称评审材料。着手为吴欢章的《中国诗歌流派作品选》写序。

午后，林秀清来，拿走《中国比较文学辞典》材料。

收到金宁、唐凤楼信。收到近期《编辑学刊》赠刊。

晚，写了给范泉、唐凤楼的回信。

1987 年 12 月 4 日

早起后，袁越送来用我名义写的对他的小说《大学城》的评文。只好改了几个字，签个名了事。

午后，谢长安来，送来他的学位论文《关于战国策派》，要我看一下。晚上又送来刊登在《鲁迅研究动态》上的他译的李欧梵论鲁迅文章。

午后，教务处来电，要我二十四日去北京参加优秀教材评审会议。

学报送来新出的第六期，封内刊登了对我的介绍文字和照片。小周送来《文摘报》，摘登了《文汇报》上的胡风怀念鲁迅诗和我的文章内容。

上午敏去街上买了些食品和补品，我写了一封信，托任一鸣去北京时带给梅志。

1987 年 12 月 5 日

午后二时许，古籍所章培恒和他们那里的工作人员约近二十人来寓相聚，在这里开名酒品尝会，另外还有日本的进修人员高桥先生和松井女士、上海大学的彭飞。思和中途来，也喝了几盅。六时许，客人纷纷辞去。

晚，任一鸣来，她日内进京，将上午写好的几封信（李辉、徐迺翔、国家教委港澳办卢枫、梅志、吕胜、廖天亮）以及我和敏去香港的批文都托她带京，另外给梅志带了些上海食品和台湾新出的那本论大陆文艺批评的书等。

晚，给大哥写了一信。又给发起河东文化中心的高树帜写了一信，表示愿意支持成立这个中心，就请大哥转交。

晚上来的还有小郁——江泽洪的女婿，他在图书馆（上海城市建设学院）工作，为他写职称评审。

1987年12月6日

今日礼拜，屋外大风，冷甚。一天算清静地过下来了——礼拜天。

上午为刘定海去美国读书寻找经济担保人事，给在纽约经商的周励女士写了封信，连同刘君的照片、简历、分数单等同时寄出。

全日等于休息，杂读。

1987年12月7日

午后，刘华庭来，他已找了施蛰存先生，拟就了一套十册的"新感觉派小说选辑"的书目。施先生因为是局中人，所以同意由我出面编辑，即和老刘同志又对书目作了一些调整。他坐至五时许，适高天如来访，方始辞去。高不日到香港开语文会，来此辞行。

未出门一步，闲时杂读书报。

老刘送来他们新印的两本书《现阶段的文学论战》《寄庵随笔》（汪东著）。

1987年12月8日

早上，谢挺飞来访。他仍在沈阳工作，是去南京开外国文学年会路经上海的，给我带来一盒吉林人参。他辞去后，范泉及上海书店的经理同来，为十日的会议事，届时他们派车来接。他们请我敦促王元化到会，为此晚上给元化打了电话，他答应到会。

收到北师大杨占升信，他约我审阅艾晓明的博士论文。

晚，谢长安来，我正在翻阅他的学位论文《以文化重建为主题的战国策派》。小谢敢于接触这个论题，也反映了新一代人的历史胆识，值得欢迎。

敏因伤风，咽喉有些发哑，为此晚上请来小文医生诊视，开了些药物。

1987 年 12 月 9 日

午饭后，与小彤乘街车到南京路上海图书馆。那里举行新书和特价书展销，由《书讯报》寄来两张入场券。在这里购得我的《小说选》，架子上有近二十本，我买了十本，原价七五折；又买到一册川端康成的《古都·雪国》中译本，也是廉价书；在新书展销柜（在楼下）买了一册杨绛的《关于小说》。买好书，到上图的三楼去看萧斌如，在此遇胡道静（胡云翼之子）。他已七十五岁，仍在上海人民出版社，也受了许多苦难，被关押了八年，人很衰老。这里我有好几年不来了，同志们都还相识，也显得很热情。出来后，和小彤在对面一个咖啡馆各喝了一杯咖啡，前几个月来还是七毛钱，现在需要一块五了。又沿着南京路转到西藏路，再转到延安路，在一个小点心店又吃了碗酒酿团子，买了近期的《小说月报》和《法制文学选刊》，再转到外滩，乘五十五路回来。

收到孙景尧爱人小肖信。

1987 年 12 月 10 日

中午思和来，午饭后别去。他那里晚上做事时，寒气袭人，因此敏将几年前买的一架煤气炉送他取暖。

下午二时，上海书店范泉来接我与章培恒同车到大百科全书社参加该店在此召开的《近代文学大系》编辑会。到会有五十多人，王元化、施蛰存、柯灵、赵家璧、徐中玉，还有九十三岁的郑逸梅老先生也到会，我也应邀讲了些话。会后又参加他们的会餐。六时许，我与培恒、赵家璧同车回来，赵先生在大陆新村下车。

培恒原来担任小说卷主编，大约有些情绪，发表讲话表示退出。范泉、俞子林很着急，希望我能从中说项。归途中我和他谈了，我说上海书店这些人多是旧书业出身，还尊重文化人，不是奸商，可以合作共事。他似首肯我的意见，下车时说明天再来看我。

收到唐凤楼、孙景尧爱人小肖、章品镇信。

发出给广西人民出版社杜建文信。

1987 年 12 月 11 日

收到艾晓明信及附来的她的博士学位论文《左翼文艺思潮：中国与世界——中国现代左翼文学思潮之源流探讨》，文内主要对胡风的理论进行历史和文化研究。这是一个尖锐的学术领域，多年悬为禁区，直到近一两年，有些棍子文人还是喋喋不休地为他在五五年受政治迫害寻找合法的理由，实际上是一种反马克思主义的丑行。因此，这篇论文的提出，正如晓明在信中说，"带有一些风险"，但也说明新一代人的学术勇气和责任感，很令人高兴。

今天晓明信中提到，昨夜吃晚饭时，赵家璧先生也说道：这期《新文学史料》上的××文章，实在说明了一些干部同志的心态：他们事事处处从个人利害得失看问题，没有是非观念，没有正义感。这些言行实在有损党员的形象，没有一点革命者的品格。赵先生说，作者不敢说真话，有意冲淡自己和胡风的关系。晓明则说，她本来还敬佩这个人，看了文章，感到不是那么一回事。这些同志实在在个人利害的网中，变得麻木了，或者说"异化"了，哀哉！

北师大也寄来请我评晓明论文的公函。

收到夏嘉杰信、中国社科院文学所关于中国现代文学研究会的"会议纪要"。收到《戏剧艺术》的近期赠刊，它登了颜海平的文章，因为是我推荐的，她的稿费也寄到这里。即由桂英电告海平父亲来取。

上午给中山大学党委书记张幼峰寄出贺年片和《小说选》。九月我们到广州，受到过他的盛情款待。他系四十年代复旦同学，又是我的同乡人。

接到华师大中文系主任汤逸中信，谈起到巢湖开会购票事。因这会与北京之会时间相同，而北京之会又不能不去，为此晚上给老汤写了一信，表示歉意。

晚，章培恒来，谈任一鸣到留办工作事，说是他们有顾虑。即把情况向培恒说明，请他再向留办解释，任一鸣在我这里学习已二年多，她的人品学识，我敢保证。

收到内蒙古通辽的内蒙古教育学院的孙桂森来信，他已升为副教授，是来信报喜的。

下午，苏兴良也来过。

1987 年 12 月 12 日

上午林秀清来，送来她看过的研究生写的《比较文学辞典》条目。午后二时许，唐凤楼来，谈起他们夫妇（他的妻子是《阿诗玛》的主角，"文革"中被迫害神经失常）"文革"中的遭遇，真是一本血泪史，使人愤怒，使人沉思，他坐了两点钟，并带来一些补品。后来的还有赵坚，我为他出国推荐信签字。晚，苏兴良来。

收到任一鸣信。晚给长春吉林大学的李凤吾写一信，并附寄《小说选》一册——他来信说，他们在编现代小说史，需要此书。

上午来的还有范泉，仍为他们的《近代文学大系》编委人选问题，他们决定请培恒照原议参加编委并主编小说卷。他说，俗文学卷原请姜彬主编，因柯灵坚决反对，说前些日子还在批判巴金，这种人不能共事。他们接受了我的建议，请范伯群参加编委和主编俗文学卷。为此，我给伯群写了一信说明原委，信即由上海书店发出，连同范泉的信。范在此商谈后，又如约去找章培恒。

收到孔海珠赠书——他父亲孔另境的散文集《我的记忆》一册。

1987 年 12 月 13 日

礼拜天。午后四时，西北师院孙克恒（已升教授）自校招待所来电话，他由兰州来沪求医，为此由小彤陪同到八舍招待所去看他。他系由妻子、院长、系总支书记陪同来的，因在沪人地两生，特写信介绍他给长海医院的瞿启文军医，请代为设法住院，如需要住院的话；又关照八舍招待所的老翁同志，希望能让他们多居留几天，因他们来住时，招待所只答应他们只准住一夜。

晚饭后，由上海大学社会学教师袁君陪同日本立教大学讲师池边、早稻田大学山下以及一日本女士来访。他们系由马场明男教授介绍来沪访问有关中国的社会学著作，为此给他们写信介绍了复旦图书馆的副馆长王明根、上图的萧斌如，希望能给予方便。

收到赵祖武信，并写了回信。

晚，写好本市城市建设学院图书馆一同志的论文鉴定，并给内蒙古民族师院的孙桂森写了一封复信。

1987 年 12 月 14 日

上午谢长安来，谈他的论"战国策派"文章。晚饭前后，先后来的有田南帆一家、朱利英、应必诚夫妇以及两个在此进修的山西青年教师。

收到本期《文教参考资料》赠刊。

1987 年 12 月 15 日

午饭后，和敏到四平路新开的商店里买吃食，同时，也作了一次长途散步。

读发表在《中国社会科学》上的论《金瓶梅》的文章，作者在对当时社会经济的变动的分析中，论述了作为一个商人的西门庆的生活方式、价值观念、行为准则的历史意义，读来颇有新意。

要集中力量读艾晓明的博士论文。

1987 年 12 月 16 日

上午秀拔来。午后严锋来，他补写有关台湾比较文学条目，为此借给他一些《中外文学》《淡江评论》作为参考。

仍在集中力量看艾晓明的论文，并为此翻阅了一些胡风的材料和思和的有关论文。

1987 年 12 月 17 日

上午思和来，在此午饭。因说起前几天《新民晚报》上一篇文章《假如鲁迅还活着》，文内引论说，当一九三六年冯雪峰由延安派到上海的时候，鲁迅曾用玩笑的口吻对他说："你们来了，还不是把我弄掉。"冯听后恐慌不已，连忙说："那怎么会！那怎么会！"但事实是在五十年代，说"那怎么会！"的冯雪峰竟继胡风之后被戴上"右派"帽子，从此沉沦……这反映了鲁迅对中国社会和历史的深刻洞察力，也说明鲁迅终生和他思想深处的悲观主义的斗争的激烈，他提出的改造国民性、接过尼采反传统反偶像的旗帜、呼喊"真正的勇士屹立于人间"等这些深刻思想认识与中国历史和文化传统的深刻联系……

午睡时，苏州大学的两个研究生小宋和小俞持伯群信来访，即写了一封回信托他们带回。他们来后不久，他们的两个同学（一个是历史系的研究生，一个是法律系的研究生）相继来访，在室外和他们摄影留念后别去。因为敏和小行饭后去市区购物，他们来时，家中只有我一个人。

仍在看艾晓明的论文。

1987 年 12 月 18 日

午后，蒋凡来访，他说四三年有一个女作家林培志，出过一个小说集，由冰心、郭绍虞作序，希望能代查一下。晚，两个在此进修美学的外地教师（刘绍信、杨立元）来访，纵谈中国知识分子的命运问题。

晚，钱谷融来电话，希望如我不能去巢湖，由陈思和代我出席。即给思和电话，劝他去走走，那里有温泉，是个山清水秀的地方。

收到吕胜贺年片，收到苏大肖翠菊信，即写了复信。

本期《文艺报》也刊登了我在《上海文论》座谈会上的发言要点，内容同于《文汇报》，只是把孔尚任写成龚自珍了，这大约是因为我的发音被听错了。

午饭后，和敏散步到四平路，又转到五角场，跑了一大圈，敏买了些吃食。

1987 年 12 月 19 日

上午和敏到校内剃头。午睡后来的有赵博源、乐秀拔以及西北师院的孙克恒夫妇。晚，田南帆一家三口来，带来晓风抄寄《文汇报》的两封胡风来信小样。

收到梅志信及三本《文汇月刊》、一本《新文学史料》今年第三期。

收到韩云涛贺年片。收到孙景尧自美国寄来的贺年片。

1987 年 12 月 20 日

礼拜天。起床后即着手抄写艾晓明博士论文评语，晚上写好并给她的副导师杨占升写了回信，明天寄出。

下午由小周陪同洗了个澡。上午谢长安来。晚上来的还有苏兴良和唐功儒夫妇。收到屠款款、迟恩华贺年片。

晚，给在北京的任一鸣写了一信。

1987 年 12 月 21 日

上午耿庸、何满子夫妇、王戎夫妇、顾征南先后来，在此共同午饭后离去。

收到顾放勋贺年片和信，他仍在治疗中。收到在美国哈佛大学读书的石晓林信，铃木正夫、孙立川贺年片，古籍出版社赠的台历，山西师大刘殿祥信以及广西人民出版社杜建文信。

寄出艾晓明学位论文评审意见及给她的导师杨占升信。

桂英已买好去北京车票，二十三日下午车。

傍晚，王宏图来，托他给颜海平父亲送去海平稿费及刊她文章的《戏剧艺术》一册。

给乐秀拔写了一信，介绍他去看何满子并带去他自己的《白乐天评传》稿，请何向古籍推荐——如认为合格的话。

1987 年 12 月 22 日

中午王锦园来。思和来，代买来十一月份的《新华文摘》，他将于明天一早和华师大的同志一块儿到巢县，代表我参加钱谷融主编的教材审稿会，近三时别去。德祥陪中国新闻社的记者刘文祥来采访我，说为港台海外介绍我近况，谈了些生活、工作近况，并在院内照了相。接着人民文学出版社的林乐齐来，催《中国新文学发展史》稿，答应明年春天交稿。他留给我一册新印的阿垅的被发现的原稿《南京血祭》。接着吴中杰、叶易领两个外地同志来访。接着《山西日报》的记者朱鹏民来访，为他们办的《青少年日记》题了几个字："用自己的笔抒写时代，记录历史、记录自己的人格成长历史。"一块儿晚饭后别去。他是山西运城人，复旦同学。

敏已为我整理好行装，廖天亮晚上自北京来电，询问我的行期，他说他将和李辉来站相接。

这个日记要到本月三十一日从北京回来后再往下写。

1987 年 12 月 23 日

上午和下午连写了下列各信和贺年片：山口守（信和贺年片）、马场明男（贺年片）、铃木正夫（信及贺年片）、孙立川（信和贺年片）、颜海平、戴舫（贺年片）。前四封寄日本，后三封寄美国，这也是一年一度的盛事。

今日晚七时启程进京。

为任一鸣到文学所事，给徐俊西写了一信留交。

一九八八年

1988 年 1 月 1 日

　　昨日下午自京归来，桂英在站相接。从上海新站出口，站内遇到任一鸣的朋友小潘，他以为任一鸣与我偕同回来，其实她已于前三天搭去苏州的车子回苏州了。小潘代我提行李，一直送到接我的小车上别去。因为早上火车上吃的炒蛋和牛奶，咸杂冲突，肚子很不好过。中午也未吃，喝茶水。到家后，桂英赶快买回人丹来，吃过后呕吐了一阵，吃了稀饭、咸菜，又服了胃药，八时许上床。今年元旦算好了。

　　今天元旦，敏记错了，当成是她的生日——旧历双十二。其实今年闰月才十一月十二，但她已备了较丰盛的吃食。上午谢天振来，就留下他午饭，又叫来小瓯，算全家过了个团圆年。

　　上午来的还有陈允吉，他拿来一册北图编的《中国社会科学家传》，要我作为参考，为此书写一篇。又谈到陈思和职称问题，对他的工作安排设想等。

　　收到釜屋修、今富正巳、胡志昂贺年片。去北京开了几天会，到底年纪大了，人感到很疲倦，没有精神，还要休息几天，才能做事。

补记北京之行：

二十三日下午由桂英夫妇送我到北站上车，站上遇本校历史系的老周同志。多承他路上关照，一路平安。二十四日下午一时许到京，凯林、小燕、李辉、吕胜在站相接。站外有国家教委派人在候，当坐国家教委小车到住地一人大常委会招待所（称林彪大院）报到，被安排在南楼 104 室。这里环境安静，设备齐全，门口有解放军站岗，附近没有居民。一切安排好后，由国家教委车子送我到演乐胡同大哥家。见到全家人，小燕、成林各添了一个男孩，大哥已和金茂年办好了结婚手续，总算有人照应他了，少了老年的孤单，我很喜欢。吃饭时，备了花雕酒。饭后，由小燕、凯林送我回到招待所，已近十时。

二十五日上午在毛家湾一小礼堂召开全国教材优秀奖评奖会议开幕式，到会各学科专业学者百余人，由国家教委一位副主任讲话。午后，召开大组会议，我属第九组，每种学科只有一个，我分管现当代文学、外国文学，分到八种教材，负担太重。由本校外文系主任孙骊同志代我承担外国文学教材。二十六日全天看教材，与我同室的是北大教授袁某。他才五十一岁，但体质不行。当天下午他领我去逛琉璃厂书肆，在古籍书店及中国书店看旧籍，购到中国书店复印的《二十二史札记》（〔清〕赵翼著）一册，台湾学者陈鼓应著的《论老子》（中华版）。二十六日晚上，廖天亮、晓林夫妇、凯林、燕林相继来，吃了凯林、小燕带来的冰糖葫芦。

二十七日讨论会，中午孙骊陪我在饭店附近散步，在邮局购得本期《读书》及《小说月报》。晚，吕胜夫妇、徐放来。徐放谈到廖天亮工作事，不胜愤慨，因为是我托他介绍进《人民日报》的，但他的"农民意识"使他不能正确对待环境。为此，我在临行前一日，把他叫到演乐胡同谈了半天。

二十八日上午，我写好四份材料。王瑶的《中国新文学史稿》、唐弢的《中国现代文学史》，这两本评为优秀奖。国家规定，这些入选的教材都是由各部委、各省市自治区推荐审定的，这个会议"只是把关工作"。另外两本——江西送审的《江西苏区文学史》及山西出版、二十二个院校编的《中国当代文学作品选》，建议评为教委一等奖。当天下午仍在毛家湾举行了闭幕式。晚饭会餐，会议结束。晚，徐放、晓林一家四口来。二十八日下午艾晓明来，她的博士论文答辩已通过，她送来我的评审费四十元。——又记错了，二十八日晚上去李辉家晚饭，有北京出版社的廖宗宣和《文艺报》的潘凯雄作陪。

施昌东小说《一个探索美的人》已印出样书。小廖带来八册，印得还像样，即送小潘一册、李辉夫妇一册，又送了艾晓明一册。

二十九日，早上起来，大雪纷飞。

九时许，晓林在她的单位备了一辆面包车来接我，凯林、小燕也骑车来，当托凯林领取我的回沪车票和给上海打电报。

后又由晓林、燕林陪我到梅志家。

梅志身体尚健，晓山也在家，在此吃午饭——涮羊肉、猫耳朵。

饭后，晓风来。

午后二时，我们辞别胡家，由上午的车子来接，乘它到演乐胡同。夜即宿此，薛汕来访，他在搞俗文学会。

三十日上午去人民文学出版社访牛汉，由小燕陪同先到新文学史料编辑部，牛汉未来，老黄同志给他去了电话，他骑车赶来，一块儿去了他家。在此午饭。他送我一册他编的胡风诗集《为祖国而歌》。……

当天晚九时，由民研会的车子送我到车站，李辉，小燕夫妇和森林送行，十时开车，离开北京，三十一日下午回来了。

回来后还未看桌上堆积的那些信件，人实在太疲乏了。

1988 年 1 月 2 日

中午饭后，与敏去八舍附近新开市的商店（由复旦经营）给北京的两个第三代男孩各买了一斤毛线。

午后，王继权来，赵坚来，晚徐俊西来，送来"车马费"六十元。

因我兼文学所的"特约研究员"，和他谈了任一鸣的工作问题，他要我写一个推荐信。

收到颜海平信和贺年片，收到汪济生贺年片，收到第六期《上海文论》赠刊，收到本期《科技导报》赠刊，收到陕西及广西人民出版社的作家研究资料各一册赠书。

作为休息，读在京时间的上海报纸。

1988 年 1 月 3 日

礼拜天清静了一天，午饭后和敏去四平路散步和购物（食品），午睡后与小周一块儿入浴。

杂读，收到谢长安信，收到本期《清明》赠刊。

晚饭时，掉了一粒牙齿。

1988 年 1 月 4 日

有微雨。读梅志在《文汇月刊》上的《胡风传》，这是一部有价值的信史。

收到暨南大学出版的《比较文学研究》一九八七年第三期。刊出了我在西安比较文学年会上的闭幕词，并附有作者介绍。

晚，苏兴良、唐金海夫妇来。小唐去了一次四川带回龚明德赠我的《马克思主义文艺思想史稿》（陈辽著）。

1988 年 1 月 5 日

未出门。上午邓明以来，中午思和来。午饭后，王锦园来。

读《文汇月刊》上的梅志《胡风传》。记他们"文革"中在四川农场的囚禁生活。

午后，中文系的老于（女）来谈家常生活。

1988 年 1 月 6 日

上午任一鸣来，谈她工作的事。午后来的有王岗（上海文研所），为他的出国推荐信签了字。严锋来，送来代修的收录机。

晚，秀拔来。

收到山口守贺年片及信。他将于二月来华访问。为找保姆事给伯群写了一信，让他在苏州物色。给上海书店刘华庭一信，托王岗送交，为选编《现代派小说》事。

1988 年 1 月 8 日

昨日未记。晚，徐俊西来电，任一鸣到文学所事，他们准备在今天下午会议上讨论。为此，晚上写了推荐信并附去了她的译著，她的朋友小潘晚上送来她的材料，说是她从苏州回来后又病倒了。

今日下午在蒋孔阳家开中文系博士导师会议，有研究生院干部小刘等三人在场，我也发了些议论，五时许散会。

晚上来的有王宏图和他的同学（在上图工作的一个青年）。吴欢章来，施昌秀来，昨天上午林秀清来借去两本关于楚辞的书。

收到丸山升贺年片，收到朱碧莲信和她的女儿海燕从美国寄我的贺年片，收到吴宏聪信。

收到陈元垲赠书《二十世纪中国文学与世界》。

1988 年 1 月 9 日

早九时和桂英乘街车去第一人民医院看病，仍去找"高干病室"的丁医生，他熟知我情况，因年轻时喜爱文学。他说我"毛病不少"，检查了胸部，开了治心脏病、胃病的药，前列腺肿大，下礼拜一来就看泌尿科，现在要查看口腔，为此取好药后又乘车到武进路该院的口腔科。已到下班时间，但一个女医生仍给我看了口腔。要下午来验血，为此，出了医院又走到街上在邮局往家里挂了电话，买了本期的《文学报》《文艺报》《人民警察》《小说选刊》，在一家面店吃了面，又回到医院。一时半后，抽了血才坐五十五路回来。

在第一人民医院看病时碰到章培恒，他也来看病。

晚上来的有严锋、林利平，和他们谈了中国现在知识分子的文化性格和人格素质问题。

今天冷起来了。

昨日为十月文艺出版社写好廖宗宣的职称（副编审）评语，今日下午盖公章后挂号发出。

1988 年 1 月 10 日

上午苏大的栾梅健带他的女朋友小朱持伯群信来访。他的两个研究生要毕业，聘我为评审委员，当约定本月十八日去苏州。当时唐金海来，他们那个当代文学资料丛书也想趁机在苏州开个主编会，因我和伯群被文学所聘为主编，唐与卜仲康、何寅泰为副主编也。小栾的朋友是英文系毕业想译点什么，借她一册《存在主义——从陀思妥耶夫斯基到萨特》。

午睡后余安东来，他新从西德访问回来，谈了那里留学生生活的一些见闻。

晚，给家乡的县委负责人，同乡郑怀礼和宜静妹写了信，为家中的几间房产被没收发还事。

一直拖了这么些年，由于政治腐败官吏恶劣，一直悬而未决。

1988 年 1 月 11 日

上午鄂基瑞来谈教研室工作。

午饭后由桂英陪同乘街车去第一人民医院检查，前列腺肥大，在泌尿科拿了些药出来。

在四川路一家点心店小息，吃了咖啡，再乘街车归来。到家时，中国通俗小说研究会理事方军在候。

今日上午接到薛沁信，也谈此事，要我出任上海分会会长，方军也持大哥和薛沁介绍信。

收到王富仁赠书《先驱者的形象》。

1988 年 1 月 12 日

从早上九时起，客人不断。上海第二教育学院小宋、杨竞人、思和和唐金海、刘定海，上海财经大学的顾柱国等。

金海带来湖南文艺出版社总编黄起豪病逝的电文。当此，我托金海代我给黄的家属发一唁电，并托他代办去苏州车票等手续。

对定海赴美就学找财政担保事，当给周励女士写了一信附去美国学校的保单，请她填好后寄回。

顾柱国申请加入上海比较文学研究会，为此给谢天振写了介绍信。

思和送来钱理群等人编写的《中国现代文学三十年》一书，为迄今为止观点最新的一本中国现代文学史。

午睡后，中外新闻社刘文祥来，他写的我的访问记已定稿。阅后提了些修改意见。

收到金子文夫夫妇、田边义明贺年片。收到今富正巳寄赠的他的新著《日本语与中国语翻译要领》一书。收到静妹信。

开始看苏州大学研究生汤哲声的学位论文：《戊戌到五四时期文章文体和文学的变革》。

晚，任一鸣来，送来她为《比较文学辞典》所写的条目，并谈了她的学位论文（六十年代对卢卡奇的"批判"），为她提供了一些历史线索和材料，她借去一些有关译著。

1988 年 1 月 13 日

上午邵家麟来，他说为香港《文汇报》写文艺性的报道文章，想以我的近况为题材写一篇。谈了些话，借去了一些有关书刊和照片。中午周春东来。

今日写好《读〈中国小说史略〉有感》一文，以应《书讯报》之约。编者小葛来电话，明日上午来取，约一千八百字。

看苏州大学研究生汤哲声、刘祥安学位论文稿，以便撰写鉴定。

收到近期《文艺理论研究》和《名作欣赏》赠刊。

早上发出给中山大学吴宏聪信。

1988 年 1 月 14 日

上午思和来，代买来新印的周作人早期作品，午饭后离去。午睡后，《书讯报》葛昆元来，拿去约写的文章（《读鲁迅先生〈中国小说史略〉所思与所感》）。小葛走后，与敏到五角场游逛了一回。

晚小朱一家来，唐金海夫妇来。

今日发出给今富正巳、金子文夫、釜屋修贺年片。晚，写好给日本大学的丸山茂贺年片，明日发出。

1988 年 1 月 15 日

早上华岳文艺出版社郭继明来访，谈《东方专制主义》一书的约稿问题，在此中饭后别去。谢天振来，填好教材申报表。林秀清来此找小谢。

午睡后，上海书店刘华庭及小徐来，他们已复印出《西蒙·波娃回忆录》，送来五本书及编辑费一百元。据说此书印一万二千册，已脱销，又加印八千册。《佛教与中国文化》一书也畅销，一版已售完。和刘华庭谈了编选《现代派小说》的选目，已基本确定。

晚，葛乃福和外文系一王姓日语教师来谈他们合译的日本电影剧本选的出版问题。

收到张禹信。收到本期《现代家庭》和《为了孩子》赠刊。

晚，范伯群、高晓声都来了长途电话。唐金海上午送来去苏州车票，当托他给伯群发出一电报站接。

晚上来的还有王宏图。上午林利平也来过，为他们的比较文学辞典条目事，借去一些材料。并在灯下看了王宏图写好的条目，作了一些补充。

1988 年 1 月 16 日

中午，葛乃福与外文系的王一平、朱金和在五角场蓝天宾馆请华岳文艺出版社的郭继明吃饭，我们夫妇应邀作陪，小彤也参加了会餐。

下午二时半到校内美国研究中心参加台港文学研究室成立大会，我也应邀讲了些话。会后，放映台湾录像、白先勇小说编的《孽子》。演毕后，到九舍五十一号共进晚餐。会议后还照了相。

收到上海文艺出版社《中国新文学大系 1937—1949》编委会函，及该大系《散文集》选目，其中收了我的四篇散文，但把我的笔名杨力写成"力杨"，为此晚上写了回信，除说明我对本选集的看法外，也顺便请他们更正这个错名。晚上还给山口守写了一信，欢迎他二月内来上海，并附寄他要查阅的《宇宙风》复旦大学图书馆收藏情况统计。

收到美籍华人高辛勇贺年片及信，他已转到加拿大教书，并附寄来他任教的 Alberta 大学的比较文学课程小册子。

昨夜写好苏州大学研究生汤哲声论文评语。还有一位未写成，正在读材料。

收到北京语言学院阎纯德信，他系《中国文学家辞典》现代部分的主编，需要施昌东的材料，预备编入《辞典》。

1988 年 1 月 17 日

上午王聿祥来，送来他们文艺出版社印制的《作家日记》一册。吃过午饭后，高晓声来，又给高补开了午饭。与高晓声晚餐后，张晓林来，为高安排了车子和住房问题——他此行是去领赴美国的护照，他将到美国密西根大学访问三四个月。为此，应戴舫之托，请高到那里雇用戴舫为雇员照料他，以便为他凑一些生活费。高说，已写信给戴舫的导师梅仪慈教授提及此事，因为高到美国，具体邀请者正是这位女教授。高于晚七时许乘安排好的车子离去。

下午来的还有卢鸿钢，为他去美留学的邀请信签了名。晚间田南帆一家、金海夫妇先后来。

送走客人后，为苏州大学的研究生刘祥安的学位论文写好评语。

为任一鸣去上海文学所工作事给她写了两封介绍信（徐俊西和花建），他们约她下礼拜二去谈话。

1988 年 1 月 21 日

今日下午从苏州归来，与敏以及唐金海桂英同行。张晓云驱校车来接。抵家后，吴中杰夫妇来访，吴的妻子高玉蓉将去日本进修约我写推荐信。

灯下读了离沪时来讯。人民文学出版社寄来稿费三百零四元，因其选了我的两篇小说入《〈七月〉、〈希望〉作品选》，广东《学术研究》寄来的论文稿费一百二十九元。家乡郑怀礼来信。李涛来信附寄美国华人报纸《中报》一张，载有美国举行中国画展报道，其中提到我为该展览会写的题词一事。

补记十八日以后至二十一日事（在苏州）。

十八日与敏及唐金海乘火车至苏州已上午十二时，范伯群站接，即住苏大招待所。午休后与小栾到附近散步观街景。

十九日上午举行研究生汤哲声、刘祥安论文答辩会。我任评审会主席，会上由伯群宣读了我为这两位学生论文所写的评语。午后，苏大派一车由小栾陪我们到观前街购物。买了三十多元的苏式食品。当日晚饭，由苏大举行宴会。晚八时，桂英自上海赶来。晚间来了几批访客，其中包括苏大的九名现代文学研究生和华岳出版社的郭继明以及小肖、小甘等。当介绍小甘为华岳出版社译《东方专制主义》（[德国] 维特弗格尔著），又介绍小栾和他的女朋友小朱合译《存在主义——从陀思妥耶夫斯基到萨特》一书，又介绍张晓云和她女儿唐涛合译美国当代小说《战争与爱情》一书——介绍了三笔文化生意。

二十日早八时，我们由苏大中文系办公室主任老陈陪同包括桂英和郭继明乘面包车到常熟游了当地名胜一个寺庙。中午即在一家高级饭店吃当地名菜——叫花子鸡，全席都是当地名菜。据说工本费即用去三百元，因有当地人大主任马先生，听说只付了百元。这位马先生当过此县（现改为市）的县长、市长、县委书记，他的儿子是苏大今年毕业的古典文学博士研究生小马。同席的还有中文系总支书记王同志，他是来此为苏大的夜大上课的。饭后与马氏父子合照了两张相留念。又驱车去当地名胜"尚湖"饮茶，水质极好，因此一杯茶要七角钱。据说这个湖在"文革"中因响应"以粮为纲"的政策，花了大量人力物力，驱使知青劳动，填湖造田。近两年为恢复这个风景区，又花了大量人力财力，重新挖田成湖，恢复原貌，现仍在施工中。据说此湖被填平后，因土含沙质，种植后很少收成云。

今日上午乘车去古籍书店，观看该店版本书，东西不多。经理说，经过浩劫，这个以藏书著名的苏州古籍已消失殆尽了。

下午一时半，由苏大乘车到车站，诸人在校送行，小栾送我们到车站。

收到安徽《百家》编辑部高永年信，通知说，我为施昌东小说写的序已排在该刊第三期。

晚为高玉蓉写好去日本进修和研究的推荐信。

1988 年 1 月 22 日

上午上海书店三位负责人——俞子林、刘华庭和经理（忘其姓氏）来访，他们想编地方志，要我推举一位同志参加工作。当推举图书馆的王明根，电话联系后，他们去图书馆找王明根，适曾小逸在座，也为他们作了介绍。

午后思和和小宋来，他去香港事已得到批准，二月下旬动身。陈晓明来，送来她公公巴金先生的赠书《随想录》一册，另一册托我转交山口守。王锦园来，送来"一九八七年文学创作和批评讨论会"的通知，约我参加开幕式。到下午一时半，他们相随而去，去参加照例的政治学习。

午后三时许，马场美智子来，她已去过香港，送来她母亲旅游时她祖父马场明男先生给我的礼物。她因晚上参加日本同学的聚会四时许离开。

晚饭后，任一鸣来，为她的工作事已去过文学所，花建托她带我一本新出的书《巴金小说艺术论》。王宏图来，送来他撰写的有关比较文学辞典条目。方军等四位搞通俗小说的中年人来访，为他们成立学会事，大哥是他们总会的负责人，要我带头在上海成立这个会。其实我又不属于这个领域里的人，实在使人作难。

收到两期《新文学史料》。

黄昏王东明来，安徽的《百家》要他写我的简介，以便配合刊登我的序文，他当场参照《复旦学报》的介绍，写了几句。

收到中新社上海分社记者刘文祥信及他们刊登在《中国新闻》上的我的访问记。信上说，他写的材料经过北京总编的修改，他也无法可想。这里把我说成"胡风集团"第二号人物虽属夸大，想来因向海外宣传需要之故，所谓"革命的需要也"。

思和代买来梁漱溟自传《我的努力与反省》一册。

1988 年 1 月 23 日

上午去工会参加了研究生导师会议，中午陈宋惠自常州来。午饭后离去。王锦园来，送来宋永毅送我的新著《老舍早期创作与中国社会》（〔苏联〕 A.A.安基波夫斯基著），并约我参加下周在校内举行的"一九八七年文学创作与批评讨论会"，要我出席开幕式并讲话。

下午苏州铁道师院的甘建民来，桂英陪他去严锋那里拿去《东方专制主义》一书英文本。我介绍他为华岳出版社译些书。晚邹羽、严锋来。

收到校师资办函，他们为深圳出版社编的《中国教授名录》一书，代我撰写了我的条目，要我修正后寄还，晚上作了一些补充，并给师资办负责人寄去一信，附上中国新闻社我的访问记复印稿一件，请他们存查。

收到山西贺新辉信，并寄赠《西方文学典故词典》。

早上发出给大哥信，晚为陈思和参加中国作协作为推荐人写了意见，并给王元化写了一信请阅后署名共同推荐，并请他为思和去港写信介绍他在当地的"关系户"。

收到广东《学术研究》赠刊，本期刊出了我的论文《中国新文学与传统文学》。

1988 年 1 月 24 日

上午思和夫妇如约来，因为从常熟带回来"叫花子鸡"约他们来共食，饭后别去。

晚，乐秀拔来。

今天礼拜天未出门，天寒。也杂读书刊，无所作为。

收到本校图书馆采访部贺锡翔信，附有《社会科学新书目录》，他编的《古今中外人名趣谈》已在征订中，我为此书写过序。

晚，给苏州大学栾梅健写去一信，托他在苏州代购陈思和的《中国新文学整体观》，此书在沪早已售完。

1988 年 1 月 25 日

上午三时许，《钟山》主编刘坪由张德明陪同来访。晚，林克设宴，我应邀作陪，还有同来的艾煊以及本校党委的一些干部。

收到周励信。收到本期《古旧书讯》赠刊。

1988 年 1 月 26 日

上午王戎夫妇来，在此午饭后别去。

晚，古籍所陈建华来，为他的出国推荐信签了名。上午赵坚也为此事来过。

收到本期《批评家》赠刊。

天阴冷，杂读。

收到吴宏聪信及寄赠的《学术研究》一册。

晚，唐金海一家三口来。

1988 年 1 月 27 日

本日中文系召开全市性一九八七年文学创作与批评会，我因身体不适未到会。午饭后，思和领参加会议的《上海文学》编辑蔡翔及杨斌华来访。蔡送我一本他的文集《一个理想主义者的精神漫游》，他替北方文艺出版社编一套通俗小说丛书，邀我为编委，并谈了入选作家作品。二时许别去。午睡后，在复旦小学教美术的刘老师（女）来访，带来钱君匋先生赠我的诗集《水壶韵墨》，古线装颇精致。

思和偕五五年新闻系同学张某（文艺出版社编辑）来访，在此晚饭。饭后，四个研究生来与思和共谈外来关系一书的各个工作进度。刘宪之送来"劳伦斯作品翻译讨论会"请柬。他系该选集主编，礼拜五去政协礼堂开会。

一天又过去了。中午和敏到八舍小店买了一筒咖啡。

1988 年 1 月 28 日

早上苏州大学研究生小夏来，他要查阅旧时代的上海画报，为此给图书馆的有关同志写了介绍信。中午，杨竞人来，林秀清来，拿走学生们所写的有关《比较文学辞典》的条目。

午睡后为了明天的劳伦斯作品翻译讨论会，看了一些有关材料，并写了发言草稿。这个被左派目为颓废的作家，其实是缺乏认识和分析的结果，他的作品就从政治功利的角度看，也有其巨大的认识价值。比如，被列为禁书的《查泰莱夫人的情人》一书，它对贵族资产阶级人物的自私、空虚、冷酷、自大、保守本性的刻画，通过女主人公与雇工爱恋的描述，写人性受到压抑的反抗，对贵族资产阶级及虚伪婚姻道德观念的批判都很有意义。虽然她的反叛是畸形的——她沉溺于肉欲的追求和满足，找不到真正的人生幸福。因为人除过食色的生理本能生活外，还有社会生活、精神生活的世界。

晚，为蔡翔编选的通俗小说写了序言草稿。

给加拿大 Alberta 大学的高辛勇先生写了贺年片信。

1988 年 1 月 29 日

上午思和来，为他的赴港事因签证手续太慢，以致现在核准的去港时间与原邀请信不同。为此，给李达三博士写了一信，请他和中大秘书长梁必光先生相商，另发一邀请函，将原来邀请时间顺延到"由本年二、三月至五、六月"。信写就后，即由他及时发出。

中午匆匆吃了午饭，由刘宪之陪同与外文系索天章先生一块儿乘车到市政协参加北方文艺出版社主办的"劳伦斯作品翻译会"，会上遇见不少熟人，并应邀讲了些话，六时许散会与索天章先生一块儿搭第二教育学院的车子归来。到家时王锦园在候。晚，严锋、林利平来辞行。

收到彭燕郊信。上午胡奇光送来他新出的《中国小学史》一册，下午的讨论会上也收到北方文艺出版社已出版的两种劳伦斯作品：1.《彩虹》；2.《恋爱中的妇女》。

小彤后日回京度假，晚上给大哥写了一信，托她带回并带去一本刊有我文章的《学术研究》。

收到孙景尧自美国来信。

1988 年 1 月 30 日

今天是敏的六十九岁生日，午饭因此比较丰盛。除了订制了生日蛋糕，还有叫花鸡和茅台酒，约来章培恒和小谈（女）同食，谢天振正好来访，邀来同桌。

天下雨，未出门。

收到山口守、范泉信，收到终刊号的《艺谭》。

1988 年 1 月 31 日

午饭后，和敏到五角场买床头的小台灯，因为原来的那一个小日光灯早坏了几天，因此这几天卧在床上不能读书。又在小书摊上买了新出的《小说月报》。下午和晚上就看这本《法制文学选刊》，如其中一篇《山野和罪恶》写一个乡村的女支部书记陷害农民的案件，以及她通过层层的"关系网"使受害人成为凶犯的案件，得不到公正审理的情节，这个支书的形象又恍如描写土改小说中的地主恶霸的罪恶的重演，真是老封建倒了，又来了新封建，而且它盘根错节、组织缜密，甚于老封建，百姓们继续受苦受害，上无天路，入地无门……

黄昏时田南帆一家三口来坐。

小彤今日下午回京度假，桂英夫妇站送。

1988 年 2 月 1 日

下午给《文艺报》的潘凯雄写去一信，请他代订今年的《文艺报》。给小彤发去一挂号，托她去教委交涉我的去港护照，信内附去给教委港澳办负责人卢枫一信。

晚，任一鸣来，送来她写的论文提纲以及她译的歌德论世界文学的言论。看过译文后，给张德林写了一信，并附去她的译文，推荐能在《文艺理论研究》上发表。

收到《复旦学报》《文艺理论与批评》《社会科学季刊》近期赠刊。收到在南昌军事学院工作的同学寿涌来信，当着桂英写一复信，说明我家的地址。收到文艺出版社发的同乡武杰华的讣文，当着桂英给该社打一电话，代送花圈一个。

晚报载，方毅已提升二级，刘宾雁出国访问。……

读方军等送来的他们的通俗小说作品。

1988 年 2 月 2 日

上午发出给张德林信，附去任一鸣的译稿。

午后叶易来坐。

邮局退回来我给山口守的贺年片，并附信。原来是我把地址未写完整。看了这封给山口守的信，内容颇丰富，很想发表一下。

1988 年 2 月 3 日

上午为毕业论文事，给回苏州的任一鸣写封信。陈鸣树来借去《中国比较文学年鉴》和我的赴美论文印本。

晚，唐金海来，王宏图来，杂读书刊报纸。

1988 年 2 月 4 日

今天为《中国新文学大系 1937—1949 散文集》选了我的散文，编者选了四篇，我加了两篇，桂英复印后，我在每文后加了出处，连同给编者俞元桂（福建师大）写了信，明日发出。

上午校工会干部老徐等二位女同志送来水果一袋表示节日慰问。

收到 Peter Glassman 贺年片，他又调到美国英吉利学院任院领导及英文学教授。

1988 年 2 月 5 日

早上王聿祥来，范泉来，他为上海书店的《中国近代文学大系》的编辑方针，要我提些看法，为此赶紧用写信的形式对他谈了我对"文选"和"文学作品选"的区别，认为像大系这类保存文化财富、反映一个历史时代文学风貌的史料著作，选文应当宽广、丰富，足以全面也真实地反映一个历史时期的文学创作全局。下午由桂英夫妇把这封信直接送到上海书店，因为他们明天要付排。

午后，上海科技师院的干部焦万顺偕他们的一位领导来访，要我为该院十周年纪念册题词并带来四条活鱼。

晚，应必诚来闲坐。

收到本期《书讯报》，刊登了我的文章：《读鲁迅〈中国小说史略〉》，他们把此文作为"教授读书"这个栏目内的文章，并加了一个标题《中国士人之鉴》，并附有我的漫画像。

因为一位在同济读书的汾阳同乡小李日内回家，为此给泽甫二哥写了一封问候信，并带去一些食品。

1988 年 2 月 6 日

中午乘校车到上海制片厂文学部观看作协组织的电影：《猫捉老鼠》《纹身》，都是西方片，写人的变态和凶杀，近五时归来。

收到上海外院聘书，为远浩一所编的比较文学教材评议。收到本期《科技导报》赠刊，收到浙江师范学院陈其强信，为其所编《郁达夫年谱》写序事。

今日报载苏联外交部正式公布为布哈林平反，戈尔巴乔夫的改革正在以批判斯大林为一个中心开展，其程度似较一九五六年为猛。

前两天报载刘××已公开出席会议并讲话，又说将应邀赴美讲学。看样子，前些时候对他的不公正的批判处境已成为过去，为此给苏州大学的范培松写了一信，劝他将其所编著的论报告文学的书，在"中国报告文学家"一章内，将刘补入，以存历史真实而维持学术的尊严。

1988 年 2 月 7 日

天冷未出门，上午乐秀拔领五五年同学蔡国祯来访，她多年教政治课(中学)，但在"文革"中却被打成"反革命"并坐牢半年。她谈了中学里乌烟瘴气的人事纠葛，在评级评先进上的弊端，最后一个结论：品德高尚，学有根底，老实工作的正派人总是处处吃亏的对象。

今日报载，苏联最高法院明令发布给布哈林等二十人平反的新闻，看来苏联今天的改革先从清理历史抓，对旧的思想意识形态的认识批判入手，而且比赫鲁晓夫冲动性的作风更深入、更稳实和更细密。这大约也是接受了前人改革失败的经验教训。

收到任一鸣信，为她的分配事仍心绪不宁，这个单纯的姑娘，把中国的事情看得太简单了，加上女性的敏感，往往多了许多不必要的苦恼和心事。

午后上海书店的俞子林、范泉来访，给我送了三百元编委费。

徐俊西晚上来电通知说，本月十五日上午他们派车接我参加文学所的茶会，参加者是我们几个被聘为他们"特约研究员"的人。

收到夏嘉杰信。

看一些关于二十年代现代派的评论材料，预备为上海书店出版的现代派小说选辑写几句介绍文字。

1988年2月8日

下午和晚上都陆续有来访者，唐金海夫妇、朱碧莲、苏兴良以及江泽洪的女儿女婿。碧莲在此晚饭后离去。

收到同乡郑怀礼信，仍为家乡几间房落实政策事，多亏这位老革命同志的奔走，但吏风不正，又有大哥的前妻儿子跳出来伸手，说要落实给他，并说他和我还有几笔账要算。这位老同志是从县委书记那里听说的，……

收到李全安寄赠的《大自然的日历》（苏联普里希文的散文集），解放军出版社赠书《宋之的研究资料》以及《文艺理论研究》《上海文论》《温州师范学院学报》近期赠刊。

收到马蹄疾信，附有他写的书《胡风传——血染的足迹》一书的目录和《后记》印文，希望我能为它写一篇序文。从目次上看，作者在收集史料上是花了工夫的。从传记文学说，它应通过史料的梳理和描述，在勾勒出明确的时代历史背景的同时，通过传主的言行事迹写出他的人格长成史，以及作为一个知识人，他给历史贡献了什么新的有价值的东西。同时，也应通过他的足迹来帮助读者认识他所生活的时代史，从历史的曲折复杂中认识这段历史的真实意义，它的史实价值，从它可以得出的经验与教训，从真相中揭发假象。

1988年2月9日

上午思和来，带来他们三个——他自己（艾春）、周忠麟、丁言昭编的《写给爱人的信——中国现代作家家书集》，我为它写了序。还有思和自己编的《夏天的审美触角——当代大学生的文学意识》一书，是他教课时和同学课堂讨论的记录，展示了复旦学生的文学意识和理论素质。他同时替我买来《道教与中国文化》《宗教，一种文化现象》《结构主义和符号学》以及本期的《读书》。

他说，上海肝炎猖獗，人人自危。但在我们这个落后的国家，只能听天由命。据说驻上海的美国、日本领事馆已停止办理去该国签证——这只能说是"天灾"。

午后，董达武来闲坐。

收到栾梅健信，伯群因上海流行肝炎暂缓来沪。

本月五日《人民日报》刊登了我为昌东小说写的序文，只是经过大量删节，甚至字句改动。

收到本期《清明》赠刊。

灯下给刘华庭、马蹄疾、施蛰存各写一信，都有事相商。

1988 年 2 月 10 日

上午给伯群、潘行恭（香港）都写了信。晚又把为《中国通俗小说丛书》写的序修改了一遍，基本定稿。

午后，王锦园、沈永宝同来代表中文系送来节礼——橘子一袋。

1988 年 2 月 11 日

下午思和来，香港中文大学已给他发来公函，延后了他的访问时间。徐俊西来通知说任一鸣到该所工作事已基本通过，只是怕她来了后再纠缠房子问题，因此要她先写一个现在不要房子的声明，也是"先小人后君子"的意思。因为风气不好，有些小青年是先进来再说，进来后就提条件、取闹，世风如此，不得不防。

思和中饭后离去。晚，唐金海夫妇来。

收到美国来的孙进、周励和她的德国丈夫麦克、孙景尧信。收到张有煌信并附来《中国新文学大系 1937—1949 年长篇小说卷入选作品选目》，要我写意见。当即写了一封回信，建议收入路翎的《财主底儿女们》，不可再照过去"左"的传统办事，把这些作品再排斥出中国现代长篇小说优秀作品之外。

收到孙克恒同志讣文、沙金讣文。

徐俊西送来文学所春节茶话会请柬。

思和代购来美籍华人余英时教授的新著《士与中国文化》一书。

晚，给任一鸣回了一信。

1988 年 2 月 12 日

午后，孙小琪来。她系《现代家庭》负责人，为评副编审事。我本来写过一个鉴定，她说明天出版系统开评审会，要我给罗洛写信关照。对于年轻人，只要人正派、肯上进、有成绩，我总是以助人为本，为此给罗洛写去一信。晚上又给罗洛打了个电话关照。

收到卢康华信，晚上写了复信。收到苏州大学范培松信、香港中文大学卢玮銮女士贺年片。

今日发出给孙克恒家属唁电，又接到朱东润的讣文。前两天还给武杰华（上海文艺出版社）、沙金（诗人）送了花圈。连续参与丧仪，使人不快。这世界真是一个交通要道，人们实实在在是过客，如果能留下一些光和影，那就是尽了人的责任，不虚此生了。

1988 年 2 月 13 日

上午鄂基瑞来，为朱东润先生丧事。午后，上海书店小徐来，拿走《诱惑者日记》（[丹麦] 齐克果著）译本，以便考虑重印。

收到《文艺报》潘凯雄信。收到梅志寄赠的《文汇月刊》《传记文学》《童话》，这些是刊载她近著的杂志。

晚，罗洛来电通知，孙小琪高级职称评审已在出版系统通过。为此，昨天写信请他关照。但凡有志上进的青年人，又有一定的学历与成绩都应该扶一把，这才利于社会的前进。

天阴，有小雨，未出门。

中午，桂英从办公室处偕同事小谈（女）来一块儿午饭。

1988 年 2 月 14 日

下午《上海文学》的杨斌华（复旦同学）来访，带来他们主持的《中国现代通俗文学文库》书目，我答应为此书写序。他又希望为还珠楼主的作品写个回忆文章，因为我和这个武侠小说作家是个朋友，有所交往。

傍晚，田南帆一家来。小文送来请她开的药品。晚饭在袁越家用饭，我们夫妇二人同往。在我外出期间，应必诚一家三口来，送来绍酒等年礼。

下午苏州铁道师院甘建民来，送来一条青鱼。

收到伯群信。

杂读。据小文医生说，上海生肝炎的病人已达万人。

1988 年 2 月 15 日

早八时许，我们夫妇及蒋孔阳、章培恒同乘上海文研所来校接的车子到该所。思和接去敏后，我们在该所开会，另有王元化、肖岱、徐中玉、钱谷融——我们都是该所"特约研究员"。大家就该所的办所方针、科研项目等谈了些意见，我也发了言。元化说："我一个'胡风分子''反革命分子'，到这样的年纪也什么都不怕了。"他针对文化界现状提的意见确有内容。

因肝病流行，该所未招待午饭，每人发了一袋食品。思和来接，我们几个人——蒋孔阳、章培恒、徐俊西一块儿到思和家午饭。

上午参加该所会议，由徐俊西、副所长陈伯海汇报情况，研究院花建记录。我趁此和花建谈了任一鸣情况，徐俊西也在会上宣布她要来所工作。

饭后，思和夫妇送我们夫妇到文学所辞去。我们同午饭的这些人和文学所的另一些同志乘车到龙华火葬场参加朱东润先生的丧仪。会毕，乘校车返回。

收到张德林、罗飞、廖宗宣信。

1988 年 2 月 16 日

今日大年除夕。下午起落雪，夜间已成鹅毛大雪，飘飘扬扬。

午后，小朱一家三口送来蛋糕蔬菜。前三年，也是除夕夜，小朱酒醉骑车碰伤我，"不打不相识"，从此来来往往成了朋友。他爱人小张在食堂工作，对我们也多有关照。在这个大动乱以后的时代，这对青年夫妇的人品算是可贵的东西。

晚饭，唐金海一家四口带熟菜来和我们一家过年，也是尽欢而散。

收到施蛰存长信，是聊天性质。

下午陈鸣树来拜年，送我一册新出的苏联谢曼诺夫著的《鲁迅及其先行者》的中译本。

杂读报纸文。

上午与金海、小周在中灶打浴——干干净净过春节。

1988 年 2 月 17 日

今天是旧历春节。昨夜大雪，今日艳阳满天，龙年开始。

上午九时和桂英到校工会参加团拜，碰到不少已退休的老人，如潘世兹先生，我们两个在"文革"中都在印刷厂做"牛鬼"。但出席的仍以干部居多，中国原是个官贵民贱的国家，自古皆然，于今尤烈。

党委书记讲话，号召进一步解放思想、深化改革，同时还要"反自由化"。从去年开春发起越反越糊涂所谓"自由化"不知到底是什么？

十一时散会。

午后纷纷来了拜年的，有董达武、潘旭澜夫妇、吴欢章父子、叶易、卢鸿钢、吴中杰夫妇、朱立元夫妇等。

收到韩大南信。收到乃修信，他已从河南社教归来，看信里口气仍为他那位妻子而苦恼以至痛苦。

一天在匆忙中度过。今年因肝炎，又兴起电话拜年。早上有长海医院刘植珊夫妇，下午有谢天振，晚上有罗洛。

1988 年 2 月 18 日

今天是旧年初二，仍然是晴天。

上午来了不少拜年的：杨竞人、上海外院《中国比较文学》编辑部狄先生和陈珏、鄂基瑞父女、中文系新任总支书记林某与副主任陈某。午后来的还有赵博源。

思和夫妇中午来，吃饭时谢天振到，一块儿喝了酒。饭后小谢辞去，思和到中文系办事。四时许，他们吃了汤团别去。

早上还有同乡薛淑琴来，王宏图领他的一位女同学中午来。这位女同学姓马，将去美国学教育，我给她的推荐信签了名。

小彤有一信来，去港护照已领到。

1988 年 2 月 19 日

上午来了一些拜年的：韦秋琛女婿小刘、蔡传廉，图书馆的潘保根和王明根。下午来的有钦鸿夫妇，孔海珠母子。他们母子晚饭后别去。

收到泽甫二哥以及卫红信。

早上发出给上海书店刘华庭信。

杂读。

1988 年 2 月 20 日

上午五十年代同学相约来拜年。王聿祥夫妇，张德林、陈秀珠夫妇，沈剑英、朱碧莲夫妇，章培恒夫妇和女同学吴继耀相继而来，中午一块儿吃饭，下午四时许离去。

下午来拜年的有斯宝昶夫妇、萧斌如和她的同事王智华。

上午来拜年的还有乐秀拔、胡曲园，人来客往，忙碌了一天。

收到方军信，发出给刘华庭信。

1988 年 2 月 21 日

上午十一时，山口守来访，他是前天到上海的，事先已约好思和来陪他午饭。他才三十四岁，带来他译出的《张辛欣选集》日文本。午饭后，由思和陪他同乘公共汽车回淮海路上海社科院招待所。

午睡后，裴高夫妇来拜年。田南帆夫妇及小女孩来，一块儿吃了晚饭。

晚饭后，来拜年的有张建基、小周父亲、伍蠡甫的女儿，朱东润的孙女夫妇。

1988 年 2 月 22 日

天晴好。上午来拜年的有陈允吉。晚上有曾小逸夫妇、唐金海夫妇。

午睡后，我和敏外出，给胡曲园、陈子展拜年。

收到四川外语学院一学生来信，收到海峡文艺出版社寄赠的《李拓之作品选》。午后看了其中几篇历史小说，比如《改革》虽然是四十年代写的（以北宋王安石改革为题材），但今天读来，甚能发人深思。另外一篇

《纹身》也很好，颇有现代派的味道。

发出给方军信，辞去他在中国通俗小说协会上海分会发起人名单中列入我的名字的提议。

1988 年 2 月 23 日

天有小雨未出门。

下午图书馆华宣华来拜年，中国作协的一位女同志由上海作协的两位男同志（都是青年人）陪同来访，向我说是要龙年出生的有名作家在信封上签名留念。因为我系一九一六年生，正合要求，他要我在一百二十个特制信封上签名（已有五六个人签过名，如沙汀、唐达成等人），因此费了有半个钟头才完成任务，手腕已感到吃力——到底上了岁数了——我今年七十三岁了！

他们走后，上海书店俞子林、刘华庭、小徐等四人来访，为出版《中国现代城市小说选辑》事。我为此书写的《出版说明》他们已收到，来此是为了把入选书目定局。我看了他们参照前后商量所定的选目，认为也只能是这些作家的作品。

晚，给金华的陈其强写了一信，他来信要我为他编的《郁达夫年谱》写序，因此问讯他的编写体例及内容要求，以便执笔时有所依据。

1988 年 2 月 24 日

今日起，又开始修改为《中国通俗小说文库》写的序文。

晚间，王东明夫妇来，他假期回乡，现在归来。唐金海夫妇来谈雇保姆事。

收到本期《书讯报》及编者葛昆元信。这期该报刊登了他写的我的访问记《多彩的世界》。大约由于口音关系，他关于我的译著的记述有些出入。如说我译过《契诃夫小说选》，编过《巴金文选》，选编过《契诃夫手记》等。

收到夏嘉杰信，他已办好赴美护照，信上说此行可能不归。他前信说，系应邀前往，但却要我写推荐信，大约也是为了求职糊口。他是我的学生，年近六十岁。五七年被划为“右派”，老婆离婚，平反改正后有了职业，结过婚又离过婚，是一个不太安分、喜欢为了个人利益争争吵吵的人。但到底是学生，又受了多少苦，现在孤身一人流落海外，为此我还是给他用我的名义写的推荐信签了字，希望他能借此找到一个糊口的机会，以免冻馁之苦。

1988 年 2 月 25 日

天有小雨。晚饭后应伍蠡甫先生之邀，我们夫妇到他家晚饭。伍先生也应香港中文大学的邀请，将于三月份到该校进行学术访问，希望能通过我的关系，有机会到香港大学讲学。

收到任一鸣自青海来信及贺年片，收到任一鸣父亲自苏州来信。收到美国普林斯顿大学教授 E.Miner 先生来信及附寄的两张照片。

仍在为《中国现代通俗小说》作序的事忙碌。

收到廖天亮寄来的二月九日《人民日报·海外版》刊登的我的《美的探索者》一文。

得到邮局通知，昌东小说已寄到。下午桂英夫妇冒雨从五角场邮局取回共六包书，但只收到五包，邮政也腐败之极。

上午小卞来，他一家去常州过年，带来当地土产食品。

1988 年 2 月 26 日

未出门，下雨。

午后潘富恩、杨奉琨来访，将昌东小说分送给他们，小潘为小说写了施昌东小传，并将送《书林》。上海文艺出版社有关同志的书，托小潘转交（还有送农工民主党的一本书）。

收到潘凯雄寄的一大卷今年的《文艺报》。收到秦文漪的信，他系我一个留日同学的妻弟。四七年我曾借居他姐姐家的亭子间，介绍他译了俄国库普林的小说《亚玛》，给中兴出版社（译名改为《陷坑》）。他因为在《文摘报》看到我参加劳伦斯讨论会，因此想参加翻译劳伦斯小说。

晚，伍蠡甫让女儿来，他想去香港大学讲学，托我代为介绍，为此写了一封给黄德伟的信，请代为推荐，信即由小伍发出。

夜，灯下翻读巴金先生让儿媳妇送我的《随想录》合订本，因为今天看《文艺报》介绍他为合订本写的新序，在《新序》中作者用满腔的悲愤揭发了《随想录》在发表过程中他所受到的压力、阻力以及流言蜚语。原来谈"文革"在某种人看来竟是一种"罪行",这真像作者所说,在封建社会百姓挨了官的板子还得叩头谢恩一样。想不到这样的封建奴隶道德,在号称人民当家做主的社会并未过时。

1988 年 2 月 27 日

昨夜给梅志写了一信,今晨发出。收到马蹄疾信及他为《名人传记》写的《胡风传》复印件。他写的《胡风传》将由四川人民出版社印行,再次约我为此书写序。据梅志说,由家属写有所不便。因此,与出版社研究后,仍请我执笔。灯下看了他今天寄来的《胡风传》,材料是下了功夫的,论调上还算公允。

今天早上,小彤从京度假归来,桂英去车站接回,小瓯也从温州回来了。晚上来过一下,拿去他父亲的一包小说。

午后,金海夫妇来,仍为他们女儿出国事,在高教局又碰到难关。据说要单位(如工厂)在名义上接受她,以完备出国手续,市价(贿赂)是三千到六千,或允许这位领导的儿女一人同时出国,方可成交。官场已沦为商场,贿赂公行,并有了"市价行情",权力已成为社会生活的杠杆。

中午王锦园来说,今年中文系毕业生分配"生意清淡",几乎没有问津者。

收到李辉寄来的《人民日报》刊了我写的施昌东小说序文的那张。

收到施建伟赠书《鲁迅美学风格片谈》。

今天仍阴雨,未出门。

1988 年 2 月 28 日

天仍阴雨。上午改好《中国现代通俗小说文库》序。午后四时,朱利英驱车来接我们夫妇去参加她儿子的婚礼。贺客以军人市民为主,因为朱的爱人唐功儒原属东海舰队军官,宴会也在海军开的宾馆举行。据说五角场有三个角被军队占用,他们开设大小商店——由小饭馆到宾馆跳舞场。七时半,又车送我们回来。

收到潘富恩信,收到上海书店信。

1988 年 2 月 29 日

天阴雨。上午思和与上海文艺出版社的小刘来访。小刘将到美国纽约大学攻读比较文学，思和介绍我为他的出国推荐信签字。午饭后离去。

午饭后山口守来访，他已搬到复旦招待所，送他一册《一个探索美的人》和复旦出版的《中国现代文学作品选》（四册）。他在日本大学教中国现当代文学可做参考之用。稍坐后，桂英领他到图书馆查书刊。

三时半以后，谢天振如约领来上海外院在香港中文大学读比较文学研究生的陆政伟来。他研究课题是"五四"第一个十年中国短篇小说所受外来影响，和他谈了一些我的认识和观点。送他我的论文《中国新文学与传统文学》复印本一册。又差桂英领他们二位去看伍蠡甫先生，他将去香港讲学，小陆可以就近照应。

下午研究生林利平来。晚任一鸣来。

收到路翎赠书《燃烧的荒地》，唐湜赠书《遐思——诗与美》。收到潘行恭从香港寄来的本月份《镜报》，那上面刊载了陈德祥写的我的访问记，有许多浮夸不实之语，这也是那个资本主义社会的学风和文风——从经济效益着眼，以耸动听闻以取悦于读者。

1988 年 3 月 1 日

阴雨未出门。

上午范泉和他的助手小瞿来，王祥来。晚，唐金海夫妇来，山口守来，喝酒聊天，他是理想主义者，并不是一个以学术作护身符的庸人，从他身上我看见自己青年时代的影子。

1988 年 3 月 2 日

今日元宵节，中午敏去附近街上买了元宵。晚在家请山口守晚饭送行，由思和陪同。

收到卢康华、陈其强信。

将为《中国通俗小说文库》写的序托思和转蔡翔。

1988 年 3 月 3 日

上午九时山口守来访时，才忙起床。晚九时他又来辞行，以杯酒相送。因为他明日晨六时许就要赶到车站去厦门。

中午顾征南来，送来他的职称评审材料，午饭后别去。下午赵博源来。

收到潘行恭香港来信，附寄来香港一九八八年一月二十一日的《新晚报》剪报——关于中新社一月二十日从上海发出的关于我的电讯报道。

收到今年第一期《新文学史料》增刊。

晚，由桂英填好上海大学要我填的"兼职教授"表共三张，真是麻烦，因为今天下午中文系办公室于东元来电相催也。

1988 年 3 月 4 日

上午邓明以、乐秀拔来。午后，陈广宏（章培恒博士研究生）持他译的《一个中国人的文学观——周作人的文艺思想》提纲来访，他系吕胜朋友，新从北京回来，托我找个出版地方。上海文学所王岗来，陈思和来。晚，伍蠡甫女儿来。

收到蔡翔信，思和又带来他主编的《中国现代通俗文学文库》编例，我也列编委之一。收到华师大钱谷融、汤逸中信，并附寄的《中国现当代文学》作品选目。收到李辉信，说我那篇序文在《人民日报》登出后，北京反映颇好。收到北大研究生徐志啸信。

晚，为顾征南写好职称评语。

1988 年 3 月 5 日

上午开始写还珠楼主的纪念文章，本是应蔡翔约请，为他编选的《中国通俗文学文库》中收的还珠楼主的武侠小说《独手丐》作序，因此借机写点回忆文章纪念这位有过交往的朋友。晚上文章写成，有四千字。

今天下午来的有顾征南，取去他的评审职称材料。上午王宏图来，唐金海来，陈宋惠也自常州来。留陈午饭后他别去。

晚上，应必诚来，他说已看了香港杂志上登的我的研究生介绍我的文章。蔡传廉接着来访，他说听高天如说施昌东小说出版了，是否有他一本，我送了他一册。他谈了很久，吃了不少烟，对中国现状感到担忧。

发出给潘凯雄信，附去二元九角邮票，作为偿还他代订《文艺报》的报费。

1988 年 3 月 6 日

星期天，上午应光彩先生来访，他比我小一岁，在水产大学任教授。虽然专业是能源，但性喜文学。四十年代初，他给胡风看过诗，也在重庆看过胡风，胡风也把他的诗作介绍到有关杂志上发表。为此五五年受审查一年。他与我也算神交已久，此次来访时还带来他的一些近作，诗里仍然洋溢着一种胡风所说的主观战斗精神。

午后，谢天振领孙景尧爱人小肖来，王戎夫妇来，晚饭后别去。

收到同乡郑怀礼信。家乡那几间被没收的房子，在他的努力奔走下，终于算落实了政策。

晚，重写好关于还珠楼主李寿民的文章。

1988 年 3 月 7 日

整天都是忙于修改《还珠楼主》一文，这类文字，必须掌握好分寸。

午后，浅野纯一领日本神户大学来此进修的学生新谷秀明来访，是巴金研究者，为此谈了些有关问题。浅野则从云南四川回来，送我普洱茶一筒。王宏图来，送他一册昌东小说，看看"文革"前的知识分子命运。傍晚，吴欢章来，催《中国新诗选》序。晚，徐俊西来，说任一鸣到文学所工作事已获通过，只是房子问题暂时不能解决。正好上午任一鸣来过，交来她暂不要房子的声明书，即交徐存查。也送她昌东小说一册。唐金海夫妇晚上也来了，仍为他的女儿出国事麻烦，现在规矩越来越多，手脚越捆越死，还是那股老观念在作怪。一方面讲开放搞活，一方面又封闭搞死，真不知这些执行改革政策的人操的什么心。人们担心，改革仍处于不死不活的停滞状态。金海夫妇又想通过街道居委会的路子，为此给当了居委会主任的让宏模写了一封介绍信，他原是图书馆支部书记，已退休。

1988 年 3 月 8 日

上午，王锦园来，谈公事——关于调整比较文学研究生的课目。林利平、王宏图也先后来。晚邀来王东明，他为施昌东小说加过工，把六十多万字压编成三十多万字。为此，送他五百元稿费，四本书，以留纪念。下午潘富恩来，他已收到南朝鲜汉城的邀请，去那里参加中国儒学讨论会。他拿去昌东的一本小说，上次送他的那一本他已送给《学报》的王华良。

敏午饭后由桂英陪同到长海医院看牙病，也带了两本昌东小说给那里为她治过病的瞿、许二位军医。

下午来的还有上外的远浩一。

晚，桂英抄好记还珠楼主的文章，又作了一些字句上的改动。

1988 年 3 月 9 日

上午杨竞人领来广西民族学院的外国文学教师陈某和上海技术师范学院的一位女教师来访。这位陈同志说，一九八五年我们夫妇到桂林开会时，曾和他一起游过漓江，他也参加了那个当代文学研究资料出版会议。但我已无所记忆。他送我一册有他的文章的《广西民族学院学报》。

敏今晨由桂英陪同到市区买去香港的用品。

收到佛克玛教授的通知，收到北京大学外文系学生曹卫东信，收到牛汉寄赠的他的新书《学诗手记》。

下午乐秀拔来。晚长海医院护士小董来，她报名考了出国劳务的考试，虽已及格，但没有她的名额——名额被那些有后台的或行过贿的人抢去了。

1988 年 3 月 10 日

今日桂英复印好记还珠楼主文章一份，明天寄《新民晚报》一份，并托思和转蔡翔一份，都写了信。

上午任一鸣来还书。下午谢长安来，他想考我的现代文学博士研究生，和他谈了现代文学研究的开掘问题。

中午同乡曹进行的爱人来，午饭后别去。

晚，为家乡房产事给县委负责人李平朗、郑文礼写了信，给为此奔走的同乡郑怀礼写了信，他来讯说，已办妥。也给静妹写了信。

收到彭燕郊信，收到严修赠书《陆游爱国诗词选解》。

1988 年 3 月 11 日

上午思和来，在此午饭。上午来的还有谢长安，他将报考我的现代文学博士生。接着他的导师（现任）陈鸣树来，他原已和谢说妥去报考北大博士生，学生中途变卦，他有些不快。来的还有唐金海。

午后，王宏图领他的同学、历史系毕业生（现在上图工作）朱某来。朱为《文汇报》到京采访文化名人，要我写信介绍。为此给《文艺报》的潘凯雄写了一信，请他设法转介。朱前几天为《文汇报》写了一篇关于访问周谷城的长篇报道，送我该天的报纸一张为念。

晚苏兴良夫妇来。

早上发出给静妹、郑怀礼及襄汾县委书记信，为家中房子落实政策事，又寄给郑怀礼《小说选》一册。

下午给香港中大的林院长、袁鹤翔博士各写了一信，托伍蠡甫先生带去。

收到夏嘉杰信，收到美国印第安纳大学读书的石明非信和他与妻子的近照，他已在美国成家，女方是攻读数学统计的博士生。他还寄来他的教授的一篇有关比较文学理论文章的复印件。

上午来的还有林秀清。

敏一早由小文陪同到长海看牙齿。

1988 年 3 月 12 日

上午，任一鸣来，她写的论文需要看艾晓明的博士论文某部分（关于苏联文学理论与中国），为此给艾晓明写了一信，希望她们交个朋友。她另借去《周扬文集》一册，参看有关部分。唐金海夫妇来，送来《上海大学学报》一张，刊有他们女儿唐涛的文章。

收到梅志信，及《文汇月刊》一册、《新文学史料》一册。她信上说，她的关于胡风的回忆的文章已写成，加个头尾将由香港三联出版，书名为《我与胡风》。

午后新闻系一同学从上海作协带回艾以信和他送我的两盒鹿茸口服液。

读《文汇月刊》，刘再复对姚雪垠的评论，十分恰当，因为在这位姚先生身上实在集中反映了"左"的恶势力的反新时代的怨恨，那种由失落感而来的仇恨。

1988 年 3 月 13 日

天热了，只好脱了厚棉衣和棉裤，"轻装前进"。

早上一早起来，和敏到第一宿舍为伍蠡甫送行（他去香港访问讲学）。

到他家时，他已准备动身，因此和我们简单寒暄后，就正式动身——我用"正式"二字，因为他们家里还举行了一个"仪式"：先在大门内燃放鞭炮后，伍先生才动脚出门。这倒是一个"民族形式"的场面。他的女儿陪行。车子开动后，我们告辞，陈望道的两个孙子把我们送回家。

午睡后，上海文研所的小张和董德兴来访。小张与我前年在烟台相识，是复旦中文系六四年学生，是他介绍小董来——七七年工农兵学生。小董将到日本留学，学日本文学，为此给他写了两封介绍信：山口守、今富正巳。

整日杂读，围绕拟到香港的讲演题目：1.中国传统文化和现代中国知识分子；2.关于七月派的介绍。

1988 年 3 月 14 日

从下午起又冷起来了，晚上下了雨。

午后中新社的刘文祥和陈德祥来访。德祥那篇登在香港《镜报》上写我的文章系由香港中新社发出的，他的原题目是《大难不死有后福》，《镜报》却改为《大右派访港贾植芳教授传奇》这样耸人听闻的题目。文祥说，大概是为了取得较大的宣传效果，它反映了国内形势的民主和开放，大约有这个意思。

晚，张廷琛来。上午王锦园来。

收到苏州大学栾梅健、朱静宇信。

1988 年 3 月 15 日

上午金海来。傍晚吕胜来，他陪澳大利亚文化代表团来沪，明日去广州，给他写了一封信，介绍与梅志相识，晚饭后别去。

收到孙景尧自美国寄来的信。

读张文宣在《比较文学研究》（暨南大学出版）上论中国比较文学的发展史文章，资料很充实，是一篇扎实的文章。

仍为吴欢章编选的《二十世纪中国新诗流派选》一书的序看材料。到港时间日近，心里着急，但应该完成的工作必须告一段落——包括这个序和到港后的讲稿。

1988 年 3 月 16 日

昨晚，打雷又闪电，弄得很难入眠。今晨起来，发现院中有积雪，这真是自然界的奇观。

上午谢长安来，为他直升博士生事，下午又来过。

晚，小文一家三口和她的弟弟来访。她的弟弟及后来来的蒋医生的儿子都将去日本留学，如报上说的，这是八十年代的"世界大串连"，一如"文革"中的"全国大串连"。

早上第二教育学院人事干部送来该院教师孙正荃的评审材料（三篇文艺论文），晚上写了评语。据介绍说，是北大学生，五七年的"右派"。今天晚报说，电视剧《严凤英》，因写了这个黄梅戏名伶在"文革"中被迫害而死的场面，触及了"文革"这个禁区，所以原来不能放映这个电视剧中最后一场，经过座谈"才稍作修改后"准予放映。想不到这场摧残整个民族生机的大灾难，在十二年后还是个"禁区"，不准触及。中国的政治实在高深莫测。

报载，苏联已封闭了斯大林纪念馆（《参考消息》）。

1988 年 3 月 17 日

早起后，将第二教育学院孙正荃的材料送邻居蒋孔阳家，请他审阅，顺便将山西师大教师林清奇委托的请蒋为他的著作《美的艺术》一书写序事，向他说明。蒋说，本来已回绝了他的要求，经我这么一说，事情就是另一回事了。我很佩服蒋的处世学问。为此，回了林清奇一信，交代了此事。

午睡后，赵祖武带他的大舅子林国屏来访。林曾拜名家为师，治篆刻。他要我为他写个条幅，也就答应了他。

下午来的还有严锋、林利平。

晚饭请马场美智子同餐，她将于后天返日本，在上海外院学习一年期满。托她给她的祖父马场明男先生带去一些茶酒、工艺品和郑板桥画竹拓片裱成的条幅，以为纪念。美智子于八时许告别，桂英、小彤送她到外院。

上午来的有陈鸣树，他的研究生谢长安不听他的安排——投考北大王瑶的博士研究生，却报名投考我的研究生。为此，他向我"汇报"了这个学生的"缺点"，想不到过去时代的这种行为模式仍然支配着某些人的神经系统，实在值得深思。

天气阴冷，又回到了冬天。

1988 年 3 月 18 日

上午思和来，我们就决定三十一日启程赴港。他午饭后别去。

中午王锦园来。午后周斌来，他想投考当代文学博士生，按规定，需要有推荐人，晚上我翻阅了他的论文，写了几句话。

晚，唐金海夫妇来。他说北京来讯，我为他们编的《巴金年谱》写的序文，《文艺报》近期已刊出。

1988 年 3 月 19 日

天阴雨，很冷——真是奇怪的天气。

未出门，上午写好周斌的推荐书。

收到大哥信、夏嘉杰信，随即给夏嘉杰复信，这个学生很不本分，好生事，常来些莫名其妙的信，不知道他想干什么。时代造成一种奇怪心理，都想走捷径，不劳而获，这种被扭歪的心态往往造成一种"自虐"现象，造成社会的骚动不安气氛。

午睡后，服了治痒病的茶，因此老想睡觉，收到大哥信。

今天算清静了一天。

上午为林国屏写了条幅："锲而不舍"四字。

《晚报》载有"本报讯"，刘宾雁夫妇已于今日动身去美讲学，法国、西德、香港都电请他讲学，这也算一个"讯息"。

1988 年 3 月 20 日

仍然是阴雨连绵，出奇的寒冷。报上说，这样的天气还要延续半个月。——这真是很不正常的自然现象。

今天是礼拜天，中午全家四人围着煤气炉吃了一次涮羊肉。

开始读远浩一的比较文学教材，他把比较文学作为由民族文学走向总体文学—世界文学的一种桥梁，不是孤立地把比较文学看成一种文学方法上的独立现象。他在总体文学部分，讲了文学作品结构的文学性能的一般规律；在比较文学部分，讲了比较文学的历史和知识，这比先从意义讲起，更能说明这个学科的性质——由实践到理论方法，而不是先验式的由定义理论、方法再谈历史，如此会把定义方法、理论变成一个模式，限制了人们的思维活动。因此，这本教材在总体结构上说明研究比较文学的目的性——由民族文学到总体文学（世界文学），这是历史的发展，使各族人民打破地域、语言的封闭性走向世界的一个标志，也是各族人民走向世界大家庭的标志，而比较文学的兴起和研究就是达到这个历史过渡的手段。教材介绍了文学作品的结构和功能的一般规律和比较文学的历史发展的一般知识，目的是使读者在接受这些知识概念的过程中进行思考，或引导读者进行思考，扩大文化视野和知识领域，在理论上更注意对中国传统文论的介绍，以便在中外文论综合中建立新的理论。这比运用西方的文论来观察品评中国文学现象更能结合实际，更有创造性。

作为教材，应排除对教材的旧观念——认为它有其规范性和稳定性，这种教材思想是有悖高校的教学要求的。高校应重视一家之言，才能引导学生在现代的知识基础上开拓自己、建设自己，而不是贩卖一些现成的东西，这样就束缚了文论的创造性，也不利于社会的发展要求。尤其这本教材是以高年级学生为对象，更应提倡这样的独立治学精神，即创造性的思维活动。这个总体文学论到比较文学的思维方式，符合歌德和马克思对于世界文学的设想。尤其在我国的情况下，有对文学作品本身的结构和功能的一般规律的重新认识和学习的必要，因为我们过去的几本文学理论教材都是从政治功利出发的苏联理论模式的翻版。

晚，本校力学系同学文劲持伍加仑信来访，这个女同学性喜文艺，发表过文艺作品，想通过考试转新闻系，为此写信介绍她去看林帆。

收到本期《批评家》赠刊，给陈其强、王宏图各写一信，明日发出。

本日的《世界经济导报》登了戴晴和严家其的对话，就今年龙年各地的以龙为中心的活动展开对话。他们认为龙是封建传统唯我独尊的专制政治统治的象征，是一种传统文化中的糟粕，与现代化建设很不相称；认为龙是一种原始的图腾崇拜，并由此演化出来权威崇拜，等等，很值得深思。也是思想自由的一种现实反映。

1988 年 3 月 21 日

仍然阴雨连连，奇冷，足不能出门。

上午任一鸣来，谈她参加新单位——上海文学所工作会议的情况。和她谈了一些有关妇女文学的事情，因为她们要她承担这个题目。

午睡后，王宏图来，吴欢章来。他来催为他主编的《中国现代十大流派诗选》的序文。因为这期《文艺报》刊登了我为《巴金年谱》写的序文。

图书馆退休职工曹宠来。他新自嘉兴归来，带来方伯初送我的一匣毛笔，并说嘉兴市已批准在那里召开巴金学术讨论会，交由副市长范某（女）负责。

收到中国社会科学院科研处长汤学智复信，项目经费（一万元）的收据他们未收到，答应向上级反映。收到蔡翔信。收到"上海市生活美学学会"通知，这是个讲究生活美（如美容、服装表演、室内装潢等）的学会，会长为某某——想不到这位被港报称之为"左王"的人物却在美化生活方式上努力了，而照他原来的观点，这是一种研究资产阶级生活方式的学问，也是他积极努力的"反精神污染""反资产阶级自由化"的对象。由反对而提倡，一方面说明了时代的力量，一方面也说明了这些人根本没有坚定的信仰，正如鲁迅在《流氓的变迁》一文中说的："凡没有一定主张的都可称为流氓。""左派"往往就是"右派"的预备役，多少人在急剧的世变里都表演得很充分。其实他们是以不变应万变，中心是以个人利益为准。又如鲁迅说的："凡激烈得快的变得也快"，"一夜之间翻过来，一夜之间又翻过去。"……

1988 年 3 月 22 日

今天出了太阳。

上午上外的廖鸿钧先生来，和我谈了远浩一的著作是否可列入教材的问题，并谈了他们的观点，因为后天就要开正式的评审会。刘定海来，仍是为他到美进修的问题。

午饭后，由桂英陪同到四川路买了一顶便帽，花了七元多。回家后，第二教育学院的两位教师来，拿走该院教师孙正荃的评审材料，并托他们转告该院人事处负责同志小周调动工作的事，希望他们按规矩办事。

收到本市"三十年代文学研究会"的通知，定于本月二十九日在鲁迅纪念馆开会。

晚，写好乐秀拔评教授的学术鉴定。

桂英从她们所里借回两部台湾新书。

1988 年 3 月 23 日

今天有太阳。

午睡后，徐俊西来。他希望我到香港后，能为文学所代为挂钩，取得正常的学术文化交流，包括人事往来。

晚间，谢长安等四个研究生来坐。

收到国家社会科学基金会来函，我所负责的《二十世纪中外文学关系史》的补助费一万元去年十月已经汇出云。

秀拔下午也来过，为他的评教授职称事。这就是中年一代的唯一希望。

晚上来的还有同乡人薛淑勤。

收到本期《名作欣赏》赠刊。

1988 年 3 月 24 日

天雨。早八时，上外谢天振驱车来接，到他们那里参加远浩一编著的教材《总体文学与比较文学》的讨论会。开了一天的会，我做了一些发言。中饭晚饭都由上外供应。晚六时许，由远浩一车送我到家。

晚上来的有研究生沈波，他投考当代文学博士生，约我写推荐信。

1988 年 3 月 25 日

阴天。上午天振、思和来，在此午饭，谈香港之行。饭后，思和陪我到中文系，我第一次到了新建的文科大楼，参加系学术委员会，讨论本年毕业的博士、硕士研究生的学位授予问题，举手，画圈通过，散会。

到家后。潘旭澜来访，说是我将外出，送来两大包香烟。陈鸣树爱人小周来，说是研究生谢长安要陈推荐他直升我的博士生，争吵不休。

晚，金海夫妇来，带来同乡韩大南送的用红米做的酒。

收到中文大学急电云"请于四月六日以后来，以便进行安排接待"。为此给思和通了电话，他说火车票很难买，好容易托人才买到，因此，决定还是本月三十一日走，先到广州住几天再说，也请他代为向香港回电。

收到李仁和信、艾晓明信及贺年片。

本日着小周将上海第二教育学院给我的顾问聘书送殷海国退还，这个学校为小周的工作的事百般刁难，我不愿和这类不讲信义的人打交道。

晚，给研究生沈波写好投考博士生推荐信。

下午来的还有颜海平父母，他们向我"汇报"颜海平和她的爱人离异问题。……

1988 年 3 月 26 日

天晴了。

上午填好校研究生院要的表格（研究生导师历届研究生论著发表情况统计），下午着桂英送中文系。

上午给栾梅健、李仁和各写一信。晚，给文医生的弟弟写了两封介绍信，她的弟弟将去日本留学，介绍他认识山口守、孙立川，求得一些照应。

晚，金海夫妇来，文医生一家三口来。

1988 年 3 月 27 日

天阴，傍晚下起了雨。

上午十时，请旧友相继到来：王戎夫妇、满子夫妇、元化夫妇、罗洛夫妇，还有征南。我们将去香港，春节时又因为流行肝炎，大家未能相聚，为此趁我们外出机会，事先约好来我家相聚一次。满满坐了一圆桌，有说有笑。我们这些在青年时代就成为朋友、当中又经过五五年的那场灾难的朋友，现在仍然能来相聚，当是人生一大快事了。直至下午二时许，他们才一块儿离去。

晚上，坐在书桌前，为给吴欢章写序事动脑筋。因为答应他去香港前交卷，交卷日期有限了。因此，一定得在走以前完成。

1988 年 3 月 28 日

天仍在阴雨中。

午后研究生严锋、林利平来。利平肺结核又发作，明日住院治疗。送他两盒人参蜂皇浆来补养。

应必诚夫妇午后也来过，他们对现在的政治经济社会形势很悲观，据说由于干部处处向农民伸手要钱（比如屋子里摆了几张床也要钱，门口栽

366

了一棵树也收费之类，引起农民暴动云)。

上午苏兴良、周春东也来过。

晚，文医生和她将去日本留学的弟弟来，文医生送来我去香港的备用药品。乐秀拔来，托我们给潘行恭带去一包茶叶和信。

收到孙进自美来信，附来纽约华文报纸《华侨日报》，刊载中新社关于我的电讯报道，题目是"胡风集团二号人物，贾植芳大难不死，必有后福"。是一种政治宣传口气。

收到北京文学所公函，明年为"五四"七十周年，约我为纪念文集撰文，着桂英从图书馆借来一册 H.G.Wells 的 *The Fate of Man*，因吴宏聪来信说，闻一多曾在论文中说，此书中有一句话："一个中国人的灵魂里头斗争着一个儒家，一个道家，一个土匪。"要我将原文复印，为此，请桂英复印出现这句话的该书中的一章：《中国人的世界观》。

仍为吴欢章作序事麻烦。

晚上金海夫妇来，为他女儿出国事，他女儿的同班同学因妒忌而造她的谣言，说她改自己的分数单，惹起学校当局追查。多年来在"左"的势力的教唆下，发展了一种东方式的妒忌心理：一个人稍有成绩，大家来咬他。这就叫"斗争哲学"。

1988 年 3 月 29 日

阴天。上午思和来电话，说是已拿到三十一日的火车票，已托人买下月三日的票，明日上午可拿到。如若买到，就三日再走，否则三十一日动身。

午后谢天振来，承他美意，代借来四十元美金，因为从广州到香港车票都需要用港币支付，我们又没有外汇，小谢代借些外钞，也是有备无患的意思。为我们去港事，小谢费了不少心，真是友情可感！鄂基瑞、王锦园相继来。小王谈到今年投考研究生的人很少，我的现代文学博士生只有二人报名，全系各专业只有六人报名，如此下去，中文系经费编制将受影响，因此系里计划明年办个文化硕士班，由我挂帅云。

晚，吴欢章来，张廷琛来。一天又没做成什么事。傍晚小周陪我入浴。

发出给北京十月文艺出版社廖宗宣信。

晚，草好《中国现代十大流派诗选》序言，只着重谈了谈我对文学流派的认识。

1988 年 3 月 30 日

收到袁鹤翔先生来讯，告我香港近况及我们去港时日，中午收到思和电话，已拿到下月三日火车票，决定三日启程。

上午图书馆的陈煜仪来访，他写了一部章回体小说，以日伪时期的上海生活为题材，早投寄给江苏一家出版社，为此晚上给章品镇写了一信，托他能代为一询。

上午文医生和她的爱人小田及弟弟来和我们夫妇拍照。

下午陈鸣树来，坐了很久。应光彩先生来，他是水产大学教授，四十年代曾写诗，胡风曾为他发表诗作，五五年受审查一年。他上次来送来几首近作，为此晚上给牛汉写了信，并将应先生的诗附去，希望能介绍出去。

晚，王宏图来。

收到今富正巳寄赠的《東南アシア地域社会その政治文化と居住环境》，是东洋大学创刊一百周年纪念文集，上午收到一本，下午又收到一本，想是记错了，因此重复寄出，正如上次牛汉将他的诗论集《学诗手记》签名寄来两次各一册一样，人上了年纪，难免做些糊涂事。

1988 年 3 月 31 日

本来定为今晨动身去香港，所以，一早就有金海、金如玉老太太送行，后来，鄂基瑞、王继权来送行，都算空走一趟。

中午，金海夫妇和他们的大女儿唐涛来，唐涛的出国签证已拿到，只剩下去美国大使馆领护照。为此事，他们几乎跑断了腿，不是托了个情，恐怕仍很渺茫。老百姓办件事实在不容易，官衙林立，看近日人大开会报告说，上海有一个单位，为办一件事，盖了一百二十六个图章，因此前几天《报刊文摘》说，有个地方已成立专门代盖官方图章的服务公司，这真是旷古奇闻。

傍晚思和来，说是三日车票尚未到手，还短学校的介绍信，所幸桂英下午又去校办打了一张。他说明天可见分晓。广交会即将举行，车票十分难买，去广州的硬卧黑市票已涨至二百元一张（定价五十元）。前几天有消息说，火车之所以接连出事，是因为铁路为"创收"，派职工四处卖黑市票，上海月台票由原价五分涨至黑市价一元。现在经济挂帅，各单位都是想方设法赚钱，像过去人人是政治家、哲学家一样，现在又是全国皆商，弄得处处收费，事事要钱，真成了个"金钱世界"。在我国这个道德素质经过"文革"等政治运动、已低至最低点的国家，这么一刮发财风，又有所降低，人们仿佛又回到原始时代，在树林中生活的时代了。……

收到香港袁鹤翔博士信，收到高晓声自美国来信，晚上给他写了回信。因为他嘱咐由李欧梵转信，所以也给李欧梵写了一封问候信。

收到英国剑桥国际传记中心（International Biographical Centre Cambridge CB2 3QP England）来信，要我为《东亚及澳洲人物志》写个自己的条目。

早上发出给晓风、牛汉信，牛汉信中附去应光彩的诗作。发出给南京章品镇信，附去陈煜仪便条——陈的章回小说《金銮梦》已送至江苏古籍出版社，托我找人为之说项，为此，我托了章品镇。

思和晚饭后别去。

晚，又给在美国 Ohio 大学的孙景尧复去一信。

1988 年 4 月 1 日

下午思和电话，三日的车票已到手，因此，香港行期确定。

午后伍蠡甫女儿来。她们父女昨天晚上从香港回来，谈了伍先生他们在中大的生活和讲学活动情况。

晚，金海夫妇来，张廷琛来。

收到本期《上海文化》赠刊，收到今富正巳来讯。

晚，弄成去香港的讲演稿：《论民族文化凝聚力和开放性》。

发出给李欧梵和高晓声信。

1988 年 4 月 2 日

上午，思和送来车票并代买到近期的《新华文摘》。

午后，同乡邓云乡与王锦园先后来。

晚上，小文医生领来田力借睡觉的地方。

今天总算写好吴欢章要的序文，晚上由桂英抄好。

明天早上八时离沪坐火车去香港。

1988 年 4 月 25 日

昨日晚上八时许，与敏乘火车自广州归来，桂英夫妇来站相接。回家后，看了一大堆积压的来信，今日上午又翻阅了这二十天的报纸。中午，王锦园来谈公事——为博士生出试题，出席明天及礼拜五下午的会议等。在王之前谢天振来，谈了在港情况，并把李达三带给外语学院的信件交他，他送我一册他们编的《中国比较文学手册》。

午后，思和爱人小徐来，和她谈了思和在港情况，并交给她思和带的信及衣物。午后来的还有唐金海夫妇，送来章品镇托他带我的两瓶酒及木斧赠我的诗论《诗的求索》一册。晚，吴中杰夫妇来。

接到临汾地区文联讣文，郑怀礼病逝，为此，晚饭后，着桂英发了一个唁电。

补记本月三日以后的生活大事：

四月三日早上与敏启程去港，桂英送到车站，思和由他的爱人小徐陪同已先行到来，九时开车。四日晚上近十一时才到广州，误点五个多小时，吴宏聪和中山大学的陈老师已在车站等候了大半天。到了中山大学，宿专家楼。在广州住了四天，曾去看过陈启新、吕俊君。启新有五年不见，已半瘫痪，行走不便，俊君已由佛山移居广州，也已离休，已七十七岁。他正忙于办广东留日同学会会务，约我从香港归来后，到同学会与在广州同学相聚一次。

八日上午由吴定宇送站，我们夫妇与思和乘广州九龙直达车去港，中午十一时到九龙车站，袁鹤翔先生已在站相接，即坐他的车子到中文大学，被安排在会友楼住宿，住地在山顶，窗外就是大海，空气很好，屋内设备齐全。当天中饭及晚饭都由袁先生请客，他又送来不少主副食品，为我们日常生活之用。当天李达三先生来相访。袁先生说，在我来港前，有几家报馆曾打电话给新亚书院，询问我何日到港。在我来港前，香港一些报刊曾载了介绍我的文章。为此，在十日下午去拜会新亚书院林聪标院长时，对于我讲演时间，我请他安排在我临行前二日，这样我可以少许多麻烦，因为香港是个是非之地。结果在四月十八日下午作了关于中国传统文化与新文学的讲演，取座谈方式，袁先生主持，听讲者十余人，都是中大教授和高级讲师。香港大学的梁秉钧也在座。在港期间，曾由张宁陪同，

370

应香港大学黄德伟博士之约去香港（大学）吃中饭，作陪的有许子东，他在此读博士学位，并送我他的新作《当代文学印象》一册。

潘行恭二次来访，又由他作商人的弟弟请我们去九龙吃烤鹅，作陪的还有他的妹妹夫妇。

李达三先生曾请我们夫妇午饭，作陪的中文大学英文系主任 David Punter 教授、袁鹤翔、周英雄以及大陆来的刘介民、张锦等。

留日同学陈伯襄邀我们与在香港的五六位留日同学午餐。

张宁和中文大学新闻系的陈立思女士曾请我们在沙田吃韩国火锅，并请我们看《末代皇帝》。

十九日晚，袁先生在大围雅苑为我们送行，有中文大学哲学系主任刘某夫妇同席，他们不日去台北。

二十日早上，袁先生送我们到大学车站，思和相陪，送我们到罗湖海关。与张锦同行，由深圳换车到广州，雇车到中山大学。吴宏聪仍把我们安排在专家楼，张锦住西区招待所。

二十二日早上与敏到留日同学会（在广州文史馆内）与在广州的十多位同学座谈，中午即由这些同学约我们在华北饭店午饭。饭后与马建之一块儿到他的寓所，我们有三十多年不见，在此晚饭后才回到中大。

二十一日清晨，由吴定宇送我们到车站，于翌日晚抵沪。

香港之行，就记这么一个轮廓。

1988 年 4 月 26 日

下午二时到中文系，参加和华师大、上海师大中文系教师座谈会，应邀作了发言。陈鸣树在会后送我回家。

晚上来的有任一鸣以及周书兰和她的新结婚的丈夫金志芳。

1988 年 4 月 27 日

上午严锋来，写好本年现代文学博士生入学考题，晚由桂英抄好。

晚间来的有朱立元、苏兴良、唐金海夫妇以及上海文研所二青年人员，他们系代上海市府刘振元副市长秘书胡战英来访，说是党政分家，市委宣传部主管的工作就由市府管辖，将为发展上海文化事业成立一委员会，聘我为顾问云。

晚，给暨南大学贾益民写一信。

1988 年 4 月 28 日

下午谢天振来图书馆查旧报刊。顺便给王元化写了一信，推荐小谢参加将在芜湖举行的文艺理论讨论会。

与敏应邀到伍蠡甫先生家吃中饭，伍先生希望我能介绍他去日本讲学。

晚，图书馆刘崎和她的孩子来。

收到马场美智子自日本来信，以及她在上海临别时和我们全家午餐时照的照片。

杂读旧报。

1988 年 4 月 29 日

上午王振复来，送来一册他著的《建筑美学》，来的还有杨竞人、林秀清。晚，田南帆夫妇来。

杂读旧报。

1988 年 4 月 30 日

上午同乡韩大南和他在北岳文艺出版社工作的儿子来访。唐金海夫妇因托他办过女儿出国的事，因此和我家合伙请他午饭。他是老公安，现在做律师工作。

晚，应必诚夫妇来访。

杂读旧报。

1988 年 5 月 1 日

今日礼拜日。午后徐俊西来访，他已调任市委宣传部副部长，主管文艺。

继续读旧报。

晚，苏兴良一家三口来坐。

1988 年 5 月 2 日

今日唐涛帮助我为英国剑桥《澳洲和东亚人物辞典》的条目，做了填写和翻译劳动，再由她打好字后寄出。

为《博士生导师名录》的条目草好草稿，晚上由桂英抄好，明日寄给该书的编者徐州师院科研处。又为图书馆寄来的《中国图书馆长名录》填好卡片，明日交给图书馆，由他们盖章寄出。

下午王东明来，送来二册《百家》，它刊登了我为昌东小说写的序文。全文题目是：《沉思的历史，历史的沉思》，赠东明《西蒙·波娃回忆录》一册。

晚，唐金海父女来。

1988 年 5 月 3 日

中午王锦园来送我俞天白赠我的书《愚人之门》一册，谈了些公事。

上午和敏去学校剃头，回来后范泉已在相候，他为章培恒主编的《中国近代文学大系·小说卷》的选目，和章发生了些矛盾，说章不接受编委会的修改意见，为此希望我从中斡旋。

晚，金海一家来，他们写的巴金访问记希望我能介绍到《新文学史料》发表，为此，给牛汉写了推荐信，他们女儿为我打好给剑桥东亚人物杂志条目，以及致该辞典编者信，我阅后签了字就请她代为发出。

晚，给在香港的思和写了一信，附去我在新亚书院讲演时的两张照片，请他转致那里的办公室负责人张先生，作为留念。

1988 年 5 月 4 日

上午给在美国哈佛费正清研究中心从事 1900—1949 年上海通俗小说研究的吴茂生先生写了一信，与给思和的信同时发出。

晚上整理积压的来信，给秦文津——四十年代的一个工科学生回了一信，重写好给编《中国作家传》的邵理全（徐州师院）的信，连同有关材料明天一块儿发出。

收到《作家通讯》《烟台大学学报》赠刊。

今天是"五四"节，我正是这个时代——"五四"精神影响下的知识分子，经过新中国成立后这些运动的折磨打击，今天回忆"五四"，真是感慨万千，因为时间虽然经历了近半个世纪，中国仍然是个生产落后、人民贫困的国家，而我自己已走向暮年，这大半辈子，我为中国的走向文明富强，先后坐了四次监牢。

1988 年 5 月 5 日

午后严北溟夫妇来坐。邵家麟来借去一本《胡征诗选》，王宏图来，代买来三月号的《新华文摘》，文摘中转载了我的《中国新文学与传统文学》一文。

晚，任一鸣来，送来她的毕业论文稿《试论社会主义现实主义在 50 年代的中国》，有两万余字。文章以翔实的史料为据，为苏联这一文学思潮和创作方法在中国的引进、接受到实践上的表现，都做了一个系统的论评，作者在指出五十年代后期苏联对这一理论体制进行改变、开放的历史理论根源与传统的关系时，是明确的，作者对于中国把这一理论以"两结合"的形式加以改造的结果，使它更陷于封闭和僵化，从而导致现实主义本身在中国的死亡。事实正如作者所观察的一样，不足之处是作者没有深入挖掘各国各自不同的社会历史以及文化根源——中国社会经济远比俄国落后，中国的封建专制主义文化传统又根深蒂固，以及"五四"新文化传统没有得到充分的发展，反而被否定过多，总之，极"左"思潮的日肆泛滥，反映了封建专制主义文化传统在中国的新的复辟，不仅使现实主义文学死亡，在经济社会生活中，陷于停滞倒退的政治和社会危机……

收到本期《广东鲁迅研究》赠刊。

1988 年 5 月 6 日

傍晚，与敏和桂英到校礼堂看了电影《红高粱》。前几天报上说，人大代表、政协委员看此片后，认为它是讨好外国人的，有意暴露中国人民的落后愚昧、野蛮等。我看后认为这些官老爷实在有眼无珠，其实这些山野之民，虽然没有老爷们的文化，但却比老爷们多一根中国人的脊梁骨，他们朴实，坚强，勇敢，爱憎分明，是非分明，这正是中国民族的昂扬精神，他们不会和不屑于在一根肉骨头面前唾液欲滴，歌功颂德，有奶就认娘……

另一个电影是《屠城记》，写日寇在南京的大屠杀，使我想起我青年时代弃文从军，但"人民政府"法官却说，我是个"反动军官"，简直是日本汉奸的观点。

接到上外廖鸿钧电话，约翰·迪尼（李达三）到沪即和他通了电话，约他后天来家晚饭，并为此约了张廷琛来商议。

1988 年 5 月 7 日

全日又看了一次任一鸣的学位论文。晚饭时湖南人民出版社的李全安来访，他从北京来，刚下火车。正巧我们晚饭，就留他便饭，加了些菜。饭后桂英领他到八舍招待所投宿。

收到李辉寄赠的《浪迹天涯：萧乾传》一册。

1988 年 5 月 8 日

中午苏州大学栾梅健和他的爱人小朱来访，午饭后别去。

午后三时许，思和爱人小徐来。移时中文系教师游汝杰来，他新自香港开会回来，带来思和信。五时许上外廖鸿钧先生陪李达三（约翰·迪尼）来，在此晚饭，喝酒不少，作陪的有章培恒、张廷琛以及小徐。八时许，雇校车送迪尼先生和廖先生回上外招待所。诸客亦先后别去。

托约翰·迪尼给袁鹤翔带去一信及在港所照照片。

1988 年 5 月 9 日

中午周春东来，午后王锦园来，说是博士生考试因报名者未来报到，所以落空。这不奇怪，在全民经商的热潮下，连在学的研究生也纷纷退学，以后新生的来源恐怕更难了。人们说：现在又出现了"读书无用"的局面，前一次是受政治冲击，这次是受经济的冲击。奇怪的是改革开放的局势下，我国对知识和知识分子仍然是旧的传统（不是历史传统，而是"左"的新传统）观念。

晚任一鸣来，对她的论文提了一些意见，她拿去修改。

收到河北邯郸地区一个中学生的信。《青少年日记》登出我的访问记后，陆续收到好几封各地中学生的来信。

晚饭时，唐涛来，又代我买来三月份《新华文摘》一册以及她为我应剑桥东亚名人录所写的材料的英译文。留她晚饭后别去。

1988 年 5 月 10 日

午后叶易来，晚上，严锋、邹羽来，长海医院瞿启文军医夫妇来——他们的女婿屠鹏考取了美国伊利诺伊大学的博士生，但现在限制留美名额，为此他求助于我。即给国家教委蒋妙瑞同志写去一信，代为求情。

午饭后，和敏去五角场散步，买到本期《小说选刊》一册。

1988 年 5 月 11 日

午后二时许，由王锦园陪同到文科大楼，参加国家教委来沪人员召开的座谈会，并就中国现代文学学科建设问题发了言。回家后耿庸和他的新婚妻子小吴来，移时王戎来，一块儿吃了晚饭后别去。

湖南人民出版社的李全安晚饭后来。

收到徐迺翔信，以及魏绍昌从香港带回来的陈思和信，附有我们在香港大学黄德伟家所照照片。

1988 年 5 月 12 日

午后范泉来访，为培恒主编的《中国近代文学大系·小说卷》编辑方针和选目事。

华师大一研究生送来徐中玉主编的《大学语文》教材的校样，约我作为主审人审稿，古文部分则由施蛰存主审，现代文由我主审。

晚，工人小朱和他的妻子小张来访。他们谈到许多社会新闻——处处伸手要钱，干部贿赂公行的丑事。昨天朋友来也谈到北京的一首民谣云："打牌不累，跳舞不睡，喝酒不醉，什么不会，第三梯队。"这首民谣概括了中国现实的政治体制与"选贤任职"的标准。

收到莫贵阳信，收到上海鲁迅纪念馆赠书《寻访鲁迅在上海的足迹》、湖南人民出版社赠书《成仿吾研究资料》。

中午徐秀春来，送来杨竞人等的译稿《不受欢迎的缪斯》。

上午任一鸣来。

收到小同乡王克强信。

1988 年 5 月 13 日

上午谢天振来，谈下月举行比较文学讨论会安排事。他刚从北京回来，谈了一些见闻，如市民早上见面，先彼此打听物价。

白天晚上都在写信：吴宏聪、吴定宇、山口守、陈思和和莫贵阳。给吴宏聪的信附去他所需要的复印的徐志摩诗作。

下午与小周到中灶洗了一回澡，中午和敏到八舍小店买了些食品，桂英后日去北京出差，为此托她给大哥带去一信以及一些上海食品。

收到肖翠菊来信。

1988 年 5 月 14 日

集中力量看华师大编的《大学语文》（自学考试教材）的选文及解说、注释各部分。

午后，陆士清来访。

1988 年 5 月 16 日

昨天未记，实际上仍忙于为自学考试大学语文教材写评审意见，今日写好，晚上又由我和小周分头抄，因钱谷融来电话，明日着人来取。

桂英昨日晚上动身去北京出差。收到春琳信。今日上午林秀清来访，董问樵先生着他的研究生小林来访，送来他新出的《〈浮士德〉研究》一书。收到吴宏聪信，尚丁赠寄他写的《黄炎培》一书。

晚，张廷琛带其新招的研究生来访，小张后天去济南参加外国文学理论讨论会。

今日上午任一鸣来，我又审阅了她的论文修改稿及论文提要。

晚，给董问樵先生写了封介绍信。

1988 年 5 月 17 日

上午华师大一研究生来，取走我为《大学语文》教材所写的审稿意见。

午饭后，与敏坐街车到四川路购物。

晚，王宏图和他的女同学来，上午任一鸣来还书。

收到重庆出版社赠书《巴金研究论集》二册。郑择魁赠书《戴望舒评传》，中央文研所赠书《萧乾研究资料》及本期《上海大学学报》《上海社科院学术季刊》赠刊。

1988 年 5 月 18 日

昨日下午在上海跑了半天，今天特别疲倦。

午后，方柯（中文系青年教师）来，送来他新出版的《论性格系统》。傍晚，国政系日语教师张青平来，送来她爱人陈生保自东京来信，说是东京大学教授龟井俊介将来上海访问，希望与我见面云。

傍晚来的还有本校研究生院负责人袁晚禾同志，她送来了国家教委杨塌同志信及他自美国带回来的中美第二次比较文学会议文件与大会美方主持人 E.Miner 教授信，该会议于去年十月份在美国举行，我因心脏不好，遵医嘱退了机票，并寄去论文和给 E.Miner 教授的信。

晚间，为《嘉兴科技报》负责人丁士运的论文《科技新闻导语的个性》一文写好鉴定。

载道与言志——儒道两种传统文化在新文学运动中的继承和反映。

由写人生、写社会、关心大众疾苦到三十年代的革命文学运动以至延安讲话、整风到"四人帮"的文学精神表现，作家的爱国爱民意识，由为人生与社会服务到为革命、为阶级、为路线服务；作家由卖文到参加社会政治活动，到新中国成立后翻身为文艺官吏，以至当镇压文艺界"异己分子"（自由民主力量）的主犯与帮凶，儒家的治平思想由参政意识以至参加政权的斗争与建设，由平民挤入统治阶级，由人民之友变为人民的统治者、欺骗者。这是中国知识分子，尤其是在农民社会中的政治运动中的重要作家，在革命政权建立中的表现形态与主流。

由抒写个人思想感情到言情山水，由周作人、前期创造社、新月派、自由人、论语派、现代派、京派作家（三十年代）、抗战中的写"与抗战无关"的作家，他们继承了道家的"言志"传统，超然于现实政治，也是中国左翼文艺批判对象；至抗战时期，呈向衰微，在新中国成立后，更是被批斗对象，从他们作为历史上的文学现象，至新时期以后，在改革开放环境中又呈现复活，正如载道派文学及作家受到冷落非议一样。

中国新文学发展虽然以批判传统文化开展，但由于中国社会的性质仍然是个农业社会，所以由传统文化养育下长成的中国知识分子，又由于中国社会的政治斗争的激烈，因此他们虽然也受过西方文化的熏陶，但现实的社会存在使他们始终无法摆脱传统儒道的影响，只是表现形式有所变异。

1988 年 5 月 19 日

中午，中文系于东元来，送来华师大王铁仙的教授职称评审材料。晚，约章培恒来谈——关于为上海书店编《中国近代文学大系·小说卷》的事，原来这里有很多复杂情况。

天下雨，杂读了一些文章。

1988 年 5 月 20 日

看王铁仙材料《瞿秋白文学评传》。

午后邓明以、王锦园、张青平先后来。

晚上来的有唐金海夫妇，以及印刷厂工人小茅（女）领来的据说六十年代和我在第一看守所同监时的包冯生，香港商人林道正等。

1988 年 5 月 21 日

天阴，间有小雨。

上午写好王铁仙的《瞿秋白文学评传》评语，午睡后与敏一块儿送到中文系。

接到袁鹤翔信。

杂读《人民文学》各文。

1988 年 5 月 22 日

礼拜天，阴冷。

因为明天下午龟井俊介先生来访，午饭后与敏到四川路买了些喝酒菜。

晚，田南帆来。

收到肖岱去世讣文。

1988 年 5 月 23 日

午后二时，日本东京大学比较文学教授龟井俊介由张青平（女）陪同来访，谢天振已先此到来相候，当以酒菜相待，由张女士任翻译，送他小说集一册及一些中国的比较文学刊物为念。四时许，他告辞前照相留念，又陪他坐车到校园内逛了一圈，他明日晚间回国。

下午来的还有沈永宝、王锦园。

上午有中文系毕业班同学送来请柬，约明日上午九时到学校门口与毕业班同学照相留念。

读殷海光的《中国文化的展望》。

1988 年 5 月 24 日

上午，苏州大学范培松研究生吴跃农持培松信来访，介绍他到图书馆查资料，并送我宜兴新茶一袋。

九时许到校门口和本系毕业班同学合照，由杨竞人陪同，路经新华书店转了一圈。

午后李庆来，他将去日本讲学，聊了半天。范泉来，带来他们书店赠我的《佛教与中国文化》五册。

晚，沈永宝送来二十九份进修班学生试卷，这其实是开学店的一种方式，因为政府撒手不管教育经费，教师只好广开门路，自找生路，挣扎求生。

晚，苏兴良夫妇来，也为生活叹息。

收到吴宏聪、桂英信。

1988 年 5 月 25 日

全日阅比较文学助教进修班的外国文学与中国文学的试卷。

傍晚，廖天亮自京中来电话，晚，任一鸣从崇明带回来草莓。

收到《书讯报》的稿费。

午后敏与谢兰郁老太太一同去同济大学附近去看望余（上沅）太太——陈衡粹老太太，在那里吃过晚饭才回来。

1988 年 5 月 26 日

上午阅好比较文学助教班的二十九份中国文学与外国文学试卷，中午鄂基瑞取去。

下午王宏图来，看了他为下月开的中外文学关系讨论会所写的文章提纲，提了一些意见。晚，任一鸣来，送来她的学位论文的打印本，送她《佛教与中国文化》一册为念。

收到陈乃祥、吴定宇、万同林等信，收到本期《批评家》《编辑学刊》赠刊。

昨日掏空儿读了戴晴在《文汇月刊》上写的关于王实味的文章，颇多感慨。

1988 年 5 月 27 日

整日杂读。

午后，沈永宝、苏兴良来，送来阅卷费三十九元五角。古籍出版社高克勤来。

晚，李振声和另一个青年同志来。长海医院小董和她的男朋友蒋国来。

下午写给王元化信。

这几天又阴又冷，间有小雨。

1988 年 5 月 28 日

阴天有间断小雨。午饭后与敏散步时去附近新开的服装店为她买了一件毛背心。

收到静妹信，晚上写了回信。她信上说姊妹们都年纪大了，希望我们能回家乡住一个时候。

晚，金海夫妇来坐。

杂读。

1988 年 5 月 29 日

中午与敏到邮局取款（《文艺报》稿费），又去校园内走了一圈。

午睡后，陈鸣树来，说到请美籍华人林毓生教授来系讲学事，中文系领导以系内无钱拒绝，而在此之前，这同一位领导都是满口应承的，反正，现在能做官的都是这类东西。

严锋来，送来他为下月会议提供的论文——关于模仿研究——论《你别无选择》和《二十二条军规》，阅后签字打印。

晚，苏大栾梅健持伯群信来，伯群已从日本访问归来，小栾送来他们的两个研究生学位论文，伯群信上约我在下月十六至十九日之间到该校主持论文答辩，他说华鹏也参加此次答辩。当与敏相约，定于下月十九日去苏州。

午后着小周到五角场邮局给静妹寄去两盒治心脏病的药。

桂英本晚从北京飞回上海，小周到机场相接。

1988 年 5 月 31 日

昨日因孙景尧夫妇到来，说话至深夜，未能记日记，今日早饭后他们离去。

昨日下午约谢天振来家候孙景尧，并顺便谈六月初的会议安排，直至晚间近八时，景尧夫妇始来。

昨夜未睡好，今日精神不佳，唐金海大女儿不日赴美，晚饭即应邀到他家同餐，为他们女儿送行。

收到 John Deeney 信。收到本期《复旦学报》《新文学史料》赠刊。

今日有雨。下午王锦园来过，谈六月八日的会议安排。

1988 年 6 月 1 日

天好了，午后四时香港大学黄德伟博士由天振陪同如约来吃晚饭，加上先从苏州来的孙景尧，后到的徐秀春以及碰巧来的王宏图，大家吃了一顿热闹的晚饭，饭后又带黄先生去看望了伍蠡甫先生。九时许，由已雇好的小车送黄、谢、孙回上海外语学院。

收到思和信，古剑信，古剑信上说，他受台北《联合报》副刊主编痖弦之托要我为他的副刊写文章，被指定的作者还有施蛰存、师陀、王西彦、柯灵、许杰、端木蕻良、萧乾、艾芜等人，每人都出了题目。

吃饭时，席中和黄德伟谈起覃子豪，他说，也是他的朋友，因此他约我也写一篇关于覃子豪的回忆文章。

1988 年 6 月 2 日

上午九时许，《上海文学》的周介人、蔡翔和小杨来访，送来他们编的《中国现代通俗文学文库》的《武侠卷》头一本《七杀碑》（朱贞木著），我被列为编委，并写了《总序》，他们送来酬金二百元。

曾小逸来谈乃修家事，午饭后别去。

给山口守、蔡翔各写一信发出。

1988 年 6 月 3 日

上午为华师大教师光华写好副教授职称评审鉴定。

午后在杭州电视广播专科学校工作的王克西及他的同事罗君来访，适秀拔来一块儿吃了晚饭。

晚，张廷琛来。他刚从北京回来，谈了那里的一些新闻，如某大人物的儿子要北京一家饭店为他准备三千美元一桌的酒席等。

中午思和自香港来电话，中文大学已批准他延期一个月，并已电告复旦大学校长办公室，请我催校办给香港新华社回电以便他办理签证。

1988 年 6 月 4 日

中午余师母陈衡粹大姐来，由一位六十四岁的罗女士陪同。她已八十六岁，她此次来是为了这位罗女士找对象，托我物色。她说，这位女士二十年前丧夫，会烧菜、管家、打扮、跳舞，还能吃苦云。她想找一位有身份的老教授为偶。谢兰郁老太太也陪来，一块儿吃了午饭，又午休了一会儿才别去。

上午王锦园来，谈招博士生事。说潘旭澜招的一位想转到我名下，原来是学古典文学的，但外文好，文艺理论也行。

午后任一鸣来，给她写一介绍信去见朱雯，并送去她的论文，请他主持答辩会，再一位请廖鸿钧。

晚饭后和敏散步去第三宿舍门口新开的一个个体书摊，花二元六角五分买了一本日本五木宽之的小说《青春的门》。

报上说，现在"武侠"已成过去，外国翻译的言情色情小说风靡市场，摆书摊的比卖馄饨小吃的还多。

早上天振爱人小金送来小谢为我代拟的六日会议上的开幕词——"上海比较文学研究会"成立三周年学术讨论会。

1988 年 6 月 5 日

礼拜日，天好。

整日读日本五木宽之的小说《青春的门》，这也算一部写"知青"下乡的小说。但由于作家的人生和文学素养，写来颇有深度，概括的社会生活面较广，人物也写得很有性格，是生活中的真实存在。

晚，改好明天的发言稿。因为有些已列入通知的发言人，如王元化、徐俊西都因为有事不能来了，所以又把原稿改削了一下。

收到梅志信。收到《清明》赠刊。

晚上小周拿回五月出版的《法律咨询》，那上面登了我的采访记：《胡风分子悲怆交响曲》，作者夏仲荪；但把有些事弄错了，如说我五五年被捕时是中文系主任，说我在这次狱中碰到的叛徒是三四十年代北京市委书记。前者是"现代文学教研室主任"之误，后者把三十年代说成是三四十年代，到了四十年代这家伙早是叛徒了。

1988 年 6 月 6 日

午后，坐校车到上海文学所参加"上海比较文学研究会"成立三周年学术讨论会开幕式，到会百余人。参加者有黄德伟、朱雯、王辛笛、王道乾、乔林、陈伯海、廖鸿钧等百余人。我致了开幕词，会后就在该所聚餐，坐上海外院车子到家已八时许。

在会上，收到瞿世镜赠送的他所译弗·伍尔芙的《论小说与小说家》、毛时安赠送的本期《上海文论》——他是主编人。

到家后，朱立元领沈波来访。小沈想转到我名下，攻读现代文学博士生，同时接到他的硕士生导师王运熙先生的推荐信。

收到李辉信、北京大学比较文学所通知。

1988 年 6 月 7 日

中午，王宏图、王锦园来。晚，任一鸣、斯宝昶夫妇来。

这两天精神有些不振，感到疲倦。

中午桂英拿来本期《复旦校刊》，上面登了一篇我的访问记，本期《报刊文摘》也摘登了《法律咨询》上的那篇访问记中的一段。

1988 年 6 月 9 日

天仍然酷热，而且是忽然一下子就热起来的，这真是"天人合一"，很像这些年中国的政治气候乍寒乍暖，冷热不定，是"运动式"的表现形态。

读《当代》上的"世界大串连"，写得很成熟，这就是中国的真实——官僚是王子；人民，尤其是知识分子是奴隶。青年一代只好外出求生，争取有一个可以发挥自己力量的社会环境，保持自身人的尊严，保持人的身份。

傍晚，刘介民来访，他明日将返港。为此，写给陈思和的信托他带去，又给思和带去美钞四十元，港纸六百七十元，人民币三百元托他购物。老刘说，他花一百八十元从票贩子手里买了一张去广州的硬卧火车"黑票"，票贩子剥削了他，买过票还要他花钱买冷饮"慰劳"。老刘说，中国怎么成了这个样子！

午后来的还有吴欢章。

晚，沈波来，转为我的现代文学博士生。我已看了他的论文，决定录取。

1988 年 6 月 10 日

今天比较凉快。

晚任一鸣来，填写她的毕业材料。

收到范伯群信。

晚，读陈元恺（杭州大学）的评审材料——关于中外文学关系论文。

中午朱利英来。

上午由桂英陪同到校医务室检查心脏，由胡医生作了心电图，他说我心脏不错。但去年十月第一人民医院高干看病处的医生说我有冠心病，不宜出国远行，为此退了去美国的飞机票。大约那时体质也不太行，医生也怕负责任之故。

又，本月八日未能写日记，其实这天有两件事可记：

从上午九时起，在本校文科大楼三楼外文系会议室召开全市性的中外现当代文学关系讨论会，计四十人。我在上、下午都作了发言，三个研究生——王宏图、任一鸣、严锋都提供了论文和发言。会上有些发言，如关于尼采在中国，别、车、杜在中国，陀思妥耶夫斯基在中国等，都很有内容和时代气息，说明历史的确在前进，人们能以清醒的头脑摆脱时兴多年的"左"的条条框框——那一套政治宗教式神话模式，用自己的眼睛看世界和生活。

下午四时散会后回到家里，中山大学的吴宏聪和金老师已在候。他们从宜兴开会回来，明日返广州，特于事前约好来此便饭，以尽地主之谊。至晚八时许，雇小车送他们回到住处——华师大招待所。

1988 年 6 月 11 日

天雨。上午重庆出版社的卢季野持满子介绍信来访，留他在此午饭，并托他给长沙的彭燕郊信及任一鸣译的论勃留索夫的文章。又给他谈了由他们印《中国现代文学研究译丛》事，并带去黄川译的论郁达夫创作艺术的书稿。他说住在冯英子家里，因此又托他带去给冯的信，询问我三月份寄到《新民晚报》的稿子下落。

午后，王宏图来。晚，苏兴良来。

收到乃修信，《嘉兴科技报》丁士运信。

晚，写好杭州大学陈元恺教授职称评审材料。

1988 年 6 月 12 日

天晴了，但又冷了。

晚，杜月邨夫妇、杨奉琨来访。午后，伍蠡甫夫人来访，送来数条小鱼。晚，伍蠡甫先生着女用人送来信，问询他再去香港讲学事。上次黄德伟来家吃饭后去看望了他，曾说起请他再次去讲学，这位老先生迫不及待，希望马上成为事实，使人哭笑不得。即给他回了一信，说明香港大学放暑假，九月才开学，黄德伟今日返港，只有开学后他向行政当局提出才能决定时日，等等。

晚，写好任一鸣评语。

午饭后散步时，在附近书摊上购得日本小堺昭三的《东京歌妓》一书。本书从一个歌手的生涯写了从二十年代到今日日本社会现实，是一部有丰富社会内容的文学作品，但却作为通俗读物在书摊流行，而且要搭卖旧杂志出售，真是怪哉。

1988 年 6 月 13 日

早八时华师大陈挺驱车来接到该校参加比较文学会，到会二十余人，应邀讲了话，十一时许散会，由王辛笛女儿陪同送我到钱谷融家午饭，近一时原车送归。

午饭席上喝了些北京的莲花白，有些醉意，回家后大睡。

收到方平赠的《三个从家庭出走的妇女》、钱谷融赠的《文学心理学教程》。收到暨南大学贾益民信。

傍晚，谢长安来，送来他们专业三个研究生学位论文。

1988 年 6 月 14 日

上午浙江师大陈其强和他的系副主任陈君专程自金华来访，他们打算请我和章培恒为该校兼任教授，午饭后别去。苏大栾梅健来上海海关，为范伯群从日本带回来的"大件"办手续。午饭时到寓，邀他一块儿吃了午饭。

午睡后，陆士清来，他将去港，问思和的电话。傍晚，金海夫妇来，谢天振来。伍蠡甫为去港事，上午又送来信，并邀我们午饭。因不能脱身，辞谢。因此，晚上顺便约小谢一块儿去看他。

上午任一鸣来，拿去学位申请书。

收到莫贵阳信、中国现代文学研究会通知、朱立元送来朱栋霖赠书《中美文化在戏剧中交流——奥尼尔与中国》。

早上由桂英和小文医生夫妇陪同，到校医务室检查身体。

1988 年 6 月 15 日

上午九时到本校专家楼参加江西人民出版社召开的《中国近代小说大系》，编委会应邀发了言，中午即由出版社招待在专家楼吃饭。

午睡后任一鸣、王宏图来，晚浙江师大陈其强和他的系副主任陈同志来，章培恒也如约来，浙师大聘我和培恒为该校兼任教授。他们别后，研究生沈波来，江西出版社的汤真爱人偕其子汤天一（上外英语教师）来。

收到日本釜屋修教授信及他的论文《伊藤永之介和赵树理》（日文稿），文内说这篇文章是在我的关怀下写成的。真是客气。

本日，由桂英在中文系盖了个公章，并由她抄写为思和在港延期一个月事写了一份证明，我又加写一封信，明日发出。

1988 年 6 月 16 日

全日投入为任一鸣的学位论文写评语并阅读了苏州大学研究生夏元文的学位论文《都会主义小说综论》。晚上将任一鸣的论文评语定稿。

晚间，沈永宝来，谈下学期开办比较文学助教进修班的课程安排，晚上来的还有本校法律系的杨奉琨。

今日发出给思和的信。晚桂英给苏州大学范伯群发了我们去苏州的电报。

1988 年 6 月 17 日

下午在家里客厅举行了任一鸣的学位答辩会，请朱雯、廖鸿钧、张廷琛三位为答辩委员，王宏图为秘书。四时许完毕，以点心、咖啡招待与会者，后再由王宏图车送朱、廖二位回府。

晚上来的有应必诚夫妇，研究生沈波，唐金海和杜月邨。

整天空隙时间都忙于为苏州大学两个研究生的论文写评语，至晚一时始草草完事。

收到周英雄信。

明日早四时动身去苏州。

1988 年 6 月 21 日

今日早八时许，由苏州归来，桂英夫妇在站相接。回来后事务纷至沓来：上午中文系来电，要去我主持的科研项目经费单；中午，中文系办公室的俞天玲送回来时说，因为学校发不出超工作量费用，由校领导决定，在各向外承担的科研项目专款中扣用，扣用百分之三十（系内得二十，学校得十），项目承担者只能拿百分之七十。这实在是奇闻，可谓雁过拔毛。学校的教育经费应该支出的项目转嫁给由上面发专款项目，我表示反对。这种样子的大学领导，简直不知教育为何物。

午后《上海文学》周介人来，他说他们编的《中国现代通俗小说文库》出版第一部后，因为出版社未办过登记书号手续，被国家新闻出版局发现了，勒令暂停印，要研究研究再说。他们除过找人"打通关节"外，拟由我们几个编委联合给出版局写信，提出意见。另外再将我写的《总序》请《文汇报》发表，造些舆论，即表示赞同。接着《现代家庭》的孙小琪来，她是该刊副主编。这个社会性刊物，因为销路好又受到上海市委领导的好评，这刊物的领导机构上海妇联的"马列主义老太太"很不舒服而又眼红，最近竟派了一个不懂什么的干部以副主编的名义进驻该刊接管了权力，原副主编小孙被吩咐"研究业务"云。

这些事例都使人不快，也说明体制的阻碍社会正常发展以及干部文化和道德素质的低下。

傍晚来的还有王继权和任一鸣。

出去开了一次评审会，人总有点疲惫。

收到吴宏聪、徐洒翔信。

补记前数日：

十八日早四时起床，五时坐校车到车站，上车后即大睡，七时许到苏州。伯群来站相接，住苏大外宾招待所，睡了一个上午。下午二时半，开硕士研究生夏元文、方文两位的论文答辩会，由我主持、华鹏和苏大的朱栋霖参加评委。散会后，由苏大举行宴会，同席的还有来苏州参加钱仲联先生的研究生答辩会的顾易生夫妇、南京师大的吴调公及淮海煤矿师院的一吴姓先生夫妇。

十九日早八时，上述诸人由伯群陪同冒雨乘车至苏州近郊的甪直镇，这是一个江南水乡小镇，仍是老街老巷，未受洋化污染，连商店的建筑格局还仍保持旧貌，唐代诗人陆龟蒙葬此。叶圣陶曾在此任小学教师多年，他写的《倪焕之》《多收了三五斗》都以这里为取材背景，这座小学已辟为他的纪念馆，正在修理中，他的骨灰也将安葬此地，与陆龟蒙为邻。

中午即在镇公所内吃饭，由杨姓支书陪同，鱼虾新鲜，蔬菜也很鲜美，水质尤好，饭毕，雨已下大了，乘车冒雨而归，当晚在景尧家便饭，与伯群、华鹏同席。

二十日上午，由小栾陪同到观前街游逛购物，坐三轮车于下午一时许回到苏大。当晚，在伯群家便饭，由苏大的徐老师、小栾及人民文学出版社的副总编李同志相陪。

今天早四时半起床，伯群、小栾等同志按时来，由方文、夏元文车送我们上车。

又，今天下午来的还有上海书店刘华庭送来几册他编的《中国现代文学史参考资料》新书，如《死水》《南北极》等，并送来他申请评副编审的材料要我评审。

1988 年 6 月 22 日

整日下雨，未出门，中午王锦园来，晚唐金海来，带来他们大女儿唐涛抵美国后写给我的信。

外出回来，总感到疲惫不堪，无力做事，只能杂读遣怀。

收到殷国明信，收到英国剑桥国际人物中心来函，附有他们根据我的复件稿写的我的条目。

早上上海书店刘华庭送来一册近期《古旧书讯》，中午又收到由书店寄赠的一册，那上面刊登了我们为上海书店选印的《中国现代文学史参考资料》出满一百种所写的短文。

1988 年 6 月 23 日

天阴，未雨。

上午陈鸣树来，为他的三个研究生答辩事，接着谢长安送来请柬。

晚王宏图来。

收到陈思和信。

午饭后陪敏到大柏树买布，据说，因为下月全面涨价，市面上已不大见到布，大柏树因为地处偏僻所以还可以见到一些。从大柏树步行到校内剃了个头。

杂读。

1988 年 6 月 24 日

上午林秀清来访。午后日本访问学者浅野纯一和新谷秀明来访，坐谈良久，新谷系神户大学研究生。晚邹羽、唐金海来。

本日《文汇报》刊出我写的《还珠楼主》一文。下午接到上海书店刘华庭电话，是他看过此文后来电的。他说，文内说还珠楼主写过《七杀碑》有误，此书是朱贞木所写。但我又有些记忆，一时颇费踌躇，但为了确切，拟通知出版社付排时改成这样。记得我曾建议他（还珠楼主）以农民战争为题材来写，他和我谈起写张献忠。但据我的记忆，他写了《七杀碑》，经友人指出有误，只好存疑待考了。总之，这已是近四十年前的往事了，我也到了颠三倒四的年龄了。

1988 年 6 月 25 日

上午十时作协开车的小王来车接到工业展览馆的餐厅参加《上海文学》的午餐会，到会的都是该刊编辑的《中国现代通俗小说文库》的编委，有钱谷融、茹志鹃、魏绍昌、周介人、蔡翔及上海文学出版社的负责人钱某。饮食很精美。来此相聚，是为了该刊编的这套通俗小说文库，因出版社未曾上报遭到停止印行的结果，因此由众编委署名，给国家新闻出版局负责人写了一封信，说明该文库内容及出版意义，要求解除禁令。该刊已拟好信件内容，诸人传阅后签名。饭毕，仍由小王送我到家。

早上为上海书店的刘华庭写好副编审评语。

午睡后来的有王戎夫妇、严锋以及一个在最高法院工作的本校国政系八四年毕业同学，他送来一本他写的研究论文，请我过目。

收到宜静妹来信。

1988 年 6 月 26 日

全日夜主要是看陈鸣树的三个研究生的学位论文，两篇是鲁迅研究，一篇是战国策派研究，并作了一些读后感式的笔记。

晚饭后，谢天振来，章培恒陪北京大学的安平秋来。

收到廖天亮信，发出给徐放女婿宋丹信。

1988 年 6 月 27 日

上午陈鸣树借我家客厅举行他的三个硕士研究生答辩会，由我任主席，范泉、邵伯周二位任委员，至一时许散会。会后，到陈鸣树家午饭，敏同行。饭后，已二时半，送范邵回家。我们在第三宿舍门口的个体户书亭买了一册《延河增刊》，通俗小说刊物也，花人民币一元五角。

晚，朱立元来为多招一名博士生事。适该考生王某也从天津赶来，他情况殊可同情，因此决定本周五上午照章举行口试后决定。沈波来。

收到曾卓寄赠的他的抒情诗选，由牛汉写的序文。

1988 年 6 月 28 日

上午苏大孙景尧着研究生小吴来送信及药酒。

午后给李辉写了一信，答复他所询一九五四年我在锦江饭店为胡风祝酒事。他正在写《胡风集团案件始末》一书。

杂读，读《书林》所载赫鲁晓夫关于斯大林报告。这些天报纸多有刊载苏联揭批斯大林罪行报道，上周《世界经济导报》登了访问夏衍的记录，此次苏联对斯大林批判，较之一九五六年赫氏报告又深入许多。季诺维耶夫、布哈林、朱可夫等人都平了反，而五六年赫鲁晓夫的报告还把他们当"敌人"对待。历史真是无情，正是毛泽东一九五五年说的："隐瞒是不能持久的。"

午后乐秀拔、杨奉琨来。

本期《文汇月刊》登了姚雪垠以信的形式答复刘再复信：称刘对他的评论是"侮蔑"陷害的犯罪行为，他将通过法律解决；他自称是"中国现代著名老作家"——真不知人间有羞耻二字。古人云"知耻近乎勇"，在现代则是"无耻近乎勇"，这就是费了三十多年的力气培养的学风和文风。

1988 年 6 月 29 日

天热了。午后高文塚夫妇领钱承萱（上海兴国宾馆助理）持冀汸信来。这位钱君将到美国自费留学，他父亲是冀汸学生小高的学长，因此托我写推荐信。

晚王继权、唐金海夫妇来，小唐带来张挺赠我的《青岛师专学报》一册。本次要投考我的博士生的南开大学王晓昀来。

孙景尧从美国寄来由我收的他的书，本日到了一大堆。（纸箱）已破，桂英借了一辆车子推了回来。其中一册美国出的中文刊物《知识分子》，这期登了一篇《知识分子政策与国家发展——对若干社会主义国家的初步考察》（作者陈一新），写得很有内容，它所接触的材料，国内是一个空白。

今日发出给李辉及孙景尧信，晚给思和写了一信，明日发出。

收到卢康华由香港中文大学转来的信。

1988 年 6 月 30 日

午后到中文系参加学位和学术委员会讨论本届硕士生授予学位问题以及一个音乐教师提升讲师问题，四时许散会。到家后，远浩一、王宏图在候。

傍晚，研究生院副院长姜德安来为南开大学研究生王晓昀转考我的现代文学博士生事，因为他的原专业是中国古代文学与小说，从形式上与我的专业离得太远，所以研究生院认为应注意他的口试成绩。

晚，为明天的口试出题目，计有四题。

收到大众文学研究会请柬。

1988 年 7 月 1 日

今天又开始用新本子写日记。从八十年我"由鬼变成人"以后，又开始记日记，我早年的日记都在流转生活中失去了，五十年代起，主观上认为既然中国已成了人民国家，自己也算个主人，不必担心因文贾祸，可以过太平的日子了，所以又开始了记日记，想不到一九五五年五月毛泽东亲自发动领导了"反胡风反革命集团"运动，我又被送到监狱——旧地重游，日记文稿作为罪证又被查抄，而朋友之间的通讯更被作为定性定罪的证据，受苦受难二十五年，被受愚弄的群众视为"不齿于人类的狗屎堆"。

现在写下上面话，也记载和充实一些当代史的内容，我也是史料之一。

今天天气闷热，上午九时约来陈鸣树，以家中为会场，对博士生王晓昀进行口试，至十时毕。

晚，给梅志写去一长信。

因为明天出席大众文学研究会成立大会，又写了一个发言稿。

收到李辉信，他写的关于五五年案件的书已竣工，有三十万言，他说原稿就不寄来了，请梅志就近审阅，下半年先由刊物连载，明春出书。

这本书我原拟名为《胡儒学案》，或称为《胡案始末》，前者模仿《明儒学案》，后者效法《东林始末》。

1988 年 7 月 2 日

天很热，像昨天一样，黄昏时又下了一阵暴雨，午饭后作协派车来接，到文艺会堂参加上海大众文学会成立大会，茹志鹃任会长，我聘为顾问。

到会近二百人，赠每人新出的《海派文学》一册，四时许散会，原车送回，开车的是小周。

晚饭后，日本留学生高桥智、浅野纯一、新谷秀明连同来访，他们来沪两年，夏季将回国，和他们喝酒聊天，至十时辞去。

收到《新民晚报》副刊编者严建平信及《论还珠楼主》一文小样，信上说，此文早打好小样，准备刊出，因《文汇报》已刊出，故而退回小样，并"负荆请罪"云。

收到《新文学史料》信及唐金海稿子小样，他们夫妇晚上拿去。

收到南开大学朱维之先生为王晓昀入学的推荐信。

1988 年 7 月 3 日

天仍闷热，下午下了场雨，晚上才凉快了。

午睡后，朱立元来，为天津来的研究生入学事，他说研究生院问我是否收他，要收，我可以签个字，我写了六个字，"同意该生入学"，然后签了名。

晚沈波来，徐俊西来。

读《上海生与死》，台湾译本，这是一本在国外出名的写中国"文革"的书。

1988 年 7 月 4 日

中午孙景尧和他的研究生小吴来，午饭后他们去外语学院看谢天振，随后他们和小谢一起来，他此次来沪为了取回他从美国寄回来的书籍，因为任一鸣上午说苏州下午有车来，她将回苏州，所以正好搭这个车子将景尧的书运回苏州。但等到晚上十时车尚未到。

收到汪文郁信，他与我一九四六年在国民党特务监狱同室，解放初又因所谓托派问题被捕。今天信上说，数十年不见，前天在文艺会堂碰到我，很激动，因为我们相识时，他还是个中学生，一晃又是三十多年，他信上说，五八年他又被送到西北，灾难满了后才回来，现在《解放日报》编《连载小说》，很想来看我，但不明我的住址，为此晚上给他通了个电话。又收到北京一位八十三岁老翁徐自强信，他因看了《文汇报》我写的关于还珠楼主的文章。因为他和还珠楼主是亲戚，又是他的一个热心读者，他藏有他的百多本著作，"文革"中连同他的万余册藏书都化为灰烬，他写信问我什么地方可以买到还珠楼主的作品以便收购，当即给他写了一信。

收到《临沂师专学报》赠刊。

晚上来的还有新考上的研究生王晓昀。

1988 年 7 月 5 日

早上由小周陪同先到校医务室检查了背椎骨,这是由小文事先约好的。又坐街车赶到长海医院门诊部,请皮肤科的主任陈明医师看了浑身痒的皮肤病,并给我配了服用和外擦的药物。这是由陈先生的媳妇小廖事先约好的,换言之,通了些"关节"才能较顺利地看病。

十一时许到家后,景尧和他的那堆书,已由接任一鸣的小车带回苏州去了。

中饭后,由于过量地服用了治皮肤病的药——多脑一片,下午连睡了六个钟头。多亏了在睡醒后打算再去服用时,看了药方上的药名,才吃了一惊,没有再服用。

今天酷热,报上说有 37℃了。

1988 年 7 月 6 日

天酷热,做不成什么事。看了"海派文学",本期的沈寂写上海滩黑社会的小说,颇有功力。

傍晚散步时,托碰到的兴良和虞振兴从农民摊子上买了几十斤西瓜,又由他们送到家。

晚,谢天振来,他的一篇文章《论主题学》,由于给《批评家》主编董大中一信,推荐给该杂志发表。

收到秦瘦鸥信。

又,晚上小谢来说,原先黄德伟打算送上海比较文学研究所一辆小卧车,本来准备由上外出一笔海关税入口,但现在一打听,据说要这辆车进口,公开的四个机关要伸手,实际上是十个机关向它伸手要买路钱,合算起来,这些钱等于一辆卧车的价钱。"所以,"小谢摊开手说,"只好算了。"但这个事例等于给我们上了一堂政治课,这就是中国的政治。

1988 年 7 月 7 日

天气仍然酷热，白天昏头涨脑，只好虚度时日，为生活而生活。

中午苏大栾梅健与方文来取寄存在海关从日本带回来的家用电器，因未领到，中饭后离去。

收到本期《广东鲁迅研究》赠刊，收到同乡人程述之来信。

晚，给中国现代文学研究会秘书处写去一信，推荐王宏图，该会本年十月在京举行的现代文学研究会创新会议，附去他的材料。给秦瘦鸥、程述之及在美国的唐涛都写了回信，明日发出。

今晚电视播放的《河殇》第四集，结合社会主义国家多少年的历史经验及今天的改革要求，引用了普列汉诺夫的一句话：社会的发展不能超越某个阶段，即在一个农业国家建不成社会主义，苏联七十多年，中国及其他欧亚社会主义国家的历史和现实都对普氏当时对列宁思想发起的这个理论挑战，作了实际的证实和说明，而这些年来，普氏却被称为老修正主义分子。而今天、当时及其以后的否定普氏的人却被历史否定了。

1988 年 7 月 8 日

午后到物理楼外宾接待室参加历史系和古籍所联合举行的与美籍学者林毓生夫妇座谈会，泛论中西文化。参加会议的有章培恒、吴中杰、姜义华、陈鸣树等人，晚饭在八舍东招举行，七时许散会。

收到《晋阳学刊》通知，他们编《中国社会科学家大辞典》将收入我的条目，寄来表格要我填交。

发出给秦瘦鸥、唐涛等信。

1988 年 7 月 9 日

上午托小周到邮局给山西老家的静妹寄去五盒治心脏病的药物及信。

上午又将《文集》第一卷作了一些整理，补注了一些文章的原刊载时日与报刊。

傍晚，在法院工作的毕业同学叶长青来访，他前次送来他的论文集《批评文化与文化批评——中国文化模式断想》原稿，我一直没时间看，坐了一下辞去后，我顺手翻阅了一遍，有不少精辟之论，但失之零星、重复，只能作为杂感随想来看。

晚上电视报告说，今天 37℃。

1988 年 7 月 10 日

上午教育局的杜青禄来访。

一见面我望了他好久才认识是他，因为我们不相见已有三十多年了，而从一九四七年至一九四八年一年间我们同时为中统局逮捕，也长期同过监房。

我们都各谈了自己这多少年的遭遇，都认为能活下来就是一大胜利，我们一同看到蒋介石亡国，也看到"四人帮"的覆灭——我们都算历史的胜利者。

他五十年代在上海结婚，已有三个女儿，都成了家，他也六十五岁了。

午饭后别去。

晚，中文系毕业班同学胡中晓来还书，为他的纪念册题了字："学而时习之。"

严锋来，他后日回家，托他带给他父亲和章品镇各三封名茶，同时带给章品镇一信。

上午把这些年写的序文整理了一下，有近四十篇，近二十多万字，编了个目录，准备编一部序跋集。为此，从下午到深夜对这些积累的我的文字档案材料作了一次清查。

1988 年 7 月 11 日

上午《书林》记者张女士来访，她说，她们的刊物这半年集中力量批斯大林，前两周《世界经济导报》登了夏衍的谈话。夏公开提出苏联在批斯大林，中国为什么不批？由此可见一斑。但我心中总有疑虑，虽然答应了他们写文章，并借给她十四张有关照片备用。

晚，杨竞人、田南帆一家来。午后，中文系副主任李家耀来。

托小周抄好我为散文集所写的题记作了一些校改，晚上给《新民晚报》的编者严建平写了一信，拟投给该报副刊。

早上接到校外事处孟祥生电话，有一美国加州大学中文系主任，台湾著名诗人杜国清君向他们提出想找我谈谈，当约好明日上午八时半来寓相会。

1988 年 7 月 12 日

上午八时许，杜国清先生由一位林姓研究生陪同，如约来访，他系台湾诗人，在美国加州大学任教，与白先勇先生同事。年纪才四十多岁，我们谈了台湾文坛的人与事，也谈到"五四"文学，彼此没有隔阂，所谓一见如故。他送我一册他的诗作《望月》，我为他的工作方便，给他写了三封介绍信（上海书店刘华庭、施蛰存先生、上海图书馆萧斌如），以便他查书访人。

晚饭后与敏散步时，遇上秦耕、沈永宝，承他美意相帮，为我们在"二道贩子"手里买了八只西瓜，由敏找来桂英夫妇搬回。

收到思和信，重庆出版社卢季野信及山西一青年信，收到覃子豪家乡寄的《覃子豪纪念馆落成专辑》一册及照片二张。

收到在美国经商的周励女士信。

下午来的还有花城出版社的编辑湛君，他是来组稿的。

本日将《〈热力〉题记》挂号寄《新民晚报》。

1988 年 7 月 13 日

天气热极，头昏脑涨，简直什么也干不成。

午后，校外事处负责人孟君来，拿去我为台湾诗人查书访人所写的两封介绍信。

读了关于郁达夫的材料。

1988 年 7 月 14 日

天气炎热，空气好像发烫，随时将会爆炸似的。

上午刘定海来，焦万顺领他的一个学生武君和广西民族学院教师林君来，除焦坐了一下离去外，余三人午饭后才别去。

研究生沈波来，送来一册登他的文章的《中州学刊》，借去一册杜国清的诗集《望月》。

收到梅志长信及中央六月内发的关于为胡风文艺思想平反的文件。

收到陈其强信。

整日昏头昏脑，无从做事读书。

1988 年 7 月 15 日

天仍然酷热。

中午王宏图来，托他给思和爱人送去工资及信件，午后孙乃修自黄山来，夜即住此。

收到《书林》张珏信及本期《书林》。

收到马场明男先生从东京寄赠的饼干一盒。

1988 年 7 月 16 日

天仍热，报上说是 38℃。有人说，南京因天气炎热，已死了八十多人。中午来打扫卫生的阿姨说，她在乡下的阿哥已逃来上海，说是她们家乡苏州近郊已死了十多人云。

整天和乃修闲谈，上午任一鸣来，她说她们研究生毕业办理离校手续要缴手续费十元，领学位证书要收五元，后一项费用，由于哲学系研究生反对，收了后又退了回来，这简直是末日景象：学生临出校门，干部们要摸他们口袋，留下买路钱。这些人见钱眼黑，见缝插针，简直不知人间尚有羞耻二字！

午后，秀拔来，谈到耳闻的北京政风只能摇头叹息。

收到李辉信，覃子豪妹妹托人带来一信及湖北茶叶一包。

1988 年 7 月 17 日

仍然是 38℃，什么也干不成。晚，宋永毅来访，为他赴美留学的推荐信签了字。

本日《文汇报》《新民晚报》都登了北京来电，报道《文学评论》以如何科学地评价胡风文艺思想进行了反思性座谈会，刘再复等都对胡风文艺思想作了高度评价，仍认为他是杰出的理论家等，这大约就是座谈中央最近发的文件的表现，出席除朱寨外（此人前两年写文章还说对胡风只是政治上平反，文艺上的批判并无错误云），多是一些中年"新人"如何西来、陈丹晨、乐黛云、王富仁等，像陈荒煤、唐弢、王瑶、冯牧等并未出场。

1988 年 7 月 18 日

仍然酷热，报载：医院和火葬场都加倍忙碌，虽然现在号称人民国家，但百姓仍是贱民、草民，仍然是"官贵民贱"的社会价值观。

收到蔡翔信及转来的北方文艺出版社邀请我们到哈尔滨的公函，收到韦秋琛信，北京大学转来的国际比较文学学会会员登记表。

晚，唐金海夫妇来。

1988 年 7 月 19 日

早上五点起来，伏案写了三封信：卢季野、思和、伯群。

上午王振科（上海工业大学）来还书，他将去新加坡参加华人文学讨论会，为他送给王润华先生的纪念册题了字：海内存知己，天涯若比邻。

上午乃修偕曾小逸同来，连同廖天亮一起吃了午饭，晚饭后廖天亮辞去回京。

天气仍热，什么也干不成。

1988 年 7 月 20 日

上午兴国宾馆钱承萱来，为他去美留学推荐信签了字。

收到思和自港来信，收到陈秋峰信。

天仍然很热，说是达 38℃。

1988 年 7 月 21 日

天仍闷热，报上说，可能到 39℃。

上午韦秋琛父子来访，为他儿子受聘去日本进行项目合作寻找日本保人事，希望我能尽力。

收到鲍邃信，当即写了回信，并给陈秋峰回了信。

1988 年 7 月 22 日

天气转凉，下了点小雨，暑气稍降，在近十天的高气温下，算是缓了口气。

收到韦秋琛信及他儿子留日材料，为此给铃木正夫写了封信，请他为老韦的孩子韦元作留日担保人，并附去他的材料。

中午曾小逸来，与乃修和我们全家一块儿吃了中饭。

给《上海文学》的蔡翔写去一信，拟将去哈尔滨的时间定在八月。

收到同乡程述之信。

1988 年 7 月 23 日

天转热。午饭后，乃修告辞，由桂英夫妇和赶来送行的曾小逸送他到车站搭车回北京。鲍遵和她的爱人王景昌来，送来他们女儿结婚的喜糖，晚饭后别去。

发出给铃木正夫和韦秋琛信。

1988 年 7 月 24 日

今日有雷阵雨，凉快多了。接到山口守来信及他寄赠的大批伪满文学史料。

整日杂读。

1988 年 7 月 25 日

天凉快了，中午，吕慧芳来坐。收到范伯群信。

读了不少回忆郁达夫的文章，目的是想从"中国现代知识分子"这个角度认识这个"五四"以来的重要作家。他虽然饱读洋书，但却是一个很有中国士大夫气质和品质的人。

1988 年 7 月 26 日

上午沈永宝来，晚饭在中灶楼上——古籍所章培恒送高桥智回国，我应邀参加了这个送行宴会，送行的还有顾廷龙、沈文倬（他们二位都是古籍所的兼任教授）以及古籍所的李庆等人。

晚，田南帆来，唐金海夫妇及小女儿来。

收到静妹信及上海书店赠送的近期《古旧书讯》。

杂读书刊。

天气转凉，穿了长裤。

1988 年 7 月 27 日

整日下雨，夏气消失，来打扫的保姆说，西瓜掉价到一角钱了。

杂读，人感到疲倦，没有写作情绪，只能读书自遣。

收到董大中信、王振复信。

晚饭时，田南帆送来新鲜辣椒，即留他晚饭。

1988 年 7 月 28 日

天晴好，气温稍升。

收到满子夫妇信，他们避暑到了温州，住雪山，说是做了"半隐士"云。

晚，工人小朱一家三口来。他前四年骑自行车碰伤我，从此成了朋友，不时来问寒问暖，很有人情。他的妻子小张在菜场工作，对我们也多有照应。

1988 年 7 月 29 日

天晴，有寒意。

上午王宏图来，带来代购的本期《读书》及思和爱人小徐给我的一册六月份《上海文学》，此期刊载思和长文《当代文学观念中的战争文化心理》。文中讲："五四"精神培育的一批知识分子，这些现代中国文化和文学的建设者、新思想的启蒙者、民主主义者、人道主义者、爱国主义者，在四二年的《讲话》中被毛泽东以小资产阶级的名义与大地主大资产阶级并列宣布为"敌对分子"改造对象，这个历史教训就是新中国成立以后中国社会走向贫困、落后的理论根据，现在被称之为"社会主义初级阶段"的原因之所在。他指出了这个令人痛苦的历史真实，令人欣喜。

午后与敏由桂英陪同到校内接受气功师傅的治疗，我无甚反应。路经新华书店，购入《陈独秀书信选》《赫鲁晓夫回忆录》及复印出版的钱穆的《中国文化史导论》。下午和晚上就对读陈和赫的著作，颇多省悟。

下午秀拔来，送来一册他参加编务的大学语文教材——《阅读与写作教程》，其中收有我的题名《花与鸟》的二篇散文。他刚从庐山开会回来，说是外地人们有一句话反映了现实："知识分子穷透了，干部坏透了。"语虽偏激，但多真情。

收到湖南教育学院张存谦信。

1988 年 7 月 30 日

上午，《文汇报》郁惟刚来访。他们报纸与新加坡的《联合报》合办一个刊物《开放》，约我写稿。该刊明年初创刊，希望该期能有我的文章。

午后，浙江师大中文系副主任陈老师与教师陈其强来访，送来该校聘我和章培恒为兼任教授的聘书和工资六百元以及火腿等土产。为此约培恒来，一块儿吃了晚饭。

收到徐放女婿宋丹来信。

苏兴良下午来过。

1988 年 7 月 31 日

早上忽然想起乃修此次来沪时对我的建议：写回忆录，用一个笔记本随想随记。因此，今天我订了个计划，用"我生命中的那个二十五年"为题，写从一九五五年到一九六六年我的生活过程：十一年监禁中的事件和心态（包括监狱当局对我的政策的微妙变化过程）、判刑前后、回到学校劳动改造，以及在"文革"中感受遭遇和见闻。既注重客观事实的记述、自己的心态的记录，也得写些感想与认识过程，以及我通过这个全过程对中国历史社会文化的再认识、对共产党的认识过程，以及对"反革命集团"这件事发生、发展的研究评论。

这本书要直抒胸臆，不是为发表而写作（在目前环境下），要画出这一段历史实况，不能有曲笔，否则就是对历史犯罪，作者的姓名署"九死一生"。

由于读赫鲁晓夫的回忆录，又由此及彼地读了西方学者关于三十年代斯大林恐怖统治的两本书：《三十年代斯大林主义的恐怖》（［美国］鲍里斯·列维茨基编）、《布哈林与布尔什维克革命》（［美国］斯蒂芬·F.科恩著）中有关章节。他们所引用的材料十分丰富，分析论证又极细密，其中一些论断（如关于对布哈林的历史评价），结合苏联官方今天的历史结论看十分吻合，虽然这两本书都出版于七十年代初。根据经验，要弄清苏联以及社会主义国家政治、历史、经济、文化的内容——包括实际资料，光看这些国家的出版物只能越看越糊涂，因为它们的著作家都是政治上的实用主义者，"不说真话"是一个共同特色。

午后由小周陪同到八舍招待所请气功师傅看病。

今天仍然晴朗，凉快。

1988 年 8 月 1 日

天气仍然凉爽。

晚饭后王戎来，他来看关于胡风的最新一次中央文件，并带来耿庸信。耿信上说牛汉信上说这一文件是通过五位常委讨论通过云。

王戎说，上一次他来借香港《镜报》月刊是为了看陈德祥写的关于我的那篇文章，说是王元化对此很不满意。罗洛在电话上跟他说，写的不是不好，是很不好，王元化很不满。罗洛电话上约他和老何一块儿去元化家谈谈。王戎因为罗洛电话上没有提到我所以未去云。其实这篇文章是中国新闻社约陈德祥写的，并由中新社电报发出，是一个面向海外的宣传品，表示国内政治上的透明度，我不过是当一个题材而已。可惜这两位党员并不理解这点，我真不明白他们的不满在哪里。

今天桂英借来一张《人民日报》，它刊登绿原记胡风"五把刀子"的文章，写得有理论深度和一定的感情力量，也是中央文件的一个直接反应。绿原这些年一般都"望风而动"，但这次却起了一个正确的作用，值得赞许。

收到大哥及程述之信。

晚上来的还有朱立元夫妇。

整日读《赫鲁晓夫回忆录》。我国解放前后搞政治运动的手法，原来斯大林早已创立了一个模式。

1988 年 8 月 2 日

午后，孙景尧、王智量、谢天振相偕来访，老王将去慕尼黑参加国际比较文学会议，送来他的英文稿论文及发言稿。招待他们喝酒后，他们乘来接景尧的车子同去。

晚上给山口守、马场明男各写一信，连同景尧代为打字的给英国剑桥国际传记中心的信及我的小传，明日发出。

收到黄川自乌鲁木齐新疆师大寄赠的葡萄干，收到重庆出版社卢季野信。

天气晴好，仍在读赫氏回忆录。他笔下斯大林的性格和行事，使人吃惊。

1988年8月3日

上午鄂基瑞来。

中午思和夫妇来，谈了他在香港的生活，午饭后别去。

下午任一鸣来，为她到文学所报到后因无确定住址碰到难题。为此晚上和徐俊西同志通电话商谈此事。任一鸣在此晚饭后别去。

晚饭后，日本金子文夫先生来访，他自沈阳开学术会议后路经上海。

收到本期《上海文论》《上海社科院学术季刊》赠刊。

1988年8月4日

天晴好。全日杂读近到的各类刊物。给香港古剑写了一信，日内将连同《还珠楼主》一文寄他在港台发表。

这两天老想起梅志前信中的一句话："不要忘了你是个作家。"还得抛开一些"俗务"，埋头写东西。

1988年8月5日

中午思和来，在此午饭。饭后谢天振来，唐金海来——送来他们大女儿从美国给我们的两张照片。

晚饭后到八舍招待所访问金子文夫，未遇。晚给铃木正夫写了一封问候信，并两盒新茶一并托金子先生带给他，他们是横滨大学的同事。

1988年8月6日

早八时许，乘校车到学校新建的宾馆参加台港文学研究会召开的海峡两岸现代诗研讨会，到会者除台湾诗人杜国清外还有王辛笛及南大的赵瑞蕻以及本校有关人员。陆士清主持会议，我应邀作了发言，继而蒋孔阳、潘旭澜、王辛笛、赵瑞蕻发言后，由杜国清作了长篇发言，谈了台湾的"笠"诗会情况：它由台湾本土人士组成，深受大陆来的国民党政治文化势力的打击排挤，但这个诗歌团体的刊物《笠》由一九六四年创刊，一直坚持了二十多年云。会后，共用午餐，照相留念后，我即由陆士清的研究生送回。

午睡后，《文汇报》的郁惟刚来，他约我为该报与新加坡合办的《开放》就"胡风集团"的宗派问题写点文章。

傍晚思和来，金子文夫、高桥智以及章培恒由贺圣遂陪同（他刚从长春开会回来，由机场直来）一块儿晚饭——为金子、高桥回国送行。

下午来的还有赵敏恒太太。

收到乃修寄来的《文学研究参考》二册。

1988 年 8 月 7 日

上午法律系一女同学来访，她先读过哲学系学西方哲学，又在法律系学国际法，明年想投考我的现代文学博士生。

谢兰郁老太太来，借去翻译小说《上海生与死》（一本在西方出版的描述自己在"文革"中的苦难遭遇的小说，作者是一受过英国教育的中国女性。此书在国外颇轰动，我在香港购得一本台湾中译本），她说她和她的丈夫赵敏恒都与小说作者夫妇有通家之好。

傍晚陆士清着他的研究生小林邀我和蒋孔阳去学校宾馆参加他们台港研究室举办的海峡两岸现代诗讨论会的结束晚餐。与席者多为昨日中午同席人。

全天读完《林彪的阴谋与死亡》一书，这是过去称为"内幕小说"、现在称之为"纪实文学"的作品，只能当故事读，借此了解当时政治斗争（权力斗争）的手段与方法以及那些人士的生活方式，有其一定的认识意义。

收到孙乃修信。上午来的还有吴中杰，借去新印的《胡风杂文集》和《胡风晚年作品选》，说是准备写一点有关文章。

1988 年 8 月 8 日

上午王永生来，送来一册他主编的《中国现代文学理论批评史》（中册）。小卞来，送来他爱人从厦门带回来的两个菠萝和福建蜜饯。唐金海、乐秀拔亦相继而来。

午睡后思和与丁言昭来，思和明日上午动身去牡丹江开会，送来他代我填的申请加入国际比较文学协会的表格以及他自己的表格。晚上给谢天振写了一信，请他将此二信以及我应王智量之邀，为他介绍袁鹤翔的信一块送王带到慕尼黑。上午来的还有王继权。诸人走了后，由桂英夫妇陪同到校南区宿舍请气功老师看病。

上午张廷琛带他的一位淮阴女同乡来访，想投考我的现代文学硕士研究生云。

今天气候闷热，晚饭后，桂英夫妇从后院的桃树上摘了有限的几只桃子，我们一家四人各吃了一只，味颇鲜美。

1988 年 8 月 9 日

早八时许，由小周陪同到南区宿舍教气功的地方，请为治病，据说，在练功场静坐，也大有好处，如此在气功师傅指导下，闭目端坐约一刻钟，感到静寂之中，有一种虚无缥缈之意，好像远离人间。

午后，王振复送来中文系两份评审职称材料。晚间，北方文艺出版社编辑奋力由吴中杰的一个研究生（现在上海文学所工作）陪同来访，送我三册他编选的《禅的世界丛书》（《禅与文化》《禅与艺术》《禅与西方世界》），他计划编译一套从感情角度为选材的中外古今诗歌选，来聘请我当主编云。

晚上来的还有苏兴良，借去一册《世界文学年表》（日文版）。

收到山西文联贺新辉信，山西省委拟成立三晋文化研究会，拟聘我为顾问，并定于本月中旬开成立会，当即写了复信，表示祝贺，但因已与其他单位有约，因此不能到太原参加讨论会云。

收到徐放信，《人民日报》拟办一个杂文版，约我写杂文。

收到本期《复旦学报》赠刊。

昨日《文汇报》刊载了王若水论现实主义的文章，写得颇有分量。对新中国成立以后现实主义在中国的命运，分析得深有见地。

1988 年 8 月 10 日

上午高晓声来，他新从美国回来，带来戴舫信和一盒西洋参。老高在密西根大学，访问前后近两个月，都由密西根大学雇佣戴舫照顾他和当他的翻译。我听了很高兴，因为戴舫一家三口在美国生活，他可以借此赚点钱贴补生活，总是好事。此事事前我曾拜托老高，现在变成了现实。

老高在美期间，杜国清曾热情相待，因此他很想会会现在上海的杜先生；经与陆士清联系，得悉，杜于今日一早去了扬州，十二日回来；为此留老高住到十三日，等杜回来，大家喝顿酒，欢叙一场。

上午陈允吉来，为思和职称事，他说，这是学校点名指定的一个名额，别人不得占用云。

收到钦鸿信，朱微明信，她正在为《学林》写关于"胡风事件"的文章，问我的判刑等情况，晚上给她写了回信。

上午敏去邮局发出给古剑信，附去关于李寿民的文章。

老高带来上海版的《长篇小说》，写一对进步分子夫妇的苦难史，我必须先睹为快。

下午桂英请来两位气功老师为我看病。

天气晴好。

1988 年 8 月 11 日

上午气功师傅又来为我看病，午睡后，王聿祥来，他前一个时候从楼梯上失足，颈骨曾受损，说是躺了两个月，现在总算好了。他仍在上海文艺出版社，说是"胡案"彻底平反后，我作为该案人证之一，应抓紧写出个人经历回忆，并为我做记录整理工作。晚饭后别去。

晚，长海医院的护士小董和她的男朋友来，托她给长海医院的皮肤科军医陈明带去我的小说集一册以为纪念。

收到汪文郁信，他叙述了自己多年的坎坷遭遇，戴了个托派嫌疑的帽子，因为一九四七年曾与我同监，五五年也受过影响，现在苏联为托派平反，他才感到精神解放。他现任《海派文学》责任编辑，他的主编阿章要他给我写信为《海派文学》写稿云。

收到北大乐黛云信，是英文信，她要为辽宁大学出版社编辑英文本中美比较文学第二次会议论文集，拟收入我的论文云。

天仍热，急于把《郁达夫年谱》的序文写出。

1988 年 8 月 12 日

天好。

午后应必诚来，他的家乡海宁发大水，他几乎罹难，他说起此次评副教授有一个名额是"待聘副教授"，这还是一个新词语，他的解释与陈允吉的解释不同，认为这是对被评同志的"不尊重""人格侮辱"。

杂读。

1988 年 8 月 13 日

上午陆士清陪杜国清父子来在此中饭。

午后，他们辞去后，日本木之内诚陪同他的同学千野拓政及平井博夫妇来，他们都出身于东京都立大学中文系，他们与山口同学，带来山口送我的两本有关中国现代文学研究书籍（一为复印本）。千野研究胡风，他送我一篇发表在学报上的论文《胡风回国以后》（一），重在史料考证。

收到铃木正夫信，收到范伯群信和他同曾华鹏合写的读施昌东小说的评论兼纪念文章，高晓声晚上回常州。

1988 年 8 月 14 日

上午接到山西省委电报问我回晋参加三晋文化研究会车次或航次，当复去一电，不能到会，并祝大会取得圆满成功。

上午写好王永生职称评审材料。

午后小林二男来访，他系出差来沪。当以酒相待，坐一句钟别去。

读今天收到的《清明》所载小说。

1988 年 8 月 15 日

整日读邓逸群文章，为写她的职称评语做准备。

晚由新招的博士研究生小王陪同到校南区宿舍请气功师傅看病。

任一鸣晚上来电话，她的户口解决了，现在在文学所正式上班，要我放心云。

收到朱微明信她正在写关于五五年案件，询问我的判刑、关押情况，晚上写了复信。

1988 年 8 月 16 日

午后，台湾学者夫妇和他们的母亲来访，谢天振、孙景尧以及吴欢章相陪。这对夫妇原系孙景尧在美国相识的，他们出身于台湾，留学于美国，得到学位后，回台教书。他们的母亲，在台北做中学教师，是一九四六年从上海到台湾的国民党军人家属。他们坐了三句多钟别去。景尧在此晚饭后回到苏州。

晚王仲绪、李弘夫妇来。

收到山西省委宣传部信，附来山西省委邀请我回晋参加三晋文学研究会的信。同时附来铅印的三晋文化研究会章程，我被聘为顾问。

给乐黛云回了一信，她为辽宁大学出版社编辑中美比较文学会议（一九八七年）的论文集英文本，收有我的论文，复信表示同意。

继续看邓逸群材料。

1988 年 8 月 17 日

上午写好邓逸群学术评语。上海书店的范泉来访，送来五册该店新印的《社会思想的冠冕——韦伯》（周伯戡译著），这是我和王元化出名编选的海外文库，共三本。又送来编辑费一百元。

晚王戎夫妇和闵抗生来，送抗生《韦伯》一册。

今日小彤来家，说是昨日北京回来的，她与朋友小王来一块儿吃了晚饭。

天气又闷热起来了。

1988 年 8 月 18 日

整日伏案工作，总算完成了《郁达夫年谱》序的初稿，约二千五百字。

晚饭约来日本访问学者木之内诚、千野拓政和平井博夫妇四人同餐，千野和平井都有醉意，可谓尽欢而散。

晚《书林》编者张珏来，约为他们的刊物写关于胡风的文章。

天气闷热，报上说，有 32℃。

1988 年 8 月 19 日

早上四时起来，灯下校改了《郁达夫年谱》序，交由桂英去抄，算是定稿了。

上午任一鸣来，她的户口问题可望解决，正巧桂英从张廷琛那里取回校出版社新印的《现代意识与民族文化》，其中收有她的一篇文章就先送她一册。其中还收有我的两篇论比较文学的文章。

午睡后，《文汇报》两个记者来访，听了关于电视《河殇》的意见，我谈了一些看法，他们录了音。

据说此剧当被禁映，"小道新闻"说要批判了，这是多年的"专政"恐怖在人心上所造成的心理定式。

晚张廷琛来接他的在这里和桂英玩了一天的小女儿，带来裘小龙送我他新译的叶芝的《丽达与天鹅》。

本日《新民晚报》登了我为散文集《热力》所写的《题记》。

1988 年 8 月 20 日

发出给陈其强信及《郁达夫年谱》序。

收到陈秋峰信。

午后，小应来，带来《上海文学》小杨信，将我和敏与桂英工作证交小应转小杨以便买到哈尔滨的机票。

晚，雷雨，白天仍很闷热。

今日桂英整理好《文集》第一卷稿子，编好页码，等她回山西时带去给北岳文艺出版社，拖延了近一年了。

收到北京文学所寄赠的两本新出版的《中国现代作家作品研究资料丛书》：《叶圣陶研究资料》及《李辉英研究资料》。

1988 年 8 月 21 日

全日下雨，凉快了。

把一些积下的各类报纸都补读了。等于听了各种议论和讯息。

1988 年 8 月 22 日

仍然阴雨。

下午上海社联沈玉龙来访，就社联人员改选事，因为我所在的比较文学研究会，也是社联团体之一。

杂读，收到铃木正夫信，当即给韦秋琛写去一信，下午由桂英连同铃木信送到韦的家中，因韦的儿子到日本留学，由我转托铃木为担保人。

1988 年 8 月 23 日

中午思和来，他昨日从东北开会归来。午饭后别去。

傍晚，唐金海陪他的同学刘君（山西晋东南师范专科党委书记）来访，又一块儿到小唐家晚饭，送刘君《韦伯》一册为念。

收到中国社科院"七五规划"小组信，邀请于下月十四到十八日去京开本年度科研基金评审会，收到山西沁水赵树理纪念馆潘保安信，嘱为纪念馆题词。收到章品镇信，本期《编辑学刊》赠刊。

接上海作协通知，今日下午在文艺会堂召开胡风文艺思想讨论邀请出席并发言，因收到时期已晚，不能出席。

1988 年 8 月 24 日

上午谢天振、苏兴良来。傍晚坐校车到南京路梅龙镇酒家，与敏参加台湾诗人杜国清教授告别宴会，出席者除本校人员外，有王辛笛夫妇及女儿。八时许归来。斯宝昶夫妇，工人小张（建基）在候，近十时客人纷纷别去。

收到金子文夫信，国家社会科学基金会公函。

本日上海报纸刊登了昨日上海作协召开的胡风文艺思想讨论会消息。

1988 年 8 月 25 日

午后四时许，谢天振来，一块儿如约去伍蠡甫先生家晚饭。饭后辞出，到家后乐秀拔来。近日物价一日一涨，街上抢购如风，缺这缺那，社会心态陷于混乱。又有小道消息流行，更搅得人心不安，人们愤懑而又茫然。

收到尚丁信及寄赠的《龙门阵》一本。

正在看材料，为思和学术职称写评语，此次教师职称评审，校方指定由思和占有一个副教授名额，不得用于他人，可谓符合舆情。

晚给大哥和梅志各写了一信，通知他们我将来京的消息。

全日努力写陈思和学术评语，晚上写好了草稿。

下午童炜钢来，林秀清来。晚新闻系女同学文劲来，送来三篇她在校报纸上写的诗作散文，她新从四川家乡回校，带来她父母送我的四川辣椒。晚上来的还有张廷琛。

中午散步时碰到原资料室同事老金（女），她说，今晨广播，播出台湾报纸邀请大陆作家（包括我）写稿的讯息云。

1988 年 8 月 27 日

上午写好陈思和职称材料，下午由桂英送中文系。

午后，杨斌华来，送来去哈尔滨的飞机票，定于三十日上午起飞。

严锋来，从乡下带来八只角鱼。

收到上海社科院三十周年纪念会请柬。

1988 年 8 月 28 日

杂读。

收到李全安寄赠的《外国散文译丛》通讯，上海书店《〈中国近代文学大系〉通讯》。

下午，沈康托人送来一册骆宾基赠书《瞭望时代的窗口》。

下午何佩刚来，晚章培恒来。

上午写好给北岳文艺出版社张仁健信，将连同《文集》第一卷稿由桂英回晋时带去。

1988 年 8 月 29 日

明日一早将起程去哈尔滨，今日整理好行李。

午后，陈思和来，上午沈波来，民航工作的丁仁贵来，晚唐金海一家三口来。

杂读。今日《文汇报》刊登了张廷琛与该报记者的对话，晚上又看了思和自港复印回来的"台湾学者"项退结著的《中国民族性研究》。

1988 年 9 月 4 日

今天下午乘飞机从哈尔滨回来了。

上月三十日清早《上海文学》杨斌华乘该社车子来接我们全家三口去机场，中午十一时抵哈尔滨，未等到北方文艺出版社来接的同志，我们雇出租车到哈尔滨——机场离市区很远，有三十公里。到该社后，找到外国文学编辑室主任杨勇翔，由他先带我们到一家饭店午饭。这里一切西化，这个饭店的气魄由室内布置到女服务员服装都"现代化"了，这里原来是白俄建立起来的，又由日本人长期经营，算个开化性地区，很少土气。饭后被送到太阳岛——这里称为"江北"要乘渡船过松花江——在这里的"出版之家"住宿。这是一座现代设备的别墅式建筑，我和敏住一个有套间的房子，每日房租六十元。此次到这里是《上海文学》和北方文艺出版社合伙出钱邀请，《上海文学》为了生计与这里出版社挂钩出一套《现代通俗小说文库》，我为编委并撰写总序，哈地小住，也算一种酬谢。

三十一日全日在此，上午卢康华和他的爱人来访，午后杨勇翔来，安排了日程。康华夫妇午饭后别去。

九月一日上午，出版社社长刘冬冠偕杨勇翔来访，刘系上海人，插队知青，写小说。由他们陪同渡江到市区，在一家大馆子吃中饭，饭后乘车游览了市区，看了市容。这里小书摊很多，卖的通俗小说比上海还多，大概由于天高皇帝远的关系。我买了一部日本人写的《情人》，据说算禁书，一部中国人写的《我的堕落》，在旅馆都看了，也没什么露骨的性场面。《情人》一书，写一个中年教授和一个年轻的吧女郎的爱情故事，心理刻画倒很有功力。

九月二日由杨勇翔陪同我们四人乘该社车子去离市区六十里的呼兰县，这里是萧红家乡，参观了她的纪念馆——就是她家的原址，她祖父是个大地主，这个纪念馆只恢复了原住宅的一部分，由该馆馆长孙延林接见并介绍，又由他做东吃了一顿午饭，吃到本地的"筋饼"。三时许驱车归来。

九月三日上午如约由杨勇翔陪同我们乘该社车子（司机是个很热情的青年人）去黑龙江大学卢康华家，午后四时，出版社老杨连同刘冬冠来车接回来。

在康华家玩了一天，李锡胤先生亦闻讯来会面，午饭后，看了两部录像——《死亡谷》和《查泰莱夫人的情人》，后者为原版片，虽然有床上场面，但是为了表现人的性本能也是爱情的纽带，反而给人一种美感。看过录像，喝了小米稀饭才告别乘车归来。

今日上午九时由杨勇翔车接我们去机场，九时许起飞，下午三时许到沪，雇出租车回来。小杨（杨斌华）在共和路下车回家，昨日上海暴雨，家门口已积水，下车后送了司机两筒饮料。

小周在家相候，今天是礼拜，看了堆积的来讯——马场美智子信，

《书林》催稿信，广东留东同学会信，吉林迟恩华信以及各种报纸，……

晚间修改了《郁达夫年谱》序文的一些字句，给李辉写了一信。

1988 年 9 月 5 日

上午路翎外甥来访，带来他朋友写的研究路翎的文章。

午后张建基来，张廷琛来，陈思和来。晚唐金海夫妇，范伯群，朱栋霖来。约了伯群和小朱明日来吃晚饭。

收到广东梅县财政局陈健信，他在集邮，要我为他设计的邮卡题词和签字，晚上一一照办，并写了回信，明日发出。

收到王世敏信，收到近期的《广东鲁迅研究》《科技导报》《文摘》赠刊。

读马场明男先生的论文复印稿《法兰克福研究所的人们——卡尔·维特弗格尔》。文中介绍维特弗格尔其人和他的著作《东方专制主义》，很有分量，拟找人译出，作为中译本《东方专制主义》一书的代序。

大概旅途劳累，有些不适，当注意休息。

1988 年 9 月 6 日

晚间约范伯群、朱栋霖便饭，由章培恒、乐秀拔、陈思和作陪，可谓酒醉饭饱，尽欢而散。

晚间，李熙宗来，送来他参加编写的《修辞新论》一册。研究生沈波、王晓昀来，给他们谈了作学问之道。

下午来的还有吴立昌。

1988 年 9 月 7 日

早八时坐面包车到上海社会科学院参加该院成立三十周年纪念会，十一时散会后，由该院文学所两位青年（复旦同学）陪到陈思和家，在此午饭，思和雇出租车送我回家，谢天振如约来后，谈起此间的比较文学助教班开设比较文学概论一课，请天振来上课（由我挂名）。与他们一块儿吃晚饭时，伯群来也陪着喝了些酒。他们辞去后，应必诚来约伯群明日去他家吃饭，并请我作陪。田南帆夫妇来，小田也喝了两盅酒，他带来《文汇报》陈志强信。他们夫妇及应必诚辞去后，伯群两个研究生由苏州找来，并给我带来四瓶酒。

收到张孟闻先生信，他已年逾八旬，现在华师大，原为复旦生物系老教授，一九五七年大鸣大放中为我鸣冤，被打成"右派"发配黑龙江，一九七九年平反后回沪，复旦不要，转到华师大工作，他看报得悉胡风彻底平反，特来信给我说明他的心情。一九五七年大鸣大放中，复旦好几位老教授，如物理系的王恒守，法律系的杨兆龙，外文系的孙大雨，历史系的王造时、陈仁炳等都为了我鸣不平，被打成"右派"，自身受冤。

收到中山大学吴定宇信，以及本期《新文学史料》赠刊。

1988 年 9 月 8 日

午后二时由思和陪同到中文系，参加由我挂名的比较文学助教进修班开学仪式，学员共二十余人，我讲了些话，这个进修班实际由思和主持，因教师清苦，目的是赚些钱自养。一个政权对教育事业认为可有可无，把经费压缩到最低数字，这真是悲哀。

应必诚夫妇请伯群晚饭，我们夫妇二人及章培恒、乐秀拔相陪，适王戎来访，又由应必诚把他请来喝酒，十时许一块儿辞出。

收到王戎带来的何满子赠书《汲古说林》。

在应家吃饭时，听到二则《世说新语》式的故事（"文革"时期）。

1. 一个知识分子在"五七干校"劳动，一次为伙房在河边洗带鱼，不慎掉入河内，有人来救时，他说："你给工宣队师傅说，先救带鱼要紧，不要管我。"

2. 一个医院老院长"解放"后一次坐电车，因乘客拥挤买票时把手伸进别人口袋，被人当场捉住，他自认是偷窃，送到派出所，他又自认偷窃，派出所问了他的姓名和单位后，给医院打电话是你们的某人在电车上行窃，已被派出所收容，接电话的人吃了一惊，回答说："他是我们的老院长，不会行窃的。"警察说："他自己都承认了，不会错的。"后来警察又问这个院长，他说："我害怕批斗，所以承认下了，党的政策是'坦白从宽，抗拒从严'嘛。"

给孙乃修发出一信。

1988年9月9日

　　未出门，上午思和来，中饭后，王宏图、宋炳辉等来。晚吴中杰来，送来上海文学所会议邀请信。

　　给林秀清写去一信。

　　敏忙于为我明天去京准备行装。

1988年9月19日

　　昨日下午单身从北京回来，小周、小彤在站车接，抵家已五时许，很疲倦，晚饭后即就寝。今日上午，如约到本校外国留学生部去会见日本神户大学代表团，由敏送我前往。九时，日本客人来到，接见人员除该部（现名国际文化交流学院）负责人蔡传廉、陈仁凤、王国安外，有章培恒及中文系的陈允吉、严修、江巨荣、王继权等人，日本客人除相识的神户大学助教授山田敬三外，还有片山智行（大阪市立大学教授，专业中国现代文学。他认为五五年批胡风时，政治批判多，文艺批判少。为此，他曾发表《胡风批判的批判》一文，他说"胡风是优秀的文艺批评家"）、辻田正雄（佛教大学讲师，任此会议翻译）、松浦恒雄（大阪市立大学文学部助教，汉语很好，三十多岁。他说，他希望看到我的回忆录），其余三位是日本文学教授。我应邀讲了些话，午饭即陪他们在此同餐，饭后，我又应邀分别与片山、松浦、辻田照了相。山田先生送我二册神户大学出版的中国文学研究刊物《未名》合订本，辻田送我二篇他的论文。与诸人在该部门口告别后，由陈允吉送我到家。午睡后，与由吴中杰陪同来访的胡从经相谈，他送我他的新著《榛莽集》一册。晚苏兴良来。灯下看了离家期间的来信，其中有宋永毅的赠书《老舍与中国文化观念》。

　　补记京中生活如下：

　　十日与章培恒一早去车站，同坐车去北京，参加中国社会科学院召开的"七五"规划社会科学基金的项目审议会议，于十一日晚上七时许到京，北大安平秋先生前来站接，乘他的车子到大哥家，培恒就由原车送北大住宿。这天是礼拜日，孩子们都在，大哥身体健好，刚坐下，不久，李辉及应红来访。十二日未出门，上午徐放来访，下午由大哥、茂年陪同到王府井新华书店购到苏联雷巴科夫的《阿尔巴特街的儿女》及林语堂《中国人》等书。

十三日上午晓风接我到她家，梅志、晓山在候，李辉也来了，上次桂英来京，他们得悉我不是办离休而是退休，又因五五年一案教授未定级别很是不平，认为应把这些问题解决，其实，我对这些关乎个人权益的问题兴趣不大，我倒愿意以一个知识分子的身份退休，而不愿以革命干部身份离休，因为我青年时代信仰马克思主义，并参加社会思想斗争，都志在爱国忧民这种中国知识分子的历史选择与社会责任感，并不是为了"个人翻身求解放"，更不是为了个人弄个一官半职求取荣华富贵也。我最轻蔑个人功利思想。在梅志家午饭后少息，即由晓风陪我回演乐胡同。

十四日下午社科院派车接我到开会地点——国谊宾馆（原国务院第一招待所），与公木同室。在此遇京中各同行，如王瑶、刘再复、马良春、许觉民等人。

我到京后，孙乃修曾来演乐胡同看我，他最近因文学所一团支部书记曾为他去年去河南乡下的表现写了一个结论说他表现不好，因而对此人怀恨在心，前几天北京开书展，他在书展市上又遇此人在卖书（此人已调升中国社科院出版社副社长）。他当面质问此人关于他的表现结论的问题，因而口角以至殴打，为此当夜派出所将他传去，以扰乱社会治安罪被北京市公安局判处拘留十天，被拘留三天后由于他申诉暂时被释放，他曾找文学所负责人刘再复、马良春保释他，并希望我为他向刘、马说项云。为此，我到开会地点后，趁与刘、马相遇时都代为求情，希望用所领导的名义保释他免去再坐牢七天的处分。

十五日至十七日大会开会，我系特邀人员，只参加讨论。十七日大会结束，下午大哥、茂年来，孙乃修也来，在此一同晚饭后，他们别去。北大安平秋及国家教委的马同志来车接我，我去车站，培恒也同车相送，到站后遇小燕，即由老马与小燕送我至车上，十时开车离开。我与培恒同车来京，因现在交通系统情况混乱，购票困难重重，结果只买到车票一张，机票一张，我只好与培恒各自成行，我坐火车，他翌日再乘飞机回沪。

在京中住了一礼拜，收到刘再复赠书《传统与中国人》，李辉赠书《人·地·书》，孙乃修赠书《罗素——热烈的怀疑者》。

1988 年 9 月 20 日

上午谢天振、陈思和先后来，谈好今年开设的比较文学助教班，开设比较文学概论事，原由我负责，小谢主讲，明天第一课由我开个头，接下去就由小谢接替，他们午饭后别去。

午后，中文系副主任李家耀来，为我们负责的重点项目《二十世纪中外文学关系史》的进度问题，和他谈了许久，也算汇报。

午睡后，费明君的小儿子来访，仍为他父亲的落实政策事。他父亲费明君是留日学生，一九五二年我任震旦大学中文系主任时，曾请他作兼任教授，讲苏联文学；一九五二年他参加了思想改造，院系调整时分配在华东师大任副教授；一九五五年胡风案发生，由于他系我介绍工作，被作为胡风分子"逮捕"，经审查不属于"分子"，又为他的"历史问题"被判刑流放西北；他的妻子及七名儿女也同时到劳改工地，费死后他们流落，他妻子为了生活将三个女儿换了粮食，儿女都成了文盲，生活无着。费平反时，流落他地的三个儿子准许进入上海安排工作，但他的妻子及女儿仍在农村，而且都成了家，各有五六个儿女，小费要求将他们全调回上海定居，为此闹了七八年，不得结果。他们一家的生活遭遇，简直是一部小说素材，尖锐地反映了"左倾"主义的丑恶和荒谬的本质。

中文系于东元来，送来研究生院给博士生导师的中秋和教师节礼品——四盒人参蜂皇浆，以及慰问信。

晚，王戎来，朋友们都为我不是离休而是退休待遇不平，其实，我投身中国社会解放运动和文化斗争，从我的出身说是出于历史的责任感，是自我的历史选择，并不是为了找一个生活靠山，并不是作为升官发财的手段，我一贯坚持个人的独立人格，而非出于个人功利目的。解放后，我因与胡风关系，却被当成混入革命队伍的异己分子，反革命，被关押十一年，又判刑十二年，劳改十三年，前后受迫害二十五年，落得个"家破人亡"的结果。现在平反恢复名誉，准许我有工作权利，我就算满足了。再不愿为了一个干部身份，争取每年多拿几百元奔走呼号，但我这种精神，似乎不被朋友们理解，我只有苦笑而我行我素了。

1988 年 9 月 21 日

早八时，由谢天振陪同到文科大楼为学生——比较文学助教进修班上课二小时，并对同学介绍小谢情况。这个科目是"比较文学概论"，由我挂牌，谢天振讲课，今天我来开头，由学习比较文学谈到做学问又谈到做人。

由课堂回来后，张廷琛、乐秀拔先后来，加上小谢坐了一会儿又各自告别。宋永毅来，又接着林秀清来，送我《现代意识与民族文化》一书的稿费。

晚，苏兴良领复旦的工农兵学员小张来，这位女同志将赴美留学，要我写推荐信。他们走后，培恒来，谈在北京的生活。

下午李庆来辞行，他将在下周去日本讲学，为期两年。他本来是自己联系来的教书工作，但本校却要他交纳教书收入的一大部分，并在出国前找一担保人，以此人不能出国为前提——这实在无异抢劫。现在的干部金钱挂帅，权力所及，总趁机在百姓身上捞一把自肥，全不顾及影响和后果，实在岂有此理。

1988 年 9 月 22 日

天有小雨。上午到中文系审阅此次申请教授、副教授职称同志的论文材料，计十二份，十一时许阅毕回家。晚写好唐金海的学术鉴定。

晚间，王继权陪同江西出版社的周榕芳及一青年同志送来我参加编委工作的《中国近代小说大系》第一集十一册，系精装本，印工、装潢尚属佳好，令人满意。

收到二哥信及同乡一青年信。又收到上海文学所开会邀请信，收到浙江师大陈其强信及我写的《郁达夫年谱》序文原件，他信上希望此文能在《文艺报》发出，并说此书已由浙江大学出版社开印。灯下又对序文作了一些修改。

1988 年 9 月 23 日

天下小雨。上午和敏到八舍附近新开的理发店剃头，师傅倒是个熟人。

中午思和来，在此午饭。上午沈波来，托他到学校出版社去买十册《现代意识与民族文化》，他买回书后，适王宏图引他的同学马慰骅来访，送他们三人每人一册。小马想去英国，要我为她的推荐信签名。她写些小说，带来一册登她小说的杂志《作家》送我，晚上在灯下读它，题目为《小镇故事》，其实这里并没什么可以称为"故事"的故事，只是写了一个女青年在镇上教书时的寂寞心情，配上那个安静而闭塞的水乡小镇。生活环境使人感到梦一般的单调和空洞，这个题材只合于女性的手笔。

午后，助教进修班张辉来访，谈了一些学习情况。

收到刘华庭信，小张（金海爱人）送来她们大女儿在美国给我的来信和刘长鼎赠我的《晋东南师专学报》一册，那内容是刘写的《中国现代文学运动史料编年》。

又把为《郁达夫年谱》写的序作了一些修改。

1988 年 9 月 24 日

午唐金海来。晚宋永毅来，他想去香港中大访问，为此托我给李达三写了一封推荐信。

下午，与宋永毅一块儿去新加坡参加马华文学会议的王振科来，傍晚在比较文学助教班进修的五个同学来——三男二女，男的有两名是陕西人，一名是天津师大来的，一是宁波来，一是新疆维吾尔族，和他们谈了做学问和做人，相谈甚欢。

收到范培松信、任一鸣信。

今天发出给朱栋霖信，为此次他向北京社科院上报的项目未获通过给他们作了一些解释和鼓励。

1988 年 9 月 25 日

中秋节，礼拜天，冷起来了。

上午赵博源送月饼，伍蠡甫先生今日八十九岁寿辰，昨日他女儿来约，下午五时许我们三口前往吃寿酒，在座的三位客人，都是外文系中青年，伍先生学生，饭后摄影留念。

收到本期《批评家》赠刊。

1988 年 9 月 26 日

天渐渐冷了，这几天总感到疲倦。所以只能以杂读度日算是休息。

午后胡从经来访，他们上海文学所将于十月十一日和中国文学所联合召开中华文学史料研究会，会议地址借上海大百科全书社，为了方便他托我给罗洛写了一封信，作为介绍。

上午王戎来借《周扬文集》，送他月饼一盒，张禹自合肥来，一块儿吃了午饭。

下午来的还有严锋。

收到徐志啸信，晚上写了复信，并一口气又写给沈念驹、李平、吴定宇的回信。心力日衰，积压了不少复信，只有依次还债了。

1988 年 9 月 27 日

午睡后，与敏到五角场走了走，在邮局购得近期《小说月报》及《中篇小说选刊》各一册。

回来后，陈福康来，送来一册他编的《郑振铎年谱》，晚上灯下翻阅郑在五七年以后的年谱，发现这位学者在"左"的风浪中随风而倒，甚至妄自菲薄的言行，不禁掩卷深思。中国知识分子这副缺乏自主自尊意识，随声附和的作为，实在和"群氓"的麻木、愚昧相互辉映，是中国社会进步的最大精神障碍。……

晚饭时，王锦园来。

晚上韦秋琛及其子韦元来。

1988 年 9 月 28 日

上午谢天振来上课，在此午饭，适小彤也从学校回来，一块儿共食。

午睡后，进修班学员张辉来。傍晚，唐金海夫妇来，邹羽来。

今日桂英从山西回来，带来一张《山西日报》，上月中旬山西成立了三晋文化研究会，我被列名为顾问，它的组成人员绝大部分是山西籍的高干（已退下来的），掺杂一些山西籍的在省内外工作的知识分子。

收到鲍遽信。

1988 年 9 月 29 日

上午去中文系参加职称评审会，由各申请人"自报家门"。

今天有些伤风咳嗽，晚上请来文医生由她诊视，服了些药休息，几天就好了。

收到高桥智来信，及他离沪回国时在寓中所摄照片。

收到本期《上海社科院学术季刊》赠刊。

晚，应必诚来。中午朱利英来。

1988 年 9 月 30 日

未出门，身体仍不适，还是伤风感冒。晚又请文医生来量体温。

上午思和来，午饭后别去。

午后，陈鸣树、王宏图来。

晚王晓昀、曾小逸夫妇来，小曾明日启程去西德，前来辞行。

收到赵祖武信。

1988 年 10 月 1 日

今天国庆，上午顾征南来，午饭后别去。给山西沁水的赵树理纪念馆写了毛笔题字"道德文章，永资风范"，并给该馆负责人潘保安写了一信，明日一块儿发出。

给吕胜写去一信，下午唐金海夫妇来坐。

晚，王晓昀来，为他的论文在重庆出版社投稿事，给该社编辑卢季野写了一封介绍信。

1988 年 10 月 2 日

未出门，晚给《批评家》董大中写去一信，并附去为范培松的《报告文学春秋》所写的序文复印件，请他能在《批评家》刊出。又给牛汉写了一信，希望为陈其强的《郁达夫年谱》所写的序文在《新文学史料》刊出。现在中青年出书，出版社指定要某人写序为出版条件，又要为序文的在报刊上预先发表找个地方，这实在是一个学术上的歪风——政界和社会上崇尚权力的风气也沾染了学术殿堂，也是新的"世说新语"的一条材料。

中午孙景尧夫妇来，在此午饭后别去。

晚上为周书龙去日本留学事，给山口守写了一信，日本政府鉴于中国以留学名义去日本"捞一票"的人成风，又对于自费留学做了严格的规定，反映了中国的声誉在外人心目中的低下程度，受到外国人的歧视的程度，实在使人愤怒。多少年的极"左"路线，不仅使中国的生产力受到严重破坏，社会穷困不堪，那套损人利己的斗争哲学，更歪曲了中国人的人性，灭绝了人的道德观念。这真是民族的灾难和悲剧，令人发指！

上午刘定海来。晚苏兴良来。

1988 年 10 月 3 日

昨晚半夜睡醒，在写字台上给校长和书记写了一封信，就我的职称级别事，提出申请，因一九五六年评教授级别时，我已因"胡风案"关在监狱里，当然无权参加，一九八○年底平反后，只能按照被捕前的数额领取生活待遇，以迄于今，"上面"并无动静，因此才写了这封申请信，非为多拿一些个人"好处"，而是抗议那种对人的歧视、冷漠教条的官僚主义态度。

收到《艺术家》赠刊，收到《中国实业与中国文化》报赠刊，收到鄂基瑞信和他的关于张恨水的论文打印件。

发出给胡从经信。

1988 年 10 月 4 日

下午与敏去四川路看了韦秋琛，途经一小书肆，购入重印的《中国娼妓史》及新印的《上海娼妓改造史话》。

晚饭前，朱立元来，谈公事，饭后，沈永宝来约为中国现当代文学助教班讲课（漫谈）一次。

收到华田信。

1988 年 10 月 5 日

上午去图书馆参加中文系学术委员会议，为本次学术职称投票。此次又有新"发明"：副教授名额三人中，有一名所谓"待聘副教授"，这是无意识地制造人际矛盾，实在不能理解。

收到朱微明信及她的文稿《柏山与胡风及胡风事件》，全文三万多字。写法还是传统的思维模式，其中提到我，又写的与事实不合，如说我先判了十年后释放，一九六五年又判了十二年等。要去信请她修改。

午睡后，唐金海夫妇来，又不能向他们说明上午投票结果，但他已很紧张，说血压升高了。在封闭性的文化环境里成长起来的知识分子，精神世界实在太狭小了，而又斤斤于一时的个人得失，自寻苦恼。

严锋来，和他谈了前途问题。

晚上量体温有些偏高：37.4℃。

今日桂英将我给校长、书记信送到党委办公室，据说校长去了美国，林克在家。

晚，灯下读完朱微明文章，写了回信，请她据事实对关于我的判刑情况的记载（文中说我先被判刑十年释放，一九六五年又被判刑十二年云）加以修改。明日连同文稿挂号寄还。

又给华田写了一封回信。

1988 年 10 月 6 日

身体仍有些不快，有些温度。

中午高玉蓉来，送来陈仁凤评审材料。傍晚王戎夫妇来，在此晚饭。

杂读报刊文章自遣。

1988 年 10 月 7 日

上午范静、任一鸣来，思和及王宏图先后来，一鸣送来她重抄的《勃留索夫日记》稿，宏图送来有他文章的《香港文学》及《建设者》。除一鸣告辞外，诸人在此午饭后始离去。

收到张德林、朱微明信。

今天仍有温度，感到不适。中午小文医生来，送来药物，据说由感冒引起气管炎，所以不能吃烟了。

上午伍蠡甫女儿来，她父母亲也患了感冒卧床。据说，现在流行流感。

1988 年 10 月 8 日

中午由桂英陪同到学校医务室吊青霉素，直至下午六时许才完事，共吊了两瓶。

写好苏州大学朱栋霖去浙江大学任教授的推荐信，为之说了些好话，但因不明他为何离开苏大，也不知伯群对他的去留态度，因之，不便贸然寄他，想寄给伯群由他酌情处理。

下午我看病时潘旭澜来坐。

收到胡从经信、范泉信。昨日还收到河南大学刘增杰信、吴立昌赠书《精神分析与中西文学》。

1988 年 10 月 9 日

今日小文医生下午来量了体温，已降至 36℃多，但因年纪大，怕有反复，还需要继续服药休息。

上午沈波、王晓昀来，嘱他们后天去大百科出版社参加文学所会议，并将给伯群、胡从经信托他们面交本人。

午后，卢纬纲来，蔡传廉来。

收到朱微明信，金海带来刘长鼎信。

看陈仁凤材料。

1988 年 10 月 10 日

仍在家休息，体温正常，但仍需服药。

上午陈衡粹大姐来，午饭后在此休息，傍晚与敏送她到住第七宿舍的陈从周女儿家中。

上午，荷兰书商径自来访，请校内一位同志送他到图书馆并用电话关照了潘保根同志。

午睡后，陈允吉来，他说党委副书记宗有恒找他，说是我给校长和党委书记的信（为我的教授职称补评级别待遇事）已收到，学校很重视，着陈来问我具体情况，以便考虑云。当据实说明情况，因为一九五六年教授评级时我因"胡案"被捕未能参加，一九八〇年平反后生活待遇只恢复到被捕前的标准，应照章落实政策，并同时提出我被抄走的原稿希望能予发还，因为一九五五年我们是被扫地出门，被抄得一无所有。

接到朱微明信，接到南朝鲜高丽大学中文系博士研究生朴兰英信和她寄赠的巴金《家》的朝译本。

晚，草好陈仁凤评语稿。

傍晚外出送陈衡粹时，高玉蓉来探病，带来二筒罐头，惜未能相遇。

收到贵州人民出版社寄赠的《刘心武研究资料》一册，上海书店的《古旧书讯》一册。

1988 年 10 月 11 日

上午写好陈仁凤的学术评语。

陈衡粹老太太上午来，敏包了水饺请她午饭，饭后由陈从周先生的女婿，复旦物理系教授陈平来接，送她回同济附近的居所。

午睡后，助教进修班班长翟津壮来探病，以咖啡相待，这也是一位饱

426

受左害而又富于理想的青年。伍蠡甫先生的夫人及女儿来探病，送来给我买食品费一百元，盛情可感，所谓"却之不恭，受之有愧"也。

晚，远浩一来，他的副教授职称已解决，他的家庭是世代儒医，他也颇懂医道，为我看病并做了按摩。

袁越来，送来吊兰一盆。

收到陈其强信；唐金海信及附来的我们夫妇和刘长鼎的合影照片；收到暨南大学教师费勇信，他欲投考明年我的博士研究生。

发出给朱微明的信。

1988 年 10 月 12 日

上午谢天振来。午睡后和敏去五角场买菜，因为明天是我的生日，即是说，七十三年前的今天，我已"整装待发"，准备好当一个中国知识分子，来到这个世界背负十字架了。

晚，浅野纯一和他的同学中裕史（现在四川大学进修）来，他将于后日回国，约他和中先生明晚来此晚饭。沈波、王晓昀来，谈他们这两天参加中华文学史史料学会议情况。苏兴良来，领来本校一工农兵女同学，她将去美国学习，为她的推荐信签了名。

收到第二工业大学王振科评审材料，收到朱栋霖信。

发出给铃木正夫信。

1988 年 10 月 13 日

今天生日。晚饭时，准备了些酒菜，唐金海夫妇又带来一些肉类，所以酒席办得还比较丰富，约来谢天振、金海一家三口及日本京都大学博士浅野纯一、中裕史，与我们一家坐满一桌。吃酒中间，伍蠡甫先生女儿来，邀请一块儿入座。八时许客人才纷纷别去。小伍又送来寿礼——一个老寿星和一瓶甜酒。

浅野、中两先生明午回国，托他们给他们的导师竹内实教授带去汾酒两瓶为礼。

收到罗洛、葛昆元信。

1988 年 10 月 14 日

早八时，坐徐俊西车子先到宣传部送他上班后，车子送我到大百科，参加北京和上海文学所发起的中华文学史料学会议。中午在此吃饭，饭后，在陆跃东房间空床上休息。下午举行闭幕式，我应邀讲了些话。

这个会到会近五十人，基本上是北京上海两地的文教界中年一代，如马良春、徐迺翔、蒋守谦、何火任、姜德明、孙玉石、陈漱渝、朱金顺、林非等北京人，上海的陈子善、陈伯海、孔海珠、丁景唐和他的女儿丁言昭等，另有香港的卢玮銮，台湾的秦贤次、邱各容、应凤凰（女）等。在下午会议期间，我接受了台湾《联合报》女记者景小佩的专访，由本校外文系教师陈君陪同。

晚九时许，徐俊西车接我回来，沈波、王晓昀同车而归。

收到李庆抵日本后来信。收到北京出版社中外名人研究中心公函，他们已将我收入该社编的《中国当代名人录》（第一版，1988—1989）。

1988 年 10 月 15 日

上午王晓昀来，为了请台湾学者来校访问，他到处跑腿，张罗，下午得到中文系办公室的电话，总算有了落实。

午后《上海滩》的葛昆元来访，他约我为该刊写一篇有关"胡风集团"在上海受株连同志的遭遇的文章，并送来《上海滩》三册，该刊为上海地方志会主编，印十万册。

傍晚，陈允吉来，谈接待台湾学者来访和成立比较文学教研室。

收到师陀逝世讣文。

晚为陈志申写了职称鉴定。

1988 年 10 月 16 日

早上滴水未沾，由桂英陪同到第一人民医院体检，据说，有轻微白内障和肺气肿。外出后，到一家广东店吃粥和小笼包子，又在报刊门市部买了近期的《法制文学选刊》和《作品与争鸣》，一直步行到四川路底，坐街车回来。

收到董大中信。晚上来的有潘富恩和应必诚夫妇。

读买来的《法制文学选刊》上的文章，其中一篇写农村贩卖妇女的报告文学，写得真实生动。

1988 年 10 月 17 日

上午到校门口迎接台湾三位来访学者——秦贤次、邱各容（东方出版社经理）及吴兴文（联经出版公司编辑），陪同接待的有陈允吉、陈思和，一块儿到第九教学楼，请这三位给比较文学助教进修班讲台湾文坛出版研究创作动态，由我主持，并在开头结尾讲了一些话，听众不少，讲毕，到东招吃饭，另外作陪的还有王锦园。饭后即由王锦园领他们参观图书馆和与台港文学研究室座谈。

晚给汉城高丽大学博士生朴兰英女士写了回信，并同时寄赠她《巴金研究论集》及《巴金小说艺术论》各一册，作为回礼。

收到静妹信。

1988 年 10 月 18 日

中午范伯群自苏州来，他明日去桂林，晚即住此。

晚间，徐迺翔、应国靖、徐俊西及应必诚夫妇同来聊天，近十时别去。

发出给汉城高丽大学朴兰英信及书二册，发出给罗洛信。

1988 年 10 月 19 日

午饭时，适天振来上课，我因下午做 B 超，上午十时后不能进食，因此由天振陪伯群午饭。下午一时半，与伯群同车，由桂英相陪，车子先绕到第一人民医院，我和桂英下车看病，伯群驱车去机场，飞往桂林开会，约二时半检查完毕，肝部及脾脏正常。与桂英绕到四川北路，买了几张小报，又在一家小饮食店吃了油豆腐细粉和小笼包子，漫步至四川路底，搭街车归来。

收到山口守信，附来小周去日本的担保单。收到戴舫托人寄我的本期《小说界》，内有他的长篇《牛皮 303》，算"留学生文学"。

今天重阳节，称为敬老节，上午伍蠡甫先生女儿，送来花一束和重阳糕，晚上伍师母又送来三只螃蟹，听说每只要十余元。

1988 年 10 月 20 日

上午九时到物理楼参加接见韩国高丽大学许世旭教授工作，陪同接见的还有本校台港文学研究室孟祥生、张晓林、王锦园等。许先生就是给我写信的朴兰英女士的博士导师。他曾在台北留学八年，以谢冰莹为导师并发表中文诗作和散文，在台北出版专集二册。

午后，朱立元来，谈公事（明年招收比较文学研究生事）。

西安外语学院黄世坦来，在此晚饭，他来参加上海的劳伦斯讨论会。一哲学系女生来送书。

晚写好明年毕业的三个研究生（严锋、王宏图、林利平）学术鉴定书。

收到中山大学金钦俊信，他的研究生刘莹（女）将来沪访我，为撰写有关胡风及路翎研究的毕业论文事。

收到《襄汾文史资料》赠刊。

1988 年 10 月 21 日

上午思和来，在此午饭。

傍晚，韩国学者许世旭由王锦园、孟祥生陪同来访，稍坐后到五十一号吃晚饭，由副校长庄锡昌做东，张晓林、朱立元等也在座；饭后，由王锦园、朱立元陪同又回到我家闲聊，送许《小说选》一册、《现代意识与民族文化》一册，转送思和的三本著作及《上海文化》二册，又一册《巴金评论选》，请许先生带给他的研究生朴兰英女士。

晚上来的还有沈波。

1988 年 10 月 22 日

上午鄂基瑞来，他新从安徽潜山张恨水的家乡开张恨水学术研讨会归来，杨竟人也随之而来，闲叙后，他们别去。

午睡后，外文系退休教授黄先生来访，我们曾一起在"文革"中当过"牛鬼"，谈来颇有不胜今昔之感！

晚，上海技术师院焦某夫妇及大儿子来。这位焦同志在"文革"中"紧跟""高举"，记得当时他说："我的女儿生下来讲的第一句话是'毛主席万岁！'唱的第一首歌是《东方红》。"而今天他说这个女儿，已经进入大学，是英文系学生了！

现在确是一个"咸与维新"的时代，中国的社会还在历史的隧道里行进，仍处在它的沉闷期。

1988 年 10 月 23 日

午后，上海电影厂的孙自强来访，他系复旦同学，将去日本读学位，为他的入学给日本大学的今西凯夫先生写了一封推荐信。

傍晚，北方文艺出版社的刘冬冠及青年编辑小杨同来。

他们来上海参加劳伦斯讨论会，随后徐俊西也来陪他们，欢谈约一句钟，他们才辞去。

晚，本校当代文学硕士研究生孙彬彬来访，为他明年直升博士写了推荐信。

傍晚来的还有《书林》记者孔令琦，她系本校历史系毕业生，来催我为该刊的"胡风文艺思想研究专辑"写文章。

晚，为上海第二工业大学王振科写好职称评审材料，又为明年度招考的比较文学硕士研究生出了考题（外国文学）。

1988 年 10 月 24 日

午后一时半，谢天振驱车来接，与他及廖鸿钧及许先生一起到市府礼堂，参加上海社联理事会议。

至三时半散会，又一起到上海书店和刘华庭见面，并在楼下买了三本书，再坐上外的车子回来，小谢送我到家。

晚叶易来，送来他主编的《走向现代化的文艺学》一册。

小周因要去日本留学，他的学校要培养费近千元，才准辞职，据说各单位皆然，有收费达四五千元的。

这实际是赎身钱，这真是二十世纪的奇闻，令人拍案发指，有人间何世之感！

收到思和、林利平信。

收到浙江师大校刊。

1988 年 10 月 25 日

下午四时许，董问樵先生夫人与范文通、外文系的袁志英陪同韩国李女士来访。李毕业于美国哈佛大学，已取得硕士学位，现随其丈夫定居香港，想来复旦攻读博士学位，因她的专业是比较语言学，只能给她介绍复旦中文系博士点专业情况，请她再向校研究生院负责人问讯情况，由于我的专业不同，深以不能收录她抱歉。

晚给校党委写了一份报告，关于五五年我被抄家时遗失的两部译稿情况，因下午党委副书记宗有恒来电说：公安部和国家教委现正在本校召开高校保卫工作会议，有公安部一老局长出席，这位老同志一九五五年曾参与"胡风案"的处理，并知道我，因此要我写了一份五五年书稿被抄情况，以便由这位局长带回查找。

晚田南帆一家来。下午苏兴良、周春东先后来为翻译书目的编写开了个碰头会。

收到武汉一妇女为深受干部迫害蒙冤受屈向社会呼吁的打印件，使人不忍卒读。

1988 年 10 月 26 日

上午谢天振来，带来社联发给我的学会先进工作者奖状以及发给理事的《唐宋诗词鉴赏词典》《中国学术界大事记》等书。

晚，唐金海夫妇来，李振声领明年直升我的硕士研究生（比较文学）小张来。

写好给郦国义信，附去给《文学报》稿子（《〈郁达夫年谱〉序》）。

又给陈其强写了信，附去同一文章，因此文又做过修改，请他赶送印刷厂。

为焦万顺编的《百草园》写成序文的草稿。

1988 年 10 月 27 日

上午斯宝昶来访，傍晚进修班小翟来访，这是一个读书颇多，有思考能力的文学教师。

收到铃木正夫、李玉衡信。收到香港《博益月刊》寄的该刊今年十月出版的第十四期，它刊载了我的《还珠楼主》一文，并在文前对我作了简单介绍。

晚写好张晓云职称评语；又给北京语言学院阎纯德写了复信，他前次来信，拟将施昌东收入他编的《中国文学家辞典·现代篇》，因此随信将潘富恩所写的《施昌东小传》由我又作了一些校改后寄去，作他编写条目的参考。

1988 年 10 月 28 日

上午十时到物理楼参加台港研究所接待昨晚抵校的台湾诗人罗门和林燿德，罗六十岁，林才二十七岁，都有现代诗人风度，他们将在校居留三日。是港大黄德伟博士介绍来的。

午后，任一鸣来，王振复来。晚张兵来。

晚写好翁世荣职称评语。

接到陕西人民出版社寄赠的《徐志摩研究资料》，定价七元四角，印数一千四百册，反映了在经商形势的冲击下，我国文化出版事业走向低谷的严峻形势。

1988 年 10 月 29 日

傍晚，外办孟祥生同志邀我参加由副校长庄锡昌在五十一号举行的欢迎罗门和林燿德的晚餐，作陪的还有陈允吉、张德明以及台港室的徐静波等同志。饭后，由小徐陪同罗、林二位顺路来我家中喝咖啡并照相作留念。

上午写好给上海技术师院校园文集《百草园》所写的序文短短数百字，也是应酬文字也。

晚，给台静农先生写了一封问候信，托罗、林二位回台后代交。一九四七年初我编《时事新报·青光》，曾由胡风中介与台先生相识和通讯，一晃又是四十多年了。

1988 年 10 月 30 日

礼拜天，上午为明年度招考硕士比较文学研究生出好外国文学试题。

午后，上海师大研究生李玉衡来，晚王戎夫妇来。

午饭后，和敏去五角场散步，在书摊购《毛家湾纪实》一册。

1988 年 10 月 31 日

　　未出门，整日在家杂读。

　　午后，中央文学所杨匡汉由王东明陪同来访，我和他一九七九年在黄山开会见过面，一晃又十多年了。晚张廷琛来。

　　接到山西沁水赵树理纪念馆来信及寄赠的三册《赵树理研究》。收到山东一农村青年来信。

1988 年 11 月 1 日

　　未出门。

　　午后杨斌华和王彬彬来；上海技术师范学院焦万顺儿子及该院总务科长来，拿走为该院编的《百草园》所写的序文。

　　晚沈波来，唐金海夫妇来。

　　收到北大寄的近期《中国比较文学通讯》一册，为此给乐黛云写去一信，并汇去六元，交纳学会会员费。

　　杂读近期报刊。

1988 年 11 月 2 日

　　上午潘旭澜研究生王彬彬因明年直升博士生，于今日上午在寓所举行考察，由我和潘主持，李振声记录，近一时结束。

　　晚饭约罗门、林燿德在家便饭，请伍蠡甫先生全家、谢天振、陈思和作陪，准备还丰富，也可谓尽欢而散。即将致台静农问候信托罗、林二位带回台北转交。

　　收到吉林大学刘柏青信。

　　下午开始看任一鸣译稿。

1988 年 11 月 3 日

　　午后，进修班翟津壮来，他来自天津，约我们夫妇本星期六和进修班同学一起游淀山湖。陈允吉来，约我为中文系提升教授考外文，因为按规定，凡申请提升高级职称，必先考外文，外文及格了才可以提出申请；但由于历史原因，八十年代以前的大学生，除外文系外，一般不重视外文，到了"文革"时期，学外文又成了"里通外国""崇洋媚外"的"罪行"，现在又要考他们，实在形同敲诈，但政策规定，不容更改，只好"灵活掌握"，所谓"睁一眼闭一眼"，只能走形式，这是典型的官样文章，也是官僚主义的一个事例。记下在这里，也可以说是一条"世说新语"的材料。

续看任一鸣译稿。译稿中写到勃留索夫的长诗《禁锢》和剧本《地球》中表现这一意识——那个叫雷文尔的城市（大约是俄国的小城市）是未来梦魇世界的模本，在那个世界里，人们被罩在玻璃罩里完全受他人操纵，没有生气，这里否定个人的独立意识，人格价值，人成了被操纵的机器。在一个没有个人自由，不尊重人的独立人格的社会，绝不会产生民主，它倒是那种封闭的自给自足的农业社会的影子，产生封建专制政治的肥沃土壤，它不是一个现代化国家。

1988 年 11 月 4 日

上午思和来，午饭后别去。因为上次我将他写的三本书转送了高丽大学的许世旭教授，他今天又送了两本来。

据说，刊登有关庐山会议报告文学的那期《百花洲》被勒令停发，流传出来的不多，京中有些权要本来想对它动手，现在又不能容忍《河殇》，某权要对它大放厥词。今天读《报刊文摘》报道说，《上海生与死》译本，因为是写"文革"，被"内部发行"，所以书店买不到，这就是说"文革"是个"禁区"。

接梅志信，明年四月将去武汉或蕲春（胡风家乡）召开胡风文艺思想讨论会，中国作协也参加了筹备和发起工作，但不准用中国作协名义出面，只能用它所属创作研究所名义出面，因中国作协是"部级"而研究所是"局级"——这就是说，最近虽然用红头文件为胡风文艺思潮平反了，却又把死了的胡风降级处理。真是"怨毒之于人深矣哉"！怨毒的根须真是又长又臭。

晚，中文系总支高天如、林之丰来访，为系内评职称事。研究生王晓昀来，送来上次在大百科全书社开会时，香港小思女士为我和台湾来的秦贤次、应凤凰所摄照片。孙乃修今天也寄来他八月间来沪时为我与家人所照的一大卷黑白照片。

继续校改任一鸣译文。

1988 年 11 月 5 日

中饭后，作为散步方式和敏到校园内走了一圈，看看学生的生活气氛。

晚饭后，由小周陪到大礼堂看了一场电影——武打片《无敌鸳鸯腿》，观众以职工及其家属为主。

仍主要从事对任一鸣译稿的校改。

收到民盟上海市委开座谈会的请柬。

给《解放日报》汪文郁发去一信。

午后，进修班翟津壮来。

1988 年 11 月 6 日

何满子前月进京，不慎被自行车撞倒，膝头骨折，为此，今天早饭后，由小周陪同，我和敏乘公共车辆前往共和新路他的寓所探视。在这里吃了午饭，又碰到一九四七年我在大众书店相识的张某夫妇，吹了一个钟头，告辞出来，原路回家，已近四时。

收到廖天亮、陈其强、陈秋峰信。

据说，京中近来又空气紧张，成了山雨欲来之势，那里的知识分子又心慌意乱，"文化"问题成了一个陷阱。悲夫！

1988 年 11 月 7 日

上午邓明以来，谈她编方令孺日记事，并借去载有丁玲写她在三十年代南京囚禁生活的回忆录《新文学史料》一册。

傍晚，天津师大中文系主任夏某来访，陪同他来我家谈话的有朱立元、陈鸣树、思和以及王晓昀、翟津壮。除思和外，他们都是旧相识。

收到吕胜信，他已自澳洲回来。

今天上午起身体不适，为此得早点休息，也许有些着凉了。

收到曹顺庆从四川大学寄赠的《中西比较诗学》一册。

1988 年 11 月 8 日

上午与江西人民出版社负责人桂、周二位以及另外几位先生开会，商谈有关《中国近代小说大系》的编辑发行工作，"几位先生"都是京沪两地参加该大系的编委。中午，即由该社在中灶楼上做东吃了一顿。

午睡后，《解放日报》记者舒孝明来访，约我为该报所编的《海派文学》写稿，因腾不出手，请他们将我为《中国现代通俗文学文库》丛书写的序文先用一下，为此他借去登这篇文章的《七杀碑》及《张恨水研究资料》。附中教师卢元来，推荐他现在在北大学习的学生郁文明年考我的硕士研究生。

晚秀拔来。收到林利平自沈阳来电，当复去一电。

昨天中午以后，身体发冷，晚上又呕吐了一次，今天虽然好些，但仍觉不适，浑身无力，只能暂且休息两天。

1988 年 11 月 9 日

昨晚胃痛，未能成眠，中午小文来诊视了又一次拿来些药，整日卧床。

上午天振来；乔长森来，送来他新印的《劳伦斯书信选》。

午后，陈允吉来。晚杨奉琨、乐秀拔来。

1988 年 11 月 11 日

昨日晚饭喝了一碗小米粥后就上床，没有写日记。因为胃痛一直持续中，精神体力都感到疲累。

昨日上午古籍所的陈建华来访，送来他们夫妇的诗稿《黑洞与白鸽》，并希望能写一篇序文。午后，谢天振来探病，晚饭后别去。

今日上午山西省委派驻上海主持《沿海信息报》的陆嘉生和《山西日报》驻沪记者李左持李仁和介绍信来访，为他在此工作方便，写了几封介绍信：徐俊西、刘崎及韩大南。

中午思和来，王宏图来，思和带来新进作家沈善增赠我的一册刊载他小说的《收获》。思和还带来他的同班同学唐代凌（《收获》编辑），唐将赴美攻读学位，请我为他的推荐信签名。

思和、宏图午饭后别去。

午后，北大学生郁文来访。他为投考我的比较文学研究生特地从北京赶来，他系本校附中毕业，他的老师卢元已向我推荐过他，他今天送来他发表的一些文章。

收到孙乃修信。

1988 年 11 月 12 日

仍在病中，胃仍隐隐作痛，为此，早上九时由桂英陪同到第一人民医院看病，拿了些药回来。

感到体力和心力都疲惫，甚至连书报也读不进去。

收到邵毅平自东京来信。伯群来信，附来我们合编的《中国现代文学社团流派》一书的征订广告，全书上、下二册，平装也要二十元出头，现在正处于文化危机，而这等数目的书价又绝非生活在水平线下的中国知识分子所能承担起，因此伯群又草拟了一封给参加本书撰写工作者的信，请他们能利用自己的"关系"推销、预订，出版社不愿赔累太多，只要有三千之数即可开印——真是天大的悲哀，为中国现代出版史上罕见的奇观。清末的吴趼人写了《二十年目睹之怪现状》，但那里所描写的事例，与今天社会上出现的怪现象比起来，简直是小巫见大巫了。一个缺乏民主政治的社会，不会有真正的经济繁荣。

午前来的有进修班的翟津壮，他约我们明天一起游淀山湖，但体质如此，只能辞谢了。

晚，唐金海夫妇来。小唐日内到云南开会，为此托他带云南人民出版社的杨仲录一信，询问《中国通俗小说书目》译稿的出版情况，因该书已交稿数载，未获该社明确答复，希望他们能明确表态，不要再不死不活地拖下去才好。

1988 年 11 月 13 日

今天可以正常的生活和工作了，上午又校改了《中国现代文学社团流派》一书的序文，由桂英抄好，明天连同给牛汉的信一块儿寄《新文学史料》。

午后，赵博源来，送来他译的马场明男先生的论文《法兰克福研究所的人们》，是一篇专门介绍维特弗格尔的文章，预备作为《东方专制主义》一书的代序，博源晚饭后别去。

下午来的还有张建基。

听他们谈了些社会新闻，真是耳目大开，晚上看电视，那里报道了干部的高消费风——大喝大嚼，盖楼台馆阁，大批进口高级小车，大量的集团购买力，等等。

晚，给梅志写了一信。

收到孙乃修寄来的他在上海为我们照的照片。

午饭后，和敏去五角场散步，在新华书店买了《斯大林肃反秘史》《后十日谈》。

1988 年 11 月 14 日

今日发出给梅志、马场美智子、牛汉（连同《中国现代文学社团流派》一书序文）、孙景尧信。

全日看马场明男先生论文——《法兰克福研究所的人们——卡尔·维特弗格尔》，很有学术分量。马场先生原来是研究维特弗格尔的专家，写过专著。

午后来的有翟津壮。晚饭时张建基送来代买的大米，一块儿吃了饭。晚，苏兴良来。

收到上海大众文学学会开会通知、北大比较文学研究所通知。

又，上午鲍正鹄来闲坐；午饭后，培恒和小唐（女）来探病，都带来人参蜂皇浆。

1988 年 11 月 15 日

上午由读马场先生的文章，我又重读自己一九四九年初写的《近代中国经济社会》一书，其中记洋务派与改良派诸章，我看观点仍然新鲜，从历史比较的角度看，清初入关迄亡国，如一个落后民族力主中原，以落后者征服先进者，为了巩固统治，必然厉行专制主义，对内镇压对外封锁，加上自身内部的危机日深，必然导致内乱外祸，并以自己灭亡为结果，细细思考起来，此书大有实际意义，很可以重印。

午后，鄂基瑞来。晚，陈建华来辞行，带来小李（朱东润博士生，现在中文系古典组教传记文学），漫谈至十时许始辞去。

傍晚来的还有张晓云，带来小唐去云南前来信。

收到工人出版社高晓岩寄来的《血色黄昏》二册。

1988 年 11 月 16 日

上午谢天振来。午睡后，日本留学生中君带他的朋友木君来访，中君上次曾随同浅野纯一来过，这一次中君送来那次他们在我家所摄的照片。

王戎夫妇来，严锋来，王戎夫妇晚饭后别去。严锋为林利平明年毕业后能留在上海工作到处替他奔走，我写了一封给沈剑英信介绍小严找找他，剑英现任上海教育学院科研处长，有些权力，或许可以安排在他们的学校教书。

上午为《近代中国经济社会》一书写了篇重印题记。下午又写了两篇杂感式的文章。

收到王智量信，他寄来上月去慕尼黑出席国际比较文学会议的讲稿，要我过目。

收到《文学报》信，他们借口篇幅等口实，把我寄给郦国义的那篇《〈郁达夫年谱〉序》退回，文艺界形势又呈现微妙局面，文章中的某些论点也许不对他们的口味。

傍晚，图书馆贺锡翔来，送来他编的《古今中外人名趣谈》一册。

1988 年 11 月 17 日

上午沈波来，算是上课，给他讲了现代文学的一些问题。鲍遽夫妇来，她将回温州家乡办学，午饭后别去。

午睡后，陈鸣树来，谈了些官风不正，大家叹息。他说，听文件传达说，赵紫阳说，知识分子过得也不错，这真是饱汉不知饿汉饥也。

晚给孙乃修、吕胜、高晓声写了信，明日发出。

收到大约是学校送来的瑞典科学院诺贝尔奖金评审会通知，聘我为明年度文学奖候选者推举人（推举一人）。

晚上来的还有小瓯；袁越来，送来一盆水仙花。

1988 年 11 月 18 日

上午思和来，将《郁达夫年谱》序文交他转《上海文论》的毛时安。午饭后别去。

林利平自东北归来，他在那里收集了不少伪满文学史料。他说，刘柏青先生眼睛不便，不辞劳累，亲自陪他，给他介绍了不少专业人员——盛情可感。

午睡后，王聿祥来，在西安工作的复旦学生小翟夫妇来，他们晚饭后别去。

闵抗生托他的一个学生——在这里进修的仲波带来洋河大曲四瓶，并信一封。

凌云宝、沈瑞珏夫妇听说我身体不好，下午来探视。五十年代老同学和我们始终保持感情上的来往。

秀拔下午送来他的职称评审材料。

接到任一鸣电话，英国总领事馆邀我参加该馆在二十四日下午举行的莎士比亚纪念招待会。

下午来的还有鄂基瑞、王振复。

1988 年 11 月 19 日

仍在校赵博源译文。中午鄂基瑞来，为陈思和下学期排课事，托我转致。

晚，为春秋出版社中外名人研究中心的《中国当代名人录（1988—1989）》写材料。

每日下午胃总不好，得吃些东西平复。

上午伍尚中（伍蠡甫先生女儿）来。

发出给《文汇报》陈志强信。

1988 年 11 月 20 日

上午写了三封信，同时发出，给同乡小王（从事石油工作又写作品）、北京春秋出版社当代中国名人辞典编辑部、河南大学《中国解放区文学史》作者刘增杰。

收到王振邦信、范伯群信。伯群信附来他写的重评鸳鸯蝴蝶派文章，意欲参加《上海文论》重评现代文学史的争鸣。

晚，甘建民来，他已译好《东方专制主义》一书，计四十万言。本书投入中国读书界，当会激起重大反响，因为集权主义的社会主义国家正走向经济停滞的危机，面临改革的热潮，而这种改革只能以政治体制的民主化为根本之图。本书当有警钟作用也。

今天是礼拜日。

1988 年 11 月 21 日

上午吕静芝和她的爱人黄永基来。静芝是震旦大学五二年毕业的女同学，原也是一个"上海小姐"，毕业后被分配到扬州教工农速成中学，她结婚时曾来看过我，不久我就出了事，从此大家隔绝了。上半年她来上海，适巧我和敏去苏州，未能相遇，今天总算又见到了。她一直做中学教师，在扬州，也五十多岁，超过退休年龄，比她大得多的丈夫是一个体育教师，也显出老年人的衰老，真使我有不胜今昔之感！她们带了许多礼品（食物），午饭后，照了几张相别去。

午后，天振来，他后日与思和去广州。

收到驻沪英国总领事馆请柬，但这几天我胃不好，已回绝中文系备车子的电话，不打算参加那里在二十四日下午举行的酒会了。

阅读《东方专制主义》一书的序言译稿。

1988 年 11 月 22 日

中午思和来，午饭后去上课，午后再来，明日一早他与谢天振将去广州开会，晚饭后别去。

午后鄂基瑞来。晚，朱立元、王文英夫妇来。

今日读完甘建民所译《东方专制主义》一书的《前言》和《导论》部分，也读完了马场先生的论文，晚上写了几千字的记叙文，拟作为这部译稿的《后记》。

收到谢挺飞及重庆出版社卢季野信。

1988 年 11 月 23 日

上午由桂英陪同到第一人民医院看病，女医生说，礼拜六来照片，看看胃部。

午后二时到中文系，为上海外贸职工大学一中年教师评副教授职称，我为评审组负责人。有聘书一纸。

晚，沈波及一近代文学研究生来访。

收到陈永志信。

今天胃痛好了些。

晚给范伯群写了一信。

1988 年 11 月 24 日

中午与敏去附近剃头，因天冷风寒，又多花了些钱吹了风。

午后，林利平来结算他出差用费，为他的工作事，给萧斌如写了一介绍信，又给吉林大学的李凤吾写了信，由他转寄。

晚，博士生王晓昀来，算是上课。

收到上海社科院文学所寄赠的《三十年代在上海的"左联"作家》上、下二册，书内有我写的序文。

收到上海师大陈永志评审材料。

上午由桂英给英国驻上海总领事馆打了个电话，告以我因身体不好，今晚不能出席该馆举行的酒会。

天气冷起来了，据讯此次文代会，由中宣部电令各地宣传部指定代表人选以符合严格的政治要求为准，进京开会，由一副部长带队，负责每个代表的言行不越轨，否则唯该副部长是问云。它反映了又在收紧文网了。

傍晚，周斌武来给我诊视，他很有中医素养，说是开两帖中药来调剂。

晚上来的还有张晓云母女。

1988 年 11 月 25 日

午饭后，林帆、王锦园来闲坐。晚，陈鸣树来，他新从北京参加李何林先生追悼会归来，带来李先生讣告，这使我不禁想起一九七九年我到北京后他的热情款待。

晚，写好陈永志评语，又为博士生沈波出国培养事，给本校研究生院写了一信。

收到陈秋峰信，收到山西稷山县下庄村青年张红豹信。

陈来谈到北京的官风不正，大家摇头太息"爱莫能助"，据说，一个县里有二十辆进口汽车供官儿们乘坐，我们的农村却还都没有摆脱传统的贫困，这些进口车子我看是用乡民的骨肉修造的，唉，这些"全心全意为人民服务"的人民政府干部们！

上午苏兴良来，他们负责编的外国文学书目三个人分工整理补充，已基本完成，商定下礼拜二下午开个碰头会，将成果整理后，再由我审稿誊抄，早日交出版社排印，完成这一任务。

1988 年 11 月 26 日

早七时半由桂英陪同到第一人民医院拍胃部片子，医生检视后说还是老毛病——十二指肠溃疡。坐原车返回。

午睡后，翟津壮来。

晚，为吴淞业余大学教师宋开玲的明天评副教授职称，看她的送审材料——《美学十讲》。

收到《上海滩》赠刊。

1988 年 11 月 27 日

早上，吴淞业余大学派车接我和陈鸣树到吴淞该校参加职称评审会，参加评审的还有上海大学的王熙梅和邓牛顿。评审对象是该校女教师宋开玲，由我任评审组长，按程序表决通过她提升为副教授，该校行政领导热情招待，除烟、茶、水果外，中午又设宴招待，并每人致评审费五十元。饭后由原车送回。

午睡后，由小周陪同在中灶洗澡——有好久没有洗澡了，因此，洗起来像剥一层皮似的，遍身积垢很厚。记得"文革"中上海玉佛寺小和尚造该寺住持绍宗的反，来找我"外调"，小和尚一副造反派神气，义愤填膺地对我说，我和他们老和尚有"反革命"勾结，要我检举老和尚，并威胁我说："你不检举他，他已检举你了！"我说："他一个出家人，检举我什么？"小和尚大声吆喝说："他检举你不洗澡。"——联想至此，姑记之，也为"新世说新语"加了一个新的条目。

收到北大比较文学所李军信，晚上随手写了复信。

1988 年 11 月 28 日

天气实在冷起来了，从昨晚起，又生起煤气炉取暖。

上午秀拔来。午后王锦园来，他参加《文艺辞典》的编写工作，问了我一些翻译家的情况，并借去一册《余上沅戏剧论文集》。

收到本期《新文学史料》赠刊，刊载了胡风的《三十万言书》和一些遗文，前些日子我还担心刊载此文的《新文学史料》可能出版不那么顺利，因为那些红眉毛、绿眼睛的人并未绝种，更未断子绝孙。

收到韩大南信。接到乌拉圭一出版家信。

1988 年 11 月 29 日

上午阅读了不少有关覃子豪材料，午后开始动笔写子豪回忆，以应台北《联合报》之约。

午后，王宏图来，赵敏恒夫人来。晚，小朱一家来，沈波来。

午后，与苏兴良、周春东为翻译文学书目开了个碰头会，任一鸣大约回苏州去了，未能应约前来。

1988 年 11 月 30 日

开始写忆子豪的文章，晚上发现写得太啰唆，应该改写。东京这一段时间较长，真有不知从何说起之感，从篇幅着想，只能概括性地谈几件重要的记忆，而又能勾画出它的典型意义。

下午古籍所小陈陪在电视台工作的一个中文系毕业同学（女）小陈来访，小陈将去美国留学，要我签名当推荐人。小陈说，她在中学时，就从她父亲那里看到我译的《契诃夫手记》，她父亲告诉她说，这本书是好书，但现在是"毒草"，是禁书云。

今天看《参考消息》，说是苏联报上批评了高尔基，说是他认为斯大林的劳改营政策好；昨天报上说，苏联为被斯大林镇压的人建立了纪念碑；前几天报上（都是些《参考消息》）说，斯大林故乡封闭了他的纪念馆。今天《报刊文摘》说，苏联有人在报上批评了列宁的战后政策（镇压富农）——报上说，苏联的"公开性"已撤销了一切禁区，什么人也可以批评。

下午老友谢挺宇托他在复旦外文系学习的侄女给我送来一册他的近著诗集《崦嵫情思》。

1988 年 12 月 1 日

未出门，集中力量写子豪回忆，真是衰老了，这样一篇记叙性文章，写起来竟那么吃力。

晚，由桂英抄好为《东方专制主义》一书所写的后记。

傍晚，助教进修班的学员翟津壮来访。

收到北大学生姚献民信，他为投考我明年招的比较文学硕士生，上个月曾专程来沪面访。

收到十月份《书林》赠刊。

1988 年 12 月 2 日

上午思和来，他前天从广州参加暨南大学与香港比较文学界的会议回来，谈到到会的香港朋友黄德伟、周英雄等对我的问候。

思和午饭后离去。他从广州带回来殷国明赠我的《艺术形式不仅仅是艺术形式》以及北师大送的北师大中文系论文集《学术之声》。

午睡后，王宏图、严锋、林利平来。为小林找工作，我给上海大学文学院的王熙梅院长写了一封介绍信。

晚，唐金海来，他自昆明开会回来，带来一些土产食品。

收到朱微明信，晚给她回了个电话。她说，《文汇报》的副主编某人对她说，上海前宣传部长指示他说："《文汇月刊》登的《胡风传》早该结束了，登这些东西有什么意思。"这位马列主义老太太回答说"你不要听他放屁，你登你的"云。

收到殷琦信。

收到梅志寄的本期《新文学史料》，其中一册梅志嘱送思和，上午就送了他。

给重庆出版社的卢季野寄出一信，为他们印我的序跋集事。

1988 年 12 月 3 日

仍在《忆子豪》一文中过活。

中午秀拔来，他的职称评审又在校内落空，劝慰了他半天。午睡后，毕业生小马来（女），为她去美留学的推荐信签了字。晚，一在法院工作的同学小钱来。朱立元来，送来他新出的《现代西方美学流派评述》；张廷琛来，送来他和别人合译的《性史》一书。

收到《清明》《传记文学》《复旦学报》赠刊。

收到范伯群信。

晚，给孙建明写了一信。

1988 年 12 月 4 日

因为伯群信上说，明天来沪，为此午睡后与敏走到五角场。在那里自由市场买了海参、鱿鱼、虾仁等，预备明天晚上为他接风。

傍晚唐金海来，带来他女儿从美国寄我们夫妇的信，她在那里教中文，努力为进大学读学位拼搏。

金海此次去昆明开会曾间道去成都看了木斧。木斧多年任四川文艺出版社副总编，前次处分所谓"黄色"出版社，该社也被点名并受到罚款处分，当地的出版官僚内外勾结，先是花言巧语地要木斧作为副总编承担责任，渡过难关，所谓"从大局出发"，他自己的职位可不受影响，木斧把这种政治圈套信以为真，以党员身份承担了责任后，风色一变，官僚们又以"改革"建制为名将他挤出总编位置，投闲置散。他吃了这个亏后，心情不快，写了《撞车》组诗，借以抒写愤懑之情。他为了将这段冤情告诉我，特地通过录音将他的这组诗朗诵给我听，并在朗诵前，唱了京剧《法门寺》里贾桂念宋巧姣向刘瑾告状的呈文，然后用"植芳老兄"开始，声调高亢凄婉地朗诵了自己的组诗以诉冤情和自己不屈于恶势力的光明心境。他诵读后又由该出版社一位青年编辑小张做了一番解说评论。我听过录音后十分愤慨。多少年来，这些官儿们，在"左"的路线教育下，都是一些搞阴谋诡计的行家，这些政治垃圾，惯于利用政治运动局势，排除异己，巩固自己，用替罪羊掩盖自己的罪恶，并进而巩固既得利益并作为晋升的阶梯。现在虽然进行改革，但在旧体制下，只是给这些官们添些"官倒"的机会，仍然苦了国家和百姓。真是呜呼哀哉！

收到陈挺赠书《比较文学简编》（修订本）。四川文艺出版社正在排印唐金海等编的《巴金年谱》，我为该书写了序文。因此，出版社托金海要我亲笔签名手迹以便制版印出。

1988 年 12 月 5 日

上午伯群自苏州来，他明日乘机去广州，晚即宿家中。为此买了些菜，约培恒、秀拔一块儿晚饭，借此大家聊聊天。

收到河南大学刘增杰寄赠的《中国解放区文学史》及信。收到上海文艺出版社寄赠的《上海杂文选（1984—1986)》，由王聿祥任责任编辑，本书收有我的一篇短文，《中外所见略同又不可同论》。收到本期《上海文学》赠刊。收到韦秋琛信。

1988 年 12 月 6 日

上午为山西长治师专刘长鼎的论文《中国现代文学运动史料编年》写了评审意见，又着桂英去校内盖了公章，连同我写的信，明日挂号寄出。

伯群于午饭后乘租来的车子去机场飞往广州，托他给吴宏聪带去一封祝他七十大寿的信和一只"万寿无疆"的茶杯——此杯是伍蠡甫今年九十大庆时友人所送，他又转送我两只，一只留用，一只送宏聪兄，也是借花献佛。

晚，给《批评家》董大中写了一信，连同陈秋峰译的釜屋修的论赵树理文章一块儿明日发出。釜屋文章是一九八六年在太原开会时我当面约请他写的。

收到江西出版社信、洪宜宾（复旦六八年毕业）信及寄赠的一期《百花洲》——本期内刊载了报告文学《乌托邦祭——1959 年庐山之夏》，为官方所禁不得流传，因为据说有不准出版写有关重大历史事件的书籍的禁令。

晚，何佩刚来访，赠我一册他与于成鲲联合编著的《古代论说文笔法探胜》。

1988 年 12 月 7 日

上午谢天振来，他上周刚从广州归来，参加了暨南大学与香港合开的比较文学研究会，谈了那里情况，午饭后别去。

晚，古籍所陈某来，为他的同学陆萍（女，在上海电视台工作）赴美留学请我签字作推荐人；接着外文系邹羽来，也为他出国申请要我签字作推荐人。

晚上来的还有沈波和进修班的翟津壮，和他们谈中国文化现象算是上课。

上午发出给甘建民信，随信寄出马场先生论文译文及我为《东方专制主义》一书所写的《题记》。

收到顾征南信，朱微明信。晚上给朱写了回信并《写给爱人的信》一书托沈波给她送去。

翟津壮给我代买了一册《性在中国古代社会》。

上午来的还有鄂基瑞，谈助教班教师报酬问题，他说，现在还未定，由于中文系困难，恐怕报酬微乎其微。我说，办这个班虽为增加经济效益，但人家慕名而来，所以必须注意教学质量即教师质量，如果只顾赚钱，那恐怕会抹黑学校招牌；如果代了课，教师报酬太低，难以找到有水平的教师，进修学员如果认为花了学费，没学到什么，连呼受骗上当那就糟了。多少年来，由于政治不正常，不仅降低了社会的文化素质，也消除了人的道德观念，即过去所说的礼义廉耻，或西方所说尊重人的独立人格、人格平等等行为准则，以至开放后，由"政治挂帅"一变而为"经济挂帅"，由官到民，只顾捞钱，不惜使用一切不道德手段，不顾后果，不顾民族前途，又对人民犯下新的罪行，学校为育人场所，如果也这么干，那就太可悲了。但实际上，这种现象学校也有，真所谓"天下乌鸦一般黑"了。

1988 年 12 月 8 日

全日埋头写关于子豪的文章，已写好东京生活，就算完成了文章的主要内容。

上午研究生林利平来，送来他在东北复印的一部分伪满文字材料，和他谈了写这段历史时期伪满文学状况的意见，分析了当时去满洲的日本文人的情况。

晚，博士生王晓昀来，也谈了他的学习应注意事项。

今天外面刮风，有小雨，天气变得冷起来了。

1988 年 12 月 9 日

上午陈晓明来，为她出去留学读比较文学博士学位事，我表示同意，因为这是中文系的负责人嘱咐她这么问的。

中午思和来，送来王安忆赠我的她的小说集《蒲公英》，思和说这大约是由于我参加了她的作家评级工作。王晓昀来，为他写了一封给上海书店刘华庭的介绍信。他们中饭后别去。

午后，王宏图来，他说昨天指导员要他们不要闹事云。晚，在市高级法院工作的毕业生叶长青来，送来一份日历，送他《华东比较文学通讯》一册。

上午写好《忆子豪》，还要大加削改，写得太琐碎了，因为是信手写来。

1988 年 12 月 10 日

上午全力改忆子豪文，删削了那些枝蔓的地方。下午由桂英开始抄写。

午睡后，天振和景尧来，傍晚景尧去招待所（同济大学）去会他由美国来讲学的表兄薛凤山和其夫人。天振和我们同用晚饭后，景尧陪薛先生夫妇来访，近十时辞去。

收到陈秋峰信和釜屋修文章，译文详细摘要稿，当即交天振转《中国比较文学》，以备应用。因为是我在一九八六年在太原开会时约请釜屋教授写的，算是特约稿。

收到李平、江巨荣合赠的他们的新书《中国戏剧史论集》；收到本期《名作欣赏》赠刊。

1988 年 12 月 11 日

整日桂英抄《忆子豪》一文，我边看边改正。晚上弄好了约七千五百字。

上午沈波来，他已把我的信和那本《给爱人的信》送到朱微明家里。这位马列主义老太太，既不让他坐，更不给喝茶，还纠正他对她的"先生"称谓，说是应该叫"同志"，这些同志的等级观念真是越革命越牢固了。这对一个八十年代的青年学生说来实在不习惯和陌生，所以他没有多停就告辞出来了。

中午，耿庸的爱人吴国香来，她现在《沿海文化报》工作，来上海出差，带来老耿信——说是她在为花城出版社写一个中篇《受难的家属们》，写"胡风分子"的妻子如梅志、任敏、余明英、王皓等人在案发后的生活境遇。午饭后别去。斯宝昶夫妇来，这位"分子"的妻子小宋，虽然出身童工，也是好成分，但竟在老施戴帽后嫁给他，也备历艰辛。中国不乏这些有坚强人格的女性——如涅克拉索夫诗篇《俄罗斯妇女》所写的那些坚强的十二月党人妻子。

傍晚，由小周陪同到中灶入浴。

1988年12月12日

全日修改子豪文，因系为台北报纸约稿，不能不以昭郑重也。

晚，王宏图来，他想到深圳大学工作，要我给乐黛云、胡经之写信介绍。葛乃福来，他为江苏文艺出版社编的一本《港台百人诗选》，要我写序文。任一鸣来，她那里环境还好，没有遇上什么麻烦。陈仁凤来，她近从美国访问归来，为了感谢我为她评职称，还带来咖啡，使我真过意不去。

收到厦门大学应锦襄信，说是有一美国老太太想跟我读现代文学博士学位，为此，晚上和陈仁凤说了一声，要她问一下我国是否有授予外国人博士学位的制度以及各有关具体规定，这其实是"文化外贸"工作。收到吉林大学李凤吾信，收到丁言昭信。

收到本期《上海文论》，有思和评胡风文章。

晚，给香港古剑写了一信，将连同忆子豪一文一并托天振带香港，给江西人民出版社洪宜宾（复旦六八届同学）写了一信，感谢他给我寄来《百花洲》，本期因刊载关于庐山会议的纪实文学被明令查禁。该刊下期将发表李辉的《文坛悲歌》，记胡风案这个大文字狱。

1988年12月13日

上午天振爱人金曼娜来，说是小谢因还未拿到签证，今天去退订好的机票。十五日香港开会，签证申请了已半年，还办不下来，看样子，等拿到签证，香港的会议已经闭幕了。改革了十年，这种不讲效率、不顾影响的官僚政治，竟然平安无事，真如鲁迅所说，在中国把一张桌子移个位置也得经过流血。

陈鸣树从广州开会回来，带来吴宏聪信和送我的外烟；鄂基瑞、王继权同来，送来新出版的他们编的《简明中国新文学辞典》，其中收有我的条目。晚，吴欢章来，带来薛风山先生送我们的徐州酥糖，回送他一包新茶。

收到五二年毕业的震旦大学女同学吕静芝从扬州来信和他们夫妇上次来访时照的照片。收到湖南文艺出版社赠书《瘾君子自白》。

今天桂英借回一本今年九月的《雨花》，其中载有刘小湄、吴新华写的《文坛双星》，写伯群、华鹏的学术生涯，也有多处写我的笔墨，文章写得真实动人，很有文采。

1988年12月14日

整天未出大门一步，上午谢天振来，将托他带香港的文章《忆子豪》以及写给十四位那里友人的贺年片一并交上，虽然签证仍未领到，但他决不会放弃此次的出访。

陈允吉来，带来校留办送我的人民币百元，作为我为该部带外国高级进修生数名的报偿。前几天我对来访的鄂基瑞谈到学校的一些制度，曾提出对培养外国留学生的意见，认为多年来，校外办招来的那些研究中国文化的外国高级进修生（教授、副教授、博士生）概由外办收费，由系里的专业教师任导师，但教师所属系科却未能得到相应的分成，有些欠妥。我这个意见他们反应上去了，所以今天送来百元。我们多少年不讲立法而讲"斗争"或"争取"，真是一种特殊的政治原则。

午睡后，两位在进修班学习的女生来访，一位是新疆来的巩艳华，一位是河南来的史红黎。相谈近两点钟。送她们每人《华东比较文学通讯》两册，巩艳华同学送我她参加编写的《西部学坛》四册。

收到兴国宾馆钱承萱贺年片。

1988年12月15日

午后陈鸣树与上海文艺出版社一姓赵编辑来访。晚，沈波来代为整理好积累的内外贺年片，新年将临，照例要给国内外友人发贺年片。

晚，为朱立元夫妇参加中国比较文学学会写好推荐意见，给上海作协填好中国作家名册，填了两张表。

收到李辉夫妇贺年片

上午孙景尧爱人小肖来，午饭后回了苏州。

晚，翟津壮来，送我一册《蜃楼志全传》。

1988年12月16日

天气也进入大寒，据报已零下二三度。

傍晚，思和来，晚饭后别去。晚，袁越来。新闻系研究生小罗（女）来访，她为基希来问我有关报告文学情况，因为她读过我译的关于基希的文章。

早上给吕静芝写去一信，晚给应锦襄（厦门大学）和戴舫夫妇写了信。

今天上午来的还有图书馆的乔长森，他要求在我这里申请在职比较文学硕士生学位，当予应允，因为他很上进，也译了一些东西。

1988 年 12 月 17 日

未出门，报上说气温在零下 5℃。

上午给颜海平、李云贞、高辛勇写了信，都提了沈波到国外联合培养事。下午沈波来，帮我写了一堆国外友人贺年片，晚上我又写了几张。

上午唐金海来。

收到西安外院黄世坦信，收到范泉信及上海书店通知，该店为《近代文学大系通讯》事致酬二百元。收到高晓声赠书《觅》（短篇集）。

桂英借来今年各期《雨花》，看了其中一些小说作品。该刊从去年起开有《新世说新语》一栏，以笔记小说形式反映"文革"以及以前时期的时代奇闻、怪事、惨闻、惨事。虽属一鳞半爪，甚至三言两语，也反映了那个给人民制造灾难的时代的血泪和丑闻。不仅在文学题材上有创新意义，更有重大历史价值。

1988 年 12 月 18 日

上午桂英将寄往国外的贺年片发出。

从今天开始读校《勃留索夫日记》。

午后，一中文系三年级同学来。晚，同乡李振川夫妇来，翟津壮来。

午后，和敏去四平路购物，散步一回。

1988 年 12 月 19 日

天晴好，午饭后，与敏到五角场邮局取钱，买了本月份的《小说选刊》一册，去五角场途中路经学校新华书店，买了一本严家其的《权力与真理》。

上午鄂基瑞来谈公事。

从五角场回来后，与小周到中灶洗澡。傍晚，谢天振来，他的香港开会之行，因签证今天还未领到，而那里的会期已过，只好作罢。他谈了这次去港前的一系列劳民伤财的事情：七月份提出申请，中间曾一再托人打通关节，但听说，湖南由一副省长率领，每县有一名副县长参加组成有三百人的访问团，因此也影响了他的去港开会；他为去港已买过两次飞机票，又托广州朋友买好回沪的机票，结果都退了，又花了六十多元的手续费。通过这一事，反映了吏治的腐败无能，已达到历史上各类政权的最高水平。韩愈说："刻木为吏，不愿与之相对。"鲁迅说："官吏的脑子都是阴沉木做的。"这些形容封建官僚性格的语言，想不到又能用在所谓"人民干部"头上。

因为小谢不能去港，托他带港的文稿、信件和贺年片只能用邮发出。

下午来的还有童炜钢。

收到王克强信，收到本期《现代家庭》《为了孩子》赠刊。

1988 年 12 月 20 日

上午，世经系邹用九来访；张廷琛来，他的一位女研究生王玉峰今日进京，我接受他的建议，给北大安平秋写去一信，托她带京，便中取回北大出版社印行的两种版本《金瓶梅》，但他又嘱咐我，要我同时给安先生写了一信，要他在该生取书前先看一下工作证。为此，晚上写了一信，请安先生先照此办理。世风日下，人心不可测也。

午后，周斌来。傍晚，朱立元来。晚，贺圣遂来。

收到陈其强信、朱锡侯信，以及湖北师院一学生信。

收到相浦杲贺年片。

晚，复陈其强信。

1988 年 12 月 21 日

整日未出门，继续校《勃留索夫日记》，补加了一些注文。

上午杨竞人来，新年到了，关心我的朋友们又开始送人参蜂皇浆了。

收到陈其强信，收到路翎寄赠的他重印的《饥饿的郭素娥　蜗牛在荆棘上》。

1988 年 12 月 22 日

今天算是校完《日记》本文全文。

收到百花文艺出版社《散文》编者董迟梅约稿信，收到张立华信、何乐群贺年片。

晚，给朱锡侯大哥写了信。

图书馆小贺上午代借来一册费正清的《美国与中国》。

发出给陈其强、甘建民、应锦襄信。

1988 年 12 月 23 日

上午王东明和外文系韦遨宇来访，谈到北京出的《血色黄昏》这本写"文革"中青年造反苦难史的作品时，他们说，此书现在上海还不好卖出，……

午饭后散步时，在书摊买到一本董进泉写的《黑暗与愚昧的守护神——宗教裁判所》。据序上说，十八世纪在西班牙出版的第一部揭露宗教裁判所的文献书《西班牙宗教裁判所年鉴》出版后，也引起了天主教会和它的卫道者的愤怒，但这些并未阻止住历史潮流，这本书被译成各种欧洲语文本重版二十四次。此后，这类著作陆续不绝，宗教裁判所的罪恶透过历史烟雾仍然被暴露在光天化日之下。以政治或宗教权力保护的恶行劣迹迟早逃不出历史的审判，历史无情而又有情。

午后，严锋、林利平、王宏图、思和先后来，就我们共同承担的重点项目《二十世纪中外文学关系史》的编写工作进行了商谈，决定在明年开学时，他们写出各自承担的历史时期的大事年表，以便打印讨论。

收到张晓林、张德明赠书《中国大学生》，吕胜译书《弗兰妮》，以及本期《上海滩》赠刊。

收到陈永志信及贺年片，收到孙自强贺年片，收到安徽大学王宗法信。

晚，给章品镇、艾煊、刘柏青写了贺年片。

读费正清的《美国与中国》。作者对中国现代史的某些分析和认识，尤其对现代中国与传统中国的继承和革新的关系的分析，颇有独到见地，引人深思，不失为一家之言。

1988 年 12 月 24 日

傍晚下了小雨。

午后，思和来，他申请外资基金，由我写了推荐信，送学校审批，晚饭后离去。今天圣诞节，和他喝了点酒。章培恒儿子来，也在此喝酒、晚饭。他辞去教师职务，当个体户，由于他是个知识分子，通过个体生涯，倒是对中国社会与现状有了更清醒的认识了，他谈了不少"个体户"心态的表现，很能反映现政权的实质。

晚上来的还有唐金海夫妇和进修教师翟津壮，他借去一册美国学者写的俄国文学史（《革命后的俄国文学史》）。

上午田南帆来。

收到卢季野信、汪西卡贺年片。

桂英从外文系借来三册英文版俄国文学史著作。

下午来的还有《现代家庭》的孙小琪。

1988 年 12 月 25 日

礼拜天阴冷，未出门。

看周斌的论文《论夏衍创作中系列形象的塑造》。

上午发出给梅志信。

晚上来的有应必诚夫妇、苏兴良，谈到街上流行的民谣，真是层出不穷，这也反映了一种民间舆论，即"民意"，这正是没有新闻、言论自由的一种古老形态的民意表现。

收到张鲁纯自安徽来的贺年片，铃木正夫贺年片，以及广东留日同学会通报。

1988 年 12 月 26 日

天阴而冷。上午思和来电话说，香港卢玮銮女士托人转告台湾淡江大学中文系主任龚鹏程教授将来沪访问，希望复旦能接待，食宿费自理。当与章培恒电话商量，晚，得他回电，外事处已批准，由古籍所负责接待，包括食宿费用。

晚，甘建民自苏州来，《东方专制主义》一书已交稿，带来景尧送我们的苏州大米——粮食已是紧张形势，据说有抢购现象。

晚上来的还有沈波，唐金海夫妇送来他们女儿唐涛在美国寄来的贺年片。

仍忙于《日记》的注释。

1988 年 12 月 27 日

天阴未出门。

上午读了一堆旧报。

傍晚，唐金海夫妇来，田南帆与裴高来。裴高将去日本、美国拍制电视片，为他给美国的周励写了封介绍信和一些美国朋友地址与日本友人地址。研究生王晓昀来，他的论文已拟好题目：《尼采在中国》，和他谈了一些写作注意点，以及尼采在中国的命运。

收到高丽大学许世旭贺年片、潘凯雄贺年片、现在日本大阪的孙立川贺年片、乃修信、徐州师院李存煜贺年片。

1988 年 12 月 28 日

上午乔长森来，为他进修比较文学硕士学位签了字。

傍晚，进修班两位女同学来，一来自哈尔滨，一来自新疆，系维吾尔族。晚上来的还有工人张建基，他已在研究中国现代军事史上写了不少文章，并在刊物上发表。

收到马场美智子自横滨来信，收到《中国比较文学》编辑部贺年片、青岛师专张挺贺年片以及《上海文化》请柬。

仍然忙于为《日记》补注并校改译文。从这本日记中记载的俄国革命前后一些俄国知识分子（作家诗人）的命运交响曲中，我忽然想到当时的俄国社会主义革命，大批知识分子流亡国外甚至有流亡文学在西方出现，即或留下未走的诗人、作家，虽然有许多遭逢不幸，但由于苏联没有针对知识分子的政治运动，他们的命运相对来说，不如中国知识分子的惨重而普遍，虽然一九四九年解放前后，中国知识分子，尤其是作家、诗人外逃者寥寥可数。这个历史现象很值得研究，而中国的现象却是一个很大的历史讽刺，所谓"好心没有好报"也。

1988 年 12 月 29 日

天气阴寒，使人有压抑感，未出门。

上午沈波来，代查来两个人名。

中午后未睡，继续校补《日记》。

晚，秀拔来，送来赵博源赠送的日历。上午桂英带回王振复赠送的日历。

收到今富正巳贺年片、高辛勇自加拿大寄来的贺年片、陈建华夫妇自美国寄来的贺年片。

敏受风寒，我今天腰部感酸痛。

1988 年 12 月 30 日

上午九时到物理楼参加与香港中文大学五十名同学的座谈会，由校团委主持，我讲了许多话，并照了相。

午后三时到文科大楼参加《上海文论》座谈会，除该刊的徐俊西、顾某（副主编）、毛时安外，都是本校中文系老中青教师和研究生，我又带头讲了话，会后，该刊在东园宾馆设宴招待。七时车送回家。

收到王戎、范泉信，任一鸣、曹旭贺年片。

收到钱理群赠书《心灵的探寻》。上午外文系袁志英来，送来他译的德国亨利希·库诺的《马克思的历史、社会和国家学说》（二卷），本书"内部发行"。

上午吕慧芳来拜早年。

1988 年 12 月 31 日

天雨，晚饭后与小周到中灶入浴，算是干干净净地迎接一九八九年的到来。

给在美国的陈建华、横滨的马场美智子、大阪的孙立川发出贺年片，据桂英送邮回来说，前几天一封国外贺年片收费一元七角，今天又涨到二元了。大约邮局也借此捞一票，反正现在是"靠山吃山，靠水吃水"，任何公家单位都可以在创收名义下收费、涨价。这也是新事物。

又发出给范泉信。

收到东京大学龟井俊介教授来信及两张他来家相访时的照片，收到包子衍信，收到"宁波一小姑娘"张沂南贺年片，收到上海作协开理事会通知。

上午邹羽送来代草拟和打印的裴高推荐信（英文）。

晚，王晓昀来。

现在已深夜，外面有零碎的鞭炮声，人们在迎新岁了！

一九八八年就这样走过去了。